高等院校工商管理类创新课程体系教材

会计学

Accounting

（第二版）

吴 涛 主 编
杨成文 李 莉 副主编

东北财经大学出版社
Dongbei University of Finance & Economics Press
大连

图书在版编目（CIP）数据

会计学 / 吴涛主编．—2版．—大连：东北财经大学出版社，2019.8
（高等院校工商管理类创新课程体系教材）
ISBN 978-7-5654-3609-3

Ⅰ．会…　Ⅱ．吴…　Ⅲ．会计学-高等学校-教材　Ⅳ．F230

中国版本图书馆CIP数据核字（2019）第152200号

东北财经大学出版社出版
(大连市黑石礁尖山街217号　邮政编码　116025)
网　址：http：//www.dufep.cn
读者信箱：dufep@dufe.edu.cn
大连东泰彩印技术开发有限公司印刷　东北财经大学出版社发行

幅面尺寸：185mm×260mm　字数：490千字　印张：21.25
2019年8月第2版　2019年8月第3次印刷

责任编辑：王　莹　周　慧　责任校对：王　慧
封面设计：张智波　版式设计：钟福建

定价：45.00元

教学支持　售后服务　联系电话：（0411）84710309

如有印装质量问题，请联系营销部：（0411）84710711

“高等院校工商管理类创新课程体系教材”

第二版前言

本书是在《会计学》第一版的基础上根据近几年企业会计准则和税法的变化修订完善的。

2017年，财政部先后颁布了修订后的《企业会计准则第16号——政府补助》《企业会计准则第14号——收入》《企业会计准则第22号——金融工具确认和计量》《企业会计准则第23号——金融资产转移》《企业会计准则第24号——套期会计》《企业会计准则第37号——金融工具列报》《企业会计准则第42号——持有待售的非流动资产、处置组和终止经营》。2019年5月，财政部发布《关于修订印发2019年度一般企业财务报表格式的通知》，对企业的财务报表格式提出要求，增加、明确了若干新的报表项目和会计科目。

2018年4月4日，《财政部 税务总局关于调整增值税税率的通知》正式下发，自5月1日起执行。纳税人发生增值税应税销售行为或者进口货物，原适用17%和11%税率的，税率分别调整为16%、10%；纳税人购进农产品，原适用11%扣除率的，扣除率调整为10%；原适用17%税率且出口退税率为17%的出口货物，出口退税率调整至16%；原适用11%税率且出口退税率为11%的出口货物、跨境应税行为，出口退税率调整至10%。

2019年3月20日，财政部、税务总局、海关总署发布《关于深化增值税改革有关政策的公告》：为贯彻落实党中央、国务院决策部署，推进增值税实质性减税，增值税一般纳税人（以下称纳税人）发生增值税应税销售行为或者进口货物，原适用16%税率的，税率调整为13%；原适用10%税率的，税率调整为9%。纳税人购进农产品，原适用10%扣除率的，扣除率调整为9%。纳税人购进用于生产或者委托加工13%税率货物的农产品，按照10%的扣除率计算进项税额；原适用16%税率且出口退税率为16%的出口货物劳务，出口退税率调整为13%；原适用10%税率且出口退税率为10%的出口货物、跨境应税行为，出口退税率调整为9%。

基于以上原因，《会计学》第二版对上一版内容进行梳理，重点对金融资产、收入、财务报表、所有者权益以及涉及增值税的内容进行修订，力求使教材内容体现企业会计准则及税法的最新变化。

编　者

2019年8月

第一版前言

会计时常被称为一种国际通用的“商业语言”，现代社会中从事经济活动的每一个人都应该懂得这门语言，以便准确了解企事业单位的经济活动信息并据以做出正确的决策。本书对现有的会计学知识进行了梳理、筛选和整合，涵盖了会计学的基本理论和方法，能够帮助读者较系统地掌握会计这一“商业语言”。

《会计学》教材适用于高等院校非会计学专业学生的学习，也可作为从事会计、经济管理、金融等实际工作者的参考书。在编写过程中，以中华人民共和国财政部颁布的企业会计准则及2014年财政部对准则的修订、其他有关法律、法规与规章为依据，适应会计、税法等变革的要求，融入最新的教学内容，注重理论与实践相结合，强化案例教学，既力求讲清我国的会计实务规范，又注意联系国际会计惯例。全书共13章，第1章主要介绍会计的基本理论构架，通过这部分内容的学习，使读者初步形成会计的概念，了解会计的基本内容和要求；第2、3章复式记账和会计循环，主要讲解会计核算的基本方法，是学习后续章节各会计要素核算所必须具备的基础知识；第4章至第11章主要介绍各会计要素的确认、计量与记录，通过该部分内容的学习，可以掌握企业常见的各类实际业务的会计处理程序与方法；第12、13章主要介绍基本财务报表的结构和编制、分析方法。

《会计学》教材由吴涛担任主编，由杨成文、李莉担任副主编。各章节具体编写分工为：杨成文（第1、2章），曹爱菊（第3、4章），毛淑珍（第5章），李莉（第6、9章），丁淑芹（第7、8章），高丽华（第10章），吴涛（第11、13章），杨娜（第12章）。

本书在编写过程中得到了东北财经大学出版社的大力支持，并借鉴了大量的书籍、报刊资料，编者在此一并表示感谢！

同时，由于我们水平有限，书中难免存在错误及缺陷，敬请专家和广大读者批评指正。

编　者

2016年9月

目　录

第1章/ 总　论

学习目标：理解会计的概念、职能和作用；理解会计的目标；掌握会计的对象及会计要素的内容；理解权责发生制；理解会计核算的基本前提和会计信息质量要求；了解会计法规的基本内容。

1.1 会计的概念

1.1.1 会计的产生和发展

会计随着社会生产的发展、科学技术水平的不断提高及经济管理的需要经历了古代会计、近代会计、现代会计三个由低级到高级的发展阶段。

1）会计的产生

人类要生存和发展就要有生产活动，生产活动是会计产生的前提条件。在生产过程中，一方面能够创造出物质财富，取得一定的劳动成果，另一方面也必然会产生人力、物力及财力等劳动消耗，人们自然会关心劳动成果与劳动耗费的比较，总是努力做到以尽可能少的劳动耗费，取得尽可能多的劳动成果。人类在认识、适应和改造大自然的过程中，生产工具不断改进，生产力水平不断提高，劳动成果越来越丰富。随着生产的发展，到了原始社会末期，特别是劳动成果有了剩余时，人们会更加注重剩余劳动的管理、交换、分配，因此，就必须在生产技术不断改进的同时，对劳动耗费和劳动成果采用一定的方法进行记录、计算，并进行比较和分析，但由于当时没有文字，人们只好用一些原始、简单的方式进行记录，例如“刻符记事”“结绳记事”等方法，这些原始的简单记录，就是会计的萌芽。

所以，会计的产生与加强经济管理、提高经济效益有着密不可分的天然联系。

2）会计的发展

（1）古代会计

这一阶段一般是指从会计的产生到复式记账的出现。

最初的会计记录是人们在生产之余进行的，是附属于生产活动的，当社会生产力发展到一定阶段时，会计才逐步从生产中分离出来，由专人负责，成为独立、专门的职能。例如在原始的印度公社已经有了记账员，负责登记农业项目及与此有关的一切事项，此时簿记独立地成了一个专职。而在古巴比伦、古希腊、古罗马也都有会计记录，这便是早期的古代会计，这个阶段会计记录一般都采用单式记账法。13世纪以后，随着商业的发展，特别是地中海沿岸商业的快速发展，单式记账已经不能满足经济发展的需要，逐步出现了复式记账的萌芽，例如，1211年，意大利佛罗伦萨银行账簿就采用了以“借主”“贷主”分别登记债权、债务事项的处于萌芽阶段的复式记账法。

在我国，“会计”一词大约产生于西周时代，主要是指对财务收支业务的记录、计算和考核。据《周礼》记载，“司会主天下之大计，以岁会考岁成……”又据清代对官厅会计的考察，提出：“零星算之为计，总合算之为会。”西周还专门设置了会计官职，专门从事会计工作，例如“司书”“司会”等。秦汉时期，会计核算开始使用“入”“出”为记账符号，并有了记录会计事项的账簿。

到了唐朝，出现了“四柱结算”，也称“四柱清册”。四柱是指“旧管”“新收”“开除”“实在”，即现在的期初结存、本期收入、本期支出、期末结存。它们之间的关系是：“旧管+新收=开除+实在”。“四柱清册”使我国古代会计提高到一个新水平。明清时代又出现了“龙门账”，即把全部账目划分为“进”“缴”“存”“该”四大类，“进”指全部收入，“缴”指全部支出，“存”指全部资产，“该”指全部负债，它们之间的关系是：“进-缴=存-该”。这种账要求对发生的会计事项，不再像之前一样，只反映经济事项的一个侧面，而是既要反映账项的来龙也要反映它的去脉，所以，这是我国最早的复式记账。由于古代会计主要是核算和监督朝廷官府的钱粮赋税收支活动，因此将这个时期的会计称为“官厅会计”。

（2）近代会计

一般认为，从单式记账法过渡到复式记账法，是近代会计的形成标志，即15世纪末期的1494年，意大利数学家卢卡·帕乔利有关复式记账论著《算术、几何、比及比例概要》的问世，标志着近代会计的开端，至20世纪30年代末，这一时期为近代会计阶段。

这一时期，意大利的佛罗伦萨、热那亚、威尼斯等地的商业和金融业特别繁荣，也因此要求记账方法的不断改进和提高。复式记账技术首先运用于银行的存款转账业务。1494年，为适应经济发展的需要，意大利数学家卢卡·帕乔利出版了《算术、几何、比及比例概要》一书，系统地介绍了流行于意大利威尼斯一带的复式记账法，并在理论上进行了阐述，标志着会计由单式簿记时期进入复式簿记时期，由此进入了近代会计的历史。

会计的理论与方法在15世纪到18世纪的发展是比较缓慢的。直到18世纪末19世纪初，蒸汽技术的发明，英国工业革命的实现，特别是股份公司的产生，促使会计得到了较快的发展。会计由过去的记账和算账，发展到要编制和审查报表，研究资产的估价方法和有关理论等，会计逐步由应用技术发展为一门学科。

第一次世界大战以后，美国的生产和科学技术的发展都遥遥领先，取代了英国的地位，会计学的发展中心也从英国转移到美国。美国在20世纪20年代至30年代对标准成本会计的研究有了重大的发展。会计方法在这一时期已经比较完善，会计科学也逐步成熟。为规范会计工作、提高会计信息质量，以美国为首的一些国家会计师协会开始制定“公认会计原则”，“公认会计原则”的建立成为近代会计进入现代会计的标志。

（3）现代会计

现代会计阶段一般是指从20世纪40年代开始到现在这一时期。

随着生产力的发展、科学技术的进步，经济活动越来越复杂，生产社会化程度越来越高，相应地，会计实践日趋丰富，会计理论更加完善，特别是现代数学、现代管理科学与会计的结合、电子计算机在会计中的应用，大大提高了会计工作的效率，使会计学的内容更加丰富，使会计信息的范围更加广泛，使会计信息的精确性和及时性得到提高，使会计工作在经济管理中发挥出更大的作用。至20世纪中叶，形成了比较完善的现代会计。一般地说，成本会计的出现和不断完善，管理会计与财务会计的分化，是现代会计的开端。此后，电子技术的飞速发展以及经济的全球化、网络化、信息化使会计得到了更快的发展。

因此，会计是适应社会生产的需要而产生的，并随着社会生产的发展而不断发展和完善的。

1.1.2　会计的定义

对于什么是会计，理论界一直有着多种看法，形成了不同的观点。例如，管理活动论认为，会计是对能够用货币表现的经济事项，按特定的方法进行计量、记录、分类、汇总、分析、评价、预测、决策、监督，旨在提高经济效益的一种管理活动。管理工具论认为，会计是指应用于管理活动的一种技术手段，是反映和监督生产过程的一种方法，是管理经济的一种工具。信息系统论认为，会计是处理经济数据、向信息使用者提供财务信息和其他经济信息的一个信息系统。决策有用论认为会计加工、处理、提供信息最终是为决策者进行决策服务。

综上所述：会计是以货币为主要计量单位，运用专门的方法，连续、系统、全面、综合地反映和监督特定单位的经济活动，提高经济效益，为会计信息的使用者提供决策有用信息的一种经济管理活动。

根据上述定义可从以下几方面理解会计的含义：

（1）会计以货币为主要计量单位。货币是一般等价物，是衡量其他商品价值的共同尺度，只有统一以货币作为计量单位，才能对复杂多样的经济业务进行全面、综合的反映，进行汇总、比较。因此，会计以货币为主要计量单位，以实物量度和劳动量度作为辅助计量单位。

（2）会计具有专门的方法。会计与其他学科一样，有自己独特、专门的方法。会计的专门方法包括会计核算的方法、会计分析的方法和会计检查的方法。会计核算的方法是对价值运动所产生的各种数据进行连续、系统的加工处理，直至提供全面、综合的会计信息所使用的方法；会计分析的方法是说明、辨别价值运动过程、结果及其相互关系所使用的方法；会计检查的方法是运用会计资料检查各单位经济活动的合理性、合法性、有效性，并验证会计资料是否正确所使用的方法。会计方法以会计核算方法为基础，三种方法互相联系，形成了会计方法体系。

我们主要学习会计核算的方法。会计核算的方法包括：设置账户、复式记账、填制和审核凭证、登记账簿、成本计算、财产清查、编制财务报告等，我们将在以后的章节详细讲解。

（3）连续、系统、全面、综合地反映和监督特定单位的经济活动。会计对经济活动的反映和监督是连续、系统、全面、综合的。

连续是指对经济业务的反映按业务发生的时间顺序不间断地、连续地进行。系统是指对于发生的经济业务要相互联系，又要按会计的方法归类、整理，形成有系统、有条理的会计信息。全面是指对于属于会计核算范围的经济业务，应全部地、不遗不漏地进行反映和监督。综合是指以货币为主要计量单位对经济业务进行汇总，形成满足会计信息使用者需求的总括的价值指标。

反映和监督则是指会计的职能，会计主要反映企业的财务状况、经营成果和现金流量等，并对企业经营活动和财务收支进行监督、检查。

特定单位的经济活动是指会计的对象、反映和监督的内容。

（4）提高经济效益，为会计信息的使用者提供决策有用信息。这是会计要达到的目的，要实现的目标。

（5）会计是一种经济管理活动。这反映了会计的性质，会计属于经济管理的范畴，是管理活动的一部分。

会计学是在会计实践中发展起来的，是研究会计理论、会计方法、会计发展的客观规律、指导会计工作的经济管理科学。

1.1.3 会计的职能

会计的职能是会计在经济管理中固有的功能，是明确会计工作的任务，充分发挥会计作用的理论依据。会计的基本职能主要是核算和监督。

1）会计的核算职能

会计的核算职能是会计最基本的职能。会计核算是将实际发生的经济业务转化成有用的会计信息的过程。会计的核算职能在实际工作中是通过记账、算账、报账等来完成的。记账就是将会计主体发生的经济业务运用会计的方法和程序，通过填制凭证、登记账簿反映在账户中；算账是在记账的基础上，运用记账的相关资料，计算会计主体的资产、负债、所有者权益、收入、费用和利润；报账是在记账、算账的基础上，运用账簿记录的数据资料，通过编制、报送财务报告以反映会计主体的财务状况、经营成果、现金流量等。会计就是通过记账、算账、报账等形式，以货币为主要计量单位来反映会计主体的业务或事项，对内、对外提供会计信息，以实现会计的目标。因此，会计的核算职能也叫会计的反映职能。

2）会计的监督职能

会计的监督职能是通过专门的方法，对会计主体的经济业务进行合法性、合理性的监督、审查。合法性的监督、审查是指监督、审查会计主体的经济活动是否符合国家的法律、法规、方针政策等，是否有违法乱纪的行为，以遏制不法行为的发生。合理性的监督、审查是为了提高经济效益，依据客观经济规律以及经济管理的要求，对会计主体的经济活动通过预测、计划、控制、分析、考评等进行监督，例如是否符合财务收支计划、是否增收节支、是否符合内部控制制度的要求等。会计监督包括事前监督、事中监督和事后监督。

会计的反映职能和监督职能是相互联系、相辅相成的。反映是监督的基础，没有会计反映职能提供的信息资料，会计监督就失去了依据；而会计监督是会计反映的保障，是会计反映的继续和深入，只有严格履行会计的监督职能，才能保证会计反映的财务信息合理、合法、真实、完整，才有利于会计提供决策有用信息的目标的实现。

会计除了具有反映和监督两大基本职能外，还具有预测、决策、控制、分析、评价等扩展职能。

1.1.4　会计的作用

会计的作用是会计职能的具体化，是会计职能在会计实践中的具体体现。随着市场经济的发展，会计发挥着越来越重要的作用，主要表现在：

1）会计为会计信息的使用者提供决策有用的信息

会计通过最基本的反映职能，以财务报表等形式，为企业内部的经营管理者、外部的投资者和债权人、国家相关部门等诸多的信息使用者提供有关企业财务状况、经营成果和现金流量等方面的信息。

企业内部生产经营者，通过会计信息了解企业的生产经营状况，及时地发现问题、分析问题，以便采取有效措施，改进经营管理，提高经济效益。

对于投资者及债权人等外部信息使用者来说，财务信息是各方面进行决策的依据。作为企业投资者，他们可利用企业的盈利能力、偿债能力和发展趋势等方面的信息选择投资对象、衡量投资风险、做出投资决策。作为企业的债权人，他们可利用流动比率、速动比率、资产负债率等指标分析企业的短期偿债能力和长期偿债能力等财务信息以选择贷款对象、衡量贷款风险、做出贷款决策。

对于政府部门来说，作为社会经济的管理者，要从总体上掌握企业的生产经营状况，从宏观上把握经济的发展变化趋势、制定经济政策、进行宏观调控、配置社会资源，同样离不开会计信息。

2）会计有助于考核企业管理层经济责任的履行情况

企业接受了投资者和债权人的投资，经营者受托对企业进行经营，经营者就具有受托责任，就应按照企业预定的发展目标和要求，为提高经济效益，履行受托责任，在生产经营过程中合理利用资源，改善经营管理，接受投资者、债权人对其经济责任的考核。而会计提供的经营成果的高低、现金流量的多少、资产质量的优劣、偿债能力的强弱、所有者权益的变化等等信息，则较全面地反映了企业生产经营状况及经营者的经营管理水平，有助于分析、评价企业的业绩，从而有助于考核企业管理层受托责任的履行情况。

本教材以企业会计为例。

1.2　会计目标

会计目标，即财务报告目标，是会计要达到的最终结果。只有确定了会计目标，财务报告的编制才有了出发点，企业会计准则建设才有了立足点。会计目标决定着财务报告提供会计信息的对象是谁，维护谁的经济利益等问题，同时决定着会计信息的质量特征，决定着会计要素的确认与计量原则，因此，会计目标具有举足轻重的作用，是财务会计系统的核心。

根据我国《企业会计准则——基本准则》，“财务会计报告的目标是向财务会计报告使用者提供与企业财务状况、经营成果和现金流量等有关的会计信息，反映企业管理层受托责任履行情况，有助于财务会计报告使用者做出经济决策”。

明确会计目标要解决以下问题：向谁提供会计信息？提供哪些信息？会计信息应符合哪些标准？如何提供会计信息？

1.2.1 向谁提供会计信息

财务会计报告的目标是向财务报告使用者提供会计信息。财务报告使用者主要包括投资者、债权人、政府及其有关部门和社会公众等。

满足投资者决策的要求是会计准则的主要目标。将投资者作为企业财务报告的主要使用者，是市场经济发展的客观要求，强化了投资者的地位，有利于保护投资者利益。投资者是企业的所有者，理应通过会计信息了解企业的生产经营状况，因此，财务报告服务的主要对象是投资者。投资者关心的是对其决策有用的信息，了解企业受托责任的履行情况。例如，企业所拥有或者控制的经济资源的构成、增减变化、对经济资源的要求权及其变化；企业的各项收入、费用、利得和损失的金额及其增减变化，经营成果的好坏、盈利能力的大小、偿债能力的强弱、营运效率的高低、投资风险的大小；生产经营过程中形成的现金流入量和流出量等情况。财务报告只有真实、全面地反映这些相关信息，才有助于现在的或者潜在的投资者做出正确、合理的投资决策。

企业财务报告的使用者还有债权人、政府及有关部门、社会公众等。例如，企业的债权人通常关注的是企业的偿债能力，关心企业是否有能力按时偿还债务的本息，债权人承担的风险有多大，是否继续借债给企业；政府及其有关部门作为经济管理和监管部门，利用财务会计信息进行宏观调控，他们关注的是经济资源分配是否公平、合理，市场经济秩序是否公正、有序，监管企业经济活动是否合法和有效，并依据会计信息制定相关政策，进行国民经济统计等；社会公众及其他利益集团，根据各自的利益关注企业不同的侧面，了解不同的会计信息，例如，就业机会、环境保护、产品变化等。

另外，企业内部的管理层及职工也是会计信息的使用者。管理层通过会计信息了解生产经营情况，职工关心企业的发展前景、工作的稳定、报酬的高低及是否合理等。

1.2.2 提供哪些信息

会计信息的使用者众多，不同的使用者对会计信息有不同的需求，概括起来主要包括以下几方面：

（1）反映企业财务状况的信息。这些信息主要是一定时点的资产、负债、所有者权益的状况。

（2）反映企业经营成果的信息。这些信息主要是一定会计期间收入、费用、利润的情况。

（3）反映企业现金流量的信息。这些信息主要是一定会计期间现金及其等价物的流入量、流出量及净流量的情况。

（4）反映企业所有者权益的信息。这些信息主要是一定会计期间所有者权益的大小及其增减变动情况。

1.2.3 会计信息应符合哪些标准

只有符合规定标准的会计信息才是实现会计目标所需要的信息。根据企业会计准则确定的财务报告目标，会计信息应是对决策有用的会计信息。企业会计准则同时规定了对会计信息具体的质量要求，包括可靠性、相关性、可理解性、可比性、实质重于形式、重要性、谨慎性、及时性，以保证会计目标的实现。

1.2.4　如何提供会计信息

这也就是提供会计信息的方式。提供会计信息的主要方式是编制和报送财务报告。财务报告是反映企业财务状况、经营成果及现金流量的报告文件。例如，资产负债表主要提供一定时点的资产、负债和所有者权益等财务状况的信息；利润表主要提供一定会计期间的收入、费用和利润等经营状况的信息；现金流量表主要提供一定会计期间的现金及其等价物的流入量、流出量及净流量等的信息；所有者权益变动表主要提供一定会计期间所有者权益的大小及其增减变动的信息。除了这些主要报表，还通过附注对主表的信息进行补充、说明。对于不适合用表格反映的信息可以通过财务报表附注等加以反映。

1.3　会计要素

1.3.1　会计对象

会计对象是会计核算和监督的内容，即社会再生产过程中的资金运动，是资金通过供应过程、生产过程和销售过程从货币资金变为储备资金、生产资金、成品资金再回到货币资金的循环周转过程。

工业企业的会计对象是工业企业的资金运动，包括资金的投入、资金的周转和资金的退出。工业企业的主要任务是生产和销售工业产品并进行积累，以扩大再生产。为此，企业必须经过投资者投资、向银行等借入等渠道筹集资金，从而拥有资金、厂房、机器设备和材料物资等经济资源，企业利用这些经济资源组织生产经营活动。工业企业的生产经营活动一般可以分为三个阶段，即供应过程、生产过程和销售过程。

供应过程的主要经济业务有：企业用银行存款或现金购买各种材料、物资，材料、物资入库，支付采购费，进行非现金形式结算业务等。

生产过程的主要经济业务有：生产领用材料，工人利用机器设备等劳动手段加工劳动对象，使材料变成产品入库。在这个过程中会发生材料消耗、工资支付、固定资产折旧、水电费支付等经济活动。因此，在生产过程中，应进行费用的归集、成本的计算等经济业务。

销售过程的主要经济业务有：企业将生产的产品通过市场销售出去，收回货币资金。货币资金中既包含了已经销售的产品的生产成本，也包含了经营过程中新创造的价值。因此，在这个过程中就需要进行费用的结转、货款的结算、负债的偿还、税金的交纳和利润的计算等经济业务。

企业生产经营过程中资金的形态随着供应过程、生产过程和销售过程的经济业务的发生不断变化：从供应过程中以货币资金形态购进材料物资变为储备资金，到生产过程中投入生产成为在产品、产成品变为生产资金、成品资金，再到销售过程中将产品销售出去，收回货币资金，再到下一个生产经营过程购买材料投入生产，资金周而复始地运动，形成资金的循环周转（如图1-1所示）。

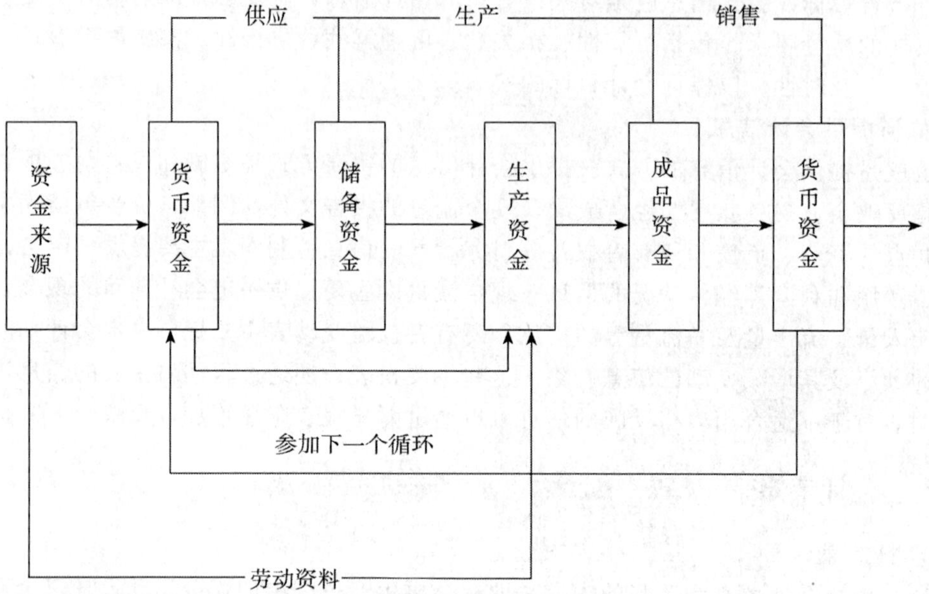

图1-1 资金的循环周转

1.3.2 会计要素

为了分类反映经济业务并提供系统的会计核算资料，需要对会计的对象即会计核算和监督的内容进行分类，即会计要素。它是会计内容的具体化，是指按交易或事项的经济特征所做的基本分类。会计要素包括反映财务状况的会计要素，即资产、负债和所有者权益，反映经营成果的会计要素，即收入、费用和利润。

1）资产

（1）资产的概念和确认

资产是指由企业过去的交易或事项形成的，由企业拥有或控制的、预期会给企业带来经济利益的资源。

符合资产定义的资源，在同时满足以下条件时，确认为资产：

①与该资源有关的经济利益很可能流入企业。

②该资源的成本或者价值能够可靠地计量。

符合资产定义和资产确认条件的项目，应当列入资产负债表；符合资产定义，但不符合资产确认条件的项目，不应当列入资产负债表。

（2）资产的特征

①资产是由企业过去的交易或事项形成的。企业过去的交易或者事项包括购买、生产、建造行为或其他交易事项。预期在未来发生的交易或者事项不形成资产。资产是现实的资产，不是预期的资产。例如，已购入的原材料形成企业的资产，而采购计划中未来将购入的原材料，是预期发生的，不是现实的资产，不能确认为企业的资产。

②资产由企业拥有或控制。这是指企业享有某项资源的所有权，或者虽然不享有某项资源的所有权，但该资源能被企业所控制。例如，融资租入的固定资产，在租赁期未满时

企业并不拥有其所有权，但能对其控制使用，也将其视为企业的资产。

③资产预期会给企业带来经济利益。资产预期会给企业带来经济利益，是指资产直接或者间接导致现金或现金等价物流入企业的潜力。这种潜力可以是企业日常的生产经营活动产生的，也可以是非日常活动产生的。经济利益可以是直接现金或者现金等价物的流入，也可以是间接现金或者现金等价物的流入。

能为企业带来经济利益是资产的重要特征，如果不能为企业带来经济利益就不能确认为企业的资产。

（3）资产的分类

资产按流动性可分为流动资产和非流动资产。

①流动资产是指可以在一年内或者超过一年的一个正常营业周期内变现或耗用的资产。这类资产主要包括库存现金、银行存款、交易性金融资产、应收账款、应收票据和存货等。

正常营业周期是指企业在正常的生产经营过程中，从购买用于加工的资产、接受劳务开始到销售商品、提供劳务，取得现金或现金等价物的期间。

②非流动资产是相对于流动资产而言的，是指不能在一年内或者超过一年的一个正常营业周期内变现或耗用的资产。这类资产主要包括债权投资、其他债权投资、长期股权投资、其他权益工具投资、投资性房地产、固定资产、在建工程和无形资产等。

2）负债

（1）负债的概念和确认

负债是指由企业过去的交易或者事项形成的、预期会导致经济利益流出企业的现时义务。

将一项现时义务确认为负债，需要符合负债的定义，还需要同时满足以下两个条件：

①与该义务有关的经济利益很可能流出企业。

②未来流出的经济利益的金额能够可靠地计量。

符合负债定义和负债确认条件的项目，应列入资产负债表；符合负债定义，但不符合负债确认条件的项目，不应列入资产负债表。

（2）负债的特征

①负债是由企业过去的交易或者事项形成的，就是说只有过去的交易或者事项才形成负债。如果是未来发生的承诺或是签订的合同等交易或者事项，则不形成负债。

②负债是企业承担的现时义务。其中，现时义务是指企业在现行条件下已承担的义务。未来发生的交易或者事项形成的义务，不属于现时义务，不应当确认为负债。例如，企业购买原材料形成应付账款，企业向银行的借款，企业按税法的规定应当交纳的税款等，都是企业应当承担的现时义务。

③负债预期会导致经济利益流出企业。预期会导致经济利益流出企业是负债的一个本质特征。企业在履行义务时必然会导致经济利益流出企业，例如，用货币资金或实物资产偿还债务；提供劳务偿还债务；将负债转为资本等。无论以何种形式偿还债务，均会导致经济利益流出企业。相反，如果不会导致企业经济利益流出的，就不符合负债的定义。

（3）负债的分类

负债按其偿还期的长短可分为流动负债和非流动负债。

①流动负债是指可以在一年内或者超过一年的一个正常营业周期内偿还的债务。这类负债主要包括短期借款、交易性金融负债、应付账款、应付票据、应付职工薪酬、应交税费等。

②非流动负债是指偿还期在一年以上或超过一年的一个正常营业周期以上的债务。这类负债主要包括长期借款、应付债券和长期应付款等。

3）所有者权益

（1）所有者权益的概念和确认

所有者权益是指企业资产扣除负债后由所有者享有的剩余权益。公司的所有者权益又称为股东权益。所有者权益是所有者对企业资产的剩余索取权。

所有者权益体现的是所有者在企业中的剩余权益，因此，所有者权益的确认主要依赖于其他会计要素，尤其是资产和负债的确认；所有者权益金额的确定也主要取决于资产和负债的计量。

所有者权益项目应当列入资产负债表。

（2）所有者权益的特征

①所有者权益是投资者对企业净资产的所有权，即资产总额扣除负债后的剩余索取权，用公式表示为：所有者权益=资产-负债。企业清算时，在还清所有债务后，剩余财产才能用于偿还所有者。

②在持续经营的情况下，企业一般不需要偿还所有者的投资。

③投资者有权按投资比例分享企业利润。所有者权益与负债不同，不需要企业偿还，但有权按持股比例参与企业的利润分配。所有者分享利润的多少要视企业的经营状况及经营政策而定，因此，存在风险。

④投资者有法定的管理企业的权力。作为企业的投资者不仅具有利润分配权，还具有经营管理权，有权参与企业的经营管理。而企业的债权人只是有权按期收回本息，无权参与企业的经营管理。

（3）所有者权益的来源构成

所有者权益由实收资本（或股本）、其他权益工具、资本公积、其他综合收益、留存收益（盈余公积和未分配利润）构成。

实收资本是指所有者在企业注册资本的范围内实际投入的资本。注册资本是企业设立时向市场监督管理部门登记的资本总额，也是全部出资者设定的出资额之和。

其他权益工具是指企业发行的除普通股以外的归类为权益工具的各种金融工具，主要包括归类为权益工具的优先股、永续债、认股权、可转换公司债券等金融工具。

资本公积是指企业收到的投资者超过其在企业注册资本中所占份额的投资，主要包括资本溢价或股本溢价、其他资本公积。

其他综合收益是指在企业经营活动中形成的未计入当期损益但归所有者共有的利得或损失。

留存收益是指归所有者共有的、企业历年实现的净利润留存于企业的部分，主要包括法定盈余公积、任意盈余公积和未分配利润。

4）收入

（1）收入的概念和确认

收入是指企业在日常活动中形成的、会导致所有者权益增加的、与所有者投入资本无关的经济利益的总流入。

“日常活动”是指企业为完成其经营目标所从事的经常性活动以及与之相关的其他活动。

收入有广义和狭义之分。广义的收入包括营业收入、投资收益、营业外收入等经营和非经营所得；狭义的收入仅指营业收入，是经常性的、主体性的经营业务取得的。会计上的收入是狭义的收入。

收入的确认条件：

①符合收入定义。

②只有在未来经济利益很有可能流入、从而导致企业资产增加或者负债减少，且经济利益的流入额能够可靠计量时才能加以确认。

符合收入定义和收入确认条件的项目，应当列入利润表。

（2）收入的特征

①收入是企业在日常活动中形成的经济利益的总流入。

收入是企业为完成其经营目标所从事的经常性活动形成的经济利益的流入。比如，工业企业制造并销售产品、商业企业销售商品、保险公司签发保单、咨询公司提供咨询服务、软件企业为客户开发软件、安装公司提供安装服务、商业银行对外贷款、租赁公司出租资产等，均属于企业为完成其经营目标所从事的经常性活动，由此产生的经济利益的总流入构成收入。

企业转让无形资产使用权、出售原材料等，属于与经常性活动相关的其他活动，由此产生的经济利益的总流入也构成收入。

企业处置固定资产、无形资产等活动，不是企业为完成其经营目标所从事的经常性活动，也不属于与经常性活动相关的活动，由此产生的经济利益的总流入不构成收入，应当确认为资产处置损益或营业外收入。

②收入会导致所有者权益增加。

企业取得的收入，会使企业的资产增加，例如，在取得商品销售收入、劳务收入、转让资产使用权收入的同时，会使企业的银行存款或应收款项等资产增加。或者收入会使企业的负债减少，例如，在取得商品销售收入、劳务收入、转让资产使用权收入的同时，用商品、劳务、资产的使用权来抵偿所欠对方的债务。根据“资产=负债+所有者权益”的平衡原理，“所有者权益=资产−负债”，因此，无论是资产的增加还是负债的减少，收入最终都会导致所有者权益的增加。

③收入与所有者投入资本无关。

收入是在企业日常活动中形成的，投资者投入资本虽然使企业的资产和所有者权益增加，但不是企业自身的活动形成的经济利益的流入，因此，收入与所有者投入资本无关。

（3）收入的分类

①收入按其在企业中所占的地位不同分为主营业务收入和其他业务收入。主营业务收入，又叫基本业务收入，指企业为完成其经营目标所从事的主要经营活动取得的收入；其他业务收入，又叫附营业务收入，是指企业主要经营活动以外的其他经营活动取得的收入。

②收入按交易的性质分为转让商品收入、提供服务收入。转让商品收入，是指企业通过销售产品或商品实现的收入，如工业企业销售产成品或半成品实现的收入、商业企业销售商品实现的收入、房地产开发商销售自行开发的房地产实现的收入等。提供服务收入，是指企业通过提供各种服务实现的收入。

详细内容将在以后章节讲解。

5）费用

（1）费用的概念和确认

费用是指企业在日常活动中发生的、会导致所有者权益减少的、与向所有者分配利润无关的经济利益的总流出。

费用是相对于收入而言的，费用与收入相配比。费用分为广义的费用和狭义的费用。广义的费用包括各种费用和损失；狭义的费用只包括为获取营业收入销售商品或提供劳务等日常活动而发生的耗费。狭义的费用不包括损失，损失只是对收益的纯扣除。会计上的费用是指狭义的费用。

费用的确认条件：符合费用定义，经济利益很可能流出，从而导致企业资产减少或者负债增加，且经济利益的流出额能够可靠计量时才能予以确认。

（2）费用的特征

①费用指企业在日常活动中发生的经济利益的总流出。

这里的“日常活动”与“收入”定义中的“日常活动”一致，都是指企业为完成其经营目标所从事的经常性活动以及与之相关的活动。费用指企业在日常活动中发生的经济利益的总流出，不包括非经常性活动所发生的支出，例如，企业对外投资发生的投资损失，更不包括与企业正常经营活动无直接联系的、偶发的事项产生的支出或损失，例如，自然灾害等非常事项造成的财产损失等。

②费用会导致所有者权益的减少。

费用的产生会使资产减少，这种减少可以是现金支出，也可以是非现金支出。例如，用现金或银行存款支付销售费用、办公费用，是现金支出；再如，产品消耗原材料，是非现金支出。费用的产生也会使负债增加，例如，企业本期发生的应付未付的水电费、职工薪酬等，使本期的费用增加的同时负债增加，将来实际支付时，终究会导致资产减少。总之，费用无论是使资产减少还是使负债增加，都会使企业的经济资源减少，使企业的经济利益流出，根据“资产=负债+所有者权益”的平衡原理，“所有者权益=资产-负债”，费用最终会导致所有者权益减少。需要注意的是：a.在生产经营过程中，资产的减少并不都引起所有者权益的减少，例如，用银行存款偿还债务本金，是资产的减少，负债的减少，并不影响所有者权益，因此，这项资产的减少不属于费用。b.负债的增加也并不都引起所有者权益的减少，例如，从银行借入短期借款，存入银行，这项业务使资产、负债同时增加，但并不影响所有者权益。

③费用与向所有者分配利润无关。

费用是企业在日常活动中形成的，而向所有者分配利润虽然使企业的资产减少、所有者权益减少，但不是企业的经营活动形成的经济利益的流出，属于最终利润的分配，因此，不是费用。

(3) 费用分类

①费用按经济内容可分为外购材料、外购燃料、外购动力、工资、折旧费、利息支出、税金、其他支出。

②费用按经济用途可分为直接材料、直接人工、制造费用和期间费用。直接材料指构成产品实体，或有助于产品形成的各种原料及主要材料、辅助材料、燃料、备品备件、外购半成品及其他直接材料；直接人工指直接从事产品生产人员的工资、奖金、津贴、补贴及职工福利费；制造费用又称间接费用，指企业各生产单位为组织和管理生产所发生的各项费用，一般在月末分配计入产品或劳务成本；期间费用是企业在生产经营过程中发生的不能直接计入产品生产成本或劳务成本，而直接计入当期损益的费用，包括销售费用、管理费用、财务费用。

6) 利润

(1) 利润的概念和确认

利润是指企业在一定会计期间的经营成果，利润包括收入减去费用后的净额、直接计入当期利润的利得和损失等。

收入减去费用后的净额反映的是企业日常活动的业绩。

计入当期利润的利得和损失，是企业非日常活动的业绩，是指应当计入当期损益、会导致所有者权益发生增减变动的、与所有者投入资本或者向所有者分配利润无关的利得或者损失。

利润是评价企业经营管理的一项重要指标，也是财务报告使用者关心的重要信息。企业实现了利润，表明企业的所有者权益将增加，业绩将提升；如果企业发生了亏损，表明企业的所有者权益将减少，业绩将下滑。

利润的确认：利润反映的是收入减去费用、利得减去损失后的净额，因此，利润的确认主要依赖于收入、费用、利得和损失的确认，其金额的确定也主要取决于收入、费用、利得和损失金额的计量。

利润项目应当列入利润表。

(2) 利润的特征

①利润是一定会计期间（月度、年度等）的经营成果。

②利润取决于收入、费用及直接计入当期利润的利得和损失等。

③利润在未分配前属于所有者权益，为投资者所有。

1.3.3 会计要素的计量属性

企业在将符合确认条件的会计要素登记入账并列报于财务报表及其附注时，应当按照规定的会计计量属性进行计量，确定其金额。计量属性反映的是会计要素金额的确定基础，主要包括历史成本、重置成本、可变现净值、现值和公允价值等。

1) 历史成本

在历史成本计量属性下，资产按照购置时支付的现金或者现金等价物的金额，或者按照购置资产时所付出的对价的公允价值计量。负债按照因承担现时义务而实际收到的款项或者资产的金额，或者承担现时义务的合同金额，或者按照日常活动中为偿还负债预期需要支付的现金或者现金等价物的金额计量。

历史成本是企业取得资源时的原始交易价格，具有可靠性、可验证性。但在物价变动较大时，它的可比性、相关性就会降低，收入与费用的配比就会缺乏统一性，就不能分清经营业绩和持有收益，因此也就不能真实反映企业的财务状况。

2）重置成本

在重置成本计量属性下，资产按照现在购买相同或者相似资产所需支付的现金或者现金等价物的金额计量。负债按照现在偿付该项债务所需支付的现金或者现金等价物的金额计量。

因为重置成本可以体现资产的现时价值，接近市场公允价值，因此，目前在资产评估工作中，大都采用重置成本计量属性。但是，重置成本的确定难度较大，无法和原持有资产完全吻合，所以信息的可靠性较低。

3）可变现净值

在可变现净值计量属性下，资产按照其正常对外销售所能收到的现金或者现金等价物的金额扣减该资产至完工时估计将要发生的成本、估计的销售费用以及相关税费后的金额计量。

可变现净值反映了资产的预期变现能力，是指资产在正常经营状态下，带来的未来现金流入或将要支出的现金流出。

4）现值

在现值计量属性下，资产按照预计从其持续使用和最终处置中所产生的未来净现金流入量的折现金额计量。负债按照预计期限内需要偿还的未来净现金流出量的折现金额计量。

现值这种计量属性考虑了货币的时间价值，但未来现金流量现值是不确定的，所以可靠性较差。

5）公允价值

公允价值，是指市场参与者在计量日发生的有序交易中，出售一项资产所能收到或者转移一项负债所需支付的价格。

企业以公允价值计量相关资产或负债，应当假定市场参与者在计量日出售资产或者转移负债的交易，是在当前市场条件下的有序交易。有序交易，是指在计量日前一段时期内相关资产或负债具有惯常市场活动的交易。清算等被迫交易不属于有序交易。

公允价值计量是国际上较普遍采用的一种价值计量方法，但是取得公允价值相关信息的难度较大，因此在实务操作中，应关注公允价值和资产活跃市场信息的可信程度。

在各种会计要素计量属性中，历史成本通常反映的是资产或者负债的过去价值，而重置成本、可变现净值、现值以及公允价值通常反映的是资产或者负债的现时成本或者现时价值，是与历史成本相对应的计量属性。当然这种关系也并不是绝对的。例如，资产或者负债的历史成本有时就是根据交易时有关资产或者负债的公允价值确定的。企业在对会计要素进行计量时，一般应当采用历史成本，采用重置成本、可变现净值、现值和公允价值的，应当保证所确定的会计要素金额能够取得并可靠计量。

1.3.4 会计基础

企业会计的确认、计量和报告应当以权责发生制为基础。权责发生制是指凡当期已经实现的收入和已经发生或应当负担的费用，无论款项是否收付，都应当作为当期的收入和费用，计入利润表；凡不属于当期的收入和费用，即使款项已在当期收付，也不应当作为当期的收入和费用。相对于权责发生制，收付实现制是以收到或支付的现金作为确认收入和费用的依据的。我国企业会计准则规定“企业应当以权责发生制为基础进行会计确认、计量和报告”。

【例1-1】根据甲公司2×19年6月份发生的下列经济业务，分别以权责发生制和收付实现制确定本月的收入、费用：

（1）销售产品收到5 000元，货款已收并存入银行；

（2）销售产品2 000元，购买单位A交来现金1 000元，余款暂欠；

（3）收到购买单位乙上月所欠货款5 000元；

（4）收到购买单位丙预交货款1 200元；

（5）收到阳光公司交来7—12月份厂房租金12 000元；

（6）支付上月电费2 000元；

（7）支付本月应负担的办公费800元；

（8）支付下季度的保险费1 500元；

（9）负担上季度已预付的保险费500元。

权责发生制下：

收入=（1）5 000+（2）2 000=7 000（元）

费用=（7）800+（9）500=1 300（元）

收付实现制下：

收入=（1）5 000+（2）1 000+（3）5 000+（4）1 200+（5）12 000=24 200（元）

费用=（6）2 000+（7）800+（8）1 500=4 300（元）

1.4 会计核算的基本前提和会计信息的质量要求

1.4.1 会计核算的基本前提

会计所处的环境纷繁复杂，会计人员面对的社会经济环境变幻莫测，这就需要对会计对象及环境做出基本的假定，从而对企业的经营活动进行规范的确认、计量、报告。这些基本假定即会计的基本前提，又叫会计基本假设，是人们在长期的会计实践中，逐步认识、总结出的会计确认、计量、报告的合理假设。会计基本假设是会计确认、计量和报告的前提，是对会计核算所处时间、空间环境等所做的合理设定，是企业设计和选择会计方法的重要依据，是进行会计规范的基本条件和会计核算工作的基础。

我国会计的基本假设包括会计主体、持续经营、会计分期和货币计量。

1）会计主体

会计主体是会计工作为之服务的特定单位。会计主体可以是一个特定的企业，可以是某一个企业的特定部分，如这个企业的分公司、分厂等，可以是由若干家企业通过控股关系组织起来的集团公司。我国企业会计准则规定“企业应当对其本身发生的交易或者事项进行会计确认、计量和报告”。即企业会计核算的对象要以自身发生的经济业务为主体，反映自身的经济活动。会计主体假设规定了会计核算的空间范围，明确了会计工作站在谁的立场上，为谁服务的问题。理解会计主体要明确以下几点：

（1）本企业的经济活动应区别于其他企业或单位的经济活动。企业发生的经济业务往往与其他企业或单位相联系，例如，从其他企业购入材料，将产品销售给其他单位等等，企业在对经济业务进行核算时，必须站在本企业的立场上，必须以本企业的权利、义务为界限，将自身应核算的经济活动与其他企业或单位应核算的经济活动严格区别开来，正确地确认、计量、报告本企业的资产、负债和所有者权益，正确核算本企业的损益。

（2）企业的经济活动应区别于企业投资者的经济活动。明确会计主体，除了将本企业的经济活动与其他企业或单位的经济活动区别开来，还应将企业的经济活动与企业投资者的经济活动区别开来。如果企业的投资者又是企业的经营者，因为会计核算的是企业的经济业务，因此，应将投资者的个人消费与企业的经济活动区分开，核算清楚企业与投资者的往来，正确确认、计量、报告企业自身的财务状况、经营成果和现金流量。

（3）会计主体与法人是有区别的。明确会计主体，还应明确会计主体与法人的区别。会计主体不一定具备法人资格，可以是法人，也可以不是法人；而法人一定是会计主体。比如，独资企业和合伙企业往往不具有法人资格，独资企业和合伙企业的财产和债务，在法律上仍是业主和合伙人的，但在会计的确认、计量、报告中，仍把它们看作独立的会计主体。再比如，有若干个具有法人资格的企业组成的集团公司，集团公司本身可能不具备法人资格，但在编制集团公司的财务报表（合并财务报表）时，要将集团公司看作一个独立的会计主体。

2）持续经营

我国企业会计准则规定："会计确认、计量和报告应当以企业持续经营为前提。"所谓持续经营就是指在正常情况下，企业的生产经营活动将按既定的经营目标、方针、形式无限期地延续下去，即在可预见的将来，企业既不会清算，也不会大规模削减业务。

如果说会计主体的基本前提为会计核算规定了空间范围，那么持续经营的基本前提则为会计核算规定了时间范围。企业是否能持续经营，决定了企业采用的核算方法、原则的不同。在持续经营的前提下，才能使得会计核算方法持续、稳定，才能建立在非清算的基础上，会计主体所持有的资产才能按预定的目的消耗、出售，企业才能如期偿还债务。持续经营为会计核算的正常进行提供了依据，解决了财产计价，收益和费用确认、计量等问题。例如，在持续经营的前提下，企业收益、费用才能按权责发生制的原则确认，而不是收付实现制；企业财产才以历史成本计价，而不是现行市价或清算价格等等。

在竞争激烈的社会环境下，企业破产、清算的风险时常存在。如果有确凿的证据表明企业无法正常经营下去，即将破产、倒闭，那么在持续经营前提下的会计核算的方法、原则等将不再适用。

3）会计分期

会计分期是建立在持续经营前提之上的。我们假设企业的生产经营会持续不断地进行下去，但会计要为各信息使用者及时提供信息，发挥会计的功能，实现会计的目标，总不能等到企业持续经营的过程全部结束的时候才提供相关信息，因此，就需要将企业持续不断的生产经营过程人为地划分为会计期间，即会计分期。会计分期，就是将企业持续不断的生产经营活动人为地划分为连续的、间距相等的期间，以便确定每一个会计期间的收入、费用和盈亏，确定该会计期间的期初、期末的资产、负债和所有者权益，并据以结算账目、编制财务报表，及时向各方提供有关企业财务状况、经营成果和现金流量等的会计信息。

会计期间分为年度和中期。会计年度可以是营业年，也可以是日历年。我国规定以日历年作为会计年度，即从公历1月1日至12月31日为一个会计年度。中期是指短于一个完整会计年度的报告期间，分半年度、季度、月份，起止时间均采用公历日期，因此企业还需按半年度、季度、月份编制财务报表。

有了会计分期这一基本前提，会计核算才有了本期、非本期的区分，才有了权责发生制、收付实现制的区分，才使不同类型的会计主体有了记账的基准，才有了应收、应付、预收和预付等会计处理方法。

4）货币计量

货币计量是指会计在确认、计量、记录、报告中以货币为计量单位，记录和反映会计主体的财务状况、经营成果和现金流量等。

企业在生产经营过程中会发生许许多多、纷繁复杂的经济业务，会计核算可以采用诸如劳动计量、实物计量和货币计量等多种计量单位，而劳动计量、实物计量只能从某一个侧面反映会计主体的生产经营情况，不能在量上比较、汇总。而货币作为一般等价物，是衡量一般商品价值的共同尺度，因此，在会计核算中为了全面反映生产经营情况，提供系统、综合的会计信息资料，应以货币作为计量单位，以其他计量单位作为辅助。所以，企业会计准则规定“企业会计应当以货币计量”。在货币计量的基本前提下，企业进行会计核算以人民币作为记账本位币。企业的业务收支以外币为主的可以选择外币作为记账本位币，但在编制财务报告时应折算为人民币。境外的中国企业在向国内报送财务报告时，应折算为人民币。

货币计量的基本前提隐含着币值稳定的假设。货币本身也有价值，在市场经济中，货币的价值与其他商品一样也会时常波动。如果币值波动较大，以货币作为计量单位就不能准确地反映企业的经营状况，会计提供的信息就会失实。因此，以货币作为计量单位，同时也隐含着币值稳定的假设。

1.4.2　会计信息的质量要求

为实现会计目标，向会计报告的使用者提供决策有用的会计信息，会计信息不仅要满足会计信息使用者的需求，还要符合一定的质量要求。会计信息的质量要求是会计信息所应有的质量标准，是对企业进行会计核算的基本要求。根据我国企业会计准则的规定，会计信息的质量要求包括以下几方面。

1）可靠性

可靠性，也叫客观性、真实性，是对会计信息基本的质量要求。可靠性是指企业应当以实际发生的交易或者事项为依据进行确认、计量和报告，如实反映符合确认和计量要求的各项会计要素，保证会计信息真实可靠、内容完整。

会计所提供的信息必须是客观的、真实的。如果会计信息是虚假的、不真实的，不仅不会满足信息使用者的需求，而且会误导他们，造成决策失误。在实际的会计核算工作中，从原始凭证的取得或填制、记账凭证的编制、账簿的登记直到财务报告的编制，都要以客观的、合法的凭证为依据，客观公正、不偏不倚、计算准确、数字真实、手续完备、资料可靠、内容完整，经得住复核、验证，使经济业务得到全面、真实地反映。总之，可靠的会计信息必须是真实的、准确的、可验证性的。

2）相关性

相关性，也叫有用性，是指企业提供的会计信息应当与财务报告使用者的经济决策需要相关，有助于财务报告使用者对企业过去、现在或者未来的情况做出评价或者预测。

相关的会计信息应是有使用价值的信息，是对决策有用的会计信息。而对决策有用的会计信息，一方面能帮助信息使用者评价过去的决策是否正确，验证、修正某些预测，以总结经验，利于未来的决策，即相关的会计信息具有反馈价值。另一方面，能帮助信息使用者对未来进行预测、做出决策，即相关的会计信息应有预测价值。

会计信息符合相关性要求，需要企业在确认、计量和报告的过程中，充分考虑使用者的需要。但是，相关性是以可靠性为基础的，两者之间并不矛盾，会计信息应在可靠性的前提下，尽可能达到相关性，以满足财务报告使用者的决策需要。

3）可理解性

可理解性是指企业提供的会计信息应当清晰明了，便于财务报告使用者理解和使用。

企业提供的会计信息是为了使用，会计信息只有清晰、易懂，才能被信息使用者充分理解，才能准确把握会计信息的内容，才能充分发挥信息的相关性。质量再高的会计信息，如果不易于理解，会丧失它应有的作用，甚至会产生理解的偏差，误导信息使用者。因此，企业提供的会计信息，应该保证项目完整、格式正确、钩稽关系清楚、数字准确、披露及相关说明清晰明了，以增强会计信息的可理解性。

4）可比性

企业提供的会计信息应当具有可比性。可比性包括纵向可比性及横向可比性。

纵向可比性，也叫一贯性，是指同一企业不同时期发生的相同或者相似的交易或者事项，应当采用一致的会计政策，不得随意变更。确需变更的，应当在附注中说明。会计信息具有纵向可比性，可使企业了解本企业不同时期的生产经营状况、发展变动趋势，找问题，作预测。

横向可比性，也叫统一性，是指不同企业发生的相同或者相似的交易或者事项，应当采用规定的会计政策，确保会计信息口径一致、相互可比。以使不同企业按照一致的确认、计量和报告要求提供会计信息。会计信息具有横向可比性，可使企业与同类企业进行比较，了解本企业与其他企业的差距，学习先进的经验，及时调整本企业的决策、预测方案。

因此，具有可比性的会计信息才能充分发挥其有用性。

5）实质重于形式

实质重于形式是指企业应当按照交易或者事项的经济实质进行会计确认、计量和报告，不应仅以交易或者事项的法律形式为依据。

生产经营中发生的交易或事项的法律形式并不一定会反映交易或事项的经济实质，如果不按照交易或事项的经济实质进行会计的确认、计量和报告，会计信息就不能真实地反映企业的生产经营，就不利于信息使用者进行正确的决策。例如，融资租入固定资产，在租赁期未满之前，从法律上看是租赁，固定资产的所有权并没有转移。但从经济实质上看，租赁期限长，租赁期内承租方有权支配该资产，出租方已将资产的报酬及风险都转移给了承租方，因此，承租方应将资产看作自有资产入账，并提取折旧，确认大修理费用。

6）重要性

重要性是指企业提供的会计信息应当反映与企业财务状况、经营成果和现金流量等有关的所有重要的交易或者事项。

在会计核算中，应区分交易或事项的重要程度，采用不同的核算方法。如果是对使用者做出经济决策有较大影响的重要的交易或事项，就应该严格按照会计规定的程序和方法，逐项核算，做到数字准确，资料详细，披露充分、准确。对非重要的交易和事项，在不影响会计信息的真实性，不影响信息使用者做出正确判断的前提下，可以适当简化，合并处理。

坚持重要性的原则，要保证会计信息的质量，兼顾全面性和重要性。之所以要区分交易或事项的重要性和非重要性，主要缘于成本效益原则，即提供的会计信息的效用要与其核算成本相比较。企业发生的诸多经济业务，如果不加区分地按相同的会计核算方法处理，全部转化为财务报表中详细的指标，罗列在一起，既没必要，也会浪费人力、物力和财力，降低效率，提供的会计信息也会主次不分，反而会影响信息使用者对会计信息的选择和判断，进而影响其决策。

判断交易或事项的重要性，在很大程度上取决于会计人员的职业判断。一般来说，应从交易或事项的质和量两方面判断。从质的方面看，如果交易或事项的发生可能对信息使用者的决策影响重大，该交易或事项就具有重要性；从量的方面看，如果交易或事项的发生达到总资产（或其他指标）的一定比例，就可判断该交易或事项具有重要性。在实际中，判断交易或事项是否重要，应结合具体情况，考虑经济业务的性质。如果某项会计信息是进行决策所必需的，即使核算成本再高，也应将其作为重要的交易或事项处理。

7）谨慎性

谨慎性，又叫稳健性，是指企业对交易或者事项进行会计确认、计量和报告应当保持应有的谨慎，不应高估资产或者收益、低估负债或者费用。

在实际的会计工作中，存在着风险和不确定性因素，如果对于某项交易或事项有多种处理方法，或是需要会计人员进行职业判断，就应遵循谨慎性的要求。对于资产或收益在无把握、不确定的情况下，应低估，不使会计信息夸大资产、收益，造成信息使用者的盲目乐观，以至于误导其决策。对于负债或者费用，应充分考虑各种不利因素，对于可预计的费用和损失应进行确认、计量，使信息使用者充分考虑到各种风险。例如，企业对可能发生的资产减值损失计提资产减值准备，就体现了谨慎性原则。

坚持谨慎性原则，不能随意歪曲事实，使会计信息丧失客观性。

8）及时性

及时性是指企业对于已经发生的交易或者事项，应当及时进行确认、计量和报告，不得提前或者延后，从而可以把会计信息及时地传递给财务报告的使用者，以利于使用者及时使用会计信息并进行决策。

会计信息具有时效性，特别是在竞争日益激烈、瞬息万变的市场经济中，及时性更为重要。会计信息如果不能及时传递到信息使用者的手中，即使符合其他的信息质量要求，也会失去其价值，使信息使用者贻误时机。坚持及时性原则，就要及时搜集会计资料、及时处理会计信息、及时传递会计信息。

1.5 会计法规

会计法规是指导和规范各单位及其人员会计行为的准则。我国的会计法规体系包括会计法律、会计行政法规和会计部门规章三个层次。

1.5.1 会计法律

会计法是规范我国经济生活中会计行为的法律总称。

我国第一部会计法——《中华人民共和国会计法》，于1985年1月21日，由第六届全国人民代表大会常务委员会第九次会议通过，自1985年5月1日起施行。1993年12月29日，为了适应社会主义市场经济建设的需求，第八届全国人民代表大会常务委员会第五次会议通过了《关于修改〈中华人民共和国会计法〉的决定》，对会计法进行了第一次修正。1999年10月31日，第九届全国人民代表大会常务委员会第十二次会议根据进一步深化经济体制改革对会计工作提出的新的要求，审议通过了重新修订的会计法，并于2000年7月1日起施行。2017年11月4日，第十二届全国人民代表大会常务委员会第三十次会议通过《关于修改〈中华人民共和国会计法〉等十一部法律的决定》，对会计法进行了第二次修正。

《中华人民共和国会计法》分别对会计工作的基本目的、一般原则、会计核算、会计监督、会计机构、会计人员和法律责任等作了规定，是会计工作的根本大法，居于会计法规体系的最高层次，是其他会计法规制定的依据。

1.5.2 会计行政法规

会计行政法规是指依据《中华人民共和国会计法》，由国家最高行政机关即国务院制定的，用于调整经济生活中某些方面会计关系的法律规范，是会计法律的补充和具体化。会计行政法规的效力仅次于会计基本法，是我国会计法规体系的重要组成部分，通常以条例、办法、规定等具体名称出现，如《企业财务会计报告条例》《总会计师条例》《会计基础工作规范》等。

《企业财务会计报告条例》是国务院前总理朱镕基于2000年6月21日以签署中华人民共和国国务院第二八七号令的方式公布的，自2001年1月1日起施行。《企业财务会计报告条例》共六章46条，主要目的是规范企业财务会计报告，保证财务会计报告的真实、完整。《企业财务会计报告条例》规定，本条例所称财务会计报告，是指企业对外提供的反映企业某一特定日期财务状况和某一会计期间经营成果、现金流量的文件。企业不得编制和对外提供虚假的或者隐瞒重要事实的财务会计报告。企业负责人对本企业财务会计报告的真实性、完整性负责。任何组织或者个人不得授意、指使、强令企业编制和对外提供虚假的或者隐瞒重要事实的财务会计报告。注册会计师、会计师事务所审计企业财务会计报告，应当依照有关法律、行政法规以及注册会计师执业准则的规定进行，并对所出具的审计报告负责。本条例对财务会计报告的构成、财务会计报告的编制、财务会计报告的对外提供、法律责任等进行了规范。

1.5.3　会计部门规章

会计部门规章是指依据会计法律和会计行政法规由主管全国会计工作的行政部门——财政部及其他相关部委就会计工作方面的内容所制定的规范性文件，主要包括企业会计准则和企业会计制度等。

1）企业会计准则

会计准则是处理会计事项、评价会计工作质量的标准，是会计工作的规范。

我国于1992年11月第一次颁布企业会计准则，它是在我国经济改革开放后，随着计划经济向市场经济的转变，根据当时我国的国情，财政部借鉴国际惯例而出台的第一个会计准则，是我国会计改革的一次重要转折，标志着我国的会计体系工作开始走向国际化。

随着经济体制改革的进一步深化以及世界经济的一体化、国际资本市场的全球化进程的快速推进，会计理论也在不断发展、完善。为使会计信息更准确、客观地反映纷繁复杂的经济业务，我国陆续颁布了一些具体会计准则。特别是在我国加入WTO以后，会计准则的国际化趋同需要也日益迫切。2006年2月15日，我国新的企业会计准则体系正式颁布，并于2007年1月1日起在上市公司和会计师事务所中执行，其他企业鼓励执行。我国首次构建起了与中国国情相适应同时又充分与国际财务报告准则趋同的、涵盖各类企业（小企业除外）各项经济业务、独立实施的完整协调的会计准则体系，这是我国会计发展史上新的里程碑。2017年，财政部先后颁布了修订后的《企业会计准则第16号——政府补助》《企业会计准则第14号——收入》《企业会计准则第22号——金融工具确认和计量》《企业会计准则第23号——金融资产转移》《企业会计准则第24号——套期会计》《企业会计准则第37号——金融工具列报》《企业会计准则第42号——持有待售的非流动资产、处置组和终止经营》。2019年5月，财政部发布《关于修订印发2019年度一般企业财务报表格式的通知》，对企业的财务报表格式提出要求，增加、明确了若干新的报表项目和会计科目。企业会计准则由1项基本会计准则和42项具体会计准则组成。

会计准则体系分为基本会计准则、具体会计准则及应用指南三个层次。

（1）基本会计准则

基本会计准则类似于美国的“概念结构”和国际会计准则中的“编报财务报表的框架”，用来指导、统驭具体会计准则，为具体准则、会计制度的制定提供了基本框架，以及指导没有具体会计准则规范的交易的处理。

我国的基本会计准则包括：总则，会计信息质量要求，资产，负债，所有者权益，收入，费用，利润，会计计量，财务会计报告及附则十一章。我国基本会计准则的制定吸收了当代财务会计理论研究的最新成果，反映了当前会计实务发展的内在需要，体现了国际上财务会计概念框架的发展动态，构建起了完整、统一的财务会计的基本目标、假设、会计基础和会计信息质量要求、会计要素及其确认、计量原则，以及财务报告的基本规范等。

（2）具体会计准则

具体会计准则是依据基本会计准则制定的，是对经济业务的会计处理及财务报告披露等所做的具体规定。42项具体会计准则，对我国目前各行业企业中存在的各类经济业务，明确了会计处理的具体原则和规范，分为一般业务准则、特殊行业的特定业务准则和报告准则三类。

一般业务准则规定各类企业一般经济业务的确认和计量要求，包括存货，会计政策，会计估计变更，会计差错更正，资产负债表日后事项，建造合同，所得税，固定资产，租赁，收入，职工薪酬，股票期权，捐赠与补助，外币折算，借款费用，投资，企业年金，每股收益，无形资产，非货币性资产交换，债务重组，资产减值，或有事项，投资性房地产，持有待售的非流动资产、处置组和终止经营和企业合并等。特殊行业的特定业务准则规范特殊行业的特定业务的确认和计量要求，包括石油天然气开采、生物资产、金融工具列报和披露、保险合同和再保险合同等。报告准则规范各类企业财务会计报告的准则，包括财务报表列报、现金流量表、合并财务报表、中期财务报告、分部报告和关联方交易及其披露。

（3）应用指南

应用指南主要指导在应用准则进行经济业务处理时有关会计科目、账务处理、财务报表及其格式等问题。准则侧重规范确认、计量和报告，指南侧重规范记录。

2014年年初，为适应市场经济发展的需要，进一步规范会计计量方法，保持与国际财务报告准则的趋同，财政部先后发布了多项准则的增补或修订版，要求企业自2014年7月1日起执行。此次企业会计准则变化的主要内容包括职工薪酬的分类、五险一金的核算、离职后福利的处理、带薪缺勤的会计处理的变化，资产负债表列报格式发生重要变化，利润表编制、其他综合收益的构成以及转出规定、合并范围发生重大变化，长期股权投资分类发生重大变化，股权投资方法转换规则发生重大变化，关联方交易抵销规则发生重大变化，合营安排、公允价值的定义和计量方法等。上述准则的重大变化将对会计核算、资产计量、会计业绩、财务信息系统和财务工作流程等产生重大影响。近几年，企业会计准则在金融工具、收入、财务报表等方面陆续做了一系列的修订和完善。2017年，财政部先后颁布了修订后的政府补助，收入，金融工具确认和计量，金融资产转移，套期会计，金融工具列报，持有待售的非流动资产、处置组和终止经营等具体准则。2019年5月，财政部发布修订2019年度一般企业财务报表格式，对企业的财务报表格式提出要求，增加、明确了若干新的报表项目和会计科目。

2）企业会计制度

《企业会计制度》是企业进行会计工作所应遵循的规则、方法和程序的总称，是为了贯彻执行《中华人民共和国会计法》和《企业财务会计报告条例》，规范企业的会计核算工作制定的，由财政部于2000年12月29日发布，于2001年1月1日起执行。这是我国会计核算制度的一次重大改革，打破了计划经济对我国会计核算制度的束缚，打破了行业和所有制界限，使会计信息更具有可比性，为提高我国企业会计信息质量，真实反映企业的财务状况、经营成果和现金流量，加快我国会计与国际接轨奠定了良好的基础。《企业会计制度》主要对会计科目及其核算内容、会计事项的处理方法、财务报告的编制方法等进行了规范。

除了《企业会计制度》，财政部还颁布了《金融、保险企业会计制度》《小企业会计制度》《民间非营利组织会计制度》《村集体经济组织会计制度》等。

《中华人民共和国会计法》、会计准则和会计制度都是会计工作和会计行为的规范，都是我国会计规范体系的重要组成部分。《中华人民共和国会计法》主要对会计工作的一般原则、会计核算、会计监督等做出了规定，是会计工作的基本法，必须由全国人民代表大会及其常务委员会制定、修订。

会计准则，主要规定会计核算的一般原则、会计要素、财务报告及具体项目的确认、计量、报告方法，其中基本会计准则是制定具体会计准则和会计制度的依据；会计制度，主要就会计科目和财务报表做出规定。会计准则和会计制度都是直接指导各单位会计核算的法规，都要遵守《中华人民共和国会计法》的规定，都属于“国家统一的会计制度”中的会计核算制度范畴，由财政部制定、实施。

除以上三个层次的会计法规外，还有地方性会计法规、章程，主要指各省、自治区、直辖市根据会计法律、会计行政法规和国家统一的会计制度的规定，结合本地区的实际情况，在各自的行政区域内制定、实施的地方性会计法律规范。

章末习题

一、单项选择题

1.会计的基本职能是（　　）。

A.反映与监督　　B.监督与控制

C.核算与反映　　D.核算与分析

2.企业的产成品属于会计要素中的（　　）。

A.资产　　B.负债

C.所有者权益　　D.收入

3.确定会计工作时间范围的前提条件是（　　）。

A.会计主体　　B.持续经营

C.会计分期　　D.货币计量

4.会计进行核算的统一计量标准是（　　）。

A.实物量度　　B.劳动量度

C.货币量度　　D.其他量度

5.会计核算提供的信息应以实际发生的经济业务为依据，如实地反映企业的财务状况和经营成果，这体现了（　　）。

A.谨慎性原则　　B.可比性原则

C.可靠性原则　　D.重要性原则

二、多项选择题

1.下列说法正确的是（　　）。

A.生产活动是会计产生的前提条件

B.会计的产生与加强经济管理、提高经济效益有着密不可分的联系

C.当社会生产力发展到一定阶段时，会计才逐步从生产中分离出来

D.从单式记账法过渡到复式记账法，是近代会计的形成标志

2.明确会计目标要解决的问题有（　　）。

A.向谁提供会计信息　　B.提供哪些信息

C.会计信息应符合什么标准　　D.如何提供会计信息

3.反映财务状况的会计要素有（　　）。

A.资产　　B.收入

C.负债　　D.利润

4.会计的计量属性有（　　）。

A.历史成本　　B.重置成本

C.可变现净值　　D.现值

E.公允价值

5.我国的会计法规包括（　　）。

A.会计法律　　B.会计行政法规

C.会计部门规章　　D.地方性会计法规、章程

三、业务处理题

1.要素归类练习：判断表1-1中的项目分别属于哪类会计要素，并填入表中。

表1-1　　要素归类练习

项　目	会计要素
银行存款	
短期借款	
应付职工薪酬	
车间厂房	
未分配利润	
实收资本	
应交税费	
销售收入	
原材料	
已销产品消耗的原材料	

2.甲公司2×19年9月发生了以下经济业务，请分别用权责发生制和收付实现制计算甲公司9月份的收入和费用。

（1）以银行存款支付全年的财产保险费12 000元。

（2）销售产品一批，总计18 000元，货款尚未收到。

（3）收回上月销货款20 000元。

（4）预收下月销售定金25 000元。

（5）以现金支付本月工资20 000元。

（6）本月销售产品一批，收到款项15 000元。

第2章/
复式记账

学习目标：理解会计恒等式；理解会计科目及账户；掌握并应用复式记账原理及借贷记账法。

在前面的讲述中我们学习了会计的含义、会计要素、会计职能、会计的目标等，明确了会计核算的基本前提和信息质量要求，从而对会计有了一个概括的了解。在此基础上，我们将在本章学习两个最重要也是最基本的会计核算方法——设置账户和复式记账。

设置账户和复式记账的依据是会计恒等式。

2.1 会计恒等式

我们知道，将会计的对象依据交易和事项的经济特征进行基本分类，可分为资产、负债、所有者权益、收入、费用及利润六个会计要素。这六个会计要素分别反映不同的财务信息，反映企业生产过程中不同的方面，但六要素之间并非是孤立的，而是有着本质的联系，它们之间的数量变化有一定的规律，我们把反映会计要素之间这种内在联系的数学表达式叫会计恒等式，也叫会计方程。

2.1.1 资产与负债、所有者权益的平衡关系

企业在生产经营过程中，不断发生各种各样的经济业务，从而引起资本周而复始地运动，资本的运动是绝对的，而静止是相对的。资本的相对静止是指资本在某一特定时点（如月末、季末、年末、月初、季初、年初）的相对静止状态，具体表现为处于不同的经营环节、具有不同形态的财产物资——资产。

企业的资产一方面表现为不同的占有形态，体现着企业拥有和控制的经济资源，如库存现金、银行存款、原材料、固定资产和对外投资等。另一方面，这些不同形态的资产总有其来源。在相对静止的状态下，资产的来源不外乎两个方面：一是投资者投入的，是投资者对企业净资产（资产总额-负债总额）的所有权——所有者权益；二是企业从金融机构、其他单位等借入的，体现了企业的债权人对企业资产的要求权——负债。所有者权益和负债统称为权益。资产和权益是同一事物的两个方面，二者相互联系、相互依存，有资产必有其来源，有来源一定对应着相应的资产，没有无来源的资产，也没有无资产的来源。因此：

资产=权益

即　资产=负债+所有者权益　(1)

公式（1）体现了资产、负债和所有者权益的本质联系，是资本处于相对静止状态下的会计要素间的平衡关系，是编制资产负债表的依据。

【例2-1】甲公司经批准于2×19年5月1日创立，此时投资者王某投资银行存款100 000元，李某投入价值200 000元的机器，张某投入专利权一项，经评估价值为150 000元。另外，企业从银行借入短期借款150 000元，存入银行。此时，甲公司的资产、负债和所有者权益之间的数量关系见表2-1。

表2-1　**2×19年5月1甲公司的资产、负债和所有者权益**　单位：元

资　产		负　债	
银行存款	250 000	短期借款	150 000
固定资产	200 000	所有者权益	
无形资产	150 000	实收资本——王某	100 000
		实收资本——李某	200 000
		实收资本——张某	150 000
合计	600 000	合计	600 000

从表2-2可知，公司5月1日的资产、负债和所有者权益之间的数量关系：

资产=银行存款（100 000+150 000）+固定资产200 000+无形资产150 000=600 000（元）

负债=短期借款150 000元

所有者权益=王某投资100 000+李某投资200 000+张某投资150 000=450 000（元）

所以：

资产=负债+所有者权益=600 000（元）

或　所有者权益=资产-负债=净资产=450 000（元）

以上甲公司的资产、负债和所有者权益之间的数量平衡关系是指在2×19年5月1日资本运动相对静止状态下的静态平衡关系。

2.1.2　收入、费用与利润的平衡关系

企业在生产经营过程中，伴随着经济业务的发生，资本在运动、周转着，资本只有处于运动中才能增值、才能创收。例如，企业生产出产品通过销售取得收入、实现其价值，另外，企业还会有其他的收入；在生产经营过程中要发生原材料的消耗、固定资产折旧费、人工费等各种费用。这样，一定会计期间的收入与费用相比较，如果收入大于费用，表明企业实现了利润；收入小于费用，表明企业经营亏损了；收入等于费用，表明企业经营只是保本。因此，收入、费用与利润之间存在着这样的平衡关系：

收入-费用=利润　(2)

公式（2）体现了收入、费用与利润之间的内在联系，是资本处于运动状态下会计要素间的平衡关系，是编制利润表的依据。

【例2-2】上例中，甲公司经过一个月的经营，取得各种收入120 000元，存入银行，相应地发生各种费用80 000元，均用银行存款支付。这样，收入与费用比较，甲公司本月实现利润40 000元。收入、费用与利润间的数量关系见表2-2。

表2-2　　收入、费用与利润间的数量关系　　单位：元

收入	120 000
减：费用	80 000
利润	40 000

收入120 000-费用80 000=利润40 000（元）

2.1.3　会计要素之间的综合平衡关系

以上我们探讨了资本处于某一会计期间起点时，即相对静止状态下会计要素间的平衡关系，即公式（1），以及在某一会计期间资本处于运动状态下会计要素间的平衡关系，即公式（2）。那么，当这一会计期间结束，即资本处于这一会计期间终点时，会计要素间有什么样的内在联系？是否还存在平衡？

期初：　资产=负债+所有者权益　(1)

期间：　收入-费用=利润　(2)

企业实现的收入会使资产增加，发生的费用则会使资产减少，因此：

期末：　资产=负债+所有者权益+（收入-费用）

即：　资产=负债+所有者权益+利润　(3)

企业实现的利润归所有者所有，若是亏损则会减少所有者权益，因此：

期末：　资产=负债+所有者权益　(4)

【例2-3】续前两例，甲公司2×19年5月31日的资产、负债与所有者权益见表2-3。

表2-3　　甲公司2×19年5月31日的资产、负债与所有者权益　　单位：元

资产		负债	
银行存款	250 000+120 000-80 000	短期借款	150 000
固定资产	200 000	所有者权益	
无形资产	150 000	实收资本（王、李、张）	450 000
		未分配利润	40 000
合计	640 000	合计	640 000

根据表2-3：

资产=600 000+120 000-80 000=640 000（元）

负债=150 000元

所有者权益=450 000+40 000=490 000（元）

所以：资产=负债+所有者权益=640 000（元）

公式（4）与公式（1）虽一样，但经过一定时期的经营，会计要素的数量、金额及构成发生了变化，即便如此，资产仍然等于负债加所有者权益，体现了会计要素之间相同的内在联系，我们称之为会计恒等式。

2.1.4　经济业务的发生对会计恒等式的影响

在生产经营过程中，会发生许许多多、纷繁复杂的经济业务，但这些业务归纳起来可分为四类：

一是会计恒等式的左边即资产内部一增一减，增减金额相等，等式右边即权益不变。

二是会计恒等式的右边即权益内部一增一减，增减金额相等，等式左边即资产不变。

三是会计恒等式的两边同增，即资产和权益同时增加，且金额相等。

四是会计恒等式的两边同减，即资产和权益同时减少，且金额相等。

下面举例说明各类经济业务的发生对会计恒等式的影响：

【例2-4】假设甲公司2×19年5月31日资产、负债与所有者权益状况见表2-4。

表2-4 **资产负债表（简表）** 会企01表

编制单位：甲公司 2×19年5月31日 单位：元

资产		负债	
库存现金	80 000	应付账款	30 000
银行存款	500 000	短期借款	170 000
应收账款	70 000	长期借款	500 000
固定资产	2 000 000	所有者权益	
无形资产	150 000	实收资本	1 500 000
		资本公积	130 000
		盈余公积	160 000
		未分配利润	310 000
合计	2 800 000	合计	2 800 000

6月份甲公司发生如下经济业务：

（1）6月1日，将20 000元现金存入银行。

这项经济业务使甲公司的资产——库存现金减少了20 000元，同时又使甲公司的另一项资产——银行存款增加了20 000元。这项业务的发生是资产内部一增一减，且金额相等，所以，会计恒等式仍保持平衡。

资产=库存现金（80 000-20 000）+银行存款（500 000+20 000）+应收账款70 000+固定资产2 000 000+无形资产150 000=2 800 000（元）

负债+所有者权益=2 800 000元

所以：资产=负债+所有者权益

（2）6月11日，甲公司的会计从银行取得30 000元的短期借款，直接偿还前欠乙公司的采购材料款。

这项经济业务使甲公司的权益（负债）——短期借款增加了30 000元，同时又使甲公司的另一项权益（负债）——应付账款减少了30 000元。这项业务的发生是权益内部一增一减，且金额相等，所以，会计恒等式仍保持平衡。

资产=2 800 000元

负债+所有者权益=应付账款（30 000-30 000）+短期借款（170 000+30 000）+长期借款500 000+实收资本1 500 000+资本公积130 000+盈余公积160 000+未分配利润310 000=2 800 000（元）

所以：资产=负债+所有者权益

（3）6月20日，王某追加投资200 000元，存入银行。

这项经济业务使甲公司的资产——银行存款增加了200 000元，同时又使甲公司的权益（所有者权益）——实收资本增加了200 000元。这项业务的发生是等式两边同时增加，且金额相等，所以，会计恒等式仍保持平衡。

资产=库存现金（80 000−20 000）+银行存款（500 000+20 000+200 000）+应收账款70 000+
固定资产2 000 000+无形资产150 000=3 000 000（元）

负债+所有者权益=应付账款（30 000−30 000）+短期借款（170 000+30 000）+长期借款500 000+
实收资本（1 500 000+200 000）+资本公积130 000+盈余公积160 000+
未分配利润310 000
=3 000 000（元）

（4）6月30日，甲公司以银行存款300 000元偿还长期借款。

这项经济业务使甲公司的资产——银行存款减少了300 000元，同时又使甲公司的权益（负债）——长期借款减少了300 000元。这项业务的发生是等式两边同时减少，且金额相等，所以，会计恒等式仍保持平衡。

资产=库存现金（80 000−20 000）+银行存款（500 000+20 000+200 000−300 000）+应收账款70 000+
固定资产2 000 000+无形资产150 000
=2 700 000（元）

负债+所有者权益=应付账款（30 000−30 000）+短期借款（170 000+30 000）+长期借款（500 000−
300 000）+实收资本（1 500 000+200 000）+资本公积130 000+盈余公积160 000+
未分配利润310 000
=2 700 000（元）

所以：资产=负债+所有者权益

甲公司2×19年6月30日资产、负债与所有者权益状况见表2−5。

表2−5　**资产负债表**　会企01表

编制单位：甲公司　2×19年6月30日　单位：元

资　产		负　债	
库存现金	60 000	应付账款	0
银行存款	420 000	短期借款	200 000
应收账款	70 000	长期借款	200 000
固定资产	2 000 000	所有者权益	
无形资产	150 000	实收资本	1 700 000
		资本公积	130 000
		盈余公积	160 000
		未分配利润	310 000
合计	2 700 000	合计	2 700 000

综上所述，生产经营过程中不论发生什么样的经济业务，都不会破坏会计要素之间的平衡关系，资产恒等于负债加所有者权益。会计恒等式是设置账户、复式记账、试算平衡和编制财务报表的依据，它贯穿于会计核算的始终，是会计方法的出发点。

2.2　会计科目和账户

2.2.1　会计科目

1）会计科目的含义

会计的对象是会计核算和监督的内容，即再生产过程中的资金运动，将它按经济内容的特征做基本的分类，可分为资产、负债、所有者权益、收入、费用和利润，称为会计要素。虽然做了这样的分类，但仍不能提供较为详细、系统的会计信息，不能满足编制报表及会计信息使用者的要求。例如，甲公司用10万元银行存款购入原材料。在这项经济业务引起的资金运动中，银行存款和原材料均属于资产，银行存款减少了10万元，原材料增加了10万元，资产总额不变。再如，甲公司借入短期借款20万元，偿还前欠乙公司的应付账款，在这项经济业务引起的资金运动中，短期借款和应付账款均属于负债，短期借款增加了20万元，应付账款减少了20万元，负债总额不变。可以看出，如果只对会计核算内容做这样基本的分类，发生了类似以上的经济业务时，各会计要素总额都没有发生变化，会计不能提供新的信息，不能详细地反映经济业务的发生，也就不能满足会计信息使用者的需要。因此，会计不仅要提供反映各会计要素增减变动的总括情况，还应更加全面、系统、详细地反映各会计要素内部具体项目的构成、增减变动、结余情况以及各会计要素间的关系，应在会计要素的基础上，再进一步进行科学的分类，这就是会计科目。

会计科目是按会计要素的特征及经济管理的需要进行科学分类的项目。每一个会计科目都有其名称，都反映特定的经济内容。例如，“银行存款”核算企业存入银行或其他金融机构的各种款项。“应收账款”核算企业因销售商品、产品、提供劳务等经营活动应收取的款项。“原材料”核算企业库存的各种材料，包括原料及主要材料、辅助材料、外购半成品（外购件）、修理用备件（备品备件）、包装材料和燃料等的计划成本或实际成本。

各会计科目反映的经济内容是相互独立、不重不漏的。一个企业设置的会计科目要适应经济发展的需要，全面、准确地反映经济业务的发生，所提供的信息要能满足各信息使用者的需求。

2）会计科目的分类

为充分发挥会计科目的作用，进一步正确地认识、运用会计科目，需要对会计科目进行分类。

（1）会计科目按提供会计信息的详略程度，可分为总分类科目和明细分类科目。

总分类科目，也叫一级科目，是按经济业务的特征和管理的需要进行总括分类的项目，提供的是总括的核算指标。表2-6中所列示的会计科目均是总分类科目，如“库存现金”“应付职工薪酬”“实收资本”“生产成本”“主营业务收入”等。在实际工作中，为满足经济管理的需要及各方面对会计信息的需求，提供更详细的信息，需要对总分类科目进一步分类，即明细分类科目，也叫明细科目。例如，企业可根据原材料的种类在“原材料”总分类科目下设置“甲材料”“乙材料”等明细科目；根据债务人的名称设置“应收账款”明细科目。如果一个会计科目所包含的内容较复杂、层次较多、需设置的明细科目较多时，可根据管理的需要在一级科目和明细科目之间设置二级科目，二级科目所提供信息的详略程度介于一级科目和明细科目之间，例如，在“固定资产”一级科目与“冼床”“刨床”等生产设备明细科目之间设置“生产用固定资产”二级科目，二级科目、三级科目都属于明细科目。

总分类科目与其所属的明细分类科目共同反映某类会计要素的有关项目，总分类科目对其所属的明细分类科目起统驭作用，明细分类科目是对总分类科目所提供指标的具体化。

（2）会计科目按所反映的经济内容的性质，即按会计对象的具体内容，可分为资产类、负债类、所有者权益类、成本类和损益类会计科目。会计科目表（简表）见表2-6。

表2-6　**会计科目表**

顺序号	编　号	会计科目名称
		一、资产类
1	1001	库存现金
2	1002	银行存款
3	1012	其他货币资金
4	1101	交易性金融资产
5	1121	应收票据
6	1122	应收账款
7	1123	预付账款
8	1131	应收股利
9	1132	应收利息
10	1221	其他应收款
11	1231	坏账准备
12	1401	材料采购
13	1402	在途物资
14	1403	原材料
15	1404	材料成本差异
16	1405	库存商品
17	1406	发出商品
18	1408	委托加工物资
19	1411	周转材料
20	1471	存货跌价准备
21	1511	长期股权投资
22	1601	固定资产
23	1602	累计折旧
24	1603	固定资产减值准备
25	1604	在建工程
26	1605	工程物资
27	1606	固定资产清理
28	1701	无形资产
29	1702	累计摊销
30	1703	无形资产减值准备
31	1711	商誉
32	1801	长期待摊费用
33	1811	递延所得税资产
34	1901	待处理财产损溢
		二、负债类
35	2001	短期借款
36	2101	交易性金融负债

续表

顺序号	编　号	会计科目名称
37	2201	应付票据
38	2202	应付账款
39	2203	预收账款
40	2211	应付职工薪酬
41	2221	应交税费
42	2231	应付利息
43	2232	应付股利
44	2241	其他应付款
45	2501	长期借款
46	2502	应付债券
47	2701	长期应付款
48	2901	递延所得税负债
		三、所有者权益类
49	4001	实收资本
50	4002	资本公积
51	4101	盈余公积
52	4103	本年利润
53	4104	利润分配
		四、成本类
54	5001	生产成本
55	5101	制造费用
56	5201	劳务成本
57	5301	研发支出
		五、损益类
58	6001	主营业务收入
59	6051	其他业务收入
60	6101	公允价值变动损益
61	6111	投资收益
62	6301	营业外收入
63	6401	主营业务成本
64	6402	其他业务成本
65	6403	税金及附加
66	6601	销售费用
67	6602	管理费用
68	6603	财务费用
69	6701	资产减值损失
70	6711	营业外支出
71	6801	所得税费用

会计科目按经济内容性质的分类有利于了解会计科目所反映和核算的内容，有利于正确运用各类科目所提供的会计信息，并且这种分类与财务报表的项目排列基本一致，有利于对财务报表的理解，便于为报表提供资料。同时，这种分类法也是账户分类的依据。

2.2.2　账户

1）账户的概念

为了将会计科目分类反映的经济内容记录到账簿中，反映经济业务的增减变动及其结果，需要依据会计科目在账簿中开设记账的户头，即账户。账户就是根据会计科目在账簿中开设的，用来分类记录经济业务内容的、具有一定格式和结构的记账实体。例如，根据“库存现金”科目可设置“库存现金”账户，根据“主营业务收入”科目可设置“主营业务收入”账户等等。同会计科目一样，每一个账户都反映特定的经济内容，对这一特定的经济内容进行核算。企业设置的账户既要相互独立，又要全面地、不重不漏地反映企业的经济业务。

设置和运用账户是会计核算的专门方法。通过账户的设置和运用，把经济业务分门别类地、序时地记入到相应的账户中，以提供会计信息使用者所需的全面、系统的会计信息。

2）账户的结构

账户不仅具有名称，能反映相应的经济内容，还具有一定的结构，这正是账户之所以能反映经济业务的增减变动及其结果的原因。企业发生的经济业务繁杂、多样，但无论发生什么样的经济活动，所引起的会计要素的数量变动不外乎增加、减少两种情况，因此，用来核算经济业务的账户的基本结构分为左右两方，一方表示增加，另一方表示减少。至于哪一方代表增加，哪一方代表减少，要依据账户反映的经济内容和不同的记账方法而定。除了代表增减的左右两方外，账户还包括名称、登记经济业务的日期、凭证号数、经济业务摘要、增加或减少的金额及余额等。

以三栏式为例，账户的一般格式见表2-7。

表2-7　**账户的一般格式**

账户名称：

年		凭证号数	摘　要	借　方	贷　方	借或贷	余　额
月	日						

为方便教学，账户一般采用简化格式，称为T形结构，格式如下：

借方	账户名称	贷方

账户记录的金额包括：期初余额、本期增加额、本期减少额、期末余额。期初余额是上一个会计期间的期末结余，即期末余额；本期增加额是本会计期间增加额的合计；本期减少额是本会计期间减少额的合计。本期的期初余额加上本期增加额与本期减少额相抵后的差额就是本期的期末余额，本期的期末余额结转到下期就是下期的期初余额。余额一般与增加额记录的方向相同。发生额表示经济业务在本会计期间增减变动的情况，余额表示该经济业务增减变动的结果。因此，账户中期初余额、本期增加额、本期减少额与期末余额之间的关系可表示如下：

期末余额=期初余额+本期增加额-本期减少额

【例2-5】某企业在某一个会计期间“库存现金”账户记录如下。

借方	库存现金		贷方
期初余额	1 000		
本期增加额	800	本期减少额	900
本期发生额	800	本期发生额	900
期末余额	900		

期末余额900=期初余额1 000+本期增加额800-本期减少额900

2.2.3 会计科目和账户的关系

会计科目和账户密切相关，二者既有联系又有区别。

会计科目和账户的联系：(1) 会计科目的名称即相对应的账户的名称。例如，“银行存款”科目与“银行存款”账户名称相同。(2) 账户依据会计科目设置，因此，会计科目与相应的账户反映的经济内容一致。例如，“银行存款”科目与“银行存款”账户都反映企业存入银行或其他金融机构的各种款项。(3) 会计科目与相应账户按经济内容的分类一致。例如，“银行存款”科目是资产类，“银行存款”账户也是资产类。

会计科目和账户的区别：(1) 会计科目只是对会计要素按经济内容进行分类的项目，有名称、内容，没结构，不是会计核算的专门方法。(2) 设置账户是会计核算的专门方法，既有名称、内容，也有具体结构，可以分类、连续地反映经济业务增减变动及其结果，提供会计核算资料。

2.3 记账方法

在了解了会计科目和账户之后，我们来学习记账方法。记账方法是依据会计要素之间的内在联系，利用会计科目和账户记录经济业务的规则和方式。记账方法分为单式记账法和复式记账法。

2.3.1 单式记账法和复式记账法

单式记账法是对发生的经济业务，一般只在一个账户中登记的方法。在这种记账法下，只有对涉及应收、应付库存现金、银行存款的收付业务才在两个或两个以上的账户中登记，对其他业务只在一个账户中登记或不做登记的记账方法。例如，用银行存款支付办公费，只在“银行存款”账户中登记减少数，而不记入费用账户。可以看出，单式记账法虽然简单，但是对发生的经济业务在账户中登记得不全面，账户体系不完整，账户之间往往没有对应关系，不能反映经济活动的全貌和资金的来龙去脉。因此，单式记账法是一种不科学的记账法，随着经济发展的需要，单式记账法逐步演变为复式记账法。

复式记账法是对每一项经济业务的发生所引起的会计要素数量的增减变动，以相等的金额同时在两个或两个以上相互联系的账户中进行登记的记账方法。例如，用银行存款支付管理费用，除在“银行存款”账户登记减少数外，还要登记“管理费用”账户增加数。与单式记账法相比，复式记账法的账户体系完整，每一项经济业务的登记，账户之间都有相互的对应关系，能全面、系统地反映经济业务的全貌和资金的来龙去脉。所以，复式记账法能适应现代生产力的发展，适应日益复杂的经济活动，是一种科学的记账方法。

复式记账法又分为借贷记账法、收付记账法及增减记账法等，现在国际上普遍采用的是借贷记账法，我国企业会计准则规定我国境内所有企业进行会计核算时，都要采用借贷记账法。

2.3.2　借贷记账法

借贷记账法是以会计恒等式为理论依据，以“借”“贷”为记账符号，以“有借必有贷，借贷必相等”为记账规则记录经济业务的一种复式记账法。借贷记账法的内容包括以下几方面：

1）记账符号

记账符号表示记账的方向。在借贷记账法下，记账符号为“借”“贷”，分别代表账户左、右两个方向。在这里“借”“贷”已失去了原来表示债权债务变化的含义，而只是记账符号，纯粹表示记账的方向，即账户的借方和贷方，代表经济业务的发生引起的会计要素数量增减变化的方向。记账符号也表示余额的方向。“借”“贷”本身只表示记账的方向，不表示“增”“减”，只有与具体的账户类型结合方可确定哪一方表示增加，哪一方表示减少。

2）账户的结构

账户按不同的标准有不同的分类。

账户按反映的经济内容不同可分为资产类账户、负债类账户、所有者权益类账户、成本类账户和损益类账户。其中损益类账户包括收入类账户和费用类账户。账户按提供指标的详略程度不同可分为总分类账户和明细分类账户。此外，账户还可以按反映财务报表的内容以及按用途和结构等标准进行分类。

当经济业务的发生引起会计要素数量增减变动时，就要在相应账户的借方或贷方记录增加或减少。在借贷记账法下，账户的基本结构分为两个基本部分：左方为借方，右方为贷方。依据会计恒等式，对于不同类型的账户规定了不同的账户结构。

（1）资产、负债和所有者权益类账户的结构

属于资产要素的增加额记入资产类账户的借方，属于资产要素的减少额记入资产类账户的贷方。正常情况下，资产类账户的期初余额与本期增加额之和大于本期减少额，因此，资产类账户余额一般在借方。

因为：资产=负债+所有者权益

资产在等式的左方，而负债和所有者权益在等式的右方，因此属于负债、所有者权益要素的增加额分别记入负债、所有者权益类账户的贷方，属于负债、所有者权益要素的减少额分别记入负债、所有者权益类账户的借方。正常情况下，负债、所有者权益类账户的

期初余额与本期增加额之和大于本期减少额，因此，负债和所有者权益类账户余额一般在贷方。

账户如此记录的结果既能使借方等于贷方，也遵循了“资产=负债+所有者权益”的平衡原理。

（2）成本和损益类账户的结构

损益类账户可分为收入类账户和费用类账户。

因为：资产=负债+所有者权益+收入–费用

即：资产+费用=负债+所有者权益+收入

公式中的“费用”包含了与收入相配比的成本。

费用与资产在等式的左方，又因为费用可以看作资产的转化形态，可理解为所有者权益减少，因此，成本、费用类账户的结构与资产类账户的结构相似，成本、费用要素的增加额记入成本、费用类账户的借方，成本、费用要素的减少额记入成本、费用类账户的贷方。

收入与负债、所有者权益在等式的右方，收入可理解为所有者权益的增加，因此，收入类账户的结构与所有者权益类账户的结构相似，属于收入要素的增加额记入收入类账户的贷方，属于收入要素的减少额记入收入类账户的借方。

收入–费用=利润，期末，收入与成本、费用类账户的余额都要结转到利润账户以计算出当期利润，因此，收入与成本、费用类账户期末一般无余额。成本类账户若有余额，一般在借方，表示期末在产品的成本。

各类账户结构见表2–8。

表2–8 **各类账户结构**

账户类型	借　方	贷　方	余　额
资产类账户	增加额	减少额	一般在借方
负债类账户	减少额	增加额	一般在贷方
所有者权益类账户	减少额	增加额	一般在贷方
成本类账户	增加额	减少额	若有余额，一般在借方
收入类账户	减少额	增加额	期末一般无余额
费用类账户	增加额	减少额	期末一般无余额

3）记账规则

记账规则就是在借贷记账法下利用账户记录经济业务所引起的会计要素增减变化的规律。

因为成本、费用类账户的性质与资产类账户相同，收入类账户的性质与所有者权益类账户相同，因此，按性质划分经济业务时，可把费用归为资产，把收入归为所有者权益。把经济业务按性质划分为资产类、负债类和所有者权益类。实际中虽然会发生多种多样的经济业务，每项经济业务都会引起会计要素的增减变动，但不外乎以下四种类型：

（1）资产与权益同增。例如，文迪公司接受投资者投入的货币资金200 000元，存入银行。这项经济业务使得资产类账户“银行存款”增加了200 000元，记入借方；同时使所有者权益类账户“实收资本”增加了200 000元，记入贷方。一个账户记借方，另一个账户记贷方，且记入借方账户的金额等于记入贷方账户的金额。

（2）资产与权益同减。例如，文迪公司用银行存款偿还所欠甲公司的货款80 000元。这项经济业务使得资产类账户“银行存款”减少了80 000元，记入贷方；同时使负债类账户“应付账款”减少了80 000元，记入借方。一个账户记借方，另一个账户记贷方，且记入借方账户的金额等于记入贷方账户的金额。

（3）资产内部有增有减。例如，文迪公司将10 000元现金存入银行。这项经济业务使得资产类账户“银行存款”增加了10 000元，记入借方；同时使资产类账户“库存现金”减少了10 000元，记入贷方。一个账户记借方，另一个账户记贷方，且记入借方账户的金额等于记入贷方账户的金额。

（4）权益内部有增有减。例如，文迪公司从银行借入100 000元的短期借款直接偿还所欠甲公司的货款。这项经济业务使得负债类账户“短期借款”增加了100 000元，记入贷方；同时使另一个负债类账户“应付账款”减少了100 000元，记入借方。一个账户记借方，另一个账户记贷方，且记入借方账户的金额等于记入贷方账户的金额。

从以上分析可以总结出，无论发生什么样的经济业务，都要在两个或两个以上相互联系的账户中进行记录。如果一个账户记借方，那么相对应的账户必然记贷方，或者如果一个账户记贷方，那么相对应的账户必然记借方，且记入借方账户的金额等于记入贷方账户的金额。这就是借贷记账法的记账规则：有借必有贷，借贷必相等。

4）会计分录

为保证账簿记录的正确性，发生的经济业务在登记账簿之前必须编制会计分录。会计分录就是指明账户名称、记账方向与金额的记录。在实际工作中，编制会计分录是通过编制记账凭证完成的。记账凭证是登记账簿的直接依据，因此，会计分录是否正确，直接影响账簿记录的正确与否。

编制会计分录的步骤：

（1）分析经济业务，明确该业务所涉及的账户。

（2）根据经济业务所引起的会计要素的增减变动情况及账户的性质、结构确定账户的借、贷方向。

（3）确定应记入账户的金额。

会计分录分为简单分录和复合分录。简单分录，指只涉及相互联系的一借一贷两个账户的分录。复合分录，指涉及两个以上相互联系的账户，即一借多贷、多借一贷，或多借多贷的分录。

简单会计分录的格式：

借：账户名称　　　　金额

　贷：账户名称　　　　金额

【例2-6】企业从银行提取现金1 000元。

借：库存现金　　　　1 000

　贷：银行存款　　　　1 000

复合会计分录的格式：

一借多贷：

借：账户名称　　　　金额

贷：账户名称　　金额
　　账户名称　　金额

【例2-7】企业销售产品，销售收入10 000元，增值税税额1 300元，存入银行。

借：银行存款　　11 300
　贷：主营业务收入　　10 000
　　　应交税费——应交增值税（销项税额）　　1 300

多借一贷：

借：账户名称　　金额
　　账户名称　　金额
　贷：账户名称　　金额

【例2-8】企业从乙公司购入原材料，验收入库，收到乙公司开来的专用发票，价款10 000元，增值税税额1 300元，以银行存款支付。

借：原材料　　10 000
　　应交税费——应交增值税（进项税额）　　1 300
　贷：银行存款　　11 300

多借多贷：

借：账户名称　　金额
　　账户名称　　金额
　贷：账户名称　　金额
　　　账户名称　　金额

【例2-9】企业从乙公司购入原材料，验收入库，收到乙公司开来的专用发票，价款10 000元，增值税税额1 300元，以银行存款支付8 000元，余款暂欠。

借：原材料　　10 000
　　应交税费——应交增值税（进项税额）　　1 300
　贷：银行存款　　8 000
　　　应付账款　　3 300

5）试算平衡

将一定时期的经济业务记入账户后，为使账户记录准确无误，在会计期末要进行试算平衡。试算平衡就是根据会计恒等式和记账规则，来检查账户记录是否正确的方法。

根据“有借必有贷，借贷必相等”的记账规则，每发生一项经济业务，记入借方账户的金额应等于记入贷方账户的金额。这样，一个会计期间发生的所有经济业务记入借方账户的金额之和应等于记入贷方账户的金额之和，这就是发生额的平衡公式：

所有账户的借方发生额合计=所有账户的贷方发生额合计

根据“资产=负债+所有者权益”的平衡原理及各类账户的结构，资产类账户的余额一般在借方，负债、所有者权益类账户的余额一般在贷方，因此，所有账户的借方余额合计应等于所有账户的贷方余额合计，这就是余额平衡公式：

所有账户的期初借方余额合计=所有账户的期初贷方余额合计

所有账户的期末借方余额合计=所有账户的期末贷方余额合计

试算平衡工作一般是在月末结出各个账户的本期发生额和期末余额后，通过编制试算平衡表来进行的。试算平衡表分为总分类账户发生额试算平衡表、总分类账户余额试算平衡表，或将两表合并成总分类账户综合试算平衡表。其格式见表2-9、表2-10、表2-11。

表2-9　　发生额试算平衡表

企业名称：　　年　月　日　　单位：元

账户名称	本期发生额	
	借　方	贷　方
合计		

表2-10　　余额试算平衡表

企业名称：　　年　月　日　　单位：元

账户名称	期末余额	
	借　方	贷　方
合计		

表2-11　　　　　　　　　　　　**综合试算平衡表**

企业名称：　　　　　　　　　　　年　月　日　　　　　　　　　　　单位：元

账户名称	期初余额		本期发生额		期末余额	
	借　方	贷　方	借　方	贷　方	借　方	贷　方
合计						

试算平衡业务举例：

【例2-10】甲公司2×19年12月1日资产、负债及所有者权益账户的期初余额见表2-12。

表2-12　　　　　　　　　　　　**科目余额表**

编制单位：甲公司　　　　　　　2×19年12月1日　　　　　　　单位：元

科目名称	金　额	科目名称	金　额
库存现金	6 000	短期借款	50 000
银行存款	2 000 000	应付账款	206 000
应收账款	100 000	实收资本	2 500 000
原材料	800 000	资本公积	100 000
库存商品	100 000	盈余公积	1 150 000
固定资产	1 000 000		
总计	4 006 000	总计	4 006 000

甲公司12月份发生下列经济业务：

（1）甲公司接受投资者投入的货币资金200 000元，存入银行。

（2）甲公司用银行存款偿还所欠乙公司的货款80 000元。

（3）甲公司将1 000元现金存入银行。

（4）甲公司从银行借入100 000元的短期借款直接偿还前欠货款。

要求：

（1）根据期初余额资料开设T形账户，登记期初余额。

（2）根据12月份发生的经济业务编制会计分录，并登记入账。

（3）结出各账户本期发生额及期末余额。

（4）编制试算平衡表。

分析如下：

（1）根据期初余额资料开设T形账户，登记期初余额。

库存现金

借方			贷方
期初余额	6 000		
		(3)	1 000
本期发生额		本期发生额	1 000
期末余额	5 000		

银行存款

借方			贷方
期初余额	2 000 000		
(1)	200 000	(2)	80 000
(3)	1 000		
本期发生额	201 000	本期发生额	80 000
期末余额	2 121 000		

应收账款

借方			贷方
期初余额	100 000		
本期发生额		本期发生额	
期末余额	100 000		

原材料

借方			贷方
期初余额	800 000		
本期发生额		本期发生额	
期末余额	800 000		

库存商品

借方			贷方
期初余额	100 000		
本期发生额		本期发生额	
期末余额	100 000		

固定资产

借方			贷方
期初余额	1 000 000		
本期发生额		本期发生额	
期末余额	1 000 000		

短期借款

借方			贷方
		期初余额	50 000
		(4)	100 000
本期发生额		本期发生额	100 000
		期末余额	150 000

应付账款

借方			贷方
		期初余额	206 000
(2)	80 000		
(4)	100 000		
本期发生额	180 000	本期发生额	
		期末余额	26 000

实收资本

借方			贷方
		期初余额	2 500 000
		(1)	200 000
本期发生额		本期发生额	200 000
		期末余额	2 700 000

资本公积

借方			贷方
		期初余额	100 000
本期发生额		本期发生额	
		期末余额	100 000

盈余公积

借方			贷方
		期初余额	1 150 000
本期发生额		本期发生额	
		期末余额	1 150 000

（2）根据12月份发生的经济业务编制会计分录，并登记入账。

①借：银行存款　　200 000

　贷：实收资本　　200 000

②借：应付账款　　80 000
　　贷：银行存款　　80 000
③借：银行存款　　1 000
　　贷：库存现金　　1 000
④借：应付账款　　100 000
　　贷：短期借款　　100 000

（3）结出各账户本期发生额及期末余额（见T形账户）。

（4）编制试算平衡表（见表2-13）。

表2-13　**综合试算平衡表**

企业名称：甲公司　　2×19年12月31日　　单位：元

账户名称	期初余额		本期发生额		期末余额	
	借　方	贷　方	借　方	贷　方	借　方	贷　方
库存现金	6 000			1 000	5 000	
银行存款	2 000 000		201 000	80 000	2 121 000	
应收账款	100 000				100 000	
原材料	800 000				800 000	
库存商品	100 000				100 000	
固定资产	1 000 000				1 000 000	
短期借款		50 000		100 000		150 000
应付账款		206 000	180 000			26 000
实收资本		2 500 000		200 000		2 700 000
资本公积		100 000				100 000
盈余公积		1 150 000				1 150 000
合计	4 006 000	4 006 000	381 000	381 000	4 126 000	4 126 000

根据表2-13：

所有账户的期初借方余额合计4 006 000=所有账户的期初贷方余额合计4 006 000

所有账户的借方发生额合计381 000=所有账户的贷方发生额合计381 000

所有账户的期末借方余额合计4 126 000=所有账户的期末贷方余额合计4 126 000

试算平衡是通过账户借贷金额是否平衡来检查账户记录是否正确的方法，可及时发现错误，并可以为编制财务报表提供资料。但需注意的是，试算平衡了，并不意味着账户记录完全正确，如重记、漏记、借贷方金额发生同数额差错、借贷方科目写错、借贷方科目记反等记账错误通过试算平衡不能发现，需要借助其他方法检查，以保证账户记录准确无误。

6）借贷记账法举例

【例2-11】甲公司7月2日从银行提取现金6 000元备用。

这项经济业务使甲公司的资产类账户“库存现金”增加，应记入该账户的借方；使另一个资产类账户“银行存款”减少，应记入该账户的贷方。会计分录如下：

借：库存现金　　6 000
　　贷：银行存款　　6 000

【例2-12】甲公司7月5日从乙公司购入原材料，已验收入库，收到乙公司开来的专用发票，材料价款5 000元，增值税税额650元，以银行存款支付。

这项经济业务使甲公司的资产类账户“原材料”增加，应记入该账户的借方；因购买材料支付的增值税进项税额，应记入“应交税费”账户的借方；同时，另一个资产类账户“银行存款”减少，应记入该账户的贷方。会计分录如下：

借：原材料　　5 000

　　应交税费——应交增值税（进项税额）　　650

　贷：银行存款　　5 650

【例2-13】甲公司7月8日用银行存款200 000元购入专利权一项。

这项经济业务使甲公司的资产类账户“无形资产”增加，应记入该账户的借方；使另一个资产类账户“银行存款”减少，应记入该账户的贷方。会计分录如下：

借：无形资产　　200 000

　贷：银行存款　　200 000

【例2-14】甲公司7月10日从银行借入短期借款100 000元，存入银行。

这项经济业务使甲公司的资产类账户“银行存款”增加，应记入该账户的借方；同时使负债类账户“短期借款”增加，应记入该账户的贷方。会计分录如下：

借：银行存款　　100 000

　贷：短期借款　　100 000

【例2-15】甲公司7月11日收到丙公司500 000元的投资，存入银行。

这项经济业务使甲公司的资产类账户“银行存款”增加，应记入该账户的借方；同时使所有者权益类账户“实收资本”增加，应记入该账户的贷方。会计分录如下：

借：银行存款　　500 000

　贷：实收资本　　500 000

【例2-16】甲公司7月15日以银行存款偿还前欠丁公司的货款80 000元。

这项经济业务使甲公司的负债类账户“应付账款”减少，应记入该账户的借方；使资产类账户“银行存款”减少，应记入该账户的贷方。会计分录如下：

借：应付账款　　80 000

　贷：银行存款　　80 000

【例2-17】甲公司7月16日生产A产品耗用原材料6 000元。

这项经济业务使甲公司的成本类账户“生产成本”增加，应记入该账户的借方；使资产类账户“原材料”减少，应记入该账户的贷方。会计分录如下：

借：生产成本　　6 000

　贷：原材料　　6 000

【例2-18】甲公司7月18日购买200元的办公用品，以现金支付。

这项经济业务使甲公司的费用类账户“管理费用”增加，应记入该账户的借方；使资产类账户“库存现金”减少，应记入该账户的贷方。会计分录如下：

借：管理费用　　200

　贷：库存现金　　200

【例2-19】甲公司7月28日A产品生产完工，已验收入库，A产品的生产成本为70 000元。

这项经济业务使甲公司的资产类账户"库存商品"增加，应记入该账户的借方；将生产成本转到完工A产品成本上，使成本类账户"生产成本"减少，应记入该账户的贷方。会计分录如下：

借：库存商品　　70 000

　贷：生产成本　　70 000

【例2-20】甲公司7月30日销售A产品，售价9 000元，增值税销项税额1 170元，价税合计10 170元，收到并存入银行。

这项经济业务使甲公司的资产类账户"银行存款"增加，应记入该账户的借方；因销售产品收到的增值税销项税额，应记入"应交税费"账户的贷方；同时，因销售产品获得的收入使收入类账户"主营业务收入"增加，应记入该账户的贷方。会计分录如下：

借：银行存款　　10 170

　贷：应交税费——应交增值税（销项税额）　　1 170

　　　主营业务收入　　9 000

章末习题

一、单项选择题

1.企业的资产总额与权益总额（　　）。

A.不会相等　　B.一定相等

C.有时相等　　D.只有在期末相等

2.引起资产和权益同时减少的业务是（　　）。

A.从银行借入短期借款　　B.用银行存款偿还短期借款

C.购买商品尚未支付货款　　D.用现金购买办公用品

3.设置会计账户的依据是（　　）。

A.会计要素　　B.会计对象

C.会计科目　　D.会计方法

4.在复式记账法下，任何一项经济业务登记的账户数量应该是（　　）。

A.一个　　B.两个

C.三个　　D.两个或两个以上

5.以下各项目中，代表资产与负债之间的差额的是（　　）。

A.收入　　B.费用

C.利润　　D.净资产

二、多项选择题

1.下列选项中，正确的会计恒等式有（　　）。

A.资产=负债+所有者权益

B.资产=权益

C.资产+费用=负债+所有者权益+收入

D.利润=收入-费用

E.资产-负债=利润

2.借贷记账法的记账符号“借”对于下列会计要素表示增加的有（　　）。

A.资产　　B.负债

C.所有者权益　　D.费用

E.利润

3.在借贷记账法下，账户的贷方一般用来登记（　　）。

A.资产的增加　　B.负债的增加

C.所有者权益的增加　　D.费用的增加

E.利润的增加

4.总账与明细账平行登记的要点是（　　）。

A.登记的时间相同　　B.登记的内容相同

C.登记的方向相同　　D.登记的依据相同

E.登记的金额相同

5.以下各项中，账户一般可以提供的金额指标有（　　）。

A.期初余额　　B.本期增加发生额

C.本期减少发生额　　D.期中余额

E.期末余额

三、业务处理题

1.甲公司2×19年5月31日的部分财务数据如下：银行存款5 000 000元，存货300 000元，机器设备1 000 000元，房屋9 000 000元，应收账款200 000元，借款800 000元，应付账款200 000元，当月实现收入500 000元，支付水电费等各项费用50 000元，支付工资100 000元。

要求：根据会计方程式确定资产、负债、所有者权益、收入、费用和利润的金额。

2.表2-14中的账户互不相关，请利用每个账户的已知数据计算出其中的未知数据。

表2-14　**账户余额和发生额**　单位：元

账　户	期初余额	期末余额	已知的本期发生额数据
（1）库存现金	1 000	2 000	现金减少额4 000
（2）应收账款	2 000	1 500	赊销3 500
（3）原材料	300	190	耗用存货160
（4）实收资本	4 000	4 500	减少资本500
（5）应付账款	8 000	7 000	偿还账款1 500

需要计算的本期发生额数据如下：

①本期现金收入总额；

②本期收回顾客账款总额；

③本期购买的原材料金额；

④本期资本增加的金额；

⑤本期发生的应付账款金额。

3. 甲公司2×19年10月份发生下列经济业务：

①1日向银行借入短期借款50 000元，已存入银行。

②2日向乙公司购进商品一批，价款2 000元，商品已验收入库，货款尚未支付。

③5日从银行提取现金8 000元备用。

④7日职工杨彬出差，预借差旅费1 000元，以现金付讫。

⑤10日以银行存款偿还前欠乙公司货款5 000元。

⑥16日杨彬报销差旅费800元，余款退回。

⑦22日接到银行通知，投资人投入资本100 000元。

⑧26日公司销售商品，收入50 000元已存入银行。

⑨28日用银行存款支付车间水电费5 000元。

要求：根据上列资料编制会计分录（不考虑增值税）。

第3章/
会计循环

学习目标：了解会计循环的环节、步骤、具体方法以及三者的关系；掌握会计凭证的概念、作用、种类、填制要求和审核内容；掌握会计账簿的概念、作用、种类、登账方法和不同账簿的会计信息关系；熟悉财产清查的意义与程序；熟悉财务报表的作用和种类，理解会计凭证、会计账簿与财务报表之间的关系。

3.1 会计循环概述

财务会计工作的基本目标是报送符合会计信息质量要求的财务报告，其根本目标是在合理合法的前提下提高企业经济效益。完成财务会计工作的各项目标，离不开会计信息的搜集、整理、加工和输出等环节。会计循环是会计信息生成的步骤。会计人员一开始接受的是大量的、零星的经济业务，如原材料的购入、领用，工资和其他费用的支付，产成品的销售，收取货款等等。要在财务报表中充分反映这些情况，就必须经过一系列有条不紊的工作程序，对这些原始的会计事项进行分类、汇总和加工，直至生成财务报表并将报表信息传输出去。这些过程在每一会计期间均依次发生并周而复始地进行，在会计上称为会计工作循环，简称会计循环。由于各企业的行业性质、经济业务以及管理要求各不相同，会计业务的具体处理方法也有所不同，但会计循环的基本过程总体上是一致的，通常都要依次经过会计凭证、会计账簿和财务报表等工作内容。

会计循环的具体内容可归纳为四个环节，这四个环节的具体内容又可以细分为九个步骤，在这九个工作步骤的会计处理中又需要用到七种会计核算方法，下面分别进行阐述。

3.1.1 会计循环的环节

会计工作是通过提供有效的财务信息来发挥自身的管理功能，实现会计工作目标的。为此，会计人员必须将日常发生的大量零散的经济业务加工成财务报表上需要的信息。首先，需要对大量零散的业务信息进行筛选，符合报表信息和会计准则要求的才能纳入会计信息系统，这就是会计确认环节。因为所有的会计信息都必须体现为货币信息，所以会计确认与会计计量缺一不可，只有符合会计确认要求并且能够量化为货币信息的经济业务信息，才能真正进入会计处理系统。对业务信息用货币量化这一过程被称为会计计量环节。其次，纳入到会计信息系统的会计信息需通过一定的载体记录下来，以备进一步加工整理利用，这一过程叫作会计记录环节。最后，被记录下来的会计信息经过整理、汇总，并输出形成符合会计信息质量要求的报表信息，这一环节就是会计报告。会计确认与计量环节是会计工作的起点，是会计记录的基础；会计记录是形成会计报告的必要条件；会计报告是会计工作的目标和终点，它决定着整个会计工作的质量。

1）会计确认

会计确认，是将企业的某一经济业务或会计事项作为该企业的一项资产、负债、所有者权益、收入、费用和利润要素，正式记入该会计主体的会计核算体系的过程。一项经济业务是否属于会计核算范围，受到会计假设、会计目标和会计信息质量要求的制约。会计确认包括确认标准和确认时点。

（1）会计的确认标准，就是符合什么条件的经济业务才可以纳入到会计信息处理系统。概括而言，确认的标准有以下几个方面的要求：

第一，经济信息的可定义性。一般而言，凡是符合会计准则中关于资产、负债、所有者权益、收入、费用和利润等会计要素的定义和特征的经济业务就是符合可定义性要求。这样的业务可以纳入到会计信息处理系统。

第二，经济信息的可计量性。这是会计确认的核心问题。在可定义性的基础上，经济信息必须能够以货币计量，才能够保证经过确认后的信息具有质的统一性，可以进行比较和加工。

第三，经济信息的可靠性。纳入到会计信息系统处理的会计信息一定是反映企业经济业务实质的信息，而不仅仅是反映其表面形式的信息。这就要求会计人员在进行会计确认时对经济业务以及原始凭证的真实性、准确性和规范性按会计准则的要求严格把关，确保加工出来的会计信息真实可靠。合理的估计不会降低会计信息的可靠性。

第四，经济信息的相关性。会计报告提供的会计信息一定要满足会计信息使用者的要求，要及时提供完整的、有用的信息，删减不相关的信息。除了按会计准则规定的格式、内容提供会计信息外，还可以在报表信息外增加补充资料或附注信息，也可补充文字信息以增加会计信息的相关性。

（2）会计的确认时点，可分为初次确认和再次确认。

初次确认，是指对输入会计信息处理系统的原始经济信息进行的确认。这类原始的经济信息的载体就是原始凭证。因此，初次确认是从取得、填制并审核原始凭证开始，对经济业务所产生的原始数据从其内容（诸如经济业务的种类、执行单位、经手人、时间和地点），业务的数量、单价、金额等等，进行具体的识别、判断、选择和归类，以便对其进行正式的记录。初次确认要依据会计目标或会计核算的特定规范要求，筛选掉多余的或不可接受的数据，将筛选后有用的原始数据进行分类，运用复式记账法编制记账凭证，将经济数据转化为会计信息，并登记有关账簿。初次确认实际上是经济数据能否转化为会计信息，并进入会计信息处理系统的筛选过程。

再次确认，是指对会计信息处理系统输出的、经过加工的会计信息进行确认。经过初次确认的原始数据，借助于会计的核算方法转化为账簿资料。为便于管理者使用，账簿资料还须依据管理者的需要，继续进行加工、浓缩、提炼，或加以扩充、重新归类、组合。这就是会计的再次确认。因此，再次确认是依据管理者的需要，确认账簿资料中的哪些内容应列入财务报告，或是在财务报告中应揭示多少财务信息和何种财务信息。

会计确认（包括初次确认和再次确认）的核心问题是根据什么标准（如可定义性、确认时间、确认金额等），对输入会计信息处理系统的经济信息加以初次确认或对会计信息处理系统产出的信息进行再次确认。初次确认决定着经济信息能否转换成会计信息进入会计信息处理系统，而再次确认则是对经过加工的信息进行再次提炼。只有通过对会计信息的初次确认和再次确认，才能保证会计信息的真实性、可靠性和决策有用性。

2）会计计量

会计计量，是指以货币和其他度量单位衡量各种经济业务对资产、负债、所有者权益、收入、费用和利润的影响及其结果的过程。会计确认与会计计量不可分割地联系在一起，未经确认就不能进行计量；如果没有计量，确认也就失去了意义，因为只有经过计量，应输入的数据才能被正式记录，输出的数据才能最终列入财务报表。

会计计量要解决的是其计量单位、计量基础，以及二者相结合的计量模式。会计计量单位，是指计量尺度的量度单位，一般是以法定的名义货币作为主要计量单位的，但也不排除以实物量度、劳动量度作为辅助量度。会计计量基础是指所用量度的经济属性，即按什么标准来记账，包括历史成本、重置成本、可变现净值、现值和公允价值等。

计量基础的选择取决于会计信息使用者的需要，由于不同的会计信息使用者对会计信息的需求不同，因此计量基础的选择也就存在差别。企业会计的计量通常以历史成本为基础，而且会计持续经营、会计分期以及货币计量等假设都是以历史成本为基础的。但历史成本也存在一定的问题，历史成本原则是在币值基本稳定的前提下采用的，因此，当货币购买力变动和物价上涨时，按历史成本计价就不能反映企业资产的准确价值，就会削弱信息的有用性。因此，企业有时也会将历史成本计量与与其他计量基础相结合使用，如存货价值的确定以历史成本为基础，如果可变现价值较低时，就按照成本与市价孰低原则计量。不同的计量模式表现出不同程度的相关性和可靠性，这取决于会计报告的要求。

3）会计记录

会计记录，是将经过会计确认与计量的经济业务或会计事项，按照复式记账的要求，运用一定的文字与金额，登记在预先设置的会计账簿上的过程。会计记录是对经济业务进行分类、汇总和加工的过程。只有经过这一程序，经济业务才能被进一步加工处理成所需要的会计信息。在实务中，会计确认、会计计量和会计记录是紧密结合、相辅相成的。会计确认与计量是会计记录的基础，而会计记录是会计确认和会计计量的结果。

4）会计报告

会计报告，是指以账簿记录为依据，采用表格和文字形式，将会计核算形成的会计信息传递给会计信息使用者的信息载体。通过会计确认、计量和记录，已将经济业务信息登记在会计账簿上，但是这些信息还比较分散，还必须对其进一步加工处理，使之形成一系列反映企业财务状况、经营成果和现金流量等信息的财务指标体系，以便于会计信息使用者的使用。传递会计信息主要通过会计报告方式，包括财务报表和文字说明部分。财务报表的编制是对会计账簿所记录数据的再加工过程。

3.1.2 会计循环的步骤

会计循环中依次经过的四个环节可进一步细化为九个基本步骤：

1）填制、取得并审核原始凭证

在经济业务发生的同时，填制或取得如实记录经济业务发生完成情况的原始凭证，判断该经济业务或会计事项能否用货币计量，将能够以货币计量并符合会计要素定义的经济业务纳入会计信息处理系统，并确定该经济业务的发生对会计要素金额的影响。

2）编制记账凭证

对经过审核的原始凭证，分析具体的经济业务，在记账凭证上编制会计分录，以便将有关的经济业务正确地记录到会计信息处理系统中。

3）过账

将记账凭证上的内容逐笔或汇总登记到各分类账簿中，以便分类反映各会计要素的相关信息。

4）结算余额

根据每一账户的期初余额、本期发生额计算其期末借贷方累计发生额及期末余额。

5）编制调整前试算平衡表

根据总账中记载的余额、发生额编制试算平衡表，以初步检查账簿记录的正确性。

6）编制期末调整分录并过账

根据权责发生制原则，对各账户的有关记录进行调整，以便正确计算当期损益；对未入账的经济业务编制调整分录，以使各账户反映期末最新情况。

7）编制调整后试算平衡表

因为编制了期末调整分录并过账，为再次检验账簿记录的正确性，需要再次编制调整后的试算平衡表。

8）结账

将各种收入类账户和费用类账户结转到“本年利润”账户中，结清收入类账户和费用类账户，并结清“本年利润”账户，以便结算出本期的经营成果。

9）编制正式的财务报告

根据账簿资料以及调整后的试算平衡表编制正式的资产负债表、利润表等财务报表。

会计循环顺序图如图3-1所示。其中，步骤①属于会计初次确认，步骤②属于会计计量，步骤③-⑧属于会计记录，步骤⑨属于会计再次确认与会计报告。事实上会计计量涵盖了会计循环①-⑨个步骤的整个过程。

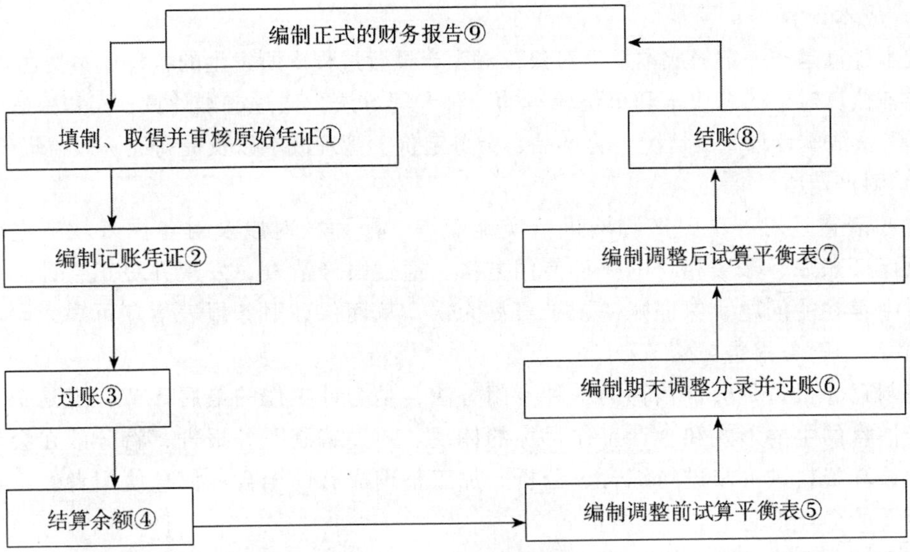

图3-1　会计循环顺序图

3.1.3　会计循环中使用的核算方法

会计核算方法是会计循环中为完成上述各个基本步骤的工作所用到的具体方法，主要包括设置账户、复式记账、填制和审核会计凭证、登记账簿、成本计算、财产清查和编制财务报告。因此，会计核算方法是会计加工、生成历史信息所用到的具体方法。

1）设置账户

财务报表需要分门别类地提供相关信息以满足会计信息使用者的需要，而设置账户正是满足财务报表信息使用者的需要所使用的专门方法。通过设置不同的账户，在账簿上才能分类、有序、系统地归集、整理不同的会计信息并便于管理者日常分析使用以及期末编制财务报表。设置账户是会计核算最基本的方法。

2）复式记账

复式记账，是对每一项经济业务都以相等的金额在两个或两个以上相互联系的账户中同时登记的一种记账方法。复式记账能全面反映一项经济业务的来龙去脉，要完整地反映该笔业务，就需要分别在两个或两个以上账户中进行登记。这样既能相互联系地反映经济业务的全貌，又便于试算平衡、核对账簿记录是否正确。

3）填制和审核会计凭证

填制和审核会计凭证，包括在经济业务发生时填制或取得反映经济业务发生完成情况的原始凭证，以及根据审核无误的原始凭证编制记账凭证并经有关人员审核无误，将记账凭证作为登记账簿的依据。填制和审核会计凭证是会计核算的一种专门方法，对保证会计信息质量起着关键作用。

4）登记账簿

登记账簿是根据审核无误的会计凭证，按照复式记账的要求，在会计账簿上连续、完整、系统地记录企业发生的经济业务的一种专门方法。账簿是用来全面、连续、系统地记录各项经济业务的簿籍，也是保存会计数据资料的载体，账簿记录是企业管理层日常管理、决策以及编制财务报表的重要依据。

5）成本计算

成本计算是按一定的成本发生对象，对生产经营过程中所发生的各种成本费用进行归集，以确定各核算对象的总成本和单位成本的一种专门方法。通过成本计算，可以掌握成本构成情况，考核成本计划完成情况，为产品、劳务定价，管理成本以及提高经济效益提供依据。

6）财产清查

财产清查是对各项财产物资进行实地盘点、账面核对以及对各往来款项进行查询核对，以保证账账、账实相符的一种专门方法。通过财产清查，发现并更正会计工作以及管理工作中存在的问题，保证账簿记录可靠无误，从而保证财务报表信息可靠无误。

7）编制财务报告

编制财务报告是会计核算的一种专门方法，是会计工作的最后环节，也是企业对外提供会计信息的主要形式和会计工作目标的体现。通过编制财务报告，将分散在会计账簿中的日常核算资料进一步进行综合、分析、加工整理成有助于会计信息使用者做出正确经济决策所需的会计信息。

如图3-2所示，会计信息的处理程序包括四个环节，而会计信息的具体处理方法包括七种专门方法。它们并不是孤立的，而是相互联系、密切配合、一环套一环地构成一个完整的程序和方法体系。在图3-2中，实线用来表明主要的联系，虚线用来表明次要的联系。例如，设置账户和复式记账这两种方法主要应用于登记账簿；但是在记账凭证上编制会计分录时，也需要应用预先设置的账户名称，并符合复式记账法的原理。同理，成本计算和财产清查这两种方法主要应用于编制财务报告，但在成本计算的过程中也需要填制会计凭证、编制会计分录；在财产清查过程中如发现账实不符，也要填制和审核会计凭证并登记账簿以使账实相符。

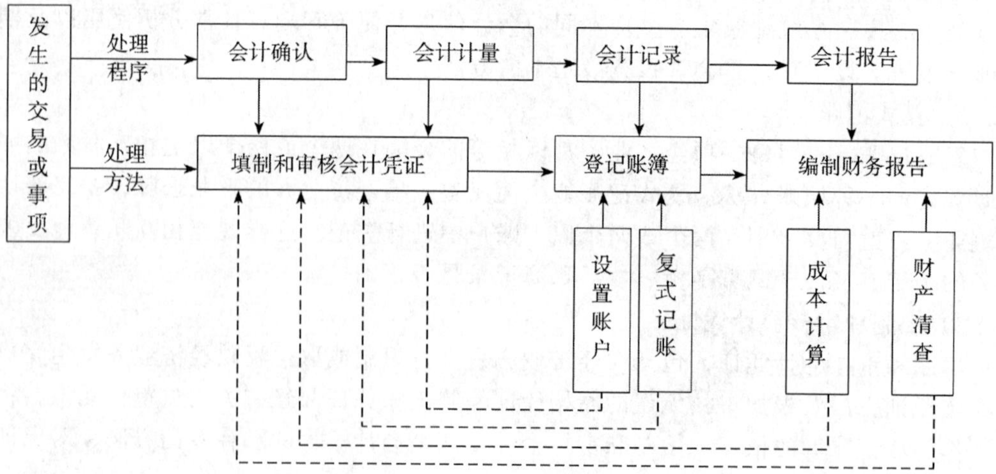

图3-2　会计信息处理和方法示意图

综上所述，会计作为一个信息系统，是由会计人员通过运用账簿系统对发生的交易或事项进行处理，并在此基础上编制财务报告来完成的。在这个系统中，确认、计量、记录是会计人员“生产”会计信息的过程，财务报告是会计人员生产的产品。在“生产”会计信息的过程中，伴随着交易与事项的发生，需依次经过填制、取得并审核原始凭证，编制记账凭证，过账，结算余额，编制调整前试算平衡表，编制期末调整分录并过账，编制调整后试算平衡表，结账，编制正式的财务报告九个具体步骤，并运用七种会计处理方法。习惯上，人们将这些依次发生、周而复始的以记录为主的会计处理程序、步骤和方法称为会计循环。

3.2 会计凭证

3.2.1 会计凭证的意义

会计凭证是在会计工作中记录经济业务发生完成情况、明确经济责任的书面证明，是登记账簿的依据。为了保证会计信息能如实反映企业的经济活动情况，保证账户记录的真实性、准确性，记账必须严格以会计凭证为依据。填制和审核会计凭证是会计核算工作的起点，也是会计核算的基本方法之一。会计主体办理任何一项经济业务都必须办理凭证手续，由执行或完成该项经济业务的有关人员填制或取得会计凭证，详细说明该项经济业务的内容并在会计凭证上签名或盖章，以明确经济责任。填制或取得会计凭证后，要由有关人员进行审核，经审核无误并由审核人员签章后，才可作为记账的依据。因此，准确填制和严格审核会计凭证，对于如实反映经济业务的内容，有效监督经济业务的合理性和合法性，保证会计核算资料的真实性、可靠性、合理性，发挥会计在经济管理中的作用具有重要意义：

1）会计凭证是记载经济信息的工具

会计凭证记录了经济业务发生完成情况的原始信息，经过会计人员审核并进一步加工整理后能明确记载登记会计账簿的信息并作为登记账簿的根本依据。会计凭证的原始信息具有支持财务报表信息的法律效力，失去原始的会计凭证，财务报表信息质量要求将无法保证。

2）会计凭证是监督经济业务的手段

会计凭证记录反映企业经济活动情况的原始信息和登记账簿的信息，通过对会计凭证的多重审核，可以监督经济业务的发生完成是否合理合法，有关凭证手续是否完整规范，账簿登记依据是否准确，以此来改善企业经营管理并保证会计信息源头的真实与规范。

3）会计凭证是明确经济责任的依据

在会计凭证上，有关经济业务办理人员、会计手续办理人员、记账信息确定人员均要签字盖章，在处理可能发生的争议时，会计凭证可以作为具有法律效力的依据，便于明确经济责任。这就促使相关会计人员及业务经办人员以高度的责任心依法依规认真做好本职工作，减少差错，提高效率。

4）会计凭证是登记账簿的依据

财务报表信息体现了会计工作的目标，财务报表信息应完整反映企业经济业务的相关性信息。财务报表信息来自于账簿信息，账簿信息又来自于会计凭证信息。因此，企业对发生的所有符合会计确认与计量条件的经济业务都应填制或取得会计凭证，会计凭证信息真实、完整、有效才能保证会计账簿以及财务报表信息的客观真实。

会计凭证按其编制程序和用途的不同，可以分为原始凭证和记账凭证两大类。

3.2.2 原始凭证

1）原始凭证的概念及种类

原始凭证，是在经济业务发生或完成时，由经办人员直接从外部取得或自行填制的，用以记录并证明经济业务发生或完成的情况，明确经济责任，并具有法律效力的原始证明文件。

原始凭证的主要作用在于正确、完整、及时地反映经济业务的本来面貌，并据此检查经济业务的真实性、合法性、合理性和有效性。单位一切经济业务发生时都必须取得或填制原始凭证。原始凭证可以按不同的标准进行如图3-3所示的分类。

- 原始凭证
  - 按来源分类
    - 外来原始凭证
    - 自制原始凭证
  - 按编制方法分类
    - 一次凭证
    - 累计凭证
    - 汇总凭证
  - 按格式分类
    - 通用格式凭证
    - 专用格式凭证

图3-3 原始凭证的分类

（1）外来原始凭证和自制原始凭证

外来原始凭证，是本单位与外单位发生经济业务时由有关经办人员从外单位直接取得的原始凭证。例如，购买材料时从供货单位取得的发票；职工出差报销时提供的住宿发票、车船票等；出纳从银行取回的收款通知或付款通知等。表3-1为商业零售小额发票的格式。

表3-1 **商业零售小额发票**

客户名称：　　　　　　　　年　　月　　日　　　　　　　　NO.0652864

货号	品名及规格	单位	数量	单价	金额				
					百	十	元	角	分
合计金额（大写）									
付款方式		开户银行及账号							

②记账联

企业：　　　　　　　　收款：　　　　　　　　填票：

自制原始凭证，是由本单位经办业务的部门和人员，在办理某项经济业务时自行填制的原始凭证。例如，材料验收入库时填制的入库单，销售商品时填制的销货单等。表3-2为收料单的格式。

表3-2

收 料 单

公司名称：

供货单位： NO.00759

发票号码： 年 月 日 仓库：

材料类别	材料名称	计量单位	数 量		金 额	
			应 收	实 收	单位成本	总成本
备注：					合 计	

②记账联

验收： 仓库保管员： 制单：

（2）一次凭证、累计凭证和汇总凭证

一次凭证是在一张凭证上反映一项或几项同类型的经济业务，是经济业务发生时一次性填制的一种原始凭证。一次凭证一次有效。外来原始凭证通常都是一次凭证，自制原始凭证中的大多数也是一次凭证，如收料单、产品入库单、支票存根等。表3-3为入库单的格式。

表3-3

入 库 单

公司名称： NO.

交库单位： 年 月 日 仓库：

产品名称或型号	计量单位	送检数量	数 量		实收数量
			合格品	不合格品	
备注：					

②记账联

验收： 仓库保管员： 车间负责人： 制单：

累计凭证是对在一定时期或一定数量、金额限度内多次重复发生的同类经济业务，在一张凭证上多次完成填制手续的自制原始凭证。累计凭证在一定条件下多次有效。累计凭证的主要优点是对于一些经常重复发生的经济业务，能够减少原始凭证的数量，简化填制手续，同时，也可以随时计算累计发生数，以便同计划或定额数量进行比较，反映经济业务执行或完成的情况，便于控制管理。典型的累计凭证是制造业企业的限额领料单。表3-4为限额领料单的格式。

汇总凭证，又称原始凭证汇总表或汇总原始凭证，它是将记载同类经济业务的原始凭证定期汇总而另行编制的一种自制原始凭证。汇总凭证既可以大大减少编制记账凭证的数量，又可以提供经济管理所需要的总量指标和信息。例如，根据各种领料单月末汇总编制的本月发出材料汇总表以及根据各部门的工资结算单编制的工资结算汇总表等。表3-5为月末发出材料汇总表的格式。

表 3-4　　　　　　　　　　**限额领料单**

领料单位：

领料名称：　　　　　　　　年　　月　　日　　　　　　　　发料仓库：

计划产量：　　　　　　　　单位消耗定额：　　　　　　　　编号：

材料编号	材料名称	规　格	计量单位	单　价	领用限额	全月实用	
						数量	金额
领料日期	请领数量	实发数量	领料人签章		发料人签章	限额结余	
合计							

供应部门负责人：　　　　　　生产部门负责人：　　　　　　仓库管理员：

表 3-5　　　　　　　　　　**发出材料汇总表**

单位名称：　　　　　　　　年　　月　　日　　　　　　　　单位：元

应借科目	领料部门	原料及主要材料	辅助材料	燃　料	合　计
基本生产成本	一车间				
	二车间				
	小计				
辅助生产成本	供电车间				
	供气车间				
	小计				
制造费用	一车间				
	二车间				
	小计				
管理费用					
合计					

会计主管：　　　　　　记账：　　　　　　稽核：　　　　　　制单：

（3）通用格式凭证和专用格式凭证

通用格式凭证，是指在一定范围内具有统一格式和使用方法的凭证。这里的一定范围，既可以是全国范围，也可以是某省、某市、某地区或某系统。例如，全国统一使用的银行结算票据。表3-6为××银行银行汇票的格式。

表3-6

××银行

银行汇票（卡片）

付款期限 壹个月	**1** 汇票号码									
出票日期　　年　月　日 （大写）	代理付款行：　　行号：									
收款人：	账号：									
出票金额 人民币 （大写）										
实际结算金额 人民币 （大写）	千	百	十	万	千	百	十	元	角	分
申请人：　　账号： 出票行：　　行号： 备注： 复核　　经办	复核　　记账									

此联出票行结清汇票时作汇出汇款借方凭证

专用格式凭证，是指适合特定企业的具有特定内容和专门用途的原始凭证，如差旅费报销单、固定资产报废申请单、销售产品成本计算表等。表3-7为销售产品成本计算表的格式。

表3-7

销售产品成本计算表

年　月　日

产品名称	销售数量	单位生产成本	金　额
合　计			

会计：　　复核：　　制表：

第三联　会计记账

2）原始凭证的填制

（1）原始凭证的基本要素

在实务中，由于各种经济业务的内容和经济管理的要求不同，原始凭证的名称、格式和内容多种多样，其填制与审核的具体内容也会因此而有所不同。但是，原始凭证作为反映经济业务已经发生或已经完成的原始证据，必须反映经济业务发生或完成的情况，并明确有关经办人员的责任，所以任何一张原始凭证均应该具备反映经济业务内容和执行责任人两方面要素。这些基本要素主要包括以下九个方面：

①原始凭证的名称。标明原始凭证所记录业务内容的种类，反映原始凭证的用途，如“发货票”“入库单”等。

②填制原始凭证的日期。原始凭证填制的日期一般是业务发生或完成的日期。如果在业务发生或完成时，因各种原因未能及时填制原始凭证，应以实际填制日期为准。

③填制原始凭证的单位名称、公章。

④经办人员的签名或盖章。相关人员签名或盖章是为了通过该项内容明确经济责任。

⑤对外原始凭证要有接受凭证单位的名称或个人姓名。将接受凭证单位与填制凭证单位或填制人相联系，表明经济业务的来龙去脉。

⑥经济业务内容及摘要。经济业务内容及摘要主要是表明经济业务的项目、名称及有关的附注说明。

⑦数量、单价和金额。数量、单价和金额主要表明对经济业务的计量，是原始凭证的核心。

⑧原始凭证编号。原始凭证必须事先印制编号并按顺序使用。

⑨原始凭证附件。凭证应有的附件指与经济业务发生有关的证明材料，如已经审批的批准手续等。有些原始凭证需要注明附件的号码和件数，如发货票应附有运货单和货物明细清单等。有些原始凭证无附件，相关内容可填写在原始凭证上。

（2）原始凭证的填制要求

原始凭证是根据经济业务活动的执行和完成情况填制的，并具有法律效力的书面证明。《会计法》第十四条规定：“原始凭证记载的各项内容均不得涂改；原始凭证有错误的，应当由出具单位重开或者更正，更正处应当加盖出具单位印章。原始凭证金额有错误的，应当由出具单位重开，不得在原始凭证上更正。”为了保证原始凭证能够正确、及时、清晰地反映各项经济业务活动的真实情况，提高会计核算的质量，并真正具备法律效力，原始凭证的填写必须严格按如下要求进行：

①内容真实、手续完备。

会计人员要严肃、认真地记录各项经济业务的实际发生情况，凭证上的日期、经济业务内容、所有数据都必须真实可靠。经办人员和有关部门的负责人都要在凭证上签字或盖章，对凭证的真实性、正确性负责。

②填制及时、完整、规范。

原始凭证应在经济业务发生的同时及时、完整、正确地填写。须用蓝色或黑色墨水笔书写，填写错误时不得擅自涂改、刮擦或挖补，要用规范的方式进行更正。

③数字金额计算准确、书写正确。

原始凭证上的数字要计算准确，书写正确。小写金额在阿拉伯数字前面应写上货币单位符号，而在数字后面则不用再写“元”字，并且符号和数字之间不留空格。大写金额后面不到分的要在大写金额后面加上“整”字，以免被人为添加数字。阿拉伯数字之间有“0”的，汉字大写要写“零”。一张原始凭证中同时有小写和大写金额的，两者必须一致。

3）原始凭证的审核

《会计法》第十四条规定：“会计机构、会计人员必须按照国家统一的会计制度的规定，对原始凭证进行审核，对不真实、不合法的原始凭证有权不予接受，并向单位负责人报告；对记载不准确、不完整的原始凭证予以退回，并要求按照国家统一的会计制度的规定更正、补充。”因此，为了正确反映和监督企业的经济活动，原始凭证必须由会计主管或专人负责严格审核，以确保会计凭证的真实性、准确性和有效性，这是发挥会计监督作用的重要环节。

（1）真实性审核

原始凭证的真实性审核主要包括两个方面：第一，凭证本身是否真实，是否伪造或有其他不正当来源；第二，业务内容是否真实，不能虚构、捏造、隐瞒经济业务。

（2）合法、合理性审核

根据国家或企业有关的法律、法规、制度的规定来判断原始凭证记载的内容是否合法合规，根据经济业务内容是否符合企业的制度及内控要求从而判断其合理性。

（3）合规性审核

审核原始凭证的填制是否符合规定的要求，如项目填写是否齐全、数字计算是否准确、大写小写金额是否相等、有关签字盖章是否完备等。

会计人员审核会计凭证时必须坚持原则、履行职责。对于符合要求的凭证应按规定及时办理会计手续，据以编制记账凭证，并作为记账凭证的附件保存；对于经审核业务真实但填写不符合要求的原始凭证应退回，补填不完整的内容、补办不完备的手续、更正数字错误、补写遗漏的文字等；对于经审核不合规和不合理的原始凭证，会计人员有权拒绝接收，不予办理会计手续；对于不合法的会计凭证和在填制凭证中有严重违法乱纪行为的单位或个人，如伪造、变造虚假凭证和虚报冒领等行为，要及时向有关部门反映。

3.2.3　记账凭证

1）记账凭证的概念及种类

记账凭证，又称分录凭证，它是由会计人员根据审核无误的原始凭证编制的，用来列明会计分录，作为记账的直接依据的一种会计凭证。有些会计事项（如错账更正、账项调整和结账等）无法取得原始凭证，也可以根据有关账簿中的数据资料直接编制记账凭证。

原始凭证用于记录不同的经济业务的发生完成情况，其种类、内容和格式均难以统一，直接根据这些原始凭证登记账簿很不方便，而且容易发生差错。因此，在登记账簿之前，先根据原始凭证编制记账凭证，在记账凭证的摘要栏中说明经济业务的内容，确定应借、应贷的账户名称和金额，经过审核后再据以记账。原始凭证和原始凭证汇总表一般应附在有关记账凭证后面作为附件，并在记账凭证中注明附件张数，以便于查阅。这样，一笔经济业务先后经过审核原始凭证和记账凭证，既可以进一步防止出现差错，又可以方便记账，从而双重保证账簿记录的正确性。

记账凭证和原始凭证同属于会计凭证，但二者存在着以下区别：

第一，原始凭证大多数是由业务经办人员填制的；记账凭证一律由会计人员填制。

第二，原始凭证是根据发生或完成的经济业务填制的；记账凭证则是根据审核后的原始凭证填制的。

第三，原始凭证主要用以记录、证明经济业务的发生或完成情况，具有法律效力；记账凭证主要是将原始凭证中的经济信息以会计分录的形式反映为会计信息以便于准确记账。

第四，原始凭证是编制记账凭证的直接依据，是登记账簿的根本依据；记账凭证用会计语言反映原始凭证的信息，是登记账簿的直接依据。

记账凭证按不同的标准可以进行如图3-4所示的分类。

- 记账凭证
  - 按反映的经济内容分类
    - 收款凭证
    - 付款凭证
    - 转账凭证
  - 按编制方法分类
    - 复式记账凭证
    - 单式记账凭证
  - 按用途分类
    - 分录凭证
    - 汇总凭证
    - 联合凭证
  - 按格式分类
    - 通用格式记账凭证
    - 专用格式记账凭证

图3-4　记账凭证的分类

（1）收款凭证、付款凭证和转账凭证

收款凭证是记载库存现金或银行存款收入业务的记账凭证。它是根据有关库存现金和银行存款收款业务的原始凭证或原始凭证汇总表填制的。在实际工作中，出纳人员应根据会计管理人员或指定人员审核批准的收款凭证，作为记录货币资金的收入依据。出纳人员根据收款凭证收款时，要在凭证上加盖“现金收讫”或“转账收讫”戳记，以避免差错。收款凭证一般按库存现金和银行存款分别编制库存现金收款凭证和银行存款收款凭证。表3-8是收款凭证的格式。

表3-8　　**收款凭证**

应借科目：　　　　年　月　日　　　　字　号

摘　要	应贷科目		金　额	记　账
	一级科目	明细科目		
合　计				

附件：　张

会计主管：　　记账：　　出纳：　　复核：　　制单：

付款凭证是记载库存现金或银行存款支付业务的记账凭证。它是根据有关库存现金和银行存款付款业务的原始凭证或原始凭证汇总表填制的。在实际工作中，出纳人员应根据会计管理人员或指定人员审核批准的付款凭证，作为记录货币资金的支出并付出资金的依据。出纳人员根据付款凭证付款时，要在凭证上加盖“现金付讫”或“转账付讫”戳记，以避免差错。付款凭证一般也按库存现金和银行存款分别编制库存现金付款凭证和银行存款付款凭证。表3-9是付款凭证的格式。

表3-9　**付款凭证**

应贷科目：　　　　　　　　年　　月　　日　　　　　　　　字　号

摘　要	应借科目		金　额	记　账
	一级科目	明细科目		
合　计				

附件：　张

会计主管：　　　记账：　　　出纳：　　　复核：　　　制单：

值得注意的是，对于库存现金和银行存款之间的相互转化业务，为避免重复记账，一般只编制付款凭证，而不编制收款凭证。例如，把现金存入银行，只编制库存现金付款凭证，不再填制银行存款收款凭证；同样，从银行提取现金时，也只编制银行存款付款凭证，而不再填制库存现金收款凭证。

转账凭证是记载与库存现金和银行存款无关的转账业务的记账凭证。它是根据有关转账业务的原始凭证或原始凭证汇总表填制的。表3-10是转账凭证的格式。

表3-10　**转账凭证**

年　　月　　日　　　　　　　　字　号

摘　要	会计科目		金　额		记　账
	一级科目	明细科目	借方金额	贷方金额	
合　计					

附件：　张

会计主管：　　　记账：　　　出纳：　　　复核：　　　制单：

（2）复式记账凭证和单式记账凭证

复式记账凭证，是指在一张记账凭证上完整地反映经济业务所涉及的所有会计科目，以及相应的借、贷方金额的记账凭证。复式记账凭证便于了解经济业务的全貌，可以减少编制记账凭证的工作量。其缺点是不便于汇总计算每一个会计科目的发生额，也不便于会计人员分工记账。表3-8、表3-9和表3-10为复式记账凭证的格式。

单式记账凭证，是将某项经济业务所涉及的每个会计科目，分别编制记账凭证，即每张记账凭证只填列一个会计科目供记账，其对方科目只供参考，不凭以记账。单式记账凭证把一项经济业务的会计分录，按所涉及的会计科目分别填制两张或两张以上的记账凭证，填列借方账户的称为借项记账凭证，填列贷方账户的称为贷项记账凭证。一项经济业务涉及几个账户，就分别填制几张凭证，并采用一定的编号方法将它们联系起来。其优点是：内容单一，便于会计人员分工记账，也便于按科目汇总，并可加速凭证的传递；其缺点是：凭证张数多，内容分散，在一张凭证上不能完整地反映一笔经济业务的全貌。故需加强对凭证的复核、装订和保管工作。表3-11和表3-12是单式记账凭证的格式。

表3-11　　　　借项记账凭证

对应科目：　　　　年　月　日　　　　编号：

摘　要	一级科目	明细科目	金　额	记　账
合　计				

附件：　张

会计主管：　　记账：　　出纳：　　复核：　　制单：

表3-12　　　　贷项记账凭证

对应科目：　　　　年　月　日　　　　编号：

摘　要	一级科目	明细科目	金　额	记　账
合　计				

附件：　张

会计主管：　　记账：　　出纳：　　复核：　　制单：

（3）分录凭证、汇总凭证和联合凭证

分录凭证是直接根据原始凭证编制的，只反映某项经济业务会计分录的记账凭证。前面介绍的收款凭证、付款凭证和转账凭证都是分录凭证。表3-8、表3-9、表3-10、表3-11和表3-12都是分录凭证的格式。

汇总凭证（或称汇总记账凭证）是根据许多同类分录凭证定期加以汇总而重新编制的记账凭证，可以简化登记总分类账的手续。汇总记账凭证按照其汇总的方法和范围，可以分为分类汇总和全部汇总两类。分类汇总记账凭证主要是对收款凭证、付款凭证和转账凭证分别进行汇总形成汇总收款凭证、汇总付款凭证和汇总转账凭证，这类汇总凭证会计科目之间的对应关系较清楚，便于反映经济业务的来龙去脉；全部汇总记账凭证是按照全部会计账户名称分别进行汇总形成科目汇总表（也称记账凭证汇总表）。科目汇总表中各会计科目之间不具有对应关系，不能反映经济业务的来龙去脉，但科目汇总表可以体现会计科目的试算平衡关系，以便检查会计记录是否准确。表3-13至表3-16都是汇总记账凭证的格式。

表3-13

汇总收款凭证

借方科目： 年 月 日— 月 日 第 号

贷方科目	金额				总账页数	
	1—10日 收款凭证号	11—20日 收款凭证号	21—30日 收款凭证号	合计	借方	贷方
附注：收款凭证自 号至 号 共 张						

会计主管： 记账： 复核： 制单：

表3-14

汇总付款凭证

贷方科目： 年 月 日— 月 日 第 号

借方科目	金额				总账页数	
	1—10日 付款凭证号	11—20日 付款凭证号	21—30日 付款凭证号	合计	借方	贷方
附注：付款凭证自 号至 号 共 张						

会计主管： 记账： 复核： 制单：

表3-15

汇总转账凭证

贷方科目： 年 月 日— 月 日 第 号

借方科目	金额				总账页数	
	1—10日 转账凭证号	11—20日 转账凭证号	21—30日 转账凭证号	合计	借方	贷方
附注：转账凭证自 号至 号 共 张						

会计主管： 记账： 复核： 制单：

表 3-16 科目汇总表

年 月 日— 月 日 第 号

会计科目	总账页数	本期发生额	
		借 方	贷 方
合计			
付款凭证	第 号至第 号共 张		
收款凭证	第 号至第 号共 张		
转账凭证	第 号至第 号共 张		

会计主管： 记账： 复核： 制单：

联合凭证是既有原始凭证或原始凭证汇总表的内容，同时又具备记账凭证内容的凭证，如在自制原始凭证或原始凭证汇总表上同时印有借、贷方会计科目，用以代替记账凭证，作为记账的依据。商业银行由于业务繁多，会大量使用联合凭证（注：商业银行有些联合凭证由于格式变动取消了会计分录的内容）。表 3-17 为中国建设银行本票第二联正面的格式。

表 3-17

付款期限
贰 个 月

中国建设银行
本票

2 地名

出票日期
（大写） 年 月 日

收款人：			申请人：
凭票即付 人民币（大写）			
转账	现金		
备注：		出票行签章	出纳 复核 经办

此联出票行结清本票时作借方凭证

(4) 专用格式记账凭证和通用格式记账凭证

专用格式记账凭证是专门用于某一种经济业务的记账凭证。收款凭证、付款凭证和转账凭证都是专用格式记账凭证。在实际工作中，为了避免差错和提高工作效率，各种专用格式记账凭证通常用不同的格式和颜色印刷。例如，收款凭证用红色并将借方科目突出列在凭证左上角，付款凭证用蓝色并将贷方科目突出列在凭证左上角，转账凭证用绿色并且借、贷方科目均不突出列在凭证左上角。表3-8、表3-9和表3-10为专用格式记账凭证。

通用格式记账凭证是适合于所有经济业务的记账凭证。采用通用格式记账凭证的单位，无论是库存现金或银行存款的收、付业务还是转账业务，都采用统一格式的记账凭证。通用格式记账凭证适合经营规模不大、库存现金和银行存款收付业务不多的中小型企业，其格式与转账凭证格式一样。表3-18为通用格式记账凭证。

表3-18

记账凭证

年　　月　　日　　　　　　　　字　号

摘　要	会计科目		金　额		记　账	
	一级科目	明细科目	借　方	贷　方		附件：张
合　计						

会计主管：　　　记账：　　　出纳：　　　复核：　　　制单：

2）记账凭证的填制

(1) 记账凭证的基本要素

记账凭证将原始凭证上记载的经济信息转换成登记账簿依据的会计信息。它可以根据每项经济业务的原始凭证逐笔编制，也可以根据若干项同类经济业务的同类原始凭证汇总编制。记账凭证有多种形式，但作为登记账簿的直接依据，必须反映经济业务分类核算的项目、填制依据以及有关人员的责任，所以记账凭证必须具备下列基本要素：

①记账凭证的名称。

②填制单位的名称。

③凭证的填制日期和编号。

④经济业务的内容摘要。

⑤应借、应贷的账户名称、金额，包括一级分类账户、二级分类账户和明细账户的名称和金额。

⑥所附原始凭证和其他资料的张数。

⑦会计主管人员、复核人员、记账人员和制单人员的签名或盖章；收付款凭证还要有出纳人员的签名或盖章。

⑧记账备注，即已登记账簿的标志，应在“记账”栏内打“√”或签章。

(2) 记账凭证的填制要求

记账凭证是登记账簿的直接依据，记账凭证的填制质量直接影响账簿记录的准确性，同时也会影响到会计核算工作质量。因此，记账凭证的填制是一个严格、严肃的过程，除了要严格遵循原始凭证的填制要求以外，还应该符合以下一些基本要求：

①摘要简单明了。

记账凭证的摘要栏要用简要的语言概括经济业务内容的要点，这主要是为了便于查阅凭证和登记账簿。例如，写物要有品名；写事要有过程；银行结算凭证要注明票据名称、号码等。

②经济业务记录明确。

不能把不同类型的经济业务合并填制一张记账凭证，一张记账凭证只能反映某一项经济业务或若干项同类经济业务，这主要是为了明确经济业务的来龙去脉和账户的对应关系。

③日期填写准确。

记账凭证的填制日期以实际日期为准，其可以和原始凭证的填制日期一致，也可以晚于原始凭证的填制日期。例如，库存现金收付记账凭证的日期以办理库存现金收付的日期填写；银行付款业务的记账凭证，一般以付款单位开出付款单据的日期或承付的日期填写；银行收款业务的记账凭证，一般按银行标明转账的进账单或银行收款回执戳记日期填写；月末结转的业务，按当月最后一天的日期填制。

④科目正确。

在记账凭证中，必须按规定的会计科目及其核算内容正确编制会计分录，这主要是为了确保科目的正确运用和账户对应关系清晰，符合会计核算的要求。

⑤逐项顺序填写。

记账凭证应该按照从左到右、从上到下的顺序逐行填写，不能漏项、跳行。如果金额栏最后一笔数字与合计数之间有空行，应当划斜线或“S”线注销。记账凭证中的各项内容必须填写齐全，并按规定程序办理签章手续，不得简化。

⑥附件完整。

记账凭证所附的原始凭证必须完整无损，并在记账凭证上注明所附原始凭证的张数，以便核对摘要及所编制的会计分录是否准确。对于同一张原始凭证编制两张记账凭证的（如采用单式记账凭证格式），应在未附原始凭证的记账凭证上注明其原始凭证附在哪张凭证后面，以便查阅；如果一张原始凭证所列出的支出需要几个单位共同承担，应就其他单位负担的部分，开给对方一份原始凭证分割单（必须具备原始凭证的基本内容），以便结算；有些原始凭证因数量较多或性质重要不便于附在记账凭证后面而需另行存放的，要在记账凭证上予以说明；对于结账和更正错账的记账凭证，可以不附原始凭证。

⑦顺序编号。

记账凭证应该按业务发生的顺序，给不同的记账凭证进行编号，这样可以分清会计处理的先后顺序，便于记账凭证和会计账簿之间的核对，确保记账凭证的完整性。记账凭证根据不同的情况采取不同的编号方法，如顺序编号法、字号编号法和分数编号法等。例如，一笔经济业务需填制多张记账凭证的，可以采用按该项经济业务的记账凭证数量编制分数顺序号的方法，前面的整数为按顺序编号法或字号编号法排列的该笔经济业务总顺序号，后面的分数为该记账凭证的分号，分母表示该笔经济业务所编制的记账凭证总张数，分子表示该记账凭证的顺序号（如6-1/3、6-2/3、6-3/3）。

3）记账凭证的审核

为了保证账簿记录乃至报表信息的准确可靠，要严格保证记账凭证的准确性，并监督款项收付及经济业务的合规有效，除了编制记账凭证的工作人员应当认真负责、正确填制和加强自审以外，同时还必须由专人对记账凭证进行严格审核。记账凭证是根据审核后的合法的原始凭证编制的，因此，记账凭证的审核包括对原始凭证的复核以及对记账凭证记载内容的审核。审核时应注意以下几点：

（1）内容是否真实

审核记账凭证后是否附有原始凭证，张数是否与记账凭证所记载的数量一致；所附原始凭证的内容与记账凭证的内容是否一致，记账凭证汇总表的内容与其所依据的记账凭证的内容是否一致等。

（2）项目是否齐全

审核记账凭证各项目的填写是否齐全，如日期、凭证编号、摘要、会计科目、金额、所附原始凭证张数及有关人员签章等。

（3）科目是否正确

审核记账凭证的应借、应贷科目是否正确，是否有明确的账户对应关系，所使用的会计科目是否符合国家统一的会计制度的规定等。

（4）金额是否准确

审核记账凭证所记录的金额与原始凭证的有关金额是否一致、计算是否准确，记账凭证汇总表的金额与记账凭证的金额合计是否相等。

（5）书写是否规范

审核记账凭证中的记录是否文字工整、数字清晰，是否按规定进行更正等。

在审核中若发现差错，应查明原因予以重填或更正，并由更正人员在更正处签章。

3.2.4　会计凭证的传递与保管

1）会计凭证的传递

会计凭证的传递是指会计凭证从填制和取得开始，经过办理业务手续、审核、整理、记账到装订保管的过程，包括在有关部门和人员之间的传递顺序、传递时间和衔接手续。

合理组织会计凭证的传递，不仅可以及时反映和监督经济业务的发生完成情况，而且有利于各相关部门的经办人员明确岗位责任，相互牵制，提高会计工作效率和质量。企业对各项经济业务必须分别确定会计凭证的传递路线、会计凭证在各部门各环节停留的最长时间以及各环节的会计凭证交接手续，这是企业内部控制的重要方面。

2）会计凭证的保管

会计凭证是记载经济业务，明确经济责任的重要经济档案。为了便于本单位随时利用以及外单位审计需要，必须由会计部门按《会计档案管理办法》的规定，对会计凭证加以整理、归类、编号，并妥善保管。会计凭证在保管中应防止霉烂破损和鼠咬虫蛀，以确保其安全性和完整性。保管期满后应按规定手续报经批准后才能销毁。

3.3 会计账簿

3.3.1 会计账簿的意义与种类

1）会计账簿的意义

会计账簿是以会计凭证为依据，对全部经济业务进行全面、系统、连续、分类的记录和核算的簿籍，是由具有专门格式并以一定形式联结在一起的账页所组成的。

设置和登记会计账簿作为会计核算的一种专门方法，是会计循环的主要环节，各单位在发生经济业务的同时，通过对会计凭证的填制、取得和审核，可将每日发生的经济业务记录和反映在会计凭证上。由于会计凭证数量多、资料分散，每张凭证只能记载个别的经济业务，所提供的资料是零星的、序时的而不是总括的、分类的。因此，为了全面、系统、连续、分类地反映企事业单位的经济活动和财务收支情况，需要把会计凭证所记载的大量分散的资料加以分类、整理、记录。这一任务是通过设置和登记会计账簿来实现的。通过账簿记录，既能对经济活动进行序时核算，又能进行分类核算；既可提供各项总括的核算资料，又可提供明细核算资料。

《会计法》第三条明确规定：各单位必须依法设置会计账簿，并保证其真实、完整。合理设置和登记会计账簿，是提供系统、全面的会计信息资料的重要手段。其意义主要体现在以下几个方面：

（1）为提高企业经营管理水平，充分、合理使用资金提供信息资料

会计账簿能够使分散在会计凭证上的核算资料集中化、系统化。通过登记各种总分类账，对经济业务进行分类核算，可以连续、系统地记录各项资产、负债和所有者权益的增减变化以及财务成果的核算资料，从而为企业单位正确地计算费用、成本、收入和利润提供总括及明细资料，为改善企业经营管理、加强经济核算、合理使用资金提供必要的资料，同时，借助于会计账簿记录资料，可以监督各项财产物资的保管是否妥善，以保护财产物资的安全与完整。

（2）为编制财务报告提供依据

会计账簿对会计凭证所反映的大量经济业务进行序时、分类的记录和加工后，在一定时期末，将这些资料进行加工整理，就可以作为定期编制财务报告的依据。会计账簿的设置与登记是否正确，直接影响到财务报表信息的真实性、可靠性和及时性。

（3）为财务分析、会计检查提供依据

对账簿资料的检查、分析，可以了解企业贯彻有关方针、政策和制度的情况，可以考核计划的完成情况，如对资金使用是否合理，费用开支是否符合标准，经济效益是否提高，利润的形成与分配是否符合相关规定等做出分析、评价，从而找出差距、挖掘潜力、提出改进措施。

此外，设置和登记会计账簿，有利于会计工作的分工、会计信息资料的保存以及日后查阅。

2）会计账簿的种类

不同的账簿可以提供不同的信息，以满足不同的需要。为了更好地了解和使用会计账

簿，就需要对账簿进行分类。会计账簿可以按照用途、外表形式以及账页格式进行分类，如图3-5所示。

- 会计账簿
  - 按用途分类
    - 序时账簿
      - 普通日记账
      - 特种日记账
        - 库存现金日记账
        - 银行存款日记账
    - 分类账簿
      - 总分类账
      - 明细分类账
    - 备查账簿
  - 按外表形式分类
    - 订本账
    - 活页账
    - 卡片账
  - 按账页格式分类
    - 三栏式账簿
    - 多栏式账簿
    - 数量金额式账簿

图3-5　会计账簿的分类

（1）序时账簿、分类账簿和备查账簿

①序时账簿，又称日记账，是按照经济业务发生时间的先后顺序逐日、逐笔进行连续登记的账簿。序时账簿按其记录的经济业务内容不同可分为普通日记账和特种日记账。其中，普通日记账用来逐日、逐笔登记全部经济业务，其实质是把会计分录按照经济业务发生的先后顺序记入日记账中，以此作为连续登记分类账的依据，所以又称其为分录日记账。而特种日记账只对某些重要的特定种类的经济业务按其发生时间的先后顺序逐日、逐笔登记。由于登记普通日记账要花费大量的时间和精力，不便于分工记录，而且查阅也不方便，所以逐渐被各种记账凭证所代替。序时账簿在实际工作中应用比较广泛的是特种日记账，如为了加强对货币资金的管理，单设“库存现金日记账”和“银行存款日记账”，这两种日记账就是专为提供库存现金和银行存款收付情况的详细资料而设置的特种日记账。为了简化记账手续，在会计实务中，除了库存现金和银行存款具有独特的重要性需设置特种日记账外，其他项目一般不设置特种日记账进行登记。

②分类账簿，又称分类账，是对全部经济业务进行分类登记的账簿。分类账按其所反映经济业务详略程度的不同，可分为总分类账和明细分类账。总分类账（也称总账）是根据总分类账户开设的，用以分类记录全部经济业务，提供总括的核算资料，对所属的明细账具有统驭和控制作用，可以直接根据分录记账凭证登记，也可以将分录记账凭证按一定方法定期汇总后进行登记；明细分类账（也称明细账）是根据明细分类账户开设的，详细记录某一类经济业务，提供比较详细的核算资料，应根据分录记账凭证或原始凭证逐笔详细登记，是对总分类账的补充和说明。

③备查账簿，又称辅助账簿，是指对某些未能在序时账簿和分类账簿中记载或记载不全的事项进行补充登记的账簿。备查账簿主要记载一些供日后查考的经济事项，如应收应

付票据备查簿、租入固定资产登记簿、代管商品物资登记簿及受托加工物资登记簿等。

（2）订本账、活页账和卡片账

①订本账，是在启用之前就把若干具有专门格式的账页顺序编号、装订成册的账簿。这种账簿的优点是能够防止账页散失和被非法抽换，保证账簿记录的安全与完整，因此，对于那些比较重要的、具有统驭作用的账簿一般采用订本账。实际工作中总分类账应采用订本账，库存现金日记账和银行存款日记账必须采用订本账。订本账的缺点是，由于账页序号和账页总数已经固定，不能增减，因此在使用时，必须为每一账户预留账页，预留过多，账页浪费；预留过少，则账页不够，影响账户连续登记，人为地将账簿记录割裂开，不便于查阅；此外，在同一时间里，只能由一人负责登记，不便于分工和计算机记账。

②活页账，是把若干张具有专门格式、零散的账页，散装在活页夹内的账簿。一般，材料类明细分类账可根据需要采用活页账。活页账克服了订本账的缺点，账页不固定夹放在一起，可根据业务的需要随时加入、抽出或移动账页，这样可以适当避免浪费，使用起来灵活，而且可以分工记账，有利于提高工作效率。但由于账页是分开的，账页容易散失或被不正当地抽换。因此，使用时应将账页顺序编号，并由有关人员在账页上签名或盖章，置于账夹内，以防止产生舞弊行为。在年度终了时，更换新账后，应将使用过的账页装订成册，作为会计档案予以保管。

③卡片账，是由若干张分散的、存放在卡片箱中的、具有专门格式的硬纸卡片组成的账簿。卡片账主要适用于内容比较复杂且变化不大的财产明细账的登记，可以根据需要随时取放，如固定资产卡片、低值易耗品卡片等。

卡片账具有活页账的特点，便于随时查阅，便于归类整理，不容易损坏，但同样容易出现卡片散失或被任意抽换的问题。因此，在使用时需要将卡片账连续编号，并由有关人员在卡片上签名或盖章，放在卡片箱内，由专人保管。更换新账后，也需要封扎起来，作为会计档案妥善保管。

企业在设置账簿体系时，对重要的会计账簿，如总分类账、库存现金日记账、银行存款日记账等，采用订本式账簿；对一般明细账，采用活页账；对那些次要的或不容易丢失的项目，如数量众多的材料、固定资产明细账等，则采用卡片账。

（3）三栏式账簿、多栏式账簿和数量金额式账簿

①三栏式账簿，是指由设置借方、贷方和余额三个金额栏目的账页组成的账簿。它适用于总分类账、日记账，也适用于只需要进行金额核算而不需要进行数量核算的债权、债务结算账户的明细分类账。

②多栏式账簿，是指由三个以上金额栏目的账页所组成的账簿。这种账簿根据经济业务特点和经营管理的需要，把同一个一级账户所属的明细账户或明细栏目，集中在一张账页上设置专栏，反映各有关明细账户或明细栏目的核算资料。它适用于成本、收入、费用和利润等账户。

③数量金额式账簿，可以视为三栏式账簿的变形，账簿中的账页先分为“收入”“发出”“结存”三个栏目，再在每一大栏目内设置“数量”“单价”“金额”三个小栏目。这种账簿适用于既要进行金额核算，又要进行实物数量核算的经济业务，同时提供经济业务的实物量信息和价值信息以满足核算与管理的需要。例如，“原材料”“库存商品”等明细

账适合采用数量金额式账页格式。

3.3.2　会计账簿的设置与登记

会计账簿的设置与登记，包括确定账簿的种类，设计账页的格式、内容和规定账簿登记的方法等。各单位应根据经济业务的特点和管理要求，科学、合理地设置账簿。账簿的设置要组织严密、层次分明；账簿之间要互相衔接、互相补充、互相制约，能清晰地反映账户间的对应关系，以便提供完整、系统的资料。会计账簿的设置，既要防止账簿重叠、辗转誊抄、繁琐复杂，也要防止过于简化，以致不能提供日常管理所需的资料和编制报表的数据。

《会计法》第十五、十六条明确规定：会计账簿登记，必须以经过审核的会计凭证为依据，并符合有关法律、行政法规和国家统一的会计制度的规定。会计账簿包括总账、明细账、日记账和其他辅助性账簿。各单位发生的各项经济业务事项应当在依法设置的会计账簿上统一登记、核算，不得违反会计法和国家统一的会计制度的规定，私设会计账簿登记、核算。

1）会计账簿的基本要素

由于管理的要求不同，各种账簿所记录的经济内容不同，因而账簿的账页格式、内容也不同，但会计账簿从构造上看，都应具备一些基本要素：

（1）封面

封面主要标明账簿名称，如总分类账、库存现金日记账、应收应付账款明细账等。

（2）扉页

扉页主要列明账簿使用及经管人员一览表及科目索引。其格式分别见表3-19、表3-20。

表3-19　　账簿使用及经管人员一览表

<table>
<tr><td>单位名称</td><td colspan="4"></td><td colspan="2">公　章</td></tr>
<tr><td>账簿名称</td><td colspan="4"></td><td colspan="2" rowspan="4"></td></tr>
<tr><td>账簿编号</td><td colspan="4"></td></tr>
<tr><td>账簿页数</td><td colspan="4">本账簿共计　页</td></tr>
<tr><td>启用起讫日期</td><td colspan="4">年　月　日至　年　月　日</td></tr>
<tr><td rowspan="2">责任者签章</td><td>负责人</td><td colspan="2">主　管</td><td>会　计</td><td>记　账</td><td>审　核</td></tr>
<tr><td></td><td colspan="2"></td><td></td><td></td><td></td></tr>
<tr><td rowspan="6">经管及交接记录</td><td>经管人姓名</td><td>经管日期</td><td>经管人签章</td><td>交出日期</td><td>监交人姓名</td><td>监交人签章</td></tr>
<tr><td></td><td></td><td></td><td></td><td></td><td></td></tr>
<tr><td></td><td></td><td></td><td></td><td></td><td></td></tr>
<tr><td></td><td></td><td></td><td></td><td></td><td></td></tr>
<tr><td></td><td></td><td></td><td></td><td></td><td></td></tr>
<tr><td></td><td></td><td></td><td></td><td></td><td></td></tr>
<tr><td>备　注</td><td colspan="6"></td></tr>
</table>

表 3-20　　科目索引

页数	科目	页数	科目	页数	科目

（3）账页

账页是账簿的主要内容，不同的账簿，其账页格式也不同，一般应包括以下几个方面：

①账户或会计科目的名称。

②登账日期栏。

③凭证种类和号数栏。

④摘要栏。

⑤借、贷方金额栏及余额的方向和金额栏。

⑥总页次和分户页次。

2）日记账的设置与登记

为加强对货币资金的管理，各个单位都应设置库存现金和银行存款日记账，用以序时反映库存现金和银行存款收入的来源、支出的去向或用途以及每日结存金额。

（1）库存现金日记账的格式与登记方法

库存现金日记账，是用来核算和监督库存现金每日收入、支出和结存情况的序时账簿，通过库存现金日记账可以全面、连续地了解和掌握企业单位每日库存现金的收支动态和库存现金余额，为日常分析、检查企业单位的库存现金收支活动提供资料。库存现金日记账必须采用订本式账簿，其账页格式主要有三栏式和多栏式两种。

①三栏式库存现金日记账，通常设置“收入”“支出”“结余”或“借方”“贷方”“余额”三个主要栏目，用来登记库存现金的增减变动及其结果，相应的对方科目不设专栏反映。

三栏式库存现金日记账是由库存现金出纳人员根据库存现金收、付款凭证以及反映从银行提取库存现金业务的银行存款付款凭证，按照业务发生时间的先后顺序逐日、逐笔登记的。其一般格式见表3-21。

表3-21　　　　　　　　　　　　库存现金日记账（三栏式）

年		凭证		摘要	对方科目	借方	贷方	余额
月	日	字	号					

②多栏式库存现金日记账。为了更清晰地反映账户之间的对应关系，了解库存现金变化的来龙去脉，库存现金日记账也可以在“借方”“贷方”栏下分别按照对方科目设专栏进行登记，形成多栏式库存现金日记账。多栏式库存现金日记账格式见表3-22。

表3-22　　　　　　　　　　　　库存现金日记账（多栏式）　　　　　　　　　　　　第　页

年		凭证		摘要	借方（对应贷方科目）					贷方（对应借方科目）					余额
月	日	字	号					合计	过账				合计	过账	

在采用表3-22的多栏式日记账格式时，按照借方、贷方的对应科目分设专栏逐日逐笔登记，到月末结账时，分栏加计发生额，便于反映每笔收支的来源和用途，能够为企业的经济活动分析和财务收支分析提供详细、具体的资料。如果对应账户较多，库存现金日记账表格就会太长，容易发生错栏、串行等错误，也不便于账簿的保管和查阅。为解决这一问题，可将上述格式一分为二，分别设置库存现金收入日记账、库存现金支出日记账，并按库存现金收入和支出的对应账户设置专栏进行登记。因此，多栏式库存现金日记账的格式适合于收付款业务数量较多而收付款业务涉及的账户种类并不多的单位设置。多栏式库存现金收入日记账与支出日记账的格式见表3-23和表3-24。

表3-23　　**库存现金收入日记账（多栏式）**　　第　页

年		凭证		摘要	对应贷方科目					收入合计	过账	支出合计	余额
月	日	字	号										

表3-24　　**库存现金支出日记账（多栏式）**　　第　页

年		凭证		摘要	对应借方科目					支出合计	过账	转出数
月	日	字	号									

库存现金日记账由出纳人员根据审核无误的库存现金收款凭证、库存现金付款凭证和银行存款付款凭证，按照业务发生的时间先后顺序，逐日逐笔顺序进行登记。其具体登记方法如下：

①“日期”栏：登记库存现金收付业务发生的实际日期。

②“凭证字号”栏：登记收款凭证或付款凭证的种类和编号，种类是指收款或付款凭证。例如，库存现金收款凭证，可简写为“现收”；库存现金付款凭证和银行存款付款凭证（从银行提取库存现金），可简写为“现付”“银付”等。编号按规定的编号登记。

③“摘要”栏：登记经济业务的简要说明，一般根据记账凭证中的摘要填写。

④“对方科目”栏：登记库存现金收入或支出的对应账户名称，一般根据记账凭证中的对方科目填写。

⑤“收入及支出”栏：登记库存现金的收入金额和支出金额，每日终了，应计算当日的库存现金收入及库存现金支出的合计数。

⑥“余额”栏：在登记每笔库存现金收入或库存现金支出金额后，应逐笔结出库存现金余额，每日终了，应结出当日库存现金余额。

采用收入和支出分设账本的多栏式库存现金日记账时，由于库存现金借方与贷方分别记录在两本账上，每日终了，还应将本日库存现金支出日记账中的支出合计，转记到库存现金收入日记账中发生合计栏内，以便结出当日余额，再与实际库存现金余额核对。月末，结出多栏式库存现金日记账的对应账户栏以及库存现金收入和支出总额，作为登记总账的依据。这样，就可减少登记总账的工作量。应注意的是：多栏式库存现金日记账中对应账户中的“银行存款”账户栏的本月发生额，因已经同时记入多栏式银行存款日记账，故不需过入总账。

（2）银行存款日记账的格式及登记方法

银行存款日记账，是记录和反映银行存款收付业务的一种特种日记账，其账本形式必须采用订本式，账页格式一般采用三栏式，也可采用多栏式等其他形式。若一个企业开设若干银行账户，应分别按银行账号设置日记账登记，这样便于与银行核对，也有利于对银行存款的管理。银行存款收、付业务的结算方式有多种，为了反映具体的结算方式以及相关的单位，需要在三栏式日记账的基础上增设栏目，即在三栏式银行存款日记账中增设“存款种类”“结算凭证”和“对方单位”等具体的栏目。三栏式银行存款日记账的具体格式见表3-25。

表3-25　**银行存款日记账（三栏式）**　存款种类：人民币存款

年		记账凭证		结算凭证		对方单位	摘要	对方科目	收入	支出	余额
月	日	种类	编号	种类	号数						

银行存款日记账由出纳人员根据审核无误的银行存款收款凭证、银行存款付款凭证和库存现金付款凭证，按照业务发生的时间先后顺序，逐日逐笔顺序进行登记。其具体登记方法与库存现金日记账基本相同，但有以下几点需要注意：

①“存款种类”栏：填列“人民币存款”或“某种外币存款”等存款类别。

②“结算凭证种类及号数”栏：根据收款凭证和付款凭证所附的银行结算凭证填列，以便与银行对账，其中“种类”栏登记银行结算凭证的种类，如“库存现金支票”（简称现支）、“转账支票”（简称转支）等；“号数”栏登记结算凭证的号码，库存现金支票登记库存现金支票的号码，转账支票登记转账支票的号码，银行汇票登记银行汇票的号码，托收凭证登记托收凭证的号码等。

③“对方单位”栏：为了便于观察每笔银行存款收入的来源或支出的方向，根据记账凭证摘要中所列的对方单位登记。

银行存款日记账根据需要也可以采用多栏式账页格式。多栏式银行存款日记账的设置与登记方法除特殊栏目（如结算凭证、对方单位等）外基本同于多栏式库存现金日记账的登记方法。在此不再赘述。多栏式银行存款日记账、多栏式银行存款收入日记账与支出日记账的格式见表3-26、表3-27和表3-28。

表3-26　　**银行存款日记账（多栏式）**

存款种类：人民币存款　　第　页

年		凭证		结算凭证		对方单位	摘要	借方（对应贷方科目）				贷方（对应借方科目）				余额
月	日	字	号	种类	号数						合计				合计	

表3-27　　**银行存款收入日记账（多栏式）**

存款种类：人民币存款　　第　页

年		凭证		结算凭证		对方单位	摘要	借方（对应贷方科目）				贷方合计	余额
月	日	字	号	种类	号数						合计		

表3-28　　**银行存款支出日记账（多栏式）**

存款种类：人民币存款　　第　页

年		凭证		结算凭证		对方单位	摘要	贷方（对应借方科目）				贷方合计
月	日	字	号	种类	号数							

3）总分类账的设置与登记

总分类账是按照一级会计科目的编号顺序分类开设并登记全部经济业务的账簿。总分类账簿的格式有三栏式（即“借方”“贷方”“余额”三个主要栏目）和多栏式两种。为了保证账簿资料的安全完整，总分类账簿应采用订本式账簿，建账时需为每个账户预留若干账页。

（1）三栏式总分类账

三栏式总分类账分为不反映对方科目的三栏式总分类账和反映对方科目的三栏式总分

类账。前者只设有“借方”“贷方”“余额”三栏，不反映对方科目，格式见表3–29。后者在总分类账中设置“对方科目”栏，以便使设账科目的对方科目能够反映出来，账户对应关系更加清晰，这种格式的总分类账见表3–30。

表3–29　　总分类账（三栏式）

会计科目：　　第　页

年		凭证		摘要	借方	贷方	借或贷	余额
月	日	字	号					

表3–30　　总分类账（三栏式）

会计科目：　　第　页

年		凭证		摘要	对方科目	借方	贷方	借或贷	余额
月	日	字	号						

（2）多栏式总分类账

多栏式总分类账将所有的总账科目合并设在一张账页上。典型的多栏式总分类账，是一种序时账与分类账相结合的联合账簿。这种格式的总分类账兼有序时账和分类账的作用，又称为日记总账。其账页格式见表3–31。

表3-31 总分类账（多栏式）

会计科目： 第 页

年		凭证		摘要	××科目			××科目			××科目		
月	日	字	号		借方	贷方	余额	借方	贷方	余额	借方	贷方	余额

总分类账的登记依据和方法，主要取决于所采用的账务处理程序。它可以直接根据各种记账凭证逐笔登记，也可以把记账凭证先汇总，编制成汇总记账凭证（汇总收款凭证、汇总付款凭证和汇总转账凭证）或科目汇总表，再根据汇总的记账凭证或科目汇总表定期登记。不管哪种格式的总分类账，每月都应将本月已完成的经济业务全部登记入账，并于月末结出总账中各总分类账户的本期发生额和期末余额，与其他有关账簿核对相符之后，作为编制财务报表的主要依据。

4）明细分类账的设置与登记

明细分类账，是根据二级会计科目或明细科目设置账户，并根据审核无误的会计凭证登记某一具体经济业务的账簿，用以分类、连续记录和反映资产、负债、所有者权益、收入、费用和利润等详细信息，作为总分类账的必要补充，并为编制财务报表提供所需的详细资料。明细分类账一般采用活页式账簿，也可以采用卡片式账簿（如固定资产明细账）和订本式账簿等。

根据管理要求和各种明细分类账记录的经济内容的不同，明细分类账的账页格式主要有三栏式、数量金额式、多栏式和横线登记式等四种格式。

（1）三栏式明细分类账

三栏式明细分类账的格式和三栏式总分类账的格式相同，只设有“借方”“贷方”“余额”三个栏目，用来登记只需反映金额的经济业务。一般适用于债权、债务等只要求提供货币信息而不需要提供非货币信息（实物量信息等）的账户，如“应收账款”“应付账款”“短期借款”等明细账。

（2）数量金额式明细分类账

数量金额式明细分类账要求在“收入”（“借方”）、“发出”（“贷方”）和“结存”（“余额”）栏目下分设“数量”“单价”“金额”三个小栏目，以便同时提供货币信息和实物量信息。这一类明细账适用于既要进行金额核算又要进行实物量核算的财产物资类科目，如“原材料”“库存商品”等科目的明细账。数量金额式明细分类账的格式见表3-32。

表3-32 **原材料明细账（数量金额式）**

材料名称： 第 页

编号： 规格： 计量单位：

储存定额： 最高储量： 最低储量：

年		凭证		摘要	借方			贷方			余额		
月	日	字	号		数量	单价	金额	数量	单价	金额	数量	单价	金额

（3）多栏式明细分类账

多栏式明细分类账，是根据经济业务的特点和经营管理的需要，在一张账页内按有关明细科目或项目分设若干专栏，用于登记明细项目多、借贷方向单一且无需数量核算的收入、费用、利润等业务的账簿，如“生产成本”“制造费用”“管理费用”“主营业务收入”“本年利润”等明细账。按照登记经济业务内容的不同又分为“借方多栏式”，如“生产成本明细账”“制造费用明细账”等；“贷方多栏式”，如“主营业务收入明细账”等；“借方、贷方多栏式”，如“本年利润明细账”“应交增值税明细账”等。几种多栏式明细账的格式分别见表3-33、表3-34和表3-35。

表3-33 **生产成本明细账（借方多栏式）**

产品名称： 第 页

年		凭证		摘 要	借方项目			
月	日	字	号		直接材料	直接人工	制造费用	合 计

表3-34 **主营业务收入明细账（贷方多栏式）** 第 页

年		凭证		摘 要	贷方项目			
月	日	字	号		甲产品	乙产品	丙产品	合 计

表3-35 **本年利润明细账（借方、贷方多栏式）** 第 页

年		凭证		摘要	借方项目		贷方项目		借或贷	余额
月	日	字	号			合计		合计		

成本、费用类明细账一般按借方设置多栏，若需冲减有关费用或期末结转有关成本费用，可以在明细账中以红字在借方登记。主营业务收入明细分类账一般在贷方按项目设置若干明细栏目，只在期末时一次性将其贷方余额转入“本年利润”账户，因此可以只在贷方设置多栏，设置一个借方栏，或不设置借方栏，如果发生退货需要减少收入时，用红字在贷方冲销。

（4）横线登记式明细分类账

横线登记式明细分类账也称平行式明细分类账。它的账页结构特点是：将前后密切相关的经济业务在同一横行内进行详细登记，以检查每笔经济业务完成及变动情况。该种账页一般用于“材料采购”明细分类账，其格式见表3-36。

表3-36　**材料采购明细账（横线登记式）**

材料名称或类别：　　　　　　　　　　　　　　　　　　　　　　　　第　页

年		凭证		摘要	到货日期	借方金额				入库转账日期		贷方金额	备注
月	日	字	号			买价	运杂费	整理费	合计	月	日		

明细分类账的登记，可以直接根据原始凭证、记账凭证逐笔登记，也可以根据汇总原始凭证、记账凭证逐日或定期汇总登记。对于固定资产、低值易耗品、债权债务等明细账应当逐笔登记，便于反映和监督其具体增减变动情况。产品和材料明细分类账，如业务发生不是很多，可以逐笔登记；如业务发生较多，为了适当简化记账工作，也可以逐日汇总登记。

5）总分类账与明细分类账的平行登记

平行登记，是指同一笔经济业务发生后，根据会计凭证，一方面要登记各有关明细分类账，另一方面要登记该明细分类账所归属的有关总分类账。

（1）总分类账和明细分类账的关系

总分类账和明细分类账都属于分类登记会计信息的账簿，总分类账是按一级科目开设的，提供总括的信息，便于编制报表；明细分类账是按明细科目开设的，提供详细的信息，便于内部管理。前者是对后者的综合，后者是对前者的具体化。一笔经济业务既要在明细分类账中登记，又要在总分类账中登记，是为了实现双线反映，相互牵制，保证账簿记录的准确性。需要注意的是，在会计实务中，并不是任何总分类账都要设明细分类账，因为有些账户没有必要进行明细核算。

（2）平行登记的规则

总分类账与其所属的明细分类账所反映的经济业务是相同的，登账时所依据的原始凭证也是相同的，二者分别以总括指标和详细指标的形式反映同一内容，因而总分类账和明细分类账的记录是一致的。

平行登记的要点如下：

①登账依据相同。尽管登记总分类账及其所属的明细分类账所依据的记账凭证在形式

上可能有所不同，如明细分类账是依照分录凭证逐笔登记的，而总账可能是依照分录凭证逐笔登记的，也可能是先对分录凭证进行汇总，再依汇总后的记账凭证登记的；但是，每张分录凭证和汇总记账凭证背后所依据的原始凭证是相同的，原始凭证是登记总分类账及其所属明细分类账的根本依据。只有这样，总分类账与明细分类账的双线登记才能起到相互牵制的作用，从而保证账簿记录的准确性。

② 登账期间相同。登记期间相同并不意味着同时登记，因为明细分类账一般根据分录记账凭证及其所附的原始凭证在平时逐笔登记，而总分类账因账务处理程序不同，可能在平时逐笔或汇总登记，也可能定期汇总登记，但登记总分类账和明细分类账必须在同一会计期间内完成。

③ 登账方向相同。登账方向相同指的是，同一笔经济业务如果在总分类账中登记的是借方，在其所属的明细分类账中也应登记在借方；反之，如果在总分类账中登记的是贷方，在其所属的明细分类账中也应登记在贷方。

④ 登账金额相等。同一笔经济业务在总分类账及其所属的明细分类账中登记的金额是相等的。当总分类账同时涉及几个明细分类账时，则在总分类账中登记的金额应当与其所属的明细分类账中登记的金额之和相等，即明细分类账发生额合计数与余额合计数和其所归属的总分类账的发生额与余额应相等。

【例3-1】海利公司“应付账款”“原材料”科目的余额信息见表3-37。

表3-37　**有关科目余额表**　单位：元

会计科目	借方金额	贷方金额	会计科目	借方金额	贷方金额
原材料	8 000 000		应付账款		700 000
——甲材料	3 000 000		——维达公司		300 000
——乙材料	5 000 000		——光明公司		400 000

本期发生下列经济业务：

（1）向维达公司购买甲材料300吨，单价1 000元，共计300 000元；乙材料50吨，单价5 000元，共计250 000元，材料已验收入库，尚未支付货款。（本例暂不考虑增值税，下同）

（2）以银行存款200 000元偿还维达公司的货款。

（3）向光明公司购买甲材料200吨，单价1 000元，共计200 000元；乙材料100吨，单价5 000元，共计500 000元，材料已验收入库，尚未支付货款。

（4）以银行存款600 000元偿还光明公司的货款。

根据上述经济业务编制会计分录为：

（1）借：材料采购——甲材料	300 000	
——乙材料	250 000	
贷：应付账款——维达公司		550 000
（2）借：应付账款——维达公司	200 000	
贷：银行存款		200 000

（3）借：材料采购——甲材料　　200 000
　　　　　　　　——乙材料　　500 000
　　贷：应付账款——光明公司　　700 000
（4）借：应付账款——光明公司　　600 000
　　贷：银行存款　　600 000

根据上述会计分录平行登记有关的总分类账和明细分类账见表3-38至表3-43。

表3-38　应付账款总账

日期	凭证	摘　要	借　方	贷　方	余　额
略		期初余额			700 000
	（1）	向维达公司购进材料		550 000	1 250 000
	（2）	偿还维达公司货款	200 000		1 050 000
	（3）	向光明公司购进材料		700 000	1 750 000
	（4）	偿还光明公司货款	600 000		1 150 000
		发生额及余额	800 000	1 250 000	1 150 000

表3-39　应付账款明细账——维达公司

日期	凭证	摘　要	借　方	贷　方	余　额
略		期初余额			300 000
	（1）	向维达公司购进材料		550 000	850 000
	（2）	偿还维达公司货款	200 000		650 000
		发生额及余额	200 000	550 000	650 000

表3-40　应付账款明细账——光明公司

日期	凭证	摘　要	借　方	贷　方	余　额
略		期初余额			400 000
	（3）	向光明公司购进材料		700 000	1 100 000
	（4）	偿还光明公司货款	600 000		500 000
		发生额及余额	600 000	700 000	500 000

表3-41　原材料总账

日期	凭证	摘　要	借　方	贷　方	余　额
略		期初余额			8 000 000
	（1）	购进	550 000		8 550 000
	（3）	购进	700 000		9 250 000
		合计	1 250 000		9 250 000

表 3-42 原材料明细账——甲材料

日期	凭证	摘要	收入			发出			结存		
			数量	单价	金额	数量	单价	金额	数量	单价	金额
略		期初							3 000	1 000	3 000 000
	(1)	购进	300	1 000	300 000				3 300	1 000	3 300 000
	(3)	购进	200	1 000	200 000				3 500	1 000	3 500 000
		合计	500		500 000				3 500	1 000	3 500 000

表 3-43 原材料明细账——乙材料

日期	凭证	摘要	收入			发出			结存		
			数量	单价	金额	数量	单价	金额	数量	单价	金额
略		期初							1 000	5 000	5 000 000
	(1)	购进	50	5 000	250 000				1 050	5 000	5 250 000
	(3)	购进	100	5 000	500 000				1 150	5 000	5 750 000
		合计	150		750 000				1 150	5 000	5 750 000

6）备查账簿的设置与登记

备查账簿是对某些在日记账和分类账中无法记录或记录不全的经济业务进行补充登记的账簿。它格式灵活，一般取决于具体经济业务的内容与内部经营管理的实际需要。在企业中，备查账簿主要有以下几种：

（1）代保管财产物资备查簿

对于一些所有权不属于企业，但企业负有保管责任的财产物资，通过备查账簿来登记反映，如受托代销商品、经营性租入固定资产的备查登记。

（2）应收应付票据备查簿

对应收应付票据的种类、起止时间、金额、利率、贴现等情况进行详细记录的备查簿。

（3）其他备查簿

如对重要的空白凭证、经济合同执行情况、贷款还款情况等由于管理需要而应予以记录的事项要进行备查登记。表 3-44 为重要空白凭证登记簿的格式。

表 3-44 重要空白凭证登记簿 第 页

购入日期	凭证种类	起止号码	领用日期	领用人	领用号码	交回记录

3.3.3 会计账簿的记账规则

1）账簿启用规则

会计账簿是记载会计信息的重要档案，为保证账簿记录合法合规、准确完整，明确记账人员的责任，在启用新账簿时，应在账簿封面上写明单位名称和账簿名称，并在账簿的扉页上填制"账簿启用及经管人员一览表"，详细填明：企业名称、账簿名称、账簿编号、账簿页数（如为活页账应在装订成册后写明页数）和启用日期等，并填明会计主管人员、记账人员姓名、加盖公章或会计主管人员和记账人员名章。在更换记账人员时，应在主管会计的监督下办理交接手续，并在表内注明交接日期。移交人和接管人双方都应签章，以明确责任。

2）账簿登记规则

会计账簿必须依据审核无误的记账凭证并按规定的方法进行登记，一般应遵循以下规则：

（1）登记会计账簿时，按照账页内容依从左至右的顺序逐项记入账内，做到数字准确、摘要简明、登记及时、内容完整、字迹工整。

（2）登账完毕后，要在记账凭证上签名或者盖章，并注明已经登账的符号（如打"√"等），以避免重记或漏记。

（3）账簿中书写的文字和数字上面要留有适当空格，不要写满格；一般应占格距的二分之一，以便留有改错的空间。

（4）登记账簿要用蓝黑墨水笔或者碳素墨水笔书写，不得使用圆珠笔（银行的复写账簿除外）或者铅笔书写。这是因为，各种账簿归档保管时间一般都在15年以上，因此要求账簿记录保持清晰、持久，以便长期查核使用。

除下列情况外，不得用红色墨水笔书写：

①按照红字冲账的记账凭证，冲销错误记录；

②在不设借贷双项金额栏的多栏式账页中，登记减少数；

③在三栏式账户的余额栏前，如未印明余额方向，在余额栏内登记负数余额；

④根据国家统一会计制度的规定可以用红字登记的其他会计记录。

（5）会计账簿应当按照连续编号的页码顺序登记，不得跳行、隔页。如果发生跳行、隔页，应当将空行、空页划红色对角线注销，并加盖"此行空白"或"此页空白"戳记，并由记账人员签名或者盖章。

（6）期末凡需要结出余额的账户，结出余额后，应当在"借或贷"栏内写明"借"或者"贷"字样。没有余额的账户，应当在"借或贷"栏内写"平"字，并在余额栏内用"0"表示。库存现金日记账和银行存款日记账必须逐日结出余额。

（7）每一账页登记完毕结转下页时，应当结出本页合计数及余额，写在本页最后一行和下页第一行有关栏内，并在摘要栏内注明"过次页"和"承前页"字样；也可以将本页合计数及金额只写在下页第一行有关栏内，并在摘要栏内注明"承前页"字样。

对"过次页"的本页合计数如何计算，一般分三种情况：

①需要结计本月发生额的账户，结计"过次页"的本页合计数应当为自本月月初起至本页末止的发生额合计数。这样做，便于根据"过次页"的合计数，随时了解本月月初至

本页末的发生额，也便于月末结账时，加计“本月合计”数，如采用“账结法”计算利润的各损益类账户。

②需要结计本年累计发生额的账户，结计“过次页”的本页合计数应当为自本年年初起至本页末止的累计数。这样做，便于根据“过次页”的合计数，随时了解本年年初到本页末止的累计发生额，也便于年终结账时，加计“本年累计数”，如“本年利润”账户和采用“表结法”计算利润的各损益类账户。

③既不需要结计本月发生额，也不需要结计本年累计发生额的账户，可以只将每页末的余额结转次页，如债权、债务结算类账户，“实收资本”等资本类账户和“原材料”等财产物资类账户。

（8）账簿记录发生错误时，不得使用刮擦、挖补、涂改或用药水消除字迹等手段更正错误，应按照正确的错账更正方法进行更正。

3）错账更正方法

登记账簿难免会发生差错，不论什么原因，发现错账后必须用规范的错账更正方法进行更改。按照《会计基础工作规范》，常用的错账更正方法有划线更正法、红字更正法和补充登记法三种。

（1）划线更正法

在记账过程中或结账之前，如果发现账簿记录中有数字或文字错误，而记账凭证没有错，即纯属账簿记录中的笔误，可用划线更正法予以更正。

更正的方法是：先将账页上错误的文字或数字划一条红线，以表示注销，但应保证原有字迹仍能辨认。然后，将正确的文字或数字用蓝字写在被注销的文字或数字的上方，并由记账人员在更正处盖章，以明确责任。应当注意的是，更正时，必须将错误数字全部划销，而不能只划销、更正其中个别错误的数字。

【例3-2】会计员张力将原材料明细账借方金额误记为45 870，而正确金额应为45 780，记账凭证没有问题，纯属记账笔误。在结账之前发现了错误，采用划线更正法更正的具体方法是：应将错误金额45 870全部用一条红线划销（注意：不能只划销“87”两个错误数字），然后在其上方写出正确的数字45 780，并在更正处盖章或签名，以明确责任。

45 780

~~45 870~~ 张力

（2）红字更正法

红字更正法，适用于对以下两种错误的更正：

①根据记账凭证所记录的内容登记账簿以后，发现记账凭证的应借、应贷会计科目或记账方向有错误，因而导致账簿记录有误。这种情况无论在结账前还是结账后都应采用红字更正法。更正的具体方法是：

先用红字填制一张与错误记账凭证内容完全相同的记账凭证，在“摘要”栏内注明“冲销第×号凭证错误记录”，并据以用红字登记入账，冲销原来的错误记录；然后，再用蓝字或黑字填制一张正确的记账凭证，在“摘要”栏内注明“补记第×号凭证正确记录”，据以用蓝字或黑字登记入账。

采用红字更正法更正错账时应注意：若错误的记账凭证为复式记账凭证，一个科目运用发生错误，也必须根据复式记账原理，将原有错误记账凭证全部冲销，不得只用红、蓝字填制更正单个会计科目。

【例3-3】某公司以库存现金800元支付车间技术员差旅费，在填制记账凭证时误记入“管理费用”科目，并据以登记入账，其错误记账凭证所反映的会计分录为：

借：管理费用　　800

　贷：库存现金　　800

该分录应借记“制造费用”科目。在更正时，应用红字金额编制如下记账凭证进行更正：

借：管理费用　　[800]

　贷：库存现金　　[800]

注：[　]表示红字。

根据更正错账的记账凭证以红字金额记账后，表明已全部冲销原有错误记录，然后用蓝字或黑字填制如下正确分录，并据以登记入账：

借：制造费用　　800

　贷：库存现金　　800

②根据记账凭证所记录的内容记账以后，发现记账凭证中应借、应贷的会计科目和记账方向正确，只是所记金额大于应记的正确金额。其更正的方法是：将多记的金额用红字填制一张与原错误记账凭证的会计科目、记账方向相同的记账凭证，在“摘要”栏内注明“冲销第×号凭证多记数”，并据以用红字登记入账，以冲销多记金额，求得正确的金额。

【例3-4】某车间耗用仓库发出的A材料1 000元。填制记账凭证时，将金额记为10 000元。其错误分录如下：

借：制造费用　　10 000

　贷：原材料　　10 000

为了更正上述账户中多记的9 000元，应填制一张红字金额的记账凭证：

借：制造费用　　[9 000]

　贷：原材料　　[9 000]

将上述更正错误的记账凭证记入有关账户后，原账簿中的错误记录便得到更正。

（3）补充登记法

记账以后，如果发现记账凭证和账簿的所记金额小于应记金额，而应借、应贷的会计科目和记账方向并无错误时，那么应采用补充登记的方法予以更正。更正的具体方法是：按少记的金额用蓝字填制一张应借、应贷会计科目及记账方向与原错误记账凭证相同的记账凭证，在“摘要”栏内注明“补记第×号凭证少记数”，并据以登记入账，以补充少记的金额。

【例3-5】某仓库收到材料一批，计10 000元，已验收入库，货款未付。填制记账凭证时，将金额误记为1 000元，并已登记入账。其错误分录如下：

借：在途物资　　1 000

　贷：应付账款　　1 000

为了更正错误的记录，可将少记的9 000元用蓝字填制一张记账凭证：

借：在途物资　　9 000

　贷，应付账款　　9 000

将上述更正错误的记账凭证登记入账后，原账簿中的错误记录便得到更正。

4）账簿的更换与保管

（1）账簿的更换

为了保持会计账簿资料的连续性，在每一会计年度开始时，按会计制度的规定都要启用新账，并把上年度的会计账簿归档保管。

账簿更换的具体做法是：

①总账、日记账和大部分的明细账，要每年更换一次。

年初，将旧账簿中各账户的余额直接记入新账簿内，同时，在“摘要”栏内加盖“上年结转”戳记。在旧账页最后一行“摘要”栏内加盖“结转下年”戳记，并将旧账页最后一行数字下的空格，划一条斜红线注销。在新旧账户之间结转余额，不必填制会计凭证。

在年度内，订本账账页用完需更换新账时，办理与年初更换新账簿相似的手续。

②部分明细账，如固定资产明细账等，因年度内业务记载不多，年初可不必更换账簿。但在“摘要”栏内要加盖“结转下年”戳记，以划分新旧年度之间的金额。

（2）账簿的保管

会计账簿、会计凭证和财务报表等都是企业重要的经济档案和历史资料，必须妥善保管，不得任意丢失和销毁，以备在需要时能迅速查阅。年末结账后，会计人员应在活页账簿前面加放“账簿启用及经管人员一览表”装订成册，并加上封面，统一编号后，与各种订本账一并归档。会计账簿的保管期限通常在30年以上，保管期满后，应按规定的审批程序报经批准后才能销毁。

3.3.4　对账与结账

1）对账

在会计工作中，由于种种原因，账簿记录难免会有错漏。《会计法》第十七条规定：“各单位应当定期将会计账簿记录与实物、款项及有关资料相互核对，保证会计账簿记录与实物及款项的实有数额相符、会计账簿记录与会计凭证的有关内容相符、会计账簿之间相对应的记录相符、会计账簿记录与财务报表的有关内容相符。”通过对账能够保证会计账簿记录以及财务报表信息的质量。

各单位一般是在会计期末，将本月的全部经济业务登记入账并结出各账户的期末余额之后、结账之前进行对账。但是，如果遇到特殊情况，如有关人员办理调动时或发生非常事件后，应根据需要随时对账。

对账的具体内容如下：

（1）账账核对

账账核对是期末核对不同会计账簿之间的记录是否相符，做到账账相符。该项核对具体包括：总分类账自身的余额核对、总分类账与明细分类账核对、总分类账与日记账核对、会计部门的财产物资明细分类账与财产物资保管和使用部门的有关明细账核对等。

①总分类账自身的余额核对。通过编制“总分类账发生额及余额试算平衡表”检查总分类账各账户的本期借方发生额之和是否等于本期贷方发生额之和，期末所有账户借方余额之和是否等于贷方余额之和，以检查总分类账的登记是否正确。

②总分类账与所属明细分类账之间的核对。通过编制“总分类账与明细分类账发生额及余额表”来检查总分类账本期借、贷双方发生额及余额与其所属明细分类账本期借、贷双方发生额合计数及余额合计数是否相符，从而查明总分类账和明细分类账登记是否正确。

③总分类账与库存现金、银行存款日记账之间的核对。将总分类账中的库存现金账户、银行存款账户的本期发生额与期末余额记录分别与库存现金日记账、银行存款日记账的本期发生额合计数以及期末余额合计数核对，以检查总分类账与日记账的登记是否正确。

④会计部门登记的各种财产物资明细分类账同财产物资保管、使用部门的有关保管账的结存数核对，以检查各方日常记录是否正确，以及各方期末财产物资结存数是否相符。

（2）账证核对

账证核对，即核对会计账簿（包括总分类账、明细分类账以及库存现金和银行存款日记账等）记录与原始凭证、记账凭证的有关内容是否相符。这种核对主要是在平时编制记账凭证时以及记账过程中随时逐笔进行的，做到随时发现错误，随时查明纠正。这样能大大减轻期末对账的工作量。如果在月末发现账账不符或账实不符等情况，仍应进行账证核对。核对时，重点抽查与账账不符或账实不符的有关凭证，直至查出错误为止，而不是核对全部凭证。

（3）账实核对

账实核对是在账账、账证核对相符的基础上，将各种账簿记录余额与各项财产物资、库存现金、银行存款及各种往来款项的实存数核对，做到账实相符。其内容包括：

①库存现金日记账账面余额与库存现金实际库存数应逐日核对相符，同时还应进行不定期的抽查。

②银行存款日记账账面余额定期通过编制“银行存款余额调节表”与银行对账单核对相符。此项核对每月至少一次。

③各种财产物资明细分类账账面余额与财物实存数额根据财产清查的要求，定期或不定期地核对相符。

④各种应收、应付款明细分类账账面余额与有关债务、债权单位或者个人一般通过函证的方法，定期或不定期地核对相符。

2）结账

每到会计期末，为了汇总反映企业当期的经营成果，需要将收入和费用类账户记录的数据汇总结转至“本年利润”账户，从而计算确定当期的盈亏，也便于下期重新开始记录新会计期间的收入和费用。同时，为了了解期末的财务状况，也需要结算资产、负债和所有者权益类账户的本期发生额和期末余额，并结转到下期。这种在会计期末将各个账户的余额结清或结转至下期的工作过程就是结账。结账是会计核算工作的又一项重要内容。如果只记账而不定期结账，记账就失去了意义。

（1）结账的程序

①结账前，要确保属于本期的经济业务全部入账，如有遗漏应及时补记。这是结账工作的前提和基础。

②在本期经济业务全面入账的基础上，按照权责发生制原则的要求，通过编制调整分录将收入和费用归属于各个相应的会计期间，再据以登记入账。这样，本期的收入和费用才能记录完整。

③编制结账分录，将各种收入、费用类账户的余额在“本年利润”账户之间进行结转，从而结束各有关收入、费用类账户。

④在本期全部经济业务已登记入账的基础上，结算出总分类账、明细分类账、库存现金日记账和银行存款日记账的本期发生额和期末余额。

（2）结账的方法

会计分期一般实行日历制，月末进行计算，季末进行结算，年末进行决算。结账于各会计期期末进行，分为月结、季结和年结。结账主要采用划线法，即期末结算出各账户的本期发生额和期末余额后，划线标记，并将期末余额结转至下期的方法。由于季结划线方法同月结，下面分别介绍月结和年结的划线方法。

①月度结账。

月末应办理月结，要在账簿中算出账户的本期发生额和期末余额。在各账户本月份最后一笔经济业务下面划通栏单红线，在红线下结算出本月发生额合计和月末余额，如果没有余额，在余额栏内注明“平”字或“0”符号，并在“摘要”栏注明“月结”或“×月份发生额及余额”字样。然后，在月结下划通栏单红线，表示完成月结并与下月发生额区分。紧接下一行，在“日期”栏填写下月的1日，在“摘要”栏注明“期初余额”，并在“余额”栏将上期期末余额转为本期的期初余额。此后即可连续登记下个月份的经济业务。另外，有些账户如果本月只发生了一笔经济业务，由于这笔记录的金额就是本月发生额，结账时，只要在此行记录下划通栏单红线，表示与下月发生额分开就可以了，不需另结出“本月合计”数。

②年度结账。

年终应办理年结，首先在12月份月结下面划通栏单红线，表示月度终了，然后在红线下面结算出全年12个月份的月结合计数，并在“摘要”栏注明“年结”或“年度发生额及余额”字样，并在“年结”下面划通栏双红线。年度终了，要把各账户的余额结转到下一会计年度。

这时，只需将有余额的账户的余额直接记入新账簿对应账户的余额栏即可，新账簿对应账户的第一行“摘要”栏注明“上年结转”字样，不需要编制记账凭证，也不必将旧账余额再反方向记入本年账户的借方或贷方，使本年有余额账户的余额变为零。因为，既然年末是有余额的账户，余额就应当如实地在账户中加以反映，这样更显得清晰、明了。

月度结账和年度结账的具体方法以应收账款为例说明见表3-45。

表3-45 应收账款总分类账

年		凭证	摘要	借方	贷方	借或贷	余额
月	日	字号					
1	1		上年结转			借	100 200
	3		收回欠款		4 000	借	96 200
	⋮		⋮	⋮	⋮	⋮	⋮
	29		赊销产品	10 000		借	85 200
	31		月结	75 000	90 000	借	85 200
2	1		月初余额			借	85 200
	4		赊销产品	60 000		借	145 200
	⋮		⋮	⋮	⋮	⋮	⋮
12	31		月结	80 000	70 000	借	250 200
12	31		年结	540 000	390 000	借	250 200

3.4 财产清查

3.4.1 财产清查的意义

财产清查，是指通过实地盘点、核对和查询等清查方法，确定各项财产物资、货币资金和债权债务的实际结存数，并与账面结存数核对，以查明账实是否相符的一种会计核算的专门方法。

只有真实的会计信息才能起到会计核算应有的作用。但是由于种种主客观原因，往往会出现某些财产物资实存数与账存数不符的现象。其原因主要有：材料物资保管过程中的自然损耗，如油料挥发、煤的自燃等；财产物资在收发时，由于计量器具的失灵、检验不准确而造成品种、数量或质量的差错；会计凭证或会计账簿的漏记、重记、错记或计算错误；由于管理不善或工作人员失职，造成财产霉烂、变质或丢失；相关人员的营私舞弊、贪污盗窃；自然灾害导致的非常损失以及未达账项等。上述原因都可能使财产物资和债权债务等出现账实不符的情况。

我国《会计法》明确规定："各单位应当建立财产清查制度，保证账簿记录与实物款项相符。"因此，财产清查不仅是会计工作的客观需要，而且具有法律依据。因此，各单位应该通过财产清查，在账实相符的基础上编制财务报表。

财产清查可以起到如下作用：

第一，通过财产清查，可以查明各项资产的实存数与账存数，及时发现问题，调整账簿记录，保证会计账簿信息与财务报表信息真实可靠。

第二，通过财产清查，可以发现财产管理上存在的问题，促使企业健全财产物资管理制度，确保财产物资的安全、完整。

第三，通过财产清查，可以摸清家底，挖掘财产物资的潜力，促进财产物资的有效使用，避免损失浪费。

第四，通过财产清查，可以监督财经纪律和结算纪律的贯彻执行，避免财务舞弊的发生。

3.4.2 财产清查的种类

财产清查按不同的标志进行划分，主要有以下几种：

1）按照清查对象的范围分类

财产清查按照清查对象的范围大小可分为全面清查和局部清查。

（1）全面清查

全面清查是对属于本单位以及存放在本单位的所有财产物资、货币资金和各项债权债务进行全面盘点和核对。全面清查的内容多、范围广，一般在年终决算之前。在单位撤销、合并或改变隶属关系时，开展资产评估、清产核资等活动时以及单位主要负责人调离进行离任审计时也需要进行全面清查。

（2）局部清查

局部清查是根据内部管理的需要或依据有关规定，对部分财产物资、债权债务进行盘点和核对。由于全部清查的工作量较大，不能经常进行，因此平时可以根据管理的需要有选择地进行局部清查。一般情况下，对于各种贵重物资，每月都应清查盘点一次；对于流动性较大的财产物资，除年度清查外，年内还要轮流盘点或重点抽查；对于库存现金，应由出纳人员每日清点核对；对于银行存款，每月至少要同银行核对一次；对于各种债权债务也要根据需要不定期与各对应方进行核对，至少每年一次。

2）按照清查的时间分类

财产清查按照清查的时间是否事先有计划可分为定期清查和不定期（临时性）清查。

（1）定期清查

定期清查是按事先计划安排的时间对财产物资、债权债务进行的清查。在年末、季末、月末以及每日营业终了时进行的有计划的财产清查均属于定期清查，如每日营业终了对库存现金进行账实核对。

（2）不定期清查

不定期清查是事先没有计划安排，根据实际需要所进行的临时性清查。例如，更换财产物资或库存现金的保管人员时，为分清经济责任需要对有关人员所保管的财产物资和库存现金进行清查；发生非常灾害和意外损失时，为查明损失情况需要对受灾损失的有关财产物资进行清查；上级主管、财政和银行等部门要对本单位进行会计检查时，为验证会计资料的准确性应按检查的要求和范围进行清查；单位撤销、合并或改变隶属关系时，为摸清家底应对本单位的各项财产物资、货币资金、债权债务进行清查。因此，不定期清查通常是局部清查，但有时也可以是全面清查。例如，更换库存的保管人员时，为分清经济责任对有关人员保管的财产物资进行的账实核对属于局部清查；而年终财产清查通常是全面清查。

3.4.3 财产清查的程序

财产清查是一项既复杂又细致的工作，它涉及面广、工作量大。为了做好财产清查工作，事前必须有计划、有组织地做好各项准备工作，并按一定的程序进行清查才能达到预期目标。财产清查的一般程序可概括如下：

1）组织准备

在清查工作量较大，尤其是进行全面清查时，为了有组织、有计划地进行财产清查，企业应在负责人的领导下，成立由财会部门牵头，由生产、技术、设备、供销等有关职能部门参加的财产清查领导小组，制订出详细的清查工作计划，包括确定财产清查的对象和范围、工作进度和参加财产清查工作的具体人员及分工；在清查过程中，解决财产清查工作中出现的问题，监督清查工作质量；清查工作结束后，负责写出财产清查工作的总结性书面报告，提出清查结果的处理意见等。

2）业务准备

在清查前，会计部门要将总分类账、明细分类账等有关资料登记齐全，核对准确，结出余额；对银行存款、银行借款等债权债务要取得银行对账单等核对凭证；财产保管部门要将所保管的财产物资整理好，挂上标签，标明品种、规格、数量，以备查对；对需要使用的度量衡器要提前校验正确；在清查过程中用到的所有表册，如“盘存表”“实存账存对比表”“未达账项登记表”等要提前备好。

3）实施财产清查

在做好各项准备工作以后，清查小组组织清查人员根据清查对象的特点，依据清查的目的，运用各种清查方法实施财产清查。

4）财产清查结束工作

在财产清查工作结束后，根据清查结果，写出财产清查工作的书面报告并对盘盈盘亏情况提出处理意见。

财产清查的具体内容、方法及财产清查结果的账务处理详见后续章节。

3.5 财务报告

财务报告是企业对外提供的反映企业某一特定日期的财务状况和某一会计期间的经营成果、现金流量等会计信息的文件。《企业会计准则——基本准则》规定，财务报告的目标是向财务报告使用者提供与企业财务状况、经营成果和现金流量等有关的会计信息，反映企业管理层受托责任履行情况，有助于财务报告使用者做出经济决策。因此，财务报告是向投资者等财务报告使用者提供决策有用信息的媒介和渠道；是沟通投资者、债权人等使用者与企业管理层之间信息的桥梁和纽带；是会计循环的最后环节。财务报告信息体现了会计工作的目标。

财务报告包括财务报表和其他应当在财务报告中披露的相关信息和资料。其中，财务报表是财务报告的核心内容。财务报告由报表及其附注两部分构成，附注是对在财务报表中列示项目所做的进一步说明，以及对未能在这些报表中列示的项目的说明等。编制附注的目的是为报表使用者科学合理做决策提供更加有用的信息。而报表至少应包括资产负债表、利润表、现金流量表和所有者权益变动表。财务报表信息来自于会计账簿，是对财务会计工作的高度概括。财务报表的具体种类、格式和编制方法详见第12章。

章末习题

一、单项选择题

1.在发生经济业务并取得原始凭证之后，会计人员根据原始凭证记载的内容分析判断该项经济业务是否引起会计要素的增减变动，以及哪些数据应该记入相关会计账户，这个会计程序属于（　　）。

A.会计确认　　B.会计计量　　C.会计记录　　D.会计报告

2.期末根据账簿记录，计算并结计出各账户的本期发生额和期末余额，在会计上称为（　　）。

A.对账　　B.调账　　C.结账　　D.查账

3.将会计凭证分为原始凭证和记账凭证两大类的依据是（　　）。

A.填制时间　　B.填制方法

C.填制的程序和用途　　D.凭证所反映的经济内容

4.按照平行登记的要求，发生的经济业务在相关的总分类账和所属明细分类账中的登记方法是（　　）。

A.由总分类账过入明细分类账　　B.由明细分类账过入总分类账

C.先登记总分类账后登记明细分类账　　D.各自由不同的会计人员独立登记

5.从银行提取库存现金，一般只填制（　　）。

A.库存现金收款凭证　　B.银行存款付款凭证

C.银行存款收款凭证　　D.库存现金付款凭证

二、多项选择题

1.会计核算时，为了正确确定收入和费用的归属期间需遵循的核算基础包括（　　）。

A.权责发生制　　B.永续盘存制　　C.收付实现制　　D.定期盘存制

2.试算平衡无法及时发现的错误有（　　）。

A.一笔会计分录被整体重复记账　　B.一笔会计分录被整体漏记

C.一笔会计分录的借贷方向颠倒　　D.一笔会计分录的借方金额记错

3.在总分类账下设明细分类账的原因是（　　）。

A.总分类账提供的信息不够具体

B.总分类账核算的内容只包括货币指标

C.能够更加全面地反映会计对象

D.能够更加深入地了解经济业务的详细情况

4.账账核对包括（　　）。

A.总分类账之间的核对

B.总分类账与所属明细分类账之间的核对

C.总分类账与库存现金、银行存款日记账之间的核对

D.银行存款日记账账面余额与银行对账单之间的核对

5.下列（　　）业务应编制转账凭证。

A.将库存现金送存银行　　B.生产领用材料

C.销售商品，尚未收到款项　　D.接受投资人投入无形资产

三、业务处理题

1.东方公司的主营业务是照明设备的批发与零售，2×18年1月初各科目的余额见表3-46。

表3-46　　**2×18年1月初各科目的余额**　　单位：元

会计科目	借方余额	会计科目	贷方余额
库存现金	1 750	短期借款	40 000
银行存款	322 800	应付账款	28 000
应收账款	5 680	应付职工薪酬	58 000
预付账款	10 000	应交税费	1 650
库存商品	31 000	实收资本	220 000
固定资产	56 420	利润分配	80 000
合计	427 650	合计	427 650

1月份该公司发生下列经济业务：

①收到顺昌公司运来的一批照明设备，该批设备买价250 000元，发生相关运杂费10 000元。款项用银行存款结清。（暂不考虑增值税，下同）

②向光明公司销售照明设备一批，价款总计200 000元，款项尚未收到，商品已发出。

③以银行存款支付上月应交未交税费1 650元。

④以银行存款支付上月工资58 000元。

⑤购入商品一批，价款总计40 000元，货款尚未支付。

⑥以银行存款支付本月管理部门水电费1 600元。

⑦销售商品一批，总价款14 000元，商品已发出。货款已收到并存入银行。

⑧收到预收商品款8 000元。

⑨计提本月办公设备折旧费5 000元。

⑩计提本月应付管理人员薪酬60 000元。

⑪以银行存款归还短期借款20 000元。

⑫收到客户汇来上月所欠销货款18 000元。

⑬结转本月销售商品的成本共计128 400元。

⑭计提本月短期借款利息500元。

⑮本月应交纳的消费税为6 000元。

要求：

（1）根据本月的经济业务编制相应的会计分录，并对每笔会计分录所对应的记账凭证进行编号（该公司记账凭证分为现收、现付、银收、银付、转账五类）；

（2）根据月初各账户的余额，开设有关账户，填入期初余额，并根据会计分录登记有关账户，期末结出各账户本期发生额及余额；

（3）编制期末损益结转前的总分类账试算平衡表（六栏式），并试算平衡。

2.根据第1题的资料，要求：

（1）为东方公司编制结平损益类账户的结账分录，登记并结平损益类账户（假设该公司当月应交所得税为3 125元）；

（2）为东方公司编制2×18年1月末的资产负债表和1月份的利润表。

第4章/ 货币资金

学习目标：熟悉国家有关库存现金和银行存款的使用与内部控制要求；掌握库存现金日常收付及清查的方法与会计处理；掌握银行存款日常收付及与银行对账的方法与会计处理，熟悉银行支付结算办法的种类及相关规定；掌握其他货币资金的内容及会计处理。

货币资金是指企业的库存现金、银行存款和其他货币资金。货币资金是企业流动性最强的资产，是唯一能够直接转化为其他任何形态资产的流动性资产，也是最能够代表企业现实购买力水平的资产。为了确保生产经营活动的正常进行，企业必须拥有一定数量的货币资金，以便及时购买材料、发放工资、支付利息及股利、交纳税费或进行投资等。会计上一般设置“库存现金”银行存款”“其他货币资金”三个总账账户对货币资金进行核算，期末将这三个账户的余额汇总列示于资产负债表的“货币资金”项目中，以便向会计信息使用者提供有关企业偿债能力、财务状况以及企业对货币资金的管理状况等信息。作为企业流动性最强的资产，加强货币资金的管理和控制具有十分重要的意义。

4.1 库存现金

4.1.1 库存现金的使用与内部控制要求

1）库存现金的使用要求

库存现金是指存放于企业、用于日常零星开支的现钞。现金可以分为狭义的现金和广义的现金。狭义的现金是指企业的库存现金；广义的现金除了包括库存现金以外，还包括银行存款和其他能够用于立即支付并且能被接受的票证。本章中的现金是指狭义的现金，即库存现金。

由于现金是流动性最强的资产，是可以立即投入流通的交换媒介，也是最容易被贪污、挪用、侵占的资产，国家对现金的使用管理有较为严格的规定。企业与其他单位和内部职工的经济往来，在规定范围之内的可以使用现金结算；在规定范围以外的均应通过开户银行进行转账结算。

(1) 单位应当加强对库存现金限额的管理，超过库存现金限额的现金应及时存入银行。

库存现金限额是指为保证各单位日常零星支出按规定允许留存的现金的最高数额，由开户银行根据开户单位的实际需要和距离银行远近等情况核定。其限额一般按照单位3～5天日常零星开支所需现金确定。远离银行或交通不便的企业，银行最多可以根据企业15天的正常开支需要量来核定库存现金的限额。正常开支需要量不包括企业每月发放的工资和不定期差旅费等大额的现金支出。库存现金限额一经核定，要求企业必须严格遵守，不能任意超过。需要增加或者减少库存现金限额的，应当向开户银行提出申请，由开户银行核定。超过限额的现金应及时存入银行；库存现金低于限额时，可以签发现金支票从银行提取现金，以补足限额。

（2）单位必须根据《现金管理暂行条例》的规定，结合本单位的实际情况，确定本单位现金的开支范围。不属于现金开支范围的业务应当通过银行办理转账结算。

国务院颁发的《现金管理暂行条例》中允许企业使用现金结算的范围是：①职工工资、津贴；②个人劳务报酬；③根据国家的规定颁发给个人的科学技术、文化艺术、体育等各种奖金；④各种劳保、福利费用以及国家规定的对个人的其他支出；⑤向个人收购农副产品和其他物资的价款；⑥出差人员必须随身携带的差旅费；⑦结算起点（1 000元人民币，结算起点的调整，由中国人民银行确定，报国务院备案）以下的零星支出；⑧中国人民银行确定需要支付现金的其他支出。属于上述现金结算范围的支出，单位可以根据需要向银行提取现金支付，不属于上述现金结算范围的款项的支付一律通过银行进行转账结算。

（3）开户单位现金收入应当于当日送存开户银行。当日送存确有困难的，由开户银行确定送存时间。

（4）开户单位支付现金，可以从本单位库存现金限额中支付或者从开户银行提取，不得从本单位的现金收入中直接支付（即坐支）。因特殊情况需要坐支现金的，应当事先报经开户银行审查批准，由开户银行核定坐支范围和限额。坐支单位应当定期向开户银行报送坐支金额和使用情况。

（5）机关、团体、部队、全民所有制和集体所有制企业事业单位购置国家规定和专项控制商品的，必须采取转账结算方式，不得使用现金。

（6）单位取得或支付的货币资金必须及时入账，不得私设“小金库”，不得账外设账，严禁收、付款不入账。

2）库存现金的内部控制要求

企业应当加强对库存现金的内部控制，通过手工控制与自动控制、预防性控制与发现性控制相结合的方法，运用预算控制、不相容职务分离、授权审批、会计系统、财产保护、运营分析和绩效考评等控制措施，将库存现金的风险控制在可承受范围之内。

（1）预算控制

企业库存现金的各项支出都要事先做好预算，各审批、审核、经办人员严格按照预算的规定办理现金支出业务。

（2）不相容职务分离控制

不相容职务是指那些如果由一个人担任既可能发生错误或舞弊，又容易掩盖其错误与舞弊行为的职务。不相容职务通常产生于授权批准、业务经办、会计记录、财产保管、监督检查等职务中。办理各项现金收支业务时，各审批、审核、经办、收付、复核、记账、核对、清查等人员应严格遵循不相容职务分离制度，各司其职，共同为企业的现金收支业务合理性、合法性、真实性和准确性负责。

（3）授权审批控制

经办人员在办理各项现金收支业务时需要如实取得或填写原始凭证并签章；业务经办部门负责人按照预算的规定，在自己的权责范围内进行审批，签署意见并签章；财务部门负责人或其指定人员审核原始凭证的真实性、合法性和合规性，签署意见并签章；之后，才可以编制现金收付的记账凭证；出纳人员根据记账凭证办理现金收付，并及时在原始凭证上加盖“现金收讫”或“现金付讫”戳记及签章。

（4）会计系统控制

出纳人员办理库存现金的收付后，记账凭证复核人员审核原始凭证和记账凭证，无误后在记账凭证上签章；之后，库存现金日记账、相关明细账和总账会计分别登记账簿，会计核对人员定期或者月末对库存现金日记账、相关明细账以及总账进行余额核对，发现问题及时处理，实行会计系统记录控制。

（5）财产保护控制

出纳人员每日清点库存现金实有数额并与库存现金日记账核对，发现账实不符及时调整账面记录并查找原因、明确责任；财产清查小组不定期抽查盘点库存现金实有数额，并与库存现金日记账进行核对，同时对库存现金日记账记录的大额收、支业务核查其合法性和合规性。

（6）运营分析和绩效考核

企业内部控制的监督人员应定期、每月或每季度，对库存现金收支金额的预算制定与执行、库存现金限额的确定与执行、库存现金收支业务的办理以及上述内容对企业日常经营活动的影响进行分析，并以此作为对相关人员进行绩效考核的依据。

4.1.2　库存现金的核算

为了对库存现金进行分类核算，企业需要设置“库存现金”账户。企业发生的每笔现金收入、支出业务，都必须根据审核无误的原始凭证编制记账凭证，然后据以记账。对于库存现金和银行存款之间的相互划转业务，如从银行提取现金或将现金存入银行，一般只编制付款凭证，不编制收款凭证，以免重复记账。企业增加库存现金，借记本账户，贷记“银行存款”等账户；减少库存现金做相反的会计分录。本账户期末借方余额，反映企业持有的库存现金。有外币现金业务的企业，应当按照币种分别设置明细账户进行会计处理。企业内部使用备用金的，可以单独设置“备用金”账户，不在“库存现金”账户核算。

【例4-1】库存现金业务核算举例：

（1）企业从银行存款中提取现金50 000元，准备发放职工工资。

借：库存现金	50 000	
贷：银行存款		50 000

（2）企业以现金50 000元发放职工工资。

借：应付职工薪酬	50 000	

贷：库存现金 50 000

（3）用现金支付企业厂部办公桌椅的修理费500元。

借：管理费用 500

贷：库存现金 500

（4）支付管理部门职工李俊出差暂借款1 500元。

借：其他应收款——李俊 1 500

贷：库存现金 1 500

（5）李俊交回差旅费单据及剩余款100元。

借：管理费用 1 400

库存现金 100

贷：其他应收款——李俊 1 500

备用金是指企业拨付给内部用款单位或职工个人作为日常零星开支的备用款项。如果企业发生的备用金业务较多，可以单独设置“备用金”账户进行核算，如果企业发生的备用金业务不多，也可以在“其他应收款——备用金”账户中核算。“备用金”账户或“其他应收款——备用金”账户是企业的资产类账户，当企业为用款部门或用款个人发放备用金时记入该账户借方，而收回用款部门或用款个人保管的备用金时记入该账户贷方，该账户期末借方余额表示企业暂付给用款部门或用款个人作为日常零星开支的备用金金额。该账户按用款部门或用款个人设置明细账进行明细核算。根据使用和报销情况，备用金可分为一次性备用金和定额备用金。

一次性备用金是指企业经审批根据实际需要拨付给用款单位和个人金额不固定的备用金款项。用后根据有效的报销凭证一次性报销。拨付备用金时借记“其他应收款——备用金”账户，贷记“库存现金”或“银行存款”账户；用款后报销时，根据审核后的实际数额，借记“管理费用”等账户，按照拨款额贷记“其他应收款——备用金”账户，差额以现金结账多退少补，借记或贷记“库存现金”账户。这种方法一般适用于非经常性开支的用款单位和个人。

为了简化日常频繁的小额支出的核算手续，可采用定额备用金制度。定额备用金制度是指企业根据内部用款单位日常零星开支的实际需要，核定备用金定额，按定额预付备用金，在限额内周转使用，报销时，根据审核后凭证付给现金补足备用金定额的用款制度。这种方法可简化核算工作。在补足备用金定额时应借记“管理费用”等账户核算，贷记“库存现金”或“银行存款”账户，不通过“其他应收款——备用金”账户。企业一般于年终收回备用金，以便重新修订备用金定额。收回备用金时借记“库存现金”等科目，贷记“其他应收款——备用金”科目。这种方法一般适用于具有经常性费用开支的内部用款单位。

【例4-2】备用金业务核算举例：

（1）企业以现金拨付销售科一次性备用金500元。编制如下会计分录：

借：其他应收款——备用金（销售科） 500

贷：库存现金 500

（2）销售科报销使用一次性备用金的有关费用400元。编制如下会计分录：

借：销售费用 400

借：库存现金　　100

　贷：其他应收款——备用金（销售科）　　500

（3）企业批准为总务部设立1 000元定额备用金，并签发现金支票拨款。编制如下会计分录：

借：其他应收款——备用金（总务部）　　1 000

　贷：银行存款　　1 000

（4）备用金使用后，总务部人员持交通费等有关报销凭证计600元到财会部门报销并补足备用金定额。编制如下会计分录：

借：管理费用　　600

　贷：库存现金　　600

（5）年终收回备用金时，应编制如下会计分录：

借：库存现金　　1 000

　贷：其他应收款——备用金（总务部）　　1 000

4.1.3　库存现金的清查

为了加强对出纳工作的监督，防止发生各种非法行为和记账错误，保证库存现金的安全完整，单位应当定期和不定期地进行库存现金盘点，确保库存现金账面余额与实际库存数相符。

库存现金清查的主要方法是实地盘点，即将库存现金实有数与库存现金账面余额进行核对，做到日清月结，保证账款相符。在进行库存现金清查时，为了明确经济责任，出纳人员必须在场。在清查过程中不能用白条抵库，即不能使用不具法律效力的借条、收据等抵充库存现金。库存现金盘点后，应根据盘点结果与库存现金日记账核对的情况填制“库存现金盘点报告表”。库存现金盘点报告表是重要的原始凭证，应认真填写，并由盘点人员和出纳人员共同签章方能生效。

通过清查如发现库存现金金额与账面余额不符，出现长款或短款现象，应及时查明原因，并报经上级主管批准，通过“待处理财产损溢”账户核算处理。同时调整“库存现金”账户，做到账实相符。当库存现金短缺时，应按实际短缺的金额，借记“待处理财产损溢——待处理流动资产损溢”账户，贷记“库存现金”账户；当库存现金溢余时，按实际溢余的金额，借记“库存现金”账户，贷记“待处理财产损溢——待处理流动资产损溢”账户。待查明原因后再分别按不同情况处理：如为库存现金短款，由责任人赔偿或由保险公司赔偿的，应转入“其他应收款——××赔偿人”或“其他应收款——应收保险赔款”账户；属于无法查明原因的库存现金短缺，根据企业内部管理权限，经批准后记入“管理费用”账户。对于应付其他单位或个人的长款，应记入“其他应付款——××单位或个人”账户；对于无法查明原因的库存现金长款，经批准后记入“营业外收入”账户。

【例4-3】现金清查结果的处理过程举例：

（1）某企业在现金清查时，发现现金短缺150元，原因待查。编制会计分录如下：

借：待处理财产损溢——待处理流动资产损溢　　150

　贷：库存现金　　150

（2）经查明，现金短缺有50元是出纳人员的责任，应由其赔偿；其余短缺款原因无法查明，经批准，记入“管理费用”账户。

借：其他应收款——某出纳　50

　　管理费用　100

　贷：待处理财产损溢——待处理流动资产损溢　150

（3）如现金清查时库存现金长款80元，原因待查。

借：库存现金　80

　贷：待处理财产损溢——待处理流动资产损溢　80

（4）长款现金原因无法查明，经批准作为企业营业外收入处理。

借：待处理财产损溢——待处理流动资产损溢　80

　贷：营业外收入——盘盈利得　80

4.2 银行存款

4.2.1 银行存款的使用与内部控制要求

1）银行存款的使用要求

银行存款是指企业存放在开户银行和其他金融机构的货币资金。按照国家有关规定，企业必须在当地银行开设账户。除按核定的限额保留库存现金外，超过限额的库存现金必须存入银行；除了在规定的范围内可以用现金直接支付的款项外，在经营过程中发生的一切货币收支业务都必须通过银行进行结算。

（1）单位应当严格按照《支付结算办法》等国家有关规定，加强对银行账户的管理，严格按照规定开立账户，办理存款、取款和结算。银行账户的开立应当符合企业经营管理实际需要，不得随意开立多个账户，禁止企业内设管理部门自行开立银行账户。

企业开立账户，依其不同的用途可以分为基本存款账户、一般存款账户、临时存款账户和专用存款账户等。基本存款账户是存款单位的主办账户。按照规定，单位日常经营活动的资金收付以及工资、奖金和现金的支取，应通过基本存款账户办理。凡开立基本存款账户的单位，必须是独立核算的单位。一般存款账户是单位为了业务方便在银行或金融机构开立的基本存款账户以外的账户，该类账户主要用于银行借款的转存、借款归还以及与开立基本存款账户的单位不在同一地点的附属非独立核算的单位开立的账户。按规定，单位可以通过一般存款账户办理转账结算和现金缴存，但不得支取现金。临时存款账户是因单位的临时业务活动需要并在规定期限内使用而开立的暂时性账户，单位可以通过此类账户办理转账结算以及按照现金管理的规定办理现金收付。专用存款账户是单位按照法律、行政法规和规章对其特定用途资金进行专项管理和使用而开立的银行结算账户。例如，针对基本建设资金、更新改造资金、政策性房地产开发资金、住房基金、社会保障基金等可向银行申请开立该账户。

根据银行账户管理的有关规定，一个单位只能选择一家银行的一个营业机构开立一个基本存款账户，不得在多家银行机构开立基本存款账户，也不得在同一家银行的几个分支机构开立多个一般存款账户。

（2）单位应当定期检查、清理银行账户的开立及使用情况，发现未经审批擅自开立银行账户或者不按规定及时清理、撤销银行账户等问题，应当及时进行处理并追究有关责任人的责任。

（3）单位应当严格遵守银行结算纪律，不准签发没有资金保证的票据或远期支票，套取银行信用；不准签发、取得和转让没有真实交易和债权债务的票据，套取银行和他人资金；不准无理拒绝付款，任意占用他人资金。

单位在使用银行存款办理支付结算过程中应承担《支付结算办法》所规定的责任，单位签发商业汇票后，承担保证该汇票承兑和付款的责任；单位签发支票后，承担保证该支票付款的责任；背书人背书转让商业汇票后，承担保证其后手所持票据承兑和付款的责任；背书人背书转让银行汇票、银行本票或支票后，承担保证其后手所持票据付款的责任；支票的出票人对持票人的追索，承担清偿责任。

2）银行存款的内部控制要求

（1）预算控制

企业负责人根据经营计划提出年度银行存款收支的预算要求，由各职能部门提出本部门的收支预算，经财务部门审核、综合平衡后，报企业负责人批准下达各部门执行。在预算内的支出，可以根据授权范围，由业务部门负责人审核批准使用；超过预算的支出，应由业务部门提出追加预算，按预算批准程序批准后执行；对于金额特别重大的银行存款支付业务，应当实行领导层集体决策和审批，并建立责任追究制度，防止特权凌驾于制度之上以及各种贪污、侵占、挪用银行存款等行为的发生。

（2）不相容职务分离控制

办理各项银行存款收支业务时，各审批、审核、经办、收付、复核、记账、核对、清查等人员严格遵循不相容职务分离制度，各司其职，共同为企业的银行存款收支业务的合理性、合法性、真实性和准确性负责。

（3）授权审批控制

经办人员办理各项银行存款收支业务时需要如实取得或填写原始凭证并签章；业务经办部门负责人按照预算的规定，在自己的权责范围内进行审批，签署意见并签章；财务部门负责人或其指定人员审核原始凭证的真实性、合法性和合规性，签署意见并签章；之后，才可以编制银行存款收付款记账凭证；出纳人员根据原始凭证和记账凭证，按不同的结算方式填制或取得结算凭证并在结算凭证上加盖预留银行印鉴，收付款项后在原始凭证上加盖“转账收讫”或“转账付讫”戳记。

（4）会计系统控制

出纳人员办理银行存款的收付后，记账凭证复核人员审核原始凭证和记账凭证，无误后在记账凭证上签章；之后，银行存款日记账、相关明细账和总账会计分别登记账簿，会计核对人员定期或者月末对银行存款日记账、相关明细账以及总账进行余额核对，发现问题及时处理，实行会计系统记录控制。

（5）财产保护控制

为了保护银行存款的安全完整和银行存款收支业务的合法性、合规性、真实性和准确性，企业应指派出纳人员和总账会计之外的专人不定期或至少于月末，取得银行对账单并与企业银行存款日记账的余额以及各项收支业务进行逐笔核对，编制银行存款余额调节表。如果银行对账单与企业银行存款日记账的余额经调节后仍不相符，应查明原因及时处理。

（6）运营分析和绩效考核

企业内部控制的监督人员应定期、每月或每季度，对银行存款收支金额的预算制定与执行、银行存款结算方式的使用、银行存款收支业务的办理以及上述内容对企业日常经营活动的影响进行分析，并以此作为对相关人员进行绩效考核的依据。

4.2.2 银行结算的种类

银行结算按照所使用的结算工具不同，分为票据结算、银行卡结算和结算方式结算，简称为“三票、一卡、三方式”。其中，“三票”是指支票、银行本票和汇票，汇票又分为银行汇票和商业汇票两种；“一卡”是指银行卡；“三方式”是指汇兑、委托收款、托收承付三种结算方式。

银行结算按照所适用的区域范围不同，又可分为同城结算和异地结算两种。同城与异地通常以当地中国人民银行票据交换所划分的服务区域来界定。收款行和付款行属于同一票据交换区域的货币收付为同城结算；收款行与付款行不属于同一票据交换区域的货币收付为异地结算。银行本票用于同城结算；银行汇票和托收承付用于异地结算；支票、商业汇票、汇兑、委托收款和银行卡既可用于同城结算，又可用于异地结算。

1）支票

支票是出票人签发的，委托办理支票存款业务的银行在见票时无条件支付确定的金额给收款人或者持票人的票据。

支票可分为现金支票、转账支票和普通支票。支票上印有“现金”字样的是现金支票，现金支票只能用于支取现金，不得背书转让。支票上印有“转账”字样的是转账支票，转账支票只能用于转账，且可以背书转让。支票上未印有“现金”或“转账”字样的是普通支票，普通支票可以用于支取现金，也可以用于转账，在普通支票左上角划两条平行线的，是划线支票，它只能用于转账，不能支取现金。支票的提示付款期限为自出票日起10日内，超过期限的银行不予受理。单位和个人在同一票据交换区域的各种款项结算，均可以使用支票。2007年，全国支票影像交换系统建成运行后，支票成为全国通用的支付结算工具。

在签发支票时，企业要详细列明收款单位或收款人，并列明款项用途和金额，同时必须认真检查银行存款账面余额，防止签发超过存款余额的支票（即空头支票）。出票单位和银行可以约定以预留银行印鉴或者支付密码，作为银行审核并支付支票金额的条件。出票单位签发支票时，支票日期、大小写金额和收款人名称不得更改，更改的支票无效。其他内容如有更改，更改处必须由出票人加盖预留银行印鉴证明。

企业对收到的支票，应填制进账单连同支票送交银行，根据银行回单和有关原始凭证编制收款凭证。对于付出的支票，应根据支票存根和有关原始凭证及时编制付款凭证。

2）银行汇票

银行汇票是汇款人将款项交存当地出票银行，由出票银行签发，由其在见票时按照实际结算金额无条件支付给收款人或持票人的票据。

银行汇票一律记名，无金额起点的限制，可用于单位和个人异地支付各种款项。银行汇票可以用于转账，填明“现金”字样的银行汇票也可以用于支取现金。申请人或者收款人为单位的，银行不得为其签发现金银行汇票。银行汇票的提示付款期限为自出票日起1个月内（不分大月小月，按对月对日计算，到期遇节假日顺延）。

收款人必须将实际结算金额填入银行汇票和解讫通知有关栏内。其实际结算金额应在出票金额以内，并不得更改。持票人向银行提示付款的，必须同时提交银行汇票和解讫通知，并在汇票背面签章。转账支付的，不得转入储蓄和信用卡账户。

3）银行本票

银行本票是银行签发的，承诺自己在见票时无条件支付确定的金额给收款人或者持票人的票据。

银行本票可以转账，注明“现金”字样的银行本票可以支取现金。申请人或收款人为单位的，不得申请签发现金银行本票。银行本票的提示付款期限为自出票日起最长不得超过2个月。持票人超过付款期限提示付款的，代理付款人不予受理。申请人要求办理银行本票退款或持票人因超过付款期限不获付款并在票据权利时效内（自出票日起2年）请求付款的，应持单位证明或本人身份证到出票银行请求付款。

银行本票由银行签发并保证兑付，而且见票即付，具有信誉高、支付功能强等特点，单位和个人在同一票据交换区域需要支付各种款项的，均可以使用银行本票。

4）商业汇票

商业汇票是出票人签发的，委托付款人在指定日期无条件支付确定的金额给收款人或持票人的票据。在银行开立存款账户的法人以及其他组织之间，必须具有真实的交易关系或债权债务关系，才能使用商业汇票。商业汇票一律记名，允许背书转让，在同城和异地都能使用。商业汇票只能转账，不能支取现金。商业汇票的付款期限由交易双方商定，但最长不得超过6个月。定日付款的汇票付款期限自出票日起计算，并在汇票上记载具体的到期日。出票后定期付款的汇票付款期限自出票日起按月计算，并在汇票上记载。商业汇票的提示付款期限为自汇票到期日起10日内。

商业汇票按照承兑人不同分为商业承兑汇票和银行承兑汇票两种。商业承兑汇票可以由付款人签发并承兑，也可以由收款人签发交由付款人承兑；银行承兑汇票由银行承兑，由在承兑银行开立存款账户的存款人签发，承兑银行按票面金额向出票人收取万分之五的手续费。商业汇票的付款人为承兑人。

采用商业汇票结算方式，可以使企业之间的债权债务关系表现为外在的票据，使商业信用票据化，加强约束力。商业汇票经过承兑，信用较高，可以按期收回货款、防止拖欠，在急需资金时还可以向银行申请贴现，融通资金，比较灵活。

5）银行卡

银行卡是由商业银行（含邮政金融机构）向社会发行的具有消费信用、转账结算、存取现金等全部或部分功能的信用支付工具。

银行卡按是否具有信用透支功能分为信用卡和借记卡。信用卡按照持卡人是否需要向发卡银行交存准备金，又可分为贷记卡和准贷记卡。贷记卡是指发卡银行给予持卡人一定的信用额度，持卡人可在信用额度内先消费、后还款的信用卡；准贷记卡是指持卡人需按照发卡银行的要求先预存一定金额的备用金，当预存的备用金不够支付时可以在一定额度内进行透支的信用卡。借记卡不具备透支功能，需要先预存备用金后使用。银行卡还可按发行对象不同分为单位卡和个人卡。

单位卡账户资金一律从其基本存款账户转账存入，不得交存现金，也不得将销售收入的款项存入信用卡存款账户。单位卡不得用于10万元以上的商品交易、劳务供应款项的结算。

个人卡账户的资金以其持有的现金存入或以其工资性款项以及属于个人的劳务报酬收入转账存入。严禁将单位的款项存入个人卡账户中。

6）汇兑

汇兑是汇款人委托银行将其款项支付给收款人的结算方式。单位和个人在同城、异地结算各种款项时，均可使用汇兑结算方式。

汇兑结算方式的特点是：收付双方不一定要事先订立经济合同，也不局限于商品交易款项汇划。汇款人汇出的款项不受金额起点的限制。汇兑分为信汇和电汇两种。信汇是指汇款人委托汇出行通过邮寄信汇单的方式，授权汇入行向收款人支付一定金额的一种付款方式。电汇是指汇款人委托汇出行通过发送电子汇划信息的方式，授权汇入行向收款人支付一定金额的一种付款方式。这两种汇兑方式由汇款人根据需要选择使用。这种结算方式划拨款项简便、灵活。

7）托收承付

托收承付是根据购销合同由收款人发货后委托银行向异地付款人收取款项，由付款人向银行承认付款的结算方式。

托收承付方式的使用有很多限制。使用托收承付结算方式的收款单位和付款单位，必须是国有企业、供销合作社及经营管理较好，并经开户银行审查同意的城乡集体所有制工业企业。办理托收承付结算的款项，必须是商品交易的款项，以及因商品交易而产生的劳务供应的款项。代销、寄销、赊销商品的款项，不得办理托收承付结算。托收承付款项划回方式分为邮寄和电报两种，由收款人根据需要选择使用。收款单位在办理托收承付时，必须有商品发出的证件或其他证明（包括铁路、航运、公路等运输部门签发的运单、运单副本和邮局包裹回执）。托收承付结算每笔的金额起点是10 000元，新华书店系统每笔的金额起点为1 000元。采用托收承付结算方式时，购销双方必须签有符合《经济合同法》要求的购销合同，并在合同上写明使用托收承付结算方式。

收款单位根据合同发运货物或提供劳务后，委托银行收取款项。付款单位收到承付结算凭证后，应立即审核是否符合订货合同的规定。按照结算办法的规定，承付分为验单承付和验货承付两种，验单承付期为3天，从付款人开户银行发出承付通知的次日算起（承付期内遇法定休假日顺延）。验货承付期为10天，从运输部门向付款人发出提货通知的次日算起。

付款人在承付期内，可向银行提出全部或部分拒绝付款，开户银行应审查拒付理由，查验合同。对收付双方在合同中明确规定并在托收凭证上注明验货付款期限的，银行从其规定。付款人在承付期内，未向银行提出异议，银行即视作承付，并在承付期满的次日（遇法定休假日顺延）上午银行开始营业时，将款项主动从付款人账户内付出，按照收款人指定的划款方式划给收款人。若付款人在承付期满日无足够资金支付，则按逾期付款处理，并按逾期付款金额和逾期天数每日计收万分之五的赔偿金。付款人开户银行若对逾期未付的托收凭证，负责进行扣款的期限为3个月（从承付期满日算起）。期满时，若付款人仍无足够资金支付尚未付清的欠款，银行应于次日通知付款人将有关交易单证在2天内退回银行，付款人逾期未退回单证的，银行自发出通知的第3天起，按照应付的结算金额对其处以每天万分之五但不低于50元的罚款，并暂停其向外办理结算业务，直到退回单证时止。

银行对使用托收承付结算方式的单位有一定的要求，对业务审核也较严格。在结算过程中银行对收、付双方进行监督，因此，托收承付结算方式能够维护购销双方的正当权益，促使收、付款单位严格按合同的规定发货和付款。

8）委托收款

委托收款是收款人委托银行向付款人收取款项的结算方式。单位和个人凭已承兑商业汇票、债券、存单等付款人债务证明办理款项结算的，均可以使用委托收款结算方式。委托收款结算款项的划回方式，分邮寄和电报两种，由收款人选用。按照有关办法的规定，付款人未在接到通知的次日起3日内通知银行付款的，视同付款人同意付款，银行应于付款人接到通知的次日起第4日将款项划给收款人。在同城范围内，收款人收取公用事业费或根据国务院的规定，可以使用同城特约委托收款。收取公用事业费，必须具有收付双方事先签订的经济合同，由付款人向开户银行授权，并经开户银行同意，报经中国人民银行当地分支行批准。委托收款在同城、异地均可办理，使用范围广，能适应多种经济活动的需要。不受是否签订合同或协议和是否发货的限制；不规定金额起点；银行不承担审查拒付理由和代收款单位分次扣收款项的责任。只规定一定的付款期和退证期，是一种比较灵活、简便但具有一定风险的结算方式。

4.2.3　银行存款的核算

为了反映企业存入银行和其他金融机构的各种存款，企业应设置“银行存款”总账账户，核算银行存款的收入、支出和结存情况。企业增加银行存款时，借记本账户，贷记“库存现金”“应收账款”等账户；减少银行存款时做相反的会计分录。本账户期末借方余额，反映企业存放在银行或其他金融机构的各种款项。本账户按银行存款的开户银行或其他金融机构以及银行存款的种类开设明细账户进行明细核算。

【例4-4】银行存款业务核算举例：

（1）企业开出转账支票3 000元，偿付某供货单位赊购欠款。其会计分录为：

借：应付账款——某供货单位	3 000	
贷：银行存款		3 000

（2）企业销售产品，销售收入2 000元，增值税260元，共计2 260元，收到转账支票存入银行。其会计分录为：

借：银行存款	2 260	
贷：主营业务收入		2 000
应交税费——应交增值税（销项税额）		260

（3）企业购进原材料8 000元，支付进项税额1 040元，共计9 040元，以转账支票付讫。原材料已验收入库。其会计分录为：

借：原材料　　8 000

　　应交税费——应交增值税（进项税额）　　1 040

　　贷：银行存款　　9 040

（4）企业收到银行收款通知，企业委托银行向某公司收取的货款160 000元已收妥入账。会计分录为：

借：银行存款　　160 000

　　贷：应收账款——某公司　　160 000

（5）向银行归还短期借款本金60 000元，利息170元。

借：短期借款　　60 000

　　财务费用　　170

　　贷：银行存款　　60 170

4.2.4　银行存款的清查

为了保证银行存款核算的正确性，掌握银行存款的实际数额，及时发现差错，企业应定期（至少每月一次）对银行存款进行清查核对，其主要方法是将银行发来的对账单与企业银行存款日记账逐笔进行核对。企业进行账单核对时，往往会出现银行存款日记账余额与银行对账单同日余额不符的情况。其原因主要是存在未达账项，即银行和企业对同一笔款项收付业务，因记账时间不同，而发生的一方已经入账，另一方尚未入账的款项；其次也可能是企业或银行对银行存款结存额的计算发生错误，或是企业或银行对存款的收入、支出的错记或漏记。

未达账项主要有下列四种情况：

①企业已经收款入账，而银行尚未入账的事项。例如，企业存入银行的款项，企业已做银行存款增加入账，但银行尚未入账。

②企业已经付款入账，而银行尚未入账的事项。例如，企业开出支票或其他付款凭证，企业已做银行存款减少入账，但对方单位尚未将有关单据送交银行，故银行尚未记录企业存款减少。

③银行已经收款入账，而企业尚未入账的事项。例如，企业委托银行代收的款项，银行已经收款入账，而企业尚未收到通知，因此没有入账。

④银行已经付款入账，而企业尚未入账的事项。例如，由银行直接代付的款项，银行已从企业存款中拨付给收款方，但企业因尚未收到票据还没有入账。

以上任何一种情况的发生，都会使双方账面存款余额不一致。为了核对企业银行存款日记账的结存额与银行对账单的当日结存额是否一致，企业应编制“银行存款余额调节表”。

编制银行存款余额调节表的基本原理是：假设未达账项全部入账，错漏记录均已更正，银行存款日记账及银行对账单的余额应相等。其编制方法是：将企业和银行双方的账面余额，各自加上对方已经收款入账而本单位尚未收款入账的款项，减去对方已经付款入账而本单位尚未付款入账的款项。如果双方调节后的余额一致，表明企业和银行账簿记录基本没有差错（因为有些记账错漏可能会相互抵消而不影响账户余额）。经过调节后重新求得的双方数额一致的余额，既不等于本单位当日银行存款账面余额，也不等于银行当日账面余额，而是该单位在银行存款的真正实有数。举例说明如下：

【例4-5】万力公司2×18年12月31日核对银行存款日记账与银行对账单，12月31日的银行存款日记账余额为130 720元，同日的银行对账单余额为160 740元。经逐笔核对，发现二者不符是由以下原因造成的：

（1）公司本月送存银行欣悦公司用于支付货款的支票8 000元，银行尚未入账。

（2）公司开出用于采购原材料的转账支票25 200元并已入账，持票人尚未到银行结算，银行尚未入账。

（3）公司委托银行收取隆凯公司货款6 400元，银行已收款入账，公司尚未接到收款通知。

（4）银行代扣了公司本月的电话费11 200元，银行已入账，公司未收到通知。

（5）公司支付销售费用1 000元，误记为10 000元。

（6）银行误将不属于公司的收款8 620元记入公司账户。

根据以上资料，万力公司编制的银行存款余额调节表见表4-1。

表4-1　银行存款余额调节表

编制单位：万力公司　2×18年12月31日　单位：元

项　目	金　额	项　目	金　额
银行存款日记账余额	130 720	银行对账单余额	160 740
加：银行已收、企业未收	6 400	加：企业已收、银行未收	8 000
减：银行已付、企业未付	11 200	减：企业已付、银行未付	25 200
加：多记销售费用	9 000	减：误记收款	8 620
调节后余额	134 920	调节后余额	134 920

调节后的余额虽是企业银行存款的实有数额，但不能作为调整银行存款账簿记录的依据。企业应等到收到银行有关结算单证时，再将未达账项调整入账。

4.3 其他货币资金

4.3.1 其他货币资金的性质与范围

其他货币资金是指企业所持有的因存放地点和用途不同而区别于库存现金和银行存款的货币资金。其他货币资金主要包括外埠存款、银行汇票存款、银行本票存款、信用卡存款、信用证保证金存款、存出投资款等。其中，外埠存款是指到外地进行临时或零星采购时，汇往采购地银行并在采购地银行开立采购专户的款项；银行汇票存款是银行汇票申请人为取得银行汇票按规定专户存入出票行的款项；银行本票存款是银行本票申请人为取得银行本票按照规定存入银行专户的款项；信用卡存款是指企业为取得信用卡以办理信用卡结算而按规定存入银行的款项；信用证保证金存款是指企业为取得信用证按规定存入银行的款项；存出投资款是指企业已存入证券公司但尚未进行投资的款项。

4.3.2 其他货币资金的核算

对企业的银行汇票存款、银行本票存款、信用卡存款、信用证保证金存款、存出投资款、外埠存款等其他货币资金设置“其他货币资金”账户进行分类核算，并按银行汇票或本票、信用证的收款单位，开出信用卡的银行和信用卡种类，外埠存款的开户银行，分别“银行汇票”“银行本票”“信用卡”“信用证保证金”“存出投资款”“外埠存款”等进行明细核算。企业增加其他货币资金时，借记本账户，贷记“银行存款”账户；减少其他货币资金时，借记有关账户，贷记本账户。本账户期末借方余额，反映企业持有的其他货币资金。

1）外埠存款

企业在外埠开立临时采购专户，需经开户地银行批准。银行对临时采购户一般实行半封闭式管理的办法，即只付不收，付完清户。除采购人员差旅费可以支取少量现金外，其他支出一律转账。

【例4-6】某企业根据发生的有关外埠存款收付业务，编制会计分录如下：

（1）企业在外埠开立临时采购账户，委托银行将500 000元汇往采购地。

借：其他货币资金——外埠存款　　500 000

　贷：银行存款　　500 000

（2）采购员以外埠存款购买材料，材料价款420 000元，增值税54 600元，共计474 600元，材料已验收入库。

借：原材料　　420 000

　　应交税费——应交增值税（进项税额）　　54 600

　贷：其他货币资金——外埠存款　　474 600

（3）外埠采购结束，将外埠存款清户，收到银行转来收账通知，余款25 400元收妥入账。

借：银行存款　　25 400

　贷：其他货币资金——外埠存款　　25 400

2）银行汇票存款

银行汇票的有效期为1个月。对于逾期尚未办理结算的银行汇票，持票人应按规定及时转回，借记“银行存款”科目，贷记“其他货币资金——银行汇票”科目。

【例4-7】某企业根据发生的有关银行汇票存款收付业务，编制会计分录如下：

（1）企业申请办理银行汇票，将银行存款40 000元转为银行汇票存款。

借：其他货币资金——银行汇票　　40 000

　贷：银行存款　　40 000

（2）收到收款单位发票等单据，采购材料付款33 900元，其中，材料价款30 000元，增值税3 900元，材料已验收入库。

借：原材料　　30 000

　　应交税费——应交增值税（进项税额）　　3 900

　贷：其他货币资金——银行汇票　　33 900

（3）收到多余款项退回通知，将余款6 100元收妥入账。

借：银行存款　　6 100

　贷：其他货币资金——银行汇票　　6 100

3）银行本票存款

银行本票的有效期为2个月。对于逾期尚未办理结算的银行本票，持票人应按规定及时转回，借记“银行存款”科目，贷记“其他货币资金——银行本票”科目，其账务处理与银行汇票存款基本相同。

【例4-8】某企业根据发生的有关银行本票存款收付业务，编制会计分录如下：

（1）企业申请办理银行本票，将银行存款38 420元转入银行本票存款。

借：其他货币资金——银行本票　　38 420

　贷：银行存款　　38 420

（2）收到收款单位发票等单据，采购材料付款38 420元，其中，材料价款34 000元，增值税4 420元，材料已验收入库。

借：原材料　　34 000

　　应交税费——应交增值税（进项税额）　　4 420

　贷：其他货币资金——银行本票　　38 420

4）信用卡存款

企业对于信用卡存款的核算主要包括办理信用卡存款、以信用卡支付有关费用、收取信用卡存款利息收入等。

【例4-9】某企业根据发生的有关信用卡存款收付业务，编制会计分录如下：

（1）将银行存款60 000元存入信用卡。

借：其他货币资金——信用卡存款　　60 000

　贷：银行存款　　60 000

（2）用信用卡支付业务招待费2 500元。

借：管理费用　　2 500

　贷：其他货币资金——信用卡存款　　2 500

（3）收到信用卡存款的利息80元。

借：其他货币资金——信用卡存款　　80

　贷：财务费用　　80

5）信用证保证金存款

企业办理信用证结算，应按规定向银行提交开证申请书、信用证申请人承诺书和购销合同。信用证保证金的核算主要包括缴纳保证金和支付货款两部分。

【例4-10】某企业根据发生的信用证结算的有关业务，编制会计分录如下：

（1）申请开证并向银行缴纳信用证保证金40 000元。

借：其他货币资金——信用证保证金　　40 000

　贷：银行存款　　40 000

（2）接到银行交来的信用证来单通知书及有关购货凭证等，以信用证方式采购的材料已到并验收入库，货款全部支付。货款总计56 500元，其中材料价款50 000元，增值税6 500元。

借：原材料　　50 000

　　应交税费——应交增值税（进项税额）　　6 500

　贷：其他货币资金——信用证保证金　　40 000

　　　银行存款　　16 500

6）存出投资款

企业对存出投资款的核算主要包括资金划出和使用两部分。

【例4-11】某企业根据发生的短期投资业务，编制会计分录如下：

（1）将银行存款600 000元划入某证券公司准备进行短期股票投资。

借：其他货币资金——存出投资款　　600 000

　贷：银行存款　　600 000

（2）将存入证券公司的款项用于购买股票，并已成交，购买股票的成本为300 000元。

借：交易性金融资产　　300 000

　贷：其他货币资金——存出投资款　　300 000

章末习题

一、单项选择题

1.下列项目中，不能用现金支付的是（　　）。

A.向个人收购废旧物资　　B.出差暂借差旅费

C.支付个人劳务报酬　　D.购置固定资产

2.对于银行已经入账而企业尚未入账的未达账项，我国企业应当（　　）。

A.待有关结算凭证达到后再入账

B.根据“银行对账单”记录的金额入账

C.在编制“银行存款余额调节表”的同时入账

D.根据“银行对账单”和“银行存款余额调节表”自制原始凭证入账

3.企业应设置“库存现金日记账”，由（　　）按照经济业务发生的先后顺序逐日逐笔登记。

A.会计主管　　B.出纳人员　　C.总账会计　　D.业务经办人员

4.下列票据中，按规定在“应收票据”或“应付票据”账户中核算的是（　　）。

A.支票　　B.银行本票　　C.银行汇票　　D.商业汇票

5.下列各项中，不通过“其他货币资金”账户核算的是（　　）。

A.信用卡存款　　B.银行本票存款　　C.备用金　　D.信用证存款

二、多项选择题

1.商业汇票按承兑人不同分为（　　）承兑汇票。

A.收款人　　B.付款人　　C.银行　　D.商业

2.企业的货币资金包括（　　）。

A.库存现金　　B.银行存款　　C.应收账款　　D.其他货币资金

3.货币资金的内部控制规范包括（　　）。

A.岗位分工和授权批准　　B.库存现金和银行存款的管理规定

C.票据和有关印章的管理规定　　D.监督检查规定

4.下列结算种类中，可以用于同一票据交换区域的有（　　）。

A.支票　　B.银行本票　　C.银行汇票　　D.委托收款

5.根据《银行账户管理办法》的规定，企业在银行开立的账户种类包括（　　）。

A.基本存款账户　　B.一般存款账户　　C.临时存款账户　　D.专用存款账户

三、业务处理题

1.鸿昌公司2×18年6月1日“库存现金”账户余额为700元，“银行存款”账户余额为98 000元。该公司6月份发生以下经济业务：

①2日，开出现金支票，从银行提取现金2 000元备用。

②5日，采购员张力到外地采购材料，预借差旅费1 500元，出纳用现金支付。

③8日，采购部门在本地购入材料，货款共计13 500元（假设不考虑增值税，下同），材料已验收入库，出纳开出转账支票支付货款。

④15日，管理部门报销办公费300元，出纳以现金付讫。

⑤19日，通过银行汇款至广州40 000元，开立采购专户。

⑥22日，开出转账支票，偿还上月购货款8 000元。

⑦25日，采购员报销赴广州采购材料款，发票列明金额总计37 000元，材料已验收入库，余款也通过银行退回至本公司账户。

⑧26日，采购员张力回公司报销差旅费1 200元，余款交回现金。

⑨28日，对外销售产品，货款共计50 800元，收到转账支票已存入银行。

⑩30日，银行转来自来水公司收款通知和有关凭证，支付管理部门水费1 000元。

要求：

（1）根据以上业务编制相应的会计分录；

（2）根据会计分录逐日逐笔登记“库存现金日记账”和“银行存款日记账”并完成月末结账。

2.金陵公司2×18年5月31日银行存款日记账余额为87 600元，同日银行对账单的余额为97 500元。经逐笔核对，发现以下情况：

①银行已于5月30日代公司支付水电费3 000元，公司尚未收到付款通知。

②公司于5月31日收到外单位交来偿付货款的转账支票，金额为6 000元。公司已交存银行，银行尚未收妥入账。

③银行结算公司存款利息2 000元，银行已入账，公司尚未收到收息通知。

④公司于5月31日签发转账支票支付购货款，金额为5 200元，持票人尚未到银行办理结算。

⑤公司支付办公费500元，误记为5 000元。

⑥银行误将外单位7 200元收款记入本公司账户。

要求：编制金陵公司2×18年5月31日的银行存款余额调节表。

第5章
存　货

学习目标：掌握存货的概念及分类；掌握存货初始入账价值的确定及其核算方法；熟悉存货发出的各种计价方法及其特点；了解存货期末价值的确定方法和清查方法。

5.1 存货概述

5.1.1 存货的含义

1）存货的定义

存货，是指企业在日常活动中持有以备出售的产成品或商品、处在生产过程中的在产品、在生产过程或提供劳务过程中耗用的材料和物料等。由于存货通常能在一年内或超过一年的一个营业周期以内被销售或者耗用而转换为新的资产，因而是企业的一项流动资产。在企业生产经营过程中，存货不断处于销售、耗用和重置的过程之中，其实物形态不断发生变化，其价值则随着实物形态的改变转移到产品或劳务中去，并在产品或劳务销售后得到补偿。在大多数企业中，存货在流动资产中占有很大比重，是流动资产的重要组成部分。

2）存货的确认

存货必须在符合定义的前提下，同时满足下列两个条件，才能予以确认：

（1）与该存货有关的经济利益很可能流入企业

资产最重要的特征是预期会给企业带来经济利益。如果某一项目预期不能给企业带来经济利益，就不能确认为企业的资产。存货是企业的一项重要的流动资产，因此，对存货的确认，关键是判断其是否很可能给企业带来经济利益或其所包含的经济利益是否很可能流入企业。通常，拥有存货的所有权是与该存货有关的经济利益很可能流入本企业的一个重要标志。一般情况下，根据销售合同已经售出（取得现金或收取现金的权利），所有权已经转移的存货，因其所含经济利益已不能流入本企业，因而不能再作为企业的存货进行核算，即使该存货尚未运离企业。企业在判断与该存货有关的经济利益能否流入企业时，通常应结合考虑该存货所有权的归属，而不应当仅仅看其存放的地点等。

（2）该存货的成本能够可靠地计量

成本或者价值能够可靠地计量是资产确认的一项基本条件。存货作为企业资产的组成部分，要予以确认也必须能够对其成本进行可靠的计量。存货的成本能够可靠地计量必须以取得的确凿证据为依据，并且具有可验证性。如果存货成本不能可靠地计量，就不能确认为企业的存货。

5.1.2　存货的分类

1）按存货用途分类

在不同的行业，企业存货的种类和内容也有所不同，制造业企业的存货按其来源和用途的不同可以分为以下几个不同的种类：

（1）原材料

原材料指直接或间接用于产品生产的各种物资，包括直接用于制造产品并构成产品实体的原料及主要材料、外购半成品及供制造产品时使用的辅助材料、外购半成品、修理用备件、机物料、包装物、燃料等。为建造固定资产等各项工程而储备的各种材料，虽然同属于材料，但是由于用于建造固定资产等各项工程，不符合存货的定义，因此不能作为企业的存货进行核算。

（2）在产品

在产品指企业正在制造尚未完工的产品，包括正在各个生产工序加工的产品，和已加工完毕但尚未检验或已检验但尚未办理入库手续的产品。

（3）半成品

半成品指经过一定生产过程并已检验合格交付半成品仓库保管，但尚未制造完工成为产成品，仍需进一步加工的中间产品。

（4）产成品

产成品指已经完成全部生产过程经验收合格入库，可以对外销售的产品。企业接受外来原材料加工制造的代制品和为外单位加工修理的代修品，制造和修理完成验收入库后，应视同企业的产成品。

（5）包装物

包装物指为了包装本企业产品而储备的以及在销售过程中周转使用的包装容器，如箱、桶、瓶等，其主要作用是盛装、装饰产品或商品。包装用的纸张或绳子等归入原材料类。

（6）低值易耗品

低值易耗品是指单位价值较低，使用年限较短，不能作为固定资产的各种用具、设备，如工具、管理用具、玻璃器皿、劳动保护用品以及在经营过程中周转使用的生产工具、模具等。低值易耗品从其在生产经营过程中所起的作用看，与固定资产一样，属于劳动资料，它可以多次参加生产经营周转而不改变原有实物形态，其价值随着实物的不断磨损逐渐转移到产品成本以及管理费用中去。但是，由于低值易耗品的品种繁多、数量较大、单位价值较低、使用期限短，需要经常补充和更换，如果对低值易耗品也同固定资产一样核算与管理，既有困难也无必要。因此，将低值易耗品划归为存货一类，作为流动资产进行管理与核算。

（7）委托加工物资

委托加工物资指企业由于生产能力或技术条件限制，或出于经济上的考虑，而委托外单位代为加工的材料物资。

2）按存货所在的地点分类

（1）库存存货

库存存货指已经验收合格并入库的各种存货。

（2）在途存货

在途存货指货款已经支付，正在运输途中的存货。

（3）加工中的存货

加工中的存货指正在本企业生产过程中加工的存货和委托其他单位加工的存货。

3）按存货来源分类

存货按来源分类，主要包括外购存货、自制存货、委托外单位加工存货三类。

（1）外购存货是从企业外部购入的存货，如商品流通企业的外购商品、工业企业的外购材料、外购零部件等。

（2）自制存货是由企业制造的存货，如工业企业的自制材料、在产品、产成品等。

（3）委托外单位加工存货是指企业将外购或自制的某些存货通过支付加工费的方式委托外单位进行加工生产的存货，如工业企业的委托加工材料、商业企业的委托加工商品等。

此外，企业的存货中还可能包括投资者投入的存货、接受捐赠的存货、盘盈的存货等。

5.1.3 存货的计价基础

存货的计价基础是指存货在核算时按什么价格计算。根据资产计价的原理，存货的计价基础有投入价值基础和产出价值基础两种。

1）投入价值基础及其计价标准

存货的投入价值是指为了获得存货而支付的各项费用，主要是从投入这一角度出发的，其计量的标准有：

（1）历史成本

历史成本是指存货在购入或生产时所花费的各项费用的总和。采用历史成本计价是会计核算的一般原则之一，它通过交易确定的价格或实际支付的金额反映存货的价值，比较客观，数据易于取得又真实可靠，可防止随意变动存货价值的行为。但是在货币购买力或物价变动时，会削弱会计信息的有用性。

（2）重置成本

重置成本又称现行成本，是指按照当前市场条件，重新取得同样一项资产所需支付的现金或现金等价物金额。存货按重置成本计价可以使存货价值接近于现行变现价值，能避免物价变动时期收益计算的虚假现象，确保存货耗用的实物补偿，具有现实的经济意义。但是这种计价的工作量十分繁重，并且计价依据的客观性较弱。在实务中，其多应用于盘盈固定资产的计量等。

（3）成本与市价孰低

成本与市价孰低是指将存货的成本与市价进行比较，若成本低于市价按成本计价，若成本高于市价则按市价计价。这里的成本是指历史成本，市价指可变现净值。这一计价标准是对历史成本原则在运用时的修正，体现了稳健性原则。它确认可变现净值低于成本时隐含的损失，不确认可变现净值高于成本时的额外收益，维护了债权人的利益。《企业会计准则第1号——存货》规定期末存货必须按成本与市价孰低计价，计提存货跌价准备，计入当期损益；当市价上升时，在原计提的范围内调回。

2）产出价值基础及其计价标准

存货的产出价值是指存货出售时可获得的价值，主要从产出这一角度出发，确定存货的价值，其计量的标准有：

（1）现行市价

现行市价指现行销售价格，又称脱手价值，是指存货在正常条件下预期的出售价格，或者说可实现价值。存货按现行市价计价可比较真实地反映存货的实际经济价值；但是对那些没有售价的存货（如在产品）计价比较困难，再者存货在出售前就确认其价值，不稳健也不现实，工作量也非常大。

（2）可变现净值

可变现净值也称为预期脱手价值，是指在日常活动中，以存货预计售价减去进一步加工成本和预计销售费用以及相关税费后的净值。存货按可变现净值计价与按现行市价计价的优缺点基本相同。

（3）现值

存货的现值是指存货能够带来的未来现金流入量按一定的贴现率计算的价值。它考虑了货币的时间价值，比将来能够收取的实际金额要少。存货以预期未来现金流量的现值计价，能够较好地反映存货的预期经济价值；但是，确定某项存货的预期现金流入量不是件容易的事情，其流入的时间分布和数量多少以及贴现率的选择有赖于会计人员的主观判断能力，受主观因素影响较大。

5.1.4　存货数量的确定

存货核算包括实物计量和货币计量，即确定实物数量和进行货币计价两个方面。存货实物计量是货币计价的基础。在会计实务中，确定存货实物数量的制度，有定期盘存制和永续盘存制两种。

1）定期盘存制

定期盘存制，也称实地盘存制，是期末对存货进行实地清点，以确定期末存货数量和成本的存货核算和管理制度。在定期盘存制下，平时在存货账中只登记存货增加数，不登记减少数，月末用实地盘点的结存数倒算出存货的减少数。具体计算公式如下：

本期存货耗用量 = 期初存货量 + 本期存货收入量 − 期末存货量

2）永续盘存制

永续盘存制，也称账面盘存制，是按照存货的种类、规格设置存货明细分类账，逐日逐笔登记存货收入、发出的数量和金额，并及时地结出结存存货数量和金额的存货核算和管理制度。在永续盘存制下，以期初存货为基础，根据本期存货收入和发出的记录，计算期末存货的数量和金额。其计算公式如下：

期末存货数量 = 期初存货结存 + 本期存货收入量 − 本期存货发出量

3）定期盘存制与永续盘存制的比较

采用定期盘存制，在日常核算中只登记收入存货的数量和金额，对于存货发出和结存的数量和金额均不做记录，减少了记账工作量，降低了记账成本。但是这种方法的缺点也是显而易见的：首先，由于发出存货成本是推算出来的，凡是期末盘点时已不存在的存货都视为正常耗用或销售，因此可能会将存货在收、发、存中的差错，甚至因丢失、被盗等造成的损失全部计入本期耗用或销售存货的成本，使成本数据不真实，在计量收益时，也难以分清损溢的真实来源。其次，不能随时从账簿中反映存货收入、发出和结存情况，不利于对存货进行及时的管理和控制，而且期末盘点存货的工作量大。

采用永续盘存制，从账面上可以随时反映存货的收、发、存情况，有利于对存货的数量和金额进行管理和控制。通过定期进行实物盘点，并与存货账簿记录核对，既可以检查存货记录的准确性，又可以及时发现存货管理中存在的问题。这种方法的缺点是登记存货明细账的工作量较大。但随着会计核算自动化、智能化的应用，这一问题可以在一定程度上解决，永续盘存制将会得到越来越广泛的应用。

企业在选择存货盘存方法时，应考虑企业生产经营特点和管理要求，并根据成本效益原则综合确定。一般而言，除了品种规格多、价值低，且收发非常频繁的存货项目外，绝大部分存货应采用永续盘存制。

5.2 存货收入的核算

5.2.1 存货入账价值的确定

企业取得存货的方式有外购、自制、投资转入、接受捐赠等，根据我国《企业会计准则第1号——存货》的规定，存货应当按照历史成本进行初始计量。存货取得时的成本是为使得该存货达到可耗用或可销售状态所发生的所有必要支出，包括采购成本、加工成本和其他成本。

在实际工作中，存货实际成本的构成内容因存货取得方式的不同而有所不同，因此其计价的具体内容也有所不同。下面根据存货取得方式的不同，介绍存货初始入账成本的构成。

1）外购存货入账价值的确定

一般来说，原材料、商品、低值易耗品等通过购买而取得的存货的成本包括存货的购买价款、进口关税和其他相关税费、运输费、装卸费、保险费以及其他可归属于存货采购成本的费用。其中购买价款是指发票账单上列明的价款，但不包括按规定可以抵扣的增值税税额；其他相关税费，即指企业购买、自制或委托加工存货发生的消费税、资源税和不能从销项税额中抵扣的增值税进项税额及教育费附加等；其他可归属于存货采购成本的费用，主要是指在存货采购过程中发生的仓储费、包装费、运输途中的合理损耗、入库前的挑选整理费用等。

以上可归属于存货采购成本的费用，能分清负担对象的，应直接计入该存货的采购成本；不能分清负担对象的，应选择合理的分配方法，分配计入有关存货的采购成本。分配方法通常包括按所购存货的重量比例进行分配和按采购价格比例进行分配。

2）进一步加工取得的存货入账价值的确定

企业通过进一步加工取得的存货，主要包括产成品、在产品、半成品、委托加工物资等，其成本由采购成本、加工成本构成。某些存货还包括使存货达到目前场所和状态所发生的其他成本，如可直接认定的产品设计费用等。在通过进一步加工取得的存货的成本中，采购成本是由所使用或消耗的原材料采购成本转移而来的，因此，计量加工取得的存货成本，重点是要确定存货的加工成本。

存货的加工成本，由直接人工和制造费用构成，其实质是企业在进一步加工存货的过程中追加发生的生产成本，因此，不包括直接由材料存货转移来的价值。其中，直接人工是指企业在生产产品的过程中，直接从事产品生产的工人的职工薪酬。直接人工和间接人工的划分依据通常是生产工人是否与所生产的产品直接相关（即可否直接确定其服务的产品对象）。制造费用是指企业为生产产品和提供劳务而发生的各项间接费用。制造费用是一种间接生产成本，包括企业生产部门（如生产车间）管理人员的职工薪酬、折旧费、办公费、水电费、机物料消耗、劳动保护费、季节性和修理期间的停工损失等。

在实际的生产过程中，如能直接认定计入某种产品成本的加工成本，如直接材料、直接人工等，应该由该产品负担。如果在同一生产过程中，企业同时生产两种或两种以上的产品，并且每种产品的加工成本不能直接区分，其加工成本应当按照合理的方法在各种产品之间进行分配。

3）其他方式取得的存货入账价值的确定

企业取得存货的其他方式主要包括接受投资者投入、接受捐赠、盘盈、债务重组以及企业合并等其他多种方式。

①投资者投入的存货，其入账价值应当按照投资合同或协议约定的价值确定，但合同或协议约定的价值不公允的除外。在投资合同或协议约定的价值不公允的情况下，按照该项存货的公允价值作为其入账价值。

②接受捐赠取得的存货，如果捐赠方提供了有关凭据（如发票、报关单、有关协议），就按照凭据上标明的金额加上应支付的相关税费作为实际成本；如果捐赠方没有提供有关凭据，应当参照同类或类似存货的市场价格估计的金额，加上应支付的相关税费，作为入账价值；如果同类或类似存货不存在活跃市场的，按所接受捐赠存货的预计未来现金流量的现值，作为实际成本。

③盘盈的存货，应按同类或类似存货的市场价格作为实际成本入账。

④通过债务重组、企业合并等方式取得的存货，其成本应当分别按照企业会计准则的相关规定确定。但是，该项存货的后续计量和披露应当执行企业会计准则中有关存货准则的规定。

在确定存货成本的过程中，应当注意，下列费用不应当计入存货成本，而应当在其发生时计入当期损益：（1）非正常消耗的直接材料、直接人工及制造费用。例如，企业超定额的废品损失以及由自然灾害而发生的直接材料、直接人工及制造费用，由于这些费用的发生无助于使该存货达到目前场所和状态，不应计入存货成本，而应计入当期损益。（2）仓储费用，即企业在采购入库后发生的储存费用。但是，在生产过程中为达到下一个生产阶段所必需的仓储费用则应计入存货成本。例如，某种酒类产品生产企业为使生产的酒达到规定的产品质量标准而必须发生的仓储费用，就应计入酒的成本，而不是计入当期损益。（3）不能归属于使存货达到目前场所和状态的其他支出。

在实际工作中，有些企业采用计划成本进行存货的日常核算，在这种情况下，企业应对存货的实际成本与计划成本之间的差异进行单独核算，并在编制报表时将存货的计划成本调整为实际成本。

5.2.2 实际成本法下外购材料的核算

1）主要账户设置

（1）“在途物资”账户

制造业企业为加强对材料物资采购的管理和控制，在原材料验收入库前，可通过“在途物资”账户进行核算，“在途物资”账户专门用以归集、计算材料物资的购买价和附带支出，以确定材料物资的最终实际成本。企业购入存货时，发生的买价及运输费、保险费等附带费用均先借记“在途物资”账户的借方，并按照供应单位进行明细核算，待材料物资验收入库后，再转入“原材料”账户的借方。本科目期末借方余额，反映企业已付款或已开出、承兑商业汇票，但尚未到达或尚未验收入库的在途材料的采购成本。

（2）“原材料”账户

本账户核算企业库存的各种材料，包括原料及主要材料、辅助材料、外购半成品（外购件）、修理用备件（备品备件）、包装材料、燃料等的实际成本。企业外购、自制、委托加工完成、盘盈的原材料的实际成本记在“原材料”账户的借方，企业发出、领用、对外销售、盘亏、毁损的原材料的实际成本贷记本账户。本账户的期末余额在借方，反映企业库存材料的实际成本。本账户可以按材料的保管地点、类别、品种、规格对原材料进行明细核算。

2）账务处理

企业外购材料，要根据原始凭证，一方面办理收料，一方面办理货款结算。由于所采用的运输方式和结算方式不同，材料物资与其结算凭证往往不能同时达到，收料和付款的账务处理，要分别以下几种情况进行：

（1）存货验收入库并承付货款

【例5-1】M公司2×18年11月26日向宏运公司购入甲材料一批，数量20 000千克，单位价款10元，发票价格为200 000元，增值税税率为13%，款项已经通过银行存款支付，另以银行存款支付对方代垫的运输及保险费2 000元，整理挑选等杂项费用400元，甲材料已经验收入库。

根据以上资料，该公司应编制如下会计分录：

借：原材料——甲材料　　202 400

　　应交税费——应交增值税（进项税额）　　26 000

　贷：银行存款　　228 400

（2）货款已承付而存货尚未运抵企业

【例5-2】承【例5-1】，如果该购入甲材料尚未验收入库，那么该公司应编制如下会计分录：

借：在途物资　　202 400

　　应交税费——应交增值税（进项税额）　　26 000

贷：银行存款 228 400

等到该批材料验收入库时，再做如下账务处理：

借：原材料——甲材料 202 400

贷：在途物资 202 400

(3) 存货已验收入库但尚未付款（结算单据未到）

考虑简化原则，对此种情况通常采用以下处理方法：平时，可以暂不做账务处理，只将有关的入库单证单独保管，待结算凭证到达后，按结算凭证到达并同时将材料验收入库的情况处理。但是，如果会计期末仍有已经入库而未付款的材料，为了反映企业存货及负债的实际情况，应按合同价或暂估价入账，借记“原材料”科目，贷记“应付账款”科目；下月做相反的会计分录或相同的红字会计分录冲回，待支付货款时按正常购进业务核算。

【例5-3】承【例5-1】，如果该购入甲材料已经验收入库，但是月末结算凭证尚未收到，那么该公司应编制如下会计分录：

11月26日材料入库时不做账务处理。

月末，结算凭证尚未收到，按材料价款226 000元暂估入账。

借：原材料——甲材料 226 000

贷：应付账款——暂估应付款 226 000

下月初，做相反的会计分录（或相同红字分录）来抵销。

借：应付账款——暂估应付账款 226 000

贷：原材料——甲材料 226 000

(4) 预付材料款

【例5-4】承【例5-1】，如果M公司为购入甲材料在本月5日根据合同的规定预付材料款100 000元，26日收到供应单位发来的材料和结算凭证，价税合计226 000元，其中对方代垫的运杂费等相关费用为2 400元。购入甲材料货款差额于本月月末前补付。那么M公司的账务处理为；

预付材料款时：

借：预付账款——宏运公司 100 000

贷：银行存款 100 000

收到材料发票及结算凭证时：

借：原材料——甲材料 202 400

应交税费——应交增值税（进项税额） 26 000

贷：预付账款——宏远公司 228 400

补付甲材料货款差额=228 400-100 000=128 400（元）

借：预付账款——宏远公司 128 400

贷：银行存款 128 400

(5) 对于存货采购过程中发生的存货毁损、短缺的处理

购入存货验收入库时若发现短缺或毁损，应先将短缺存货按购入成本记入“待处理财产损溢”账户，然后报经批准处理，并根据处理结果进行账务处理：对于运输途中的合理

损耗，计入存货采购成本（提高了单位采购成本）；如果是供货单位或运输单位的责任，那么应由责任人补足存货或赔偿货款；对于因遭受意外灾害发生的损失，将扣除保险公司和过失人赔款后的净损失，记入“营业外支出”账户进行核算；其他原因所导致的损失，记入“管理费用”账户进行核算。其中涉及增值税的也要进行相应的账务处理。

【例5-5】M公司2×18年11月26日向宏运公司购入乙材料一批，数量20 000千克，单位价款10元，发票价格为200 000元，增值税税率为13%，款项已经通过银行存款支付，另以银行存款支付对方代垫的运输及保险费2 000元、整理挑选等杂项费用400元。在将外购乙材料验收入库时，发现短缺乙材料1 000千克，经查：运输途中合理损耗100千克；运输部门的责任导致短缺300千克；宏运公司少发500千克，同意补足少发材料；其他原因所导致的损失100千克。

根据以上资料，M公司应编制如下会计分录：

①支付货款，材料尚未验收入库时：

借：在途物资	202 400	
应交税费——应交增值税（进项税额）	26 000	
贷：银行存款		228 400

②材料验收入库时发现短缺，原因待查：

借：原材料——乙材料	192 400	
待处理财产损溢——待处理流动资产损溢	10 000	
贷：在途物资		202 400

③短缺原因查明时：

借：原材料	1 000	
应付账款——宏运公司	5 000	
其他应收款	3 390	
管理费用	1 130	
贷：待处理财产损溢——待处理流动资产损溢		10 000
应交税费——应交增值税（进项税额转出）		520

5.2.3 委托加工物资的核算

为了反映企业委托外单位加工的各种材料物资的实际成本及委托加工物资收、发、存情况，企业应设置“委托加工物资”账户。其借方反映委托外单位加工的材料物资的实际成本，发生的加工费，支付加工物资的往返运杂费、保险费及有关税金等；贷方反映加工完成并已验收入库的材料物资的实际成本和退回材料物资的实际成本；期末借方余额反映委托加工但尚未完成或尚未验收入库的材料物资的实际成本以及发生的运杂费及加工费。

在进行账务处理时，发给外单位加工物资时，按实际成本，借记“委托加工物资”科目，贷记“原材料”“库存商品”等科目；支付加工费、运杂费等时，借记本科目，贷记“银行存款”等科目。加工完成验收入库物资和收回剩余物资时，按加工收回物资的实际成本和剩余物资的实际成本，借记“原材料”“库存商品”等科目，贷记本科目。

【例5-6】某增值税一般纳税企业发出C材料2 000千克，委托宏达工厂加工成B材料。

C材料单位成本2.50元，共计5 000元，另以现金支付运费100元，根据“委托加工物资发料单”和有关原始凭证，该企业编制如下会计分录：

借：委托加工物资——宏达工厂　5 100

　贷：原材料——C材料　5 000

　　库存现金　100

【例5-7】委托宏达工厂加工的B材料200件加工完毕，开出转账支票支付B材料的加工费800元。按加工费的13%计算应交增值税104元，另以现金支付B材料运费45元。该企业编制如下会计分录：

借：委托加工物资——宏达工厂　845

　　应交税费——应交增值税（进项税额）　104

　贷：银行存款　904

　　库存现金　45

【例5-8】委托宏达工厂加工的B材料200件验收入库，实际总成本5 945元。根据“委托加工物资收料单”做以下账务处理：

借：原材料——B材料　5 945

　贷：委托加工物资——宏达工厂　5 945

在实际工作中，为了简化核算工作，材料收入、发出的总分类核算，不必逐笔填制记账凭证，而是定期归类汇总编制“收料凭证汇总表”及“发料凭证汇总表”，据以进行材料收发的总分类核算。

5.3 存货发出的核算

5.3.1 存货实物流转与成本流转

在企业的生产经营活动中，存货始终处于流动状态，其形态和分布位置会不断地改变，随着存货的不断购入、发出、投入生产或销售，原有存货不断流出，新的存货不断流入，从而构成了存货的实物流转，存货实物流转的方式由企业根据存货的特点和管理控制的需要而定。

随着存货的耗用和销售，企业需要确定每批存货的成本，以便合理计算产品生产成本，结转销售成本，因此，在企业存货发生实物流转的同时，其成本也随之流转。从理论上讲，存货成本流转顺序应当与实物流转顺序一致，即本期发出存货应按其入库时的实际成本结转，期末结存存货成本为期末结存存货的入库成本。但在实际工作中，企业的存货不仅品种规格繁多，而且由于存货购入的时间、产地不同或生产批次不同，使得相同存货的单位成本往往不一致，很难辨认出所发出存货的入库成本是多少。因此，在计算发出和结存存货成本时需要对存货成本流转做一些假设，并以此为依据计算本期发出存货和期末结存存货的实际成本。

5.3.2 存货发出的实际成本计价方法

我国《企业会计准则第1号——存货》规定对发出的存货，按照实际成本核算的，可以采用个别计价法、先进先出法、移动加权平均法、月末一次加权平均法四种方法确定其实际成本。

1）个别计价法

个别计价法又称个别认定法、分批实际进价法，采用这一方法是假设存货的成本流转与实物流转相一致，对发出的存货分别认定其单位成本和发出存货成本的方法。具体使用时，要按照各种存货，逐一辨认各批发出存货和期末存货所属的购进批别或生产批别，分别按其购入或生产时所确定的单位成本作为计算各批发出存货和期末存货的成本。采用这种方法，在存货明细账上，必须按收进存货的批次详细记录数量、单价和金额。每批存货也必须有一定的编号，以便分批计算发出存货的成本。具体计算公式如下：

每批存货销售成本＝存货销售数量×存货购进单价

【例5-9】某公司2×18年3月份甲材料的入库、发出和结存的有关资料见表5-1。根据表5-1采用个别计价法计算发出存货成本和期末结存存货成本。

表5-1　**甲材料明细账（个别计价法）**　金额单位：元

2×18年		摘　要	入　库		发出数量	结　存	
			数量（件）	单价		数量（件）	单价
3	1	期初结存				2000	2.00
	7	购入	5 000	2.20			
	12	发出			4 000		
	15	购入	3 000	2.40			
	20	发出			2 000		
	26	发出			3 000		

根据表5-1，经具体辨认，在3月12日发出的4 000件存中，有1 000件为期初存货，3 000件为7日购入存货；20日发出的2 000件存货为7日购入存货；26日发出的3 000件存货为15日购入存货，因此：

本月发出存货成本＝1 000×2.00＋3 000×2.20＋2 000×2.20＋3 000×2.40
＝20 200（元）

本月结存存货成本＝1 000×2.00＝2 000（元）

个别计价法的成本流转与实物流转相一致，真正反映了所领用存货的实际成本。但是，在发出存货次数、数量较多时，不易分清批次，核算工作量太大，因此，一般适用于单位成本高、数量少、不能替代使用的存货、为特定项目专门购入或制造的存货以及提供的劳务，而不能用于可以互换使用的存货。在实际工作中，越来越多的企业采用计算机信息系统进行会计处理，个别计价法可以广泛应用于发出存货的计价，并且该方法确定的存货成本最为准确。当然，在采用该方法时，管理层为了使某期财务报告中出现较高或较低的净收益，有可能任意选用较高或较低的单位成本计价，从而人为地操纵净收益。

2）先进先出法

先进先出法是以先购入的存货先发出（销售或耗用）这样一种存货实物流转假设为前提，根据存货入库的先后顺序，按照先入库存货的单位成本确定发出存货成本的一种方法。先进先出法下计算发出存货成本的公式如下：

发出存货成本＝发出存货数量×先入库的存货的单位成本

【例5-10】承【例5-9】，仍以表5-1为例，采用先进先出法计算存货成本，见表5-2。

表5-2　　**甲材料明细账（先进先出法）**　　金额单位：元

2×18年		摘要	收入			发出			结存		
月	日		数量（件）	单价	金额	数量（件）	单价	金额	数量（件）	单价	金额
3	1	期初结存							2 000	2.00	4 000
	7	购入	5 000	2.20	11 000				2 000 5 000	2.00 2.20	15 000
	12	发出				2 000 2 000	2.00 2.20	8 400	3 000	2.20	6 600
	15	购入	3 000	2.40	7 200				3 000 3 000	2.20 2.40	13 800
	20	发出				2 000	2.20	4 400	1 000 3 000	2.20 2.40	9 400
	26	发出				1 000 2 000	2.20 2.40	7 000	1 000	2.40	2 400
	30	本月合计							1 000	2.40	2 400

采用先进先出法对存货进行计价的优点在于：其一，存货成本流动比较接近实际的货物流动，企业不能任意选择与收入相配比的销售成本，从而避免收益被任意操纵的现象；其二，可以将发出存货的计价工作分散在平时进行，减轻了月末的计算工作量，既适用于实地盘存制，也适用于永续盘存制，而且可以随时了解储备资金的占用情况；其三，期末结存存货成本比较接近于现行成本水平，资产负债表所列示的期末存货价值能够反映目前的价格水平，更具有财务分析意义。但是，当企业的存货种类较多、收发次数比较频繁且单位成本又各不相同时，其计算的工作量比较大，另外，先进先出法不以现行成本与现行收入相配比，因而，当物价上涨时，会高估企业本期利润和期末结存存货的价值，造成企业虚盈实亏，不利于资本的保全，显然违背了谨慎性原则的要求。

3）移动加权平均法

移动加权平均法，是指以每次进货的成本加上原有库存存货的成本，除以每次进货数量加上原有库存存货的数量，据以计算加权平均单位成本，作为下次进货前计算各次发出存货成本的依据。其计算公式如下：

$$存货单位成本=\left(\frac{本次进货之前库存}{存货的实际成本}+\frac{本次进货的}{实际成本}\right)/\left(\frac{本次进货之前}{库存存货的数量}+\frac{本次进货}{数量}\right)$$

本次发出存货的成本 = 本次发出存货数量×本次发货前的存货单位成本

【例5-11】承【例5-9】，仍以表5-1为例，采用移动加权平均法计算存货成本，见表5-3。

表5-3　　甲材料明细账（移动加权平均法）　　金额单位：元

2×18年		摘要	收入			发出			结存		
月	日		数量（件）	单价	金额	数量（件）	单价	金额	数量（件）	单价	金额
3	1	期初结存							2 000	2.00	4 000
	7	购入	5 000	2.20	11 000				7 000	2.14	15 000
	12	发出				4 000	2.14	8 580	3 000	2.14	6 420
	15	购入	3 000	2.40	7 200				6 000	2.27	13 620
	20	发出				2 000	2.27	4 540	4 000	2.27	9 080
	26	发出				3 000	2.27	6 810	1 000	2.27	2 220
	30	本月合计	8 000		18 200	9 000	2.22	19 930	1 000	2.27	2 220

表5-3中，3月7日结存甲材料的移动平均单价计算如下：

甲材料的移动平均单价 =（4 000 + 11 000）÷（2 000 + 5 000）= 2.14（元/件）

3月12日发出存货成本计算如下：

结存存货成本 = 3 000×2.14 = 6 420（元）

发出存货成本 = 15 000 − 6 420 = 8 580（元）

采用移动加权平均法计算发出存货的实际成本，能够把存货的计价工作分散在平时进行，并可以随时根据有关账簿记录了解企业存货资金的占用情况，便于管理人员对企业存货的管理。但是当企业的存货收入业务比较多同时其单价的变动比较频繁时，存货核算的工作量较大。

4）月末一次加权平均法

月末一次加权平均法，是指以当月全部进货数量加上月初存货数量作为权数，去除当月全部进货成本加上月初存货成本，计算出存货的加权平均单位成本，以此为基础计算当月发出存货成本的一种方法。全月一次加权平均法下有关的计算公式为：

$$存货单位成本=\frac{月初库存存货的实际成本+\sum 本月某批进货的实际单位成本\times 本月某批进货的数量}{月初库存存货数量+本月各批进货数量之和}$$

本月发出存货的成本=本月发出存货的数量×存货单位成本

【例5-12】承【例5- 9】，仍以表5-1为例，采用月末一次加权平均法计算存货成本见表5-4。

表5-4　**甲材料明细账（月末一次加权平均法）**　金额单位：元

2×18年		摘要	收入			发出			结存		
月	日		数量（件）	单价	金额	数量（件）	单价	金额	数量（件）	单价	金额
3	1	期初结存							2 000	2.00	4 000
	7	购入	5 000	2.20	11 000				7 000		
	12	发出				4 000			3 000		
	15	购入	3 000	2.40	7 200				6 000		
	20	发出				2 000			4 000		
	26	发出				3 000			1 000	2.22	2 220
	30	本月合计	8 000		18 200	9 000	2.22	19 980	1 000	2.22	2 220

表5-4中，加权平均单价＝（4 000＋18 200）÷（2 000＋8 000）＝2.22（元/件）

本月发出存货成本＝9 000×2.22＝19 980（元）

月末结存存货成本＝1 000×2.22=2 220（元）

或　＝4 000＋18 200－19 980＝2 220（元）

采用月末一次加权平均法计算发出存货的成本时，只有在月末才能计算出加权平均单位成本，因而平时的核算工作比较简单，但月末的核算工作量比较大，可能会影响有关成本计算的及时性，也不能随时从账簿中观察到各种存货的发出和结存情况，不便于对存货占用的资金进行日常管理。

物价变动时企业选择不同的计价方法，会对商品销售成本及库存商品余额产生不同的影响。在物价上升时期，如采用加权平均法，则会导致较高的商品销售成本和较低的库存存货成本，最后导致较低的销售利润；而在物价下降时期正好相反。

因此，企业应当根据各类存货的实物流转方式、企业管理的要求、存货的性质等实际情况，合理地选择发出存货成本的计价方法，以合理确定当期发出存货的实际成本。

5.3.3　存货发出的账务处理

企业在生产经营中储备各种存货，其经济用途各异，消耗方式也各不相同，因此，企业应当根据各类存货的特点及用途，对发出存货进行相应的账务处理。

1）库存商品

领用库存商品通常用于对外销售，但也可能用于职工福利、在建工程、对外投资、债务重组等方面，其账务处理各不相同。如果用于对外销售，一般于月末将库存商品成本结转记入“主营业务成本”账户；如果用于职工福利、在建工程或对外投资，应视同销售，将库存商品成本及按不含税销售价格计算的增值税销项税额之和记入“应付职工薪酬”“在建工程”“长期股权投资”等相关账户中；用于债务重组等的库存商品按相关准则要求进行账务处理。

【例5-13】宏达公司本月对外销售甲产品20 000件，其成本为800 000元。其会计分录为：

借：主营业务成本　　800 000

　贷：库存商品——甲产品　　800 000

2）原材料

对于企业领用的原材料，应根据原材料的消耗特点，按照其用途不同，将其成本转入产品成本或有关费用中。对于领用的原材料，通常由企业财会部门对各种领料凭证，按材料类别、领料部门和领料用途进行归类整理，编制发料凭证汇总分配表，计算分配发出材料的实际成本，并据以进行账务处理。

（1）生产经营领用的原材料

在生产经营过程中领用原材料时，按其实际成本，借记“生产成本”“制造费用”“销售费用”“管理费用”等账户，贷记“原材料”账户。

【例5-14】宏达公司本月领用M原材料的实际成本为800 000元。其中，基本生产领用600 000元，车间一般耗用170 000元，管理部门领用30 000元。其会计分录为：

借：生产成本——基本生产成本　　600 000

　　制造费用　　170 000

　　管理费用　　30 000

　贷：原材料——M　　800 000

（2）基建工程或发放福利等领用的原材料

按照税法的规定，基建工程或发放福利等领用的原材料，相应的增值税进项税额不予抵扣，应当随同原材料成本一并计入有关工程成本或作为福利费开支。

领用原材料时，按实际成本加上不予抵扣的增值税进项税额，借记“在建工程”“应付职工薪酬”等账户，按实际成本，贷记“原材料”账户，按不予抵扣的增值税进项税额，贷记“应交税费——应交增值税（进项税额转出）”账户。

【例5-15】宏达公司自建一条生产线，领用外购的G原材料20 000元，不予抵扣的增值税税额为2 600元。其会计分录为：

借：在建工程　　22 600

　贷：原材料——G　　20 000

　　　应交税费——应交增值税（进项税额转出）　　2 600

（3）出售的原材料

对于出售的原材料，取得的收入作为其他业务收入，相应的原材料成本应计入其他业务成本。出售原材料时，按已收或应收的价款，借记“银行存款”“应收账款”等账户，按实现的营业收入，贷记“其他业务收入”账户，按增值税销项税额，贷记“应交税费——应交增值税（销项税额）”账户；月末，按出售原材料的实际成本结转销售成本，借记“其他业务成本”账户，贷记“原材料”账户。

【例5-16】2019年8月宏达公司销售一批原材料M，售价1 000元，增值税税额130元，原材料实际成本700元。其会计分录为：

借：银行存款　　1 130

贷：其他业务收入　1 000

　　应交税费——应交增值税（销项税额）　130

借：其他业务成本　700

　贷：原材料　700

3）周转材料

周转材料是指企业能够多次使用、逐渐转移其价值但仍保持原有形态，不符合固定资产定义，不确认为固定资产的材料，主要包括包装物和低值易耗品。有关包装物和低值易耗品的界定在存货分类中已经介绍，此处不再赘述。

企业领用的周转材料分布于生产经营的各个环节，具体用途不同，会计处理也不尽相同：（1）生产部门领用的周转材料，构成产品实体一部分的，应将其账面价值记入“生产成本”账户；属于车间一般性物料消耗的，其账面价值先记入“制造费用”账户，期末再分配记入“生产成本”账户。（2）销售部门领用的周转材料，随同商品出售但不单独计价的，其账面价值记入“销售费用”账户；随同商品出售单独计价的，应视为材料销售，其账面价值转入“其他业务成本”账户。（3）用于出租的周转材料，收取的租金应作为其他业务收入，相应的周转材料的账面价值记入“其他业务成本”账户；用于出借的周转材料，其账面价值记入“销售费用”账户。（4）管理部门使用的周转材料，其账面价值记入“管理费用”账户。

对周转材料进行核算时，应设置“周转材料”账户，也可以单独设置“包装物”“低值易耗品”账户分别核算企业的包装物和低值易耗品。企业应该根据周转材料的消耗方式、价值大小、耐用程度等，选择适当的摊销方法，将其账面价值一次或分次计入有关成本费用中。常用的周转材料摊销方法有一次转销法、五五摊销法和分次摊销法等。

（1）一次转销法下周转材料的核算

一次转销法，是指周转材料在领用时就将其全部账面价值计入相关资产成本或当期损益的方法。采用一次转销法，领用周转材料时应按其账面价值，分别不同用途，借记“生产成本”“其他业务成本”“管理费用”“销售费用”等账户，贷记“周转材料”账户。

①产品生产领用周转材料的核算。

【例5-17】宏达采用一次转销法核算周转材料。该企业本月领用低值易耗品一批，用于生产A产品，价值30 000元。其会计分录为：

借：生产成本——A产品　30 000

　贷：周转材料　30 000

【例5-18】宏达公司某基本生产车间领用一般工具一批，实际成本为3 000元，一次摊销计入有关成本费用。其会计分录为：

借：制造费用　3 000

　贷：周转材料——低值易耗品　3 000

②随同产品出售不单独计价的周转材料的核算。

【例5-19】宏达公司销售A产品时，领用随同A产品出售但不单独计价的包装物一批，其成本为5 000元。其会计分录为：

借：销售费用——包装物　5 000

贷：周转材料——包装物　　5 000

③随同产品出售并单独计价的周转材料的核算。

【例5-20】宏达公司销售B产品，领用随同B产品出售并单独计价的木箱500个，每个成本20元。其会计分录为：

借：其他业务成本　　10 000

贷：周转材料——包装物（木箱）　　10 000

④出租周转材料的核算。

出租周转材料是指企业因销售产品，以出租方式有偿提供给购货单位暂时使用的周转材料。出租周转材料除收取押金外，还要向使用单位收取租金。出租周转材料收取的押金，作为其他应付款入账，收取的租金，作为其他业务收入入账，出租周转材料的价值损耗及其他有关支出，作为其他业务成本。按税法的规定，出租周转材料收取的租金和没收逾期未退周转材料的押金应交纳增值税。低值易耗品报废时回收的残料、出租或出借的包装物不能使用而报废处理所取得的残料，应作为当月低值易耗品或包装物摊销额的减少，冲减有关资产成本或当期损益。

【例5-21】宏达公司将浇灌混凝土用的木模200个出租给发达公司，每个木模成本100元，每个收取押金120元，每月每个木模的租金10元，租期10个月。

根据出租包装物的有关原始凭证，其会计分录为：

借：其他业务成本——包装物出租　　20 000

贷：周转材料——包装物（木模）　　20 000

收取押金24 000元，存入银行。

借：银行存款　　24 000

贷：其他应付款——存入押金（发达公司）　　24 000

到期收取租金20 000元，增值税税额2 600元，以押金抵补，余款1 400元退回现金。

借：其他应付款——存入押金（发达公司）　　24 000

贷：其他业务收入　　20 000

应交税费——应交增值税（销项税额）　　2 600

库存现金　　1 400

若用于出租的木模报废50个，其残料出售收入25元，收到现金。

借：库存现金　　25

贷：其他业务成本　　25

一次转销法通常适用于价值较低或极易损坏的管理用具和小型工具、卡具以及在单件小批生产方式下为制造某批订货所用的专用工具等低值易耗品以及生产领用的包装物和随同商品出售的包装物；数量不多、金额较小，且业务不频繁的出租或出借包装物，也可以采用一次转销法结转包装物的成本，但在以后收回使用过的出租和出借包装物时，应加强实物管理，并在备查簿上进行登记。

（2）五五摊销法下周转材料的核算

五五摊销法是指在周转材料领用时摊销其价值的一半，在报废时摊销其价值的另一半，并注销总成本的一种摊销方法。五五摊销法主要适用于使用期限较长、单位价值较高或一次领用数量较多的低值易耗品的摊销。

采用五五摊销法时，领用时应按其账面价值的50%，借记“生产成本”“其他业务成本”“管理费用”“销售费用”等账户，贷记“周转材料”账户；报废时，按其账面价值的另外50%，借记“生产成本”“其他业务成本”“管理费用”“销售费用”等账户，贷记“周转材料”账户。如果企业对相关包装物或低值易耗品计提了存货跌价准备，还应结转已计提的存货跌价准备，冲减相关资产的成本或计入当期损益。

【例5-22】宏达公司的基本生产车间领用专用工具一批，实际成本为10 000元，采用五五摊销法。其会计分录为：

①领用时，将在库的低值易耗品转为在用的低值易耗品。

借：周转材料——在用低值易耗品　　10 000

　贷：周转材料——在库低值易耗品　　10 000

②同时，摊销其账面价值的50%。

借：制造费用　　5 000

　贷：周转材料——低值易耗品摊销　　5 000

③报废时，摊销该低值易耗品价值的另外50%。

借：制造费用　　5 000

　贷：周转材料——低值易耗品摊销　　5 000

④同时，将该低值易耗品价值注销，并冲减摊销额。

借：周转材料——低值易耗品摊销　　10 000

　贷：周转材料——在用低值易耗品　　10 000

（3）分次摊销法下周转材料的核算

分次摊销法是指根据低值易耗品可供使用的估计次数，将其价值按比例分次摊销计入有关成本费用的一种方法。某期摊销额可用下列公式计算：

某期摊销额=低值易耗品账面价值÷预计使用次数×该期实际使用次数

【例5-23】宏达企业生产部门领用一批低值易耗品，价值为60 000元，预计使用10次，6月末，该批低值易耗品已使用2次。在分次摊销法下，其会计分录为：

①领用时：

借：周转材料——在用低值易耗品　　60 000

　贷：周转材料——在库低值易耗品　　60 000

②6月末计算摊销额并进行摊销时：

本期摊销额=低值易耗品账面价值÷预计使用次数×该期实际使用次数

=60 000÷10×2

=12 000（元）

借：制造费用　　12 000

　贷：周转材料——低值易耗品摊销　　12 000

③假设该批低值易耗品预计使用次数完毕，申请报废，残料价值1 000元，其会计分录为：

最后一次摊销时：

借：制造费用　　6 000

贷：周转材料——低值易耗品摊销 6 000

借：原材料 1 000

贷：制造费用 1 000

结转周转材料摊销额：

借：周转材料——低值易耗品摊销 60 000

贷：周转材料——在用低值易耗品 60 000

5.4 存货的清查

存货是企业资产的重要组成部分，且处于不断销售或耗用以及重置之中，具有较强的流动性。为了加强对存货的控制，维护存货的安全完整，企业应当定期或不定期地对存货的实物进行盘点和抽查，并与账面记录进行核对，确保存货账实相符。企业至少应当在编制年度财务报告之前，对存货进行一次全面的清查盘点。

存货的清查采用实地盘点和账实核对的方法。

清查盘点前，应将已经收发的存货数量全部登记入账，并准备盘点清册，抄列各种存货的编号、名称、规格和存放地点。盘点时，应在盘点清册上逐一登记各种存货的账面结存数量和实存数量，并进行核对。对于账实不符的存货，应查明原因，分清责任，并根据清查结果编制"存货盘存报告单"，作为存货清查的原始凭证。

在进行存货清查盘点时，如果发现存货盘盈或盘亏，应于期末前查明原因，并根据企业的管理权限，报经股东大会、董事会、经理（厂长）或类似机构批准后，在期末结账前处理完毕。

5.4.1 存货盘盈

存货盘盈，是指存货的实存数量超过账面结存数量的差额。

存货发生盘盈，应按照同类或类似存货的市场价格作为实际成本及时登记入账，借记"原材料"等账户，贷记"待处理财产损溢——待处理流动资产损溢"账户；待查明原因，报经批准处理后，冲减当期管理费用。

【例5-24】宏达公司在存货清查中发现盘盈一批M材料，市场价格为6 000元。其会计分录为：

（1）发现盘盈时：

借：原材料——M 6 000

贷：待处理财产损溢——待处理流动资产损溢 6 000

（2）报经批准处理时：

借：待处理财产损溢——待处理流动资产损溢 6 000

贷：管理费用 6 000

5.4.2 存货盘亏

存货盘亏，是指存货的实存数量少于账面结存数量的差额。

存货发生盘亏，应将其账面成本及时转销，借记"待处理财产损溢——待处理流动资产损溢"账户，贷记"原材料"等账户；因非常损失而造成的存货毁损，还应将不能抵扣的增值税进项税额一并转出，借记“待处理财产损溢——待处理流动资产损溢”账户，贷记“应交税费——应交增值税（进项税额转出）”账户。待查明原因，报经批准处理后，根据造成盘亏的原因，分别以下情况进行会计处理：

（1）属于定额内自然损耗和收发计量差错造成的短缺，直接计入管理费用；

（2）属于管理不善等原因造成的短缺或毁损，在减去过失人或者保险公司等赔款和残料价值之后，将净损失计入管理费用；

（3）属于自然灾害或意外事故造成的毁损，在减去保险公司赔款和残料价值之后，将净损失计入营业外支出。

【例5-25】宏达公司在存货清查中发现盘亏一批D材料，账面成本为6 000元。其会计分录为：

（1）发现盘亏时：

借：待处理财产损溢——待处理流动资产损溢　　6 000

　贷：原材料——D　　6 000

（2）查明原因，属于收发计量差错，报经批准处理时：

借：管理费用　　6 000

　贷：待处理财产损溢——待处理流动资产损溢　　6 000

如果盘盈或盘亏的存货在期末结账前尚未经批准，在对外提供财务报告时，应先按上述方法进行会计处理，并在财务报表附注中做出说明。如果其后批准处理的金额与已处理的金额不一致，应当调整当期财务报表相关项目的年初数。

如果发现的是以前会计期间的存货盘亏，应当作为前期差错更正处理。

章末习题

一、单项选择题

1.下列不属于企业存货内容的是（　　）。

A.应收账款　　B.原材料　　C.库存商品　　D.低值易耗品

2.某工业企业为增值税一般纳税企业。2×14年1月购入A材料100千克，增值税专用发票上注明的买价为50 000元，增值税税额为6 500元。该批材料在运输途中发生1%的合理损耗，在入库前发生挑选整理费用200元。该批入库材料的实际总成本为（　　）元。

A.50 000　　B.56 700　　C.56 500　　D.50 200

3.计入存货成本的相关税费不应该包括（　　）。

A.可以抵扣的增值税税额　　B.消费税

C.资源税　　D.不能抵扣的进项税额

4.存货在采购过程中，因遭受意外灾害发生的损失和尚待查明原因的途中损耗，应先记入（　　）科目进行核算，查明原因后再作处理。

A.“原材料”　　B.“待处理财产损溢”

C.“管理费用”　　D.“营业外支出”

5.企业发生的原材料盘亏中，不能列支为管理费用的是（　　）。

A.保管中发生的定额内自然损耗　　　　B.收发计量差错造成的盘亏损失
C.自然灾害造成的毁损净损失　　　　D.管理不善造成的盘亏损失

二、多项选择题

1.通常采用个别计价法确定发出存货成本的情况有（　　）。
A.不能替代使用的存货　　　　B.单价较高的存货
C.为特定项目专门购入的存货　　　　D.数量较少的存货

2.下列各项资产中，属于企业存货的有（　　）。
A.购货单位已交款并开出提货单而尚未提走的商品
B.货款已付正在运输途中的外购材料
C.已运往他厂正在加工整理的商品
D.尚未投入使用的固定资产

3.下列费用不应计入外购材料采购成本的有（　　）。
A.材料的买价　　　　B.采购员的差旅费
C.入库前的挑选整理费　　　　D.运输机构造成的损耗

4.企业的库存材料发生盘亏或毁损，在查明原因后可能分别记入的账户有（　　）。
A.“管理费用”　　B.“财务费用”　　C.“营业外支出”　　D.“其他应收款”

5.企业购进材料一批已经验收入库，但结算凭证未到，货款尚未支付。企业应（　　）。
A.在材料验收入库时即入账　　　　B.在材料验收入库时，暂不入账
C.在月末按暂估价入账　　　　D.在下月初用红字冲回

三、业务处理题

1.红星工厂2×18年6月A商品的期初结存和本期购销情况见表5-5：

表5-5　**A商品的期初结存和本期购销情况表**　金额单位：元

6月1日	期初结存	150件	60元/件	9 000元
6月8日	销售	70件		
6月15日	购入	100件	62元/件	6 200元
6月20日	销售	50件		
6月24日	销售	90件		
6月28日	购入	200件	68元/件	13 600元
6月30日	销售	60件		

要求：分别用先进先出法、月末一次加权平均法计算期末结存存货及本期销售存货的成本。

2.甲企业为增值税一般纳税人，增值税税率为13%。原材料采用实际成本法核算，原材料发出采用月末一次加权平均法计价。运输费不考虑增值税抵扣。

2×19年4月，与A材料相关的资料如下：

（1）1日，“原材料——A材料”科目余额20 000元（共2 000千克，其中含3月末验

收入库但因发票账单未到而以2 000元暂估入账的A材料200千克)。

(2) 5日，收到3月末以暂估价入库A材料的发票账单，货款1 800元，增值税税额234元，对方代垫运输费400元，全部款项已用转账支票付讫。

(3) 8日，以汇兑结算方式购入A材料3 000千克，发票账单已收到，货款36 000元，增值税税额4 680元，运输费用1 000元。材料尚未到达，款项已由银行存款支付。

(4) 11日，收到8日采购的A材料，验收时发现只有2 950千克。经检查，短缺的50千克确定为运输途中的合理损耗，A材料验收入库。

(5) 18日，持银行汇票80 000元购入A材料5 000千克，增值税专用发票上注明的货款为49 500元，增值税税额为6 435元，另支付运输费用2 000元，材料已验收入库，剩余票款退回并存入银行。

(6) 21日，基本生产车间自制A材料50千克，已验收入库，总成本为600元。

(7) 30日，根据“发料凭证汇总表”的记录，4月份基本生产车间为生产产品领用A材料6 000千克，车间管理部门领用A材料1 000千克，企业管理部门领用A材料1 000千克。

要求：

(1) 计算甲企业4月份发出A材料的单位成本。

(2) 根据上述资料，编制甲企业4月份与A材料有关的会计分录。

第6章/ 金融资产与长期股权投资

学习目标：掌握交易性金融资产的核算；掌握应收票据、应收账款、预付账款和其他应收款的核算；理解采用实际利率法确定金融资产摊余成本的方法；理解其他权益工具投资的核算；理解长期股权投资的成本法核算。

企业应当根据其管理金融资产的业务模式和金融资产的合同现金流量特征，将取得的金融资产在初始确认时划分为以摊余成本计量的金融资产、以公允价值计量且其变动计入其他综合收益的金融资产和以公允价值计量且其变动计入当期损益的金融资产三类。

6.1 交易性金融资产

6.1.1 交易性金融资产概述

交易性金融资产主要是指企业为了近期内出售而持有的金融资产，例如企业以赚取差价为目的从二级市场购入的股票、债券和基金等。为了核算交易性金融资产的取得、收取现金股利或利息、处置等业务，企业应当设置“交易性金融资产”“公允价值变动损益”“投资收益”等账户。

“交易性金融资产”账户核算企业为交易目的所持有的债券投资、股票投资、基金投资等交易性金融资产的公允价值。企业持有的直接指定为以公允价值计量且其变动计入当期损益的金融资产也在“交易性金融资产”账户核算。该账户的借方登记交易性金融资产的取得成本、资产负债表日其公允价值高于账面余额的差额等；贷方登记资产负债表日其公允价值低于账面余额的差额，以及企业出售交易性金融资产时结转的成本和公允价值变动损益。期末借方余额，反映企业持有的交易性金融资产的公允价值。企业应当按照交易性金融资产的类别和品种，分别设置“成本”“公允价值变动”等明细账户进行核算。

“公允价值变动损益”账户核算企业持有的交易性金融资产等因公允价值变动而形成的应计入当期损益的利得或损失。贷方登记资产负债表日企业持有的交易性金融资产的公允价值高于账面余额的差额；借方登记资产负债表日企业持有的交易性金融资产的公允价值低于账面余额的差额。期末，将该账户的余额转入“本年利润”账户，结转后无余额。

“投资收益”账户核算企业持有金融资产和长期股权投资期间取得的投资收益，以及处置时所实现的投资收益或投资损失。贷方登记企业实现的投资收益；借方登记发生的投资损失。期末，将该账户的余额转入“本年利润”账户，结转后无余额。

6.1.2　取得交易性金融资产

取得交易性金融资产时，应当按照该金融资产取得时的公允价值作为其初始确认金额，记入“交易性金融资产——成本”科目，取得交易性金融资产所支付价款中，包含了已宣告但尚未发放的现金股利，或已到付息期但尚未领取的债券利息的，应当单独确认为应收项目，记入“应收股利”或“应收利息”科目。取得交易性金融资产所发生的相关交易费用，应当在发生时计入投资收益。交易费用是指可直接归属于购买、发行或处置金融工具新增的外部费用，包括支付给代理机构、咨询公司、券商等的手续费和佣金及其他必要支出。所谓新增的外部费用，是指企业不购买、发行或处置金融工具就不会发生的费用。

【例6-1】2×17年1月1日，甲股份有限公司按面值购入A公司于当日发行的面值150 000元、期限5年、票面利率6%、每年12月31日付息到期还本的债券，将其作为交易性金融资产核算，并支付交易费用500元。甲股份有限公司应作的会计处理为：

借：交易性金融资产——A公司债券（成本）　150 000

　　投资收益　500

　贷：银行存款　150 500

【例6-2】2×17年3月25日，甲股份有限公司按每股8.6元的价格购入B公司每股面值1元的股票30 000股作为交易性金融资产，并支付交易费用1 000元。股票购买价格中包含每股0.2元已宣告但尚未领取的现金股利，该现金股利于2×17年4月20日发放。其会计处理为：

（1）购买时：

借：交易性金融资产——B公司股票（成本）　252 000

　　应收股利　6 000

　　投资收益　1 000

　贷：银行存款　259 000

（2）收到发放的现金股利时：

借：银行存款　6 000

　贷：应收股利　6 000

6.1.3　持有交易性金融资产期间获得的现金股利和利息

企业持有交易性金融资产期间，对于被投资单位宣告发放的现金股利或企业在资产负债表日，按分期付息、一次还本债券的票面利率计算的利息，应当确认为应收项目，记入“应收股利”或“应收利息”科目，并计入当期投资收益。收到上述股利或利息时，借记“银行存款”科目，贷记“应收股利”或“应收利息”科目。

【例6-3】承【例6-1】，甲股份有限公司每半年计提一次债券利息。

半年的债券利息=150 000×6%÷2=4 500（元）

借：应收利息　4 500

　贷：投资收益　4 500

2×17年12月31日，收到第一年的债券利息9 000元。

借：银行存款　　9 000

　贷：应收利息　　9 000

6.1.4　交易性金融资产的期末计量

资产负债表日，交易性金融资产应当按照公允价值计量，公允价值与账面余额之间的差额计入当期损益。当交易性金融资产的公允价值高于其账面余额时，应按二者之间的差额，调增交易性金融资产的账面余额，同时确认公允价值上升的收益，借记“交易性金融资产——公允价值变动”科目，贷记“公允价值变动损益”科目；当交易性金融资产的公允价值低于其账面余额时，应按二者之间的差额，调减交易性金融资产的账面余额，同时确认公允价值下跌的损失，借记“公允价值变动损益”科目，贷记“交易性金融资产——公允价值变动”科目。

【例6-4】承【例6-1】和【例6-2】，甲股份有限公司每半年确认一次交易性金融资产公允价值变动损益。2×17年6月30日，甲股份有限公司持有的交易性金融资产账面余额和当日公允价值的资料见表6-1。

表6-1　**交易性金融资产账面余额和公允价值表**

2×17年6月30日　　单位：元

项　目	调整前账面余额	期末公允价值	公允价值变动损益	调整后账面余额
A公司债券	150 000	152 000	2 000	152 000
B公司股票	252 000	236 000	-16 000	236 000

甲股份有限公司2×17年6月30日的会计处理如下：

借：交易性金融资产——A公司债券（公允价值变动）　　2 000

　贷：公允价值变动损益　　2 000

借：公允价值变动损益　　16 000

　贷：交易性金融资产——B公司股票（公允价值变动）　　16 000

6.1.5　交易性金融资产的处置

企业处置交易性金融资产的主要会计问题是正确确认处置损益。交易性金融资产的处置损益，是指处置交易性金融资产实际收到的价款，减去所处置交易性金融资产账面余额后的差额。其中，交易性金融资产的账面余额，是指交易性金融资产的初始计量金额加上或减去资产负债表日公允价值变动后的金额。如果在处置交易性金融资产时，已计入应收项目的现金股利或债券利息尚未收回，还应先从处置价款中扣除该部分现金股利或债券利息之后，再确认处置损益。企业在确认交易性金融资产处置损益的同时，还应将持有期间已确认的公允价值变动净损益转为投资损益。这样做的目的是将持有期间未实现的利得转变为真正已实现的利得。

处置交易性金融资产时，应按实际收到的处置价款，借记“银行存款”科目，按该交易性金融资产的初始成本，贷记“交易性金融资产——成本”科目，按该项交易性金融资产的公允价值变动，贷记或借记“交易性金融资产——公允价值变动”科目，按其差额，贷记或借记“投资收益”科目。同时，将该交易性金融资产持有期间已确认的公允价值变动净损益，转入“投资收益”科目，借记或贷记“公允价值变动损益”科目，贷记或借记“投资收益”科目。

【例6-5】承【例6-1】和【例6-4】，2×17年9月1日，甲股份有限公司将A公司债券出售，实际收到出售价款159 000元。债券出售日，A公司债券账面价值152 000元，其中：成本150 000元，已确认公允价值变动收益2 000元，已计入应收项目的债券利息4 500元。其会计处理为：

借：银行存款　159 000
　贷：交易性金融资产——A公司债券（成本）　150 000
　　　　　　　　　——A公司债券（公允价值变动）　2 000
　　应收利息　4 500
　　投资收益　2 500
借：公允价值变动损益　2 000
　贷：投资收益　2 000

【例6-6】承【例6-2】和【例6-4】，2×17年11月20日，甲股份有限公司将B公司股票出售，实际收到出售价款228 000元。股票出售日，B公司股票账面价值236 000元，其中：成本252 000元，已确认公允价值变动损失16 000元，其会计处理为：

借：银行存款　228 000
　投资收益　8 000
　交易性金融资产——B公司股票（公允价值变动）　16 000
　贷：交易性金融资产——B公司股票（成本）　252 000
借：投资收益　16 000
　贷：公允价值变动损益　16 000

6.2 应收项目

在商业信用高度发达的市场经济条件下，企业之间的商品交易大多是建立在商业信用基础之上的。企业在日常生产经营过程中发生的各种债权构成了企业的应收项目，包括应收款项和预付款项。应收款项包括应收票据、应收账款和其他应收款等。预付款项则是指企业按照合同的规定预付的款项，如预付账款等。

6.2.1 应收票据

1）应收票据概述

应收票据，是指企业因销售商品、提供劳务等而收到的商业汇票。商业汇票是一种由出票人签发的，委托付款人在指定日期无条件支付确定金额给收款人或者持票人的票据。

商业汇票的付款期限，最长不得超过6个月。票据的时间可以按月或按日计算。定日付款的汇票付款期限自出票日起按企业实际持有的天数计算，但出票日和到期日只能算其中一日，即“算头不算尾或算尾不算头”，并在汇票上记载具体到期日；出票后定期付款的汇票付款期限自出票日起按月计算，并在汇票上记载，以到期月份中与出票日相同的那一天为到期日，如果是月末签发的，则以到期月的月末日为到期日；见票后定期付款的汇票付款期限自承兑或拒绝承兑日起按月计算，并在汇票上记载。商业汇票的提示付款期限为自汇票到期日起10日内。符合条件的商业汇票持票人，可以持未到期的商业汇票连同贴现凭证向银行申请贴现。

根据承兑人不同，商业汇票分为商业承兑汇票和银行承兑汇票。商业承兑汇票是指由付款人签发并承兑，或由收款人签发交由付款人承兑的汇票。商业承兑汇票的付款人收到开户银行的付款通知，应在当日通知银行付款。付款人在接到通知日的次日起3日内（遇法定休假日顺延）未通知银行付款的，视同付款人承诺付款，银行将于付款人接到通知日的次日起第4日（遇法定休假日顺延）上午开始营业时，将票款划给持票人。付款人提前收到由其承兑的商业汇票，应通知银行于汇票到期日付款。银行在办理划款时，付款人账户不足支付的，银行应填制付款人未付款票款通知书，连同商业承兑汇票邮寄持票人开户银行转交持票人。

银行承兑汇票是指由在承兑银行开立存款账户的存款人（这里也是出票人）签发，由承兑银行承兑的票据。企业申请使用银行承兑汇票时，应向其承兑银行按票面金额的万分之五交纳手续费。银行承兑汇票的出票人应当在汇票到期前将票款足额交存其开户银行，承兑银行应在汇票到期日或到期日后的见票当日支付票款。银行承兑汇票的出票人于汇票到期前未能足额交存票款时，承兑银行除凭票向持票人无条件支付款项外，对出票人尚未支付的汇票金额按照每天万分之五计收罚息。

应收票据按是否带息，又可分为不带息票据和带息票据。不带息票据是指票据上未注明利率，只按票面金额结算票款的票据。不带息票据的到期价值等于应收票据的面值。带息票据是指根据票面金额和票面利率计算到期利息的票据。带息票据的到期价值等于应收票据的面值加利息。

2）应收票据的核算

为了反映和监督应收票据取得、票款收回等经济业务，企业应当设置“应收票据”账户。该账户借方登记应收票据的面值和期末计提的利息；贷方登记到期收回或背书转让或申请贴现的票据价值。期末借方余额反映尚未收回的票据价值。

由于票据是一种无条件付款，可以随时背书或贴现的书面凭证，以某一特定单位或个人为对象进行明细分类核算已无必要，因而不需要设置明细分类账户，但为了便于管理和分析票据的具体情况，应该设置“应收票据备查簿”，记录每张票据的种类、号数、出票日、票面金额、交易合同号和付款人、承兑人、背书人的姓名或单位名称、到期日、背书转让日、贴现日、贴现率、贴现净额、收款日、收回金额和退票等具体资料。商业汇票到期结清票款或退票后，在备查簿中予以注销。

（1）不带息票据的核算

①取得应收票据。

应收票据取得的原因不同，其会计处理亦有所区别。因债务人抵偿前欠货款而取得的应收票据，借记“应收票据”科目，贷记“应收账款”科目。因企业销售商品、提供劳务等而收到的应收票据，借记“应收票据”科目，贷记“主营业务收入”“应交税费——应交增值税（销项税额）”等科目。

【例6-7】甲公司收到乙公司寄出的一张3个月期的商业承兑票据，面值为1 755 000

元，抵付前欠的货款。应编制的会计分录为：

借：应收票据　　1 755 000

　贷：应收账款　　1 755 000

【例6-8】甲公司销售一批产品，发票注明的价款为500 000元，增值税税额为65 000元，收到一张商业承兑汇票。应编制的会计分录为：

借：应收票据　　565 000

　贷：主营业务收入　　500 000

　　应交税费——应交增值税（销项税额）　　65 000

②到期收回票款。

商业汇票到期收回款项时，应按实际收到的金额，借记"银行存款"科目，贷记"应收票据"科目。

【例6-9】承【例6-8】，上述票据到期收回款项，应编制的会计分录为：

借：银行存款　　565 000

　贷：应收票据　　565 000

③转让应收票据。

企业可以将自己持有的商业汇票背书转让，以取得所需物资。背书是指在票据背面或者粘单上记载有关事项并签章的票据行为，背书转让的背书人应当承担票据责任。企业将持有的商业汇票背书转让以取得所需物资时，按应计入取得物资成本的金额，借记"材料采购"或"原材料"、"库存商品"等科目，按专用发票上注明的可抵扣的增值税税额，借记"应交税费——应交增值税（进项税额）"科目，按商业汇票的票面金额，贷记"应收票据"科目，如有差额，借记或贷记"银行存款"等科目。

【例6-10】承【例6-8】，假设甲公司将该应收票据背书转让，以换取自己生产经营所需要的A原材料，材料价款600 000元，增值税税额78 000元，补付银行存款113 000元。

借：原材料　　600 000

　应交税费——应交增值税（进项税额）　　78 000

　贷：应收票据　　565 000

　　银行存款　　113 000

④应收票据贴现。

当企业资金短缺时，还可以采取应收票据贴现方式进行资金融通。所谓应收票据贴现，是指票据持有人将未到期的票据在背书后转让给银行，银行受理后，从票据中扣除按银行贴现率计算确定的贴现利息，然后将余款付给持票人的行为。相当于持票人以该票据为质押，以获得票据票面金额的一笔贷款，贴现息就是为获取该贷款所支付的利息。关于应收票据贴现的具体核算内容，在此不作展开。

（2）带息票据的核算

对于带息票据，除了应于中期期末、年度终了和票据到期时计算票据利息外，其余的会计核算与不带息票据相同。

计算带息票据的利息时应增加应收票据的账面价值，同时冲减财务费用，借记"应收票据"科目，贷记"财务费用"科目。利息的计算公式为：

应收票据利息=应收票据面值×票面利率×时间

上式中的“时间”是指票据的签发日至利息的计算日的时间间隔。

【例6-11】华天公司于2×19年10月1日销售一批产品，发票注明的价款为2 000 000元，增值税为260 000元，收到一张已承兑的商业汇票，汇票期限为5个月，票面利率为3%，相关的会计处理为：

（1）收到票据时：

借：应收票据　　2 260 000

　贷：主营业务收入　　2 000 000

　　　应交税费——应交增值税（销项税额）　　260 000

（2）年度终了计算票据利息时：

票据利息=2 260 000×3%×3÷12=16 950（元）

借：应收票据　　16 950

　贷：财务费用　　16 950

（3）票据到期收回款项时：

票据到期收回的金额为面值加到期利息=2 260 000+2 260 000×3%×5÷12=2 288 250（元）

应收票据的账面价值=面值加已提取利息=2 260 000+16 950=2 276 950（元）

借：银行存款　　2 288 250

　贷：应收票据　　2 276 950

　　　财务费用　　11 300

6.2.2 应收账款

1）应收账款概述

企业为了扩大销售，利用商业信用是一个比较好的促销手段。由于商业信用的存在，企业在交易时，不立即结清账款，也不签发任何票据，而是以挂账的形式明确双方的债权债务关系，因此就产生了应收账款。所谓应收账款是指企业因销售商品、提供劳务等经营活动应向购货单位或接受劳务单位收取的款项，主要包括因销售商品或提供劳务从购货方或接受劳务方应收的合同或协议价款（应收的合同或协议价款不公允的除外）、增值税销项税额，以及代购货单位垫付的包装费、运杂费等。

2）应收账款的核算

为了反映应收账款的增减变动及其结存情况，企业应设置“应收账款”账户。该账户借方登记应向购货单位或接受劳务单位收取的账款；贷方登记收回的应收账款。期末借方余额反映企业尚未收回的应收账款。不单独设置“预收账款”账户的企业，预收的账款也在“应收账款”账户中核算。

（1）发生应收账款时

企业销售商品等发生应收款项时，借记“应收账款”科目，贷记“主营业务收入”“应交税费——应交增值税（销项税额）”等科目。

（2）代垫包装费、运杂费时

企业代购货单位垫付包装费、运杂费时，借记“应收账款”科目，贷记“银行存款”等科目。

（3）收回货款及代垫的包装费、运杂费时

收回应收账款及代垫费用时，借记“银行存款”科目，贷记“应收账款”科目。

（4）应收账款以应收票据结算

企业的应收账款改用应收票据结算时，在收到承兑的商业汇票时，借记“应收票据”科目，贷记“应收账款”科目。

【例6-12】甲公司采用赊销的方式销售一批商品给客户，赊销期一个月。该批商品的售价为300 000元，适用的增值税税率为13%，产品交付并办妥托收手续，另用银行存款1 000元代购买单位垫付运杂费。相关的会计处理如下：

（1）办妥托收手续时：

借：应收账款	339 000	
贷：主营业务收入		300 000
应交税费——应交增值税（销项税额）		39 000

（2）垫付运杂费时：

借：应收账款	1 000	
贷：银行存款		1 000

（3）收回欠款时：

借：银行存款	340 000	
贷：应收账款		340 000

（4）若到期时，客户以商业承兑汇票偿还前欠账款：

借：应收票据	340 000	
贷：应收账款		340 000

3）现金折扣的处理

现金折扣是指在赊销的情况下，债权人为了鼓励债务人在赊销期内尽早付款，而给予债务人的一种债务扣除，债务人在赊销期内的不同时间付款可享受不同比例的折扣。现金折扣可以表达为“2／10，N／30”等，即买方若在发票日起10天内付款，可享受2%的现金折扣，若放弃这个折扣，须在开出发票的30天内付清全部货款，否则视为拖欠货款。在存在现金折扣的情况下，对应收账款入账价值的确定有两种方法，即总价法和净价法。

在总价法下，“应收账款”和“主营业务收入”账户按照不考虑现金折扣的发票总价格入账。在这种方法下，债务人如果在折扣期内付款从而享受到现金折扣，应冲减债权人的“主营业务收入”账户，按实际收到的金额，借记“银行存款”账户，按发票金额，贷记“应收账款”账户。

在净价法下，“应收账款”和“主营业务收入”账户按照发票金额扣除现金折扣后的净价入账。采用这种方法，如果债务人企业因为没有在折扣期内付款而丧失的购货折扣，需要支付发票价格的全部款项，按实际收到的金额，借记“银行存款”科目，按净价贷记“应收账款”科目，两者之间的差额，记入“主营业务收入”科目。

我国规定只能采用总价法。需要注意的是，不论是总价法还是净价法，享受现金折扣的只有货款，增值税和代垫的运杂费不打折扣。

【例6-13】甲公司销售商品一批，价值100 000元，适用的增值税税率为13%，现金折扣的条件是“2/10，N/30”。

（1）总价法下

①赊销商品时：

借：应收账款　113 000

　贷：主营业务收入　100 000

　　　应交税费——应交增值税（销项税额）　13 000

②10天之内收到款项时：

借：银行存款　111 000

　　主营业务收入　2 000

　贷：应收账款　113 000

③30天之内收到款项时：

借：银行存款　113 000

　贷：应收账款　113 000

（2）净价法下

① 赊销商品时：

借：应收账款　111 000

　贷：主营业务收入　98 000

　　　应交税费——应交增值税（销项税额）　13 000

② 10天之内收到款项时：

借：银行存款　111 000

　贷：应收账款　111 000

④30天之内收到款项时：

借：银行存款　113 000

　贷：应收账款　111 000

　　　主营业务收入　2 000

6.2.3 预付账款

1）预付账款概述

企业在购买材料物资的过程中，为了避免价格风险，或者受市场供应的限制，或者受生产季节的限制等原因，对于某些材料物资有时需要采取预先订购的方式，即按照合同的规定预付一部分货款，这部分预先付给购货单位的订货款就构成了企业的预付账款。

2）预付账款的核算

企业应当设置“预付账款”账户核算预付账款的增减变动及其结存情况。该账户借方登记企业因购货而预付或补付的款项；贷方登记收到所购物资时应支付的款项，和退回多付的款项。期末借方余额反映企业预付的款项，如为贷方余额，反映企业尚未补付的款项。预付款项情况不多的企业可以不设置“预付账款”账户，而直接通过“应付账款”账户核算。

（1）支付或补付预付款项时

企业根据购货合同的规定，向供应单位支付预付款项，或当预付货款小于采购货物所需支付的款项，补付不足款项时，借记“预付账款”科目，贷记“银行存款”科目。

（2）采购物资时

企业收到所购物资，按应计入购入物资成本的金额，借记“材料采购”“原材料”“库存商品”“应交税费——应交增值税（进项税额）”等科目，贷记“预付账款”科目。

（3）收回多余预付款项时

当预付货款大于采购货物所需支付的款项时，对收回的多余款项应借记“银行存款”科目，贷记“预付账款”科目。

【例6-14】甲公司按照购货合同的规定，用银行存款250 000元预付给乙公司订购A材料。其会计分录为：

借：预付账款　　250 000

　贷：银行存款　　250 000

【例6-15】承【例6-14】上述A材料现已到货，随货附来的发票注明其价款600 000元，增值税税额78 000元，不足款项随后通过银行支付。该公司材料按计划成本核算。

（1）收到货物时的会计分录为：

借：材料采购　　600 000

　　应交税费——应交增值税（进项税额）　　78 000

　贷：预付账款　　678 000

（2）补付货款时的会计分录为：

借：预付账款　　428 000

　贷：银行存款　　428 000

6.2.4　其他应收款

其他应收款是指企业除应收票据、应收账款、预付账款等以外的其他各种应收及暂付款项。其主要内容包括：

（1）应收的各种赔款、罚款，如因企业财产等遭受意外损失而应向有关保险公司收取的赔款等；

（2）应收的出租包装物租金；

（3）应向职工收取的各种垫付款项，如为职工垫付的水电费、应由职工负担的医药费、房租费等；

（4）存出保证金，如租入包装物支付的押金；

（5）其他各种应收暂付款项。

为了反映其他应收款的增减变动及结存情况，企业应当设置“其他应收款”账户进行核算。该账户借方登记企业发生的其他各种应收、暂付的款项；贷方登记收回或转销的各种款项。期末借方余额反映企业尚未收回的其他应收款项。

企业发生其他应收款时，借记“其他应收款”科目，贷记“库存现金”“银行存款”“营业外收入”等科目；收回或转销其他应收款时，借记“库存现金”“银行存款”“应付职工薪酬”等科目，贷记“其他应收款”科目。

【例6-16】甲公司某职工出差预借差旅费3 000元，支付现金。其会计分录为：

借：其他应收款——某职工　　3 000

贷：库存现金　　3 000

【例6-17】承【例6-16】该职工出差归来，报销差旅费3 200元，不足部分以现金补足。

借：管理费用　　3 200

贷：其他应收款——某职工　　3 000

库存现金　　200

【例6-18】甲公司在采购材料过程中发生材料毁损，按保险合同的规定，应由保险公司赔偿损失30 000元，赔款尚未收到。

借：其他应收款——保险公司　　30 000

贷：材料采购　　30 000

【例6-19】承【例6-18】上述保险赔款收到。

借：银行存款　　30 000

贷：其他应收款——保险公司　　30 000

【例6-20】甲公司租入包装物一批，以银行存款向出租方支付押金10 000元。

借：其他应收款——存出保证金　　10 000

贷：银行存款　　10 000

【例6-21】承【例6-20】，租入包装物如数退回，甲公司收到出租方退还的押金10 000元，已存入银行。

借：银行存款　　10 000

贷：其他应收款——存出保证金　　10 000

6.2.5 应收款项损失准备的核算

对于企业向客户转让商品或提供服务等交易形成的应收款项，在确定应收款项的预期信用损失金额时，应当按照应收取的合同现金流量与预期收取的现金流量二者之间的差额计量，即按照预期不能收回的应收款项金额计量。

企业应当设置“坏账准备”账户核算应收款项的坏账准备计提、转销等情况。该账户贷方登记提取的坏账准备（包括首次计提和以后补提的准备），已转销的坏账又收回时而恢复的坏账准备；借方登记实际发生坏账时冲销的坏账准备，年末冲销多提的坏账准备。年内期末余额如果在借方，表示实际发生的坏账损失大于已提取的坏账准备的差额（也就是坏账准备提取不足）；余额如果在贷方，表示已提取但未使用的坏账准备。需要注意的是，该账户的年末余额一定在贷方，反映企业已计提但尚未转销的坏账准备。

坏账准备可以按照以下公式计算：

$$\text{当前应计提的坏账准备} = \text{当期按应收款项计算应提坏账准备金额} \pm \text{“坏账准备”科目的贷方（或借方）余额}$$

1）计提坏账准备时

企业计提坏账准备时，按应减记的金额，借记“信用减值损失”科目，贷记“坏账准备”科目。

2）冲销多计提的坏账准备时

企业冲销多计提的坏账准备时，借记“坏账准备”科目，贷记“信用减值损失”

科目。

3）补提坏账准备时

企业补充提取坏账准备时，按需要补提的金额，借记“信用减值损失”科目，贷记“坏账准备”科目。

4）转销坏账时

企业确实无法收回的应收款项，按管理权限报经批准后作为坏账转销时，应当冲减已计提的坏账准备，借记“坏账准备”科目，贷记“应收账款”“其他应收款”等科目。

5）已确认转销的应收款项以后又收回时

已确认并转销的应收款项以后又收回的，应当按照实际收到的金额增加坏账准备的账面余额，借记“应收账款”“其他应收款”等科目，贷记“坏账准备”科目，同时借记“银行存款”科目，贷记“应收账款”“其他应收款”等科目。

【例6-22】甲公司2×17年年末首次对应收款项进行减值测试，计提坏账准备10 000元，2×18年年末冲销多提的坏账准备2 000元。

（1）2×17年年末的会计分录为：

借：信用减值损失　　10 000

　贷：坏账准备　　10 000

（2）2×18年年末的会计分录为：

借：坏账准备　　2 000

　贷：信用减值损失　　2 000

【例6-23】甲公司2×19年5月份确定一笔应收账款30 000元已无法收回，作为坏账予以核销。其会计分录为：

借：坏账准备　　30 000

　贷：应收账款　　30 000

【例6-24】承【例6-23】甲公司2×19年10月，收回本年5月份已转销的坏账30 000元存入银行。其会计分录为：

借：应收账款　　30 000

　贷：坏账准备　　30 000

借：银行存款　　30 000

　贷：应收账款　　30 000

6.3 债权投资

6.3.1　债权投资概述

债权投资，是指企业以购买债券等方式投放资本、分期或到期一次向债务人收取利息并收回本金的一种投资方式。

企业应当设置“债权投资”账户，核算取得的以摊余成本计量的债权投资。该账户借方登记取得债权投资的价值、一次还本付息债券在资产负债表日按票面利率计算确定的应收未收利息等；贷方登记出售债权投资结转的成本。期末借方余额，反映企业债权投资的摊余成本。企业可按照债权投资的类别和品种，分别“成本”“利息调整”“应计利息”等进行明细核算。

6.3.2 取得债权投资的核算

企业取得债权投资，应按该投资的面值，借记“债权投资——成本”科目，按支付的价款中包含的已到付息期但尚未领取的利息，借记“应收利息”科目，按实际支付的金额，贷记“银行存款”等科目，按其差额，借记或贷记“债权投资——利息调整”科目。收到支付的价款中包含的已到付息期但尚未领取的利息时，借记“银行存款”科目，贷记“应收利息”科目。

【例6-25】2×15年1月1日，甲公司购入乙公司当日发行的面值500 000元、期限5年、票面利率6%、每年12月31日付息、到期还本的债券作为债权投资，实际支付的全部价款（包括相关交易费用）为528 000元。会计处理为：

借：债权投资——乙公司债券（成本）	500 000	
——乙公司债券（利息调整）	28 000	
贷：银行存款		528 000

6.3.3 债权投资利息收入的确认

债权投资在持有期间，应当按照票面金额和票面利率确定应收未收利息，按照摊余成本和实际利率计算确认计入投资收益的利息收入。

摊余成本是指该金融资产的初始确认金额经下列调整后的结果：（1）扣除已偿还的本金；（2）加上或减去采用实际利率法将该初始确认金额与到期日金额之间的差额进行摊销形成的累计摊销额；（3）扣除累计计提的损失准备。实际利率是使债权投资未来收回的利息和本金的现值恰好等于债权投资取得成本的折现率。实际利率应当在取得债权投资时确定，在该债权投资预期存续期间或适用的更短期间内保持不变。

以摊余成本计量的债权投资如为分期付息、一次还本债权投资，应于资产负债表日按票面利率计算确定的应收未收利息，借记“应收利息”科目，按债权投资摊余成本和实际利率计算确定的利息收入，贷记“投资收益”科目，按其差额，借记或贷记“债权投资——利息调整”科目。收到分期付息、一次还本债权投资持有期间支付的利息时，借记“银行存款”科目，贷记“应收利息”科目。

以摊余成本计量的债权投资如为一次还本付息债权投资，应于资产负债表日按票面利率计算确定的应收未收利息，借记“债权投资——应计利息”科目，按债权投资摊余成本和实际利率计算确定的利息收入，贷记“投资收益”科目，按其差额，借记或贷记“债权投资——利息调整”科目。

【例6-26】承【例6-25】，甲公司对债权投资于每年年末采用实际利率法确认利息收入。

（1）计算实际利率。

假设该债券的实际利率为i，则：

$$30\,000\times(1+i)^{-1}+30\,000\times(1+i)^{-2}+30\,000\times(1+i)^{-3}+30\,000\times(1+i)^{-4}+(30\,000+500\,000)\times(1+i)^{-5}=528\,000$$

利用插值法，可以计算出：

$i=4.72\%$

（2）采用实际利率法确定利息收入，见表6-2。

表6-2　　利息收入确认表（实际利率法）　　单位：元

计算日期	应收利息（1）	利息收入（2）=上期（4）×4.72%	利息调整（3）=（1）-（2）	摊余成本（4）=上期（4）-（3）
2×15.01.01				528 000
2×15.12.31	30 000	24 922	5 078	522 922
2×16.12.31	30 000	24 682	5 318	517 604
2×17.12.31	30 000	24 431	5 569	512 035
2×18.12.31	30 000	24 168	5 832	506 203
2×19.12.31	30 000	23 797*	6 203	500 000
合计	150 000	122 000	28 000	—

*计算过程考虑出现的尾差。

（3）根据表6-2的结果，编制相关会计分录。

2×15年的会计处理为：

借：应收利息　　30 000
　贷：投资收益　　24 922
　　　债权投资——乙公司债券（利息调整）　　5 078
借：银行存款　　30 000
　贷：应收利息　　30 000

2×16年的会计处理为：

借：应收利息　　30 000
　贷：投资收益　　24 682
　　　债权投资——乙公司债券（利息调整）　　5 318
借：银行存款　　30 000
　贷：应收利息　　30 000

2×17年的会计处理为：

借：应收利息　　30 000
　贷：投资收益　　24 431
　　　债权投资——乙公司债券（利息调整）　　5 569
借：银行存款　　30 000
　贷：应收利息　　30 000

2×18年的会计处理为：

借：应收利息　　30 000

　贷：投资收益　　24 168

　　　债权投资——乙公司债券（利息调整）　　5 832

借：银行存款　　30 000

　贷：应收利息　　30 000

2×19年的会计处理为：

借：应收利息　　30 000

　贷：投资收益　　23 797

　　　债权投资——乙公司债券（利息调整）　　6 203

借：银行存款　　30 000

　贷：应收利息　　30 000

【例6-27】2×15年1月1日，甲公司支付价款1 000元（含交易费用）从活跃市场上购入某公司5年期债券，面值为1 250元，票面利率为4.72%，按年支付利息（即每年59元），本金最后一次支付，并将该债券分类为债权投资。

假设该债券的实际利率为i，则：

$$59\times(1+i)^{-1}+59\times(1+i)^{-2}+59\times(1+i)^{-3}+59\times(1+i)^{-4}+(59+1\ 250)\times(1+i)^{-5}=1\ 000$$

利用插值法，计算得出：

i=10%

采用实际利率法确定利息收入，见表6-3。

表6-3　　**利息收入确认表（实际利率法）**　　单位：元

计算日期	应收利息（1）	利息收入（2）=上期（4）×10%	利息调整（3）=（2）-（1）	摊余成本（4）=上期（4）+（3）
2×15.01.01				1 000
2×15.12.31	59	100	41	1 041
2×16.12.31	59	104	45	1 086
2×17.12.31	59	109	50	1 136
2×18.12.31	59	114	55	1 191
2×19.12.31	59	118*	59	1 250
合计	295	545	250	—

*计算过程考虑出现的尾差。

甲公司相关的会计处理为：

（1）2×15年1月1日购入债券时：

借：债权投资——成本　1 250
　贷：银行存款　1 000
　　债权投资——利息调整　250

（2）2×15年12月31日，确认实际利息收入、收到票面利息时：
借：应收利息　59
　　债权投资——利息调整　41
　贷：投资收益　100
借：银行存款　59
　贷：应收利息　59

（3）2×16年12月31日，确认实际利息收入、收到票面利息时：
借：应收利息　59
　　债权投资——利息调整　45
　贷：投资收益　104
借：银行存款　59
　贷：应收利息　59

（4）2×17年12月31日，确认实际利息收入、收到票面利息时：
借：应收利息　59
　　债权投资——利息调整　50
　贷：投资收益　109
借：银行存款　59
　贷：应收利息　59

（5）2×18年12月31日，确认实际利息收入、收到票面利息时：
借：应收利息　59
　　债权投资——利息调整　55
　贷：投资收益　114
借：银行存款　59
　贷：应收利息　59

（6）2×19年12月31日，确认实际利息收入、收到票面利息和本金时：
借：应收利息　59
　　债权投资——利息调整　59
　贷：投资收益　118
借：银行存款　59
　贷：应收利息　59
借：银行存款　1 250
　贷：债权投资——成本　1 250

【例6-28】2×15年1月1日，甲公司支付价款1 000元（含交易费用）从活跃市场上购入某公司5年期债券，面值为1 250元，票面利率为4.72%，到期一次还本付息，并将该债券分类为债权投资。

假设甲公司所购买债券的实际利率为i，则：

$(59\times5+1\ 250)\times(1+i)^{-5}=1\ 000$

运用插值法，计算得出：

i=9.09%

采用实际利率法确定利息收入，见表6-4。

表6-4　　利息收入确认表（实际利率法）　　单位：元

计算日期	应计利息（1）	利息收入（2）=上期（4）×9.09%	利息调整（3）=（2）-（1）	摊余成本（4）=上期（4）+（1）+（3）
2×15.01.01				1 000
2×15.12.31	59	90.90	31.90	1 090.90
2×16.12.31	59	99.16	40.16	1 190.06
2×17.12.31	59	108.18	49.18	1 298.24
2×18.12.31	59	118.01	59.01	1 416.25
2×19.12.31	59	128.75*	69.75	1 545
合计	295	545	250	—

*计算过程考虑出现的尾差。

甲公司相关的会计处理为：

（1）2×15年1月1日购入债券时：

借：债权投资——成本　　1 250

　贷：银行存款　　1 000

　　　债权投资——利息调整　　250

（2）2×15年12月31日，确认实际利息收入时：

借：债权投资——应计利息　　59

　　　　　　——利息调整　　31.90

　贷：投资收益　　90.90

（3）2×16年12月31日，确认实际利息收入时：

借：债权投资——应计利息　　59

　　　　　　——利息调整　　40.16

　贷：投资收益　　99.16

（4）2×17年12月31日，确认实际利息收入时：

借：债权投资——应计利息　　59

　　　　　　——利息调整　　49.18

贷：投资收益　108.18

（5）2×18年12月31日，确认实际利息收入时：

借：债权投资——应计利息　59

——利息调整　59.01

贷：投资收益　118.01

（6）2×19年12月31日，确认实际利息收入、收到票面利息和本金时：

借：债权投资——应计利息　59

——利息调整　69.75

贷：投资收益　128.75

借：银行存款　1 545

贷：债权投资——成本　1 250

——应计利息　295

6.3.4 债权投资的处置

企业处置债权投资时，应将所取得的价款与该投资账面价值之间的差额计入投资收益。

处置债权投资时，按实际收到的金额，借记“银行存款”科目，按债权投资账面余额，贷记“债权投资——成本”“债权投资——应计利息”科目，贷记或借记“债权投资——利息调整”科目，按其差额，贷记或借记“投资收益”科目。

【例6-29】承【例6-26】，2×20年1月1日，债券到期，甲公司收回本金，则会计处理为：

借：银行存款　500 000

贷：债权投资——乙公司债券（成本）　500 000

6.4 其他债权投资

6.4.1 其他债权投资概述

企业应当设置“其他债权投资”科目，核算持有的以公允价值计量且其变动计入其他综合收益的债权投资，并按照其他债权投资的类别和品种，分别“成本”“利息调整”“应计利息”“公允价值变动”等进行明细核算。其中，“成本”明细科目反映其他债权投资的面值；“利息调整”明细科目反映其他债权投资的初始入账金额与其面值的差额，以及按照实际利率法分期摊销后该差额的摊余金额；“应计利息”明细科目反映企业计提的到期一次还本付息的其他债权投资应计未付的利息；“公允价值变动”明细科目反映其他债权投资的公允价值变动金额。

6.4.2 取得其他债权投资的核算

企业取得其他债权投资时，应按取得该金融资产的公允价值和相关交易费用之和作为初始入账金额。如果支付的价款中包含已到付息期但尚未领取的利息，应单独确认为应收项目，不构成其他债权投资的初始入账金额。

企业取得其他债权投资时，应按其面值，借记“其他债权投资——成本”科目，按支付的价款中包含的已到付息期但尚未领取的利息，借记“应收利息”科目，按实际支付的金额，贷记“银行存款”等科目，按上述差额，借记或贷记“其他债权投资——利息调整”科目。

收到支付的价款中包含的已到付息期但尚未领取的利息时，借记“银行存款”科目，贷记“应收利息”科目。

【例6-30】2×16年1月1日，A公司购入B公司当日发行的面值为600 000元，期限3年，票面利率8%，每年12月31日付息，到期还本的债券，并将其分类为以公允价值计量且其变动计入其他综合收益的金融资产，实际支付价款（包含交易费用20 000元）620 000元。

借：其他债权投资——B公司债券（成本）　　600 000

　　　　　　　——B公司债券（利息调整）　　20 000

　贷：银行存款　　620 000

6.4.3 其他债权投资利息收入的确认

其他债权投资在持有期间确认利息收入的方法与以摊余成本计量的债权投资相同，即采用实际利率法确认当期利息收入，计入投资收益。需要注意的是，采用实际利率法确认其他债权投资的利息收入时，应当以不包含“公允价值变动”明细科目余额的其他债权投资账面余额和实际利率计算确定利息收入。

其他债权投资如为分期付息、一次还本的债券，应于付息日或资产负债表日，按照以其他债权投资的面值和票面利率计算确定的应收利息，借记“应收利息”科目，按照以其他债权投资的账面余额（同样不包括“公允价值变动”明细科目的余额）和实际利率计算确定的利息收入，贷记“投资收益”科目，按其差额，借记或贷记“其他债权投资——利息调整”科目，收到上列应计未收的利息时，借记“银行存款”科目，贷记“应收利息”科目；其他债权投资如为到期一次还本付息的债券，应于资产负债表日，按照以其他债权投资的面值和票面利率计算确定的应收利息，借记“其他债权投资——应计利息”科目，按照以其他债权投资的账面余额（不包括“公允价值变动”明细科目的余额）和实际利率计算确定的利息收入，贷记“投资收益”科目，按其差额，借记或贷记“其他债权投资——利息调整”科目。

【例6-31】承【例6-30】，A公司在持有B公司债券期间，采用实际利率法确认利息收入并确定账面余额（不包括“公允价值变动”明细科目的余额）的会计处理如下：

（1）计算实际利率。

当实际利率是7%时：

债券的现值=600 000×8%×（P/A，7%，3）+600 000×（P/F，7%，3）

=615 746（元）

当实际利率是6%时：

债券的现值=600 000×8%×（P/A，6%，3）+600 000×（P/F，6%，3）

=632 076（元）

利用插值法计算实际利率：

实际利率=6%+（7%-6%）×（632 076- 620 000）/（632 076-615 746）

=6.74%

（2）采用实际利率法编制利息收入与账面余额计算表，见表6-5。

表6-5　**利息收入确认表（实际利率法）**　单位：元

计算日期	应收利息（1）	利息收入（2）=上期（4）×6.74%	利息调整（3）=（2）-（1）	账面余额（4）=上期（4）-（3）
2×16.01.01				620 000
2×16.12.31	48 000	41 788	6 212	613 788
2×17.12.31	48 000	41 369	6 631	607 157
2×18.12.31	48 000	40 843*	7 157	600 000
合计	144 000	124 000	20 000	—

*计算过程考虑出现的尾差。

A公司相关的会计处理为：

（1）2×16年12月31日，确认实际利息收入时：

借：应收利息　48 000

　贷：投资收益　41 788

　　其他债权投资——B公司债券（利息调整）　6 212

（2）2×17年12月31日，确认实际利息收入时：

借：应收利息　48 000

　贷：投资收益　41 369

　　其他债权投资——B公司债券（利息调整）　6 631

（3）2×18年12月31日，确认实际利息收入时：

借：应收利息　48 000

　贷：投资收益　40 843

　　其他债权投资——B公司债券（利息调整）　7 157

6.4.4　其他债权投资的期末计量

其他债权投资的价值应按资产负债表日的公允价值反映，公允价值的变动计入其他综合收益。

资产负债表日，其他债权投资的公允价值高于其账面余额时，应按二者之间的差额，调增其他债权投资的账面余额，同时将公允价值变动计入其他综合收益，借记“其他债权投资——公允价值变动”科目，贷记“其他综合收益——其他债权投资公允价值变动”科目；其他债权投资的公允价值低于其账面余额时，应按二者之间的差额，调减其他债权投资的账面余额，同时按公允价值变动减记其他综合收益，借记“其他综合收益——其他债权投资公允价值变动”科目，贷记“其他债权投资——公允价值变动”科目。

【例6-32】承【例6-31】，A公司持有的面值600 000元，期限3年，票面利率8%，每年12月31日付息的B公司债券，2×16年12月31日的市价（不包括应计利息）为615 000

元，2×17年12月31日的市价（不包括应计利息）为608 000元。

（1）2×16年12月31日，确认公允价值变动。

公允价值变动=615 000-613 788=1 212（元）

借：其他债权投资——B公司债券（公允价值变动）　　1 212

　贷：其他综合收益——其他债权投资公允价值变动　　1 212

调整后B公司债券账面价值=613 788+1 212=615 000（元）

（2）2×17年12月31日，确认公允价值变动。

调整前B公司债券账面价值=615 000-6 631=608 369（元）

公允价值变动=608 000-608 369=-369（元）

借：其他综合收益——其他债权投资公允价值变动　　369

　贷：其他债权投资——B公司债券（公允价值变动）　　369

调整后B公司债券账面价值=608 369-369=608 000（元）

6.4.5　其他债权投资的处置

处置其他债权投资时，应将取得的处置价款与其他债权投资账面余额之间的差额，计入投资收益；同时，该金融资产原计入其他综合收益的累计利得或损失对应处置部分的金额应当从其他综合收益中转出，计入投资收益。其中，其他债权投资的账面余额，是指出售前最后一个计量日其他债权投资的公允价值。如果在处置其他债权投资时，已计入应收项目的债券利息尚未收回，还应从处置价款中扣除该部分债券利息，之后再确认处置损益。

处置其他债权投资时，应按实际收到的处置价款，借记“银行存款”科目，按其他债权投资的面值，贷记“其他债权投资——成本”科目，按应收未收的利息，贷记“应收利息”科目或“其他债权投资——应计利息”科目，按利息调整摊余金额，贷记或借记“其他债权投资——利息调整”科目，按累计公允价值变动金额，贷记或借记“其他债权投资——公允价值变动”科目，按上列差额，贷记或借记“投资收益”科目，同时，将原计入其他综合收益的累计利得或损失对应处置部分的金额转出，借记或贷记“其他综合收益——其他债权投资公允价值变动”科目，贷记或借记“投资收益”科目。

【例6-33】承【例6-32】，2×18年3月1日，A公司将持有的面值600 000元，期限3年，票面利率8%，每年12月31日付息，到期还本的B公司债券售出，实际收到出售价款612 000元，其中成本600 000元，利息调整（借方）7 157元，公允价值变动（借方）843元（1 212-369）。A公司的账务处理如下：

借：银行存款　　612 000

　贷：其他债权投资——B公司债券（成本）　　600 000

　　　　　　　　——B公司债券（利息调整）　　7 157

　　　　　　　　——B公司债券（公允价值变动）　　843

　　　投资收益　　4 000

借：其他综合收益——其他债权投资公允价值变动　　843

　贷：投资收益　　843

6.5 其他权益工具投资

6.5.1 其他权益工具投资概述

企业应当设置“其他权益工具投资”科目，核算持有的指定为以公允价值计量且其变动计入其他综合收益的非交易性权益工具投资，并按照其他权益工具投资的类别和品种，分别“成本”和“公允价值变动”进行明细核算。其中“成本”明细科目反映其他权益工具投资的初始入账金额，“公允价值变动”明细科目反映其他权益工具投资在持有期间的公允价值变动金额。

6.5.2 取得其他权益工具投资的核算

其他权益工具投资应当按照取得时的公允价值和相关交易费用之和作为初始入账金额，如果支付的价款中包含已经宣告但尚未发放的现金股利，则应单独确认为应收项目，不构成其他权益工具投资的初始入账金额。

企业取得其他权益工具投资时，应按其公允价值与交易费用之和，借记“其他权益工具投资——成本”科目，按支付的价款中包含的已宣告但尚未发放的现金股利，借记“应收股利”科目，按实际支付的金额，贷记“银行存款”等科目。收到支付的价款中包含的已宣告但尚未发放的现金股利时，借记“银行存款”科目，贷记“应收利息”科目。

【例6-34】2×16年4月20日，A公司按照每股7.6元的价格从二级市场购入B公司每股面值1元的股票80 000股并指定为以公允价值计量且其变动计入其他综合收益的金融资产，支付交易费用1 800元，股票价格中包含每股0.2元已宣告但尚未支付的现金股利，该现金股利于2×16年5月10日发放。其会计处理为：

（1）2×16年4月20日，购入B公司股票时：

初始投资成本=80 000×（7.6−0.2）+1 800=593 800（元）

应收现金股利=80 000×0.2=16 000（元）

借：其他权益工具投资——B公司股票（成本）	593 800	
应收股利	16 000	
贷：银行存款		609 800

（2）2×16年5月10日，收到B公司发放的现金股利时：

借：银行存款	16 000	
贷：应收股利		16 000

6.5.3 其他权益工具投资持有期间损益的确认

其他权益工具投资在持有期间被投资单位宣告发放现金股利的，按应享有的份额，借记“应收股利”科目，贷记“投资收益”科目。收到发放的现金股利时，借记“银行存款”科目，贷记“应收股利”科目。

【例6-35】承【例6-34】，A公司持有B公司股票80 000股。2×17年4月15日，B公司宣告每股分派现金股利0.25元，该现金股利于2×17年5月15日发放。其会计处理为：

（1）2×17年4月15日，B公司宣告分派现金股利时：

借：应收股利	20 000	
贷：投资收益		20 000

（2）2×17年5月15日，收到B公司发放的现金股利时：

借：银行存款　　20 000

　　贷：应收股利　　20 000

6.5.4　其他权益工具投资的期末计量

资产负债表日，其他权益工具投资的价值应按公允价值反映，公允价值的变动计入其他综合收益。资产负债表日，其他权益工具投资的公允价值高于其账面余额时，应按二者之间的差额，调增其他权益工具投资的账面余额，同时将公允价值变动计入其他综合收益，借记“其他权益工具投资——公允价值变动”科目，贷记“其他综合收益——其他权益工具投资公允价值变动”科目；其他权益工具投资的公允价值低于其账面余额时，应按二者之间的差额，调减其他权益工具投资的账面余额，同时按公允价值变动减记其他综合收益，借记“其他综合收益——其他权益工具投资公允价值变动”科目，贷记“其他权益工具投资——公允价值变动”科目。

【例6-36】承【例6-34】，A公司持有的80 000股B公司股票，2×16年12月31日的每股市价为8.2元，2×17年12月31日的每股市价为7.5元。2×16年12月31日，A公司股票公允价值调整前的账面余额为（即初始入账金额）593 800元。

（1）2×16年12月31日，调整其他权益工具投资的账面余额。

公允价值变动=8.2×80 000−593 800=62 200（元）

借：其他权益工具投资——B公司股票（公允价值变动）　　62 200

　　贷：其他综合收益——其他权益工具投资公允价值变动　　62 200

调整后B公司股票账面余额=593 800+62 200=8.2×80 000=656 000（元）

（2）2×17年12月31日，调整其他权益工具投资的账面余额。

公允价值变动=7.5×80 000−656 000=−56 000（元）

借：其他综合收益——其他权益工具投资公允价值变动　　56 000

　　贷：其他权益工具投资——B公司股票（公允价值变动）　　56 000

调整后B公司股票账面余额=656 000−56 000=7.5×80 000=600 000（元）

6.5.5　其他权益工具投资的处置

处置其他权益工具投资时，应将取得的价款与该金融资产账面余额之间的差额计入留存收益；同时，将原计入其他综合收益的累计利得或损失对应处置部分的金额转出，计入留存收益。其中，其他权益工具投资的账面余额，是指其他权益工具投资的初始入账金额加上或减去累计公允价值变动后的金额，即出售前最后一个计量日其他权益工具投资的公允价值。如果在处置其他权益工具投资时，已计入应收项目的现金股利尚未收回，还应从处置价款中扣除该部分现金股利，之后再确定计入留存收益的金额。

处置其他权益工具投资时，应按实际收到的金额，借记“银行存款”科目，按其他权益工具投资的初始入账金额，借记“其他权益工具投资——成本”科目，按累计公允价值变动金额，贷记或借记“其他权益工具投资——公允价值变动”科目，按上列差额，贷记或借记“盈余公积”“利润分配——未分配利润”科目；同时，将原计入其他综合收益的累计利得或损失对应处置部分的金额转出，借记或贷记“其他综合收益——其他权益工具投资公允价值变动”科目，贷记或借记“盈余公积”“利润分配——未分配利润”科目。

【例6-37】承【例6-36】，2×18年12月20日，A公司将B公司股票售出，实际收到价款650 000元。股票出售日，股票账面余额为600 000元（593 800+62 200-56 000），其中，成本593 800元，公允价值变动（借方）6 200元（62 200-56 000）。A公司按10%提取法定盈余公积。则会计处理为：

借：银行存款	650 000	
贷：其他权益工具投资——B公司股票（成本）		593 800
——B公司股票（公允价值变动）		6 200
盈余公积		5 000
利润分配——未分配利润		45 000
借：其他综合收益	6 200	
贷：盈余公积		620
利润分配——未分配利润		5 580

6.6 长期股权投资

6.6.1 长期股权投资概述

长期股权投资，是指投资方对被投资方能够实施控制或具有重大影响的权益性投资，以及对其合营企业的权益性投资。

企业能够对被投资单位实施控制的，被投资单位为本企业的子公司。所谓控制就是指投资方拥有对被投资方的权力，通过参与被投资方的相关活动而享有可变回报，并且有能力运用对被投资方的权力影响其回报金额。

企业能够对被投资单位施加重大影响的，被投资单位就是本企业的联营企业。所谓重大影响，是指投资方对被投资单位的财务和经营政策有参与决策的权力，但并不能够控制或者与其他方一起共同控制这些政策的制定。

合营安排是指一项由两个或两个以上的参与方共同控制的安排。共同控制，是指按照相关约定对某项安排所共有的控制，并且该安排的相关活动必须经过分享控制权的参与方一致同意后才能决策。合营安排可以分为共同经营和合营企业，长期股权投资仅指对合营安排享有共同控制的参与方对其合营企业的权益性投资，不包括对合营安排不享有共同控制的参与方的权益性投资，也不包括共同经营。

除能够实施控制的权益性投资、具有重大影响的权益性投资和对合营企业的权益性投资外，企业持有的其他权益性投资，应当按照金融工具确认和计量准则的规定，在初始确认时分类为以公允价值计量且其变动计入当期损益的金融资产或指定为以公允价值计量且其变动计入其他综合收益的金融资产。

6.6.2 长期股权投资的成本法核算

1）成本法的概念和核算范围

长期股权投资的核算方法有两种：一是成本法；二是权益法。

所谓成本法，是指长期股权投资的价值按初始投资成本计量，除追加或收回投资外，一般不对长期股权投资的账面价值进行调整的一种会计处理方法。

企业能够对被投资单位实施控制的长期股权投资，即企业对子公司的长期股权投资，按照成本法进行后续计量。

2）账户的设置及会计核算

为了核算成本法下长期股权投资，企业应当设置“长期股权投资”账户。该账户借方登记长期股权投资取得时的成本；贷方登记收回长期股权投资的价值。期末借方余额反映企业持有的长期股权投资的价值。

（1）取得长期股权投资

除企业合并形成的长期股权投资以外，以支付现金取得的长期股权投资，应当按照实际支付的购买价款作为初始投资成本。企业所发生的与取得长期股权投资直接相关的费用、税金及其他必要支出应计入长期股权投资的初始投资成本，借记“长期股权投资”科目，贷记“银行存款”等科目。

此外，企业取得长期股权投资，实际支付的价款或对价中包含的已宣告但尚未发放的现金股利或利润，作为应收项目处理，不构成长期股权投资的成本，借记“应收股利”科目，贷记“银行存款”科目。

【例6-38】甲公司2×17年1月10日购买B公司发行的股票50 000股准备长期持有，从而拥有B公司55%的股份。每股买入价为6元，另外，企业购买该股票时发生有关税费5 000元，款项已由银行存款支付。甲公司应作如下会计处理：

借：长期股权投资　　305 000

　贷：银行存款　　305 000

（2）长期股权投资持有期间被投资单位宣告发放现金股利或利润

长期股权投资持有期间被投资单位宣告发放现金股利或利润时，企业按应享有的部分确认为投资收益，借记“应收股利”科目，贷记“投资收益”科目。

【例6-39】甲公司2×17年5月15日以银行存款购买C公司的股票100 000股作为长期投资，每股买入价为10元，每股价格中包含0.2元的已宣告但尚未发放的现金股利，另支付相关税费7 000元。甲公司应作如下会计处理：

借：长期股权投资　　987 000

　　应收股利　　20 000

　贷：银行存款　　1 007 000

假定甲公司2×17年6月20日收到C公司分来的购买该股票时已宣告但尚未发放的股利20 000元。此时，应作如下会计处理：

借：银行存款　　20 000

　贷：应收股利　　20 000

【例6-40】承【例6-38】，如果甲公司于2×17年6月20日收到B公司宣告发放2×16年度现金股利的通知，应分得现金股利5 000元。

甲公司应作如下会计处理：

借：应收股利　　5 000

　贷：投资收益　　5 000

（3）长期股权投资的处置

处置长期股权投资时，按实际收到的金额，借记“银行存款”等科目，并应同时结转已计提的长期股权投资减值准备，借记“长期股权投资减值准备”科目，按该项长期股权投资的账面余额，贷记“长期股权投资”科目，按尚未领取的现金股利或利润，贷记“应收股利”科目，按其差额，贷记或借记“投资收益”科目。

【例6-41】甲公司将其作为长期股权投资持有的D公司15 000股股票，以每股10元的价格卖出，支付相关税费1 000元，取得价款149 000元。款项已由银行收妥。该长期股权投资账面价值为140 000元，假定没有计提减值准备。甲公司应作如下会计处理：

借：银行存款　　149 000
　贷：长期股权投资　　140 000
　　投资收益　　9 000

6.6.3　长期股权投资的权益法核算

1）权益法的概念和核算范围

所谓权益法是指投资以初始投资成本计量后，在投资持有期间，根据被投资单位所有者权益的变动，投资企业按应享有（或应分担）被投资企业所有者权益的份额调整其投资账面价值的方法。

采用权益法核算的长期股权投资的范围主要包括以下两种：

（1）企业对被投资单位具有共同控制的长期股权投资。即企业对其合营企业的长期股权投资。

（2）企业对被投资单位具有重大影响的长期股权投资。即企业对其联营企业的长期股权投资。

2）账户的设置及会计核算

为了核算权益法下的长期股权投资，企业应当设置“长期股权投资”账户，并在该账户下设置“投资成本”“损益调整”“其他综合收益”“其他权益变动”等明细账户，分别反映长期股权投资的初始投资成本以及因被投资单位所有者权益发生增减变动而对长期股权投资账面价值进行调整的金额。长期股权投资的权益法核算详见《中级财务会计》教材。

章末习题

一、单项选择题

1.销售商品一批，销售收入为10 000元，规定的现金折扣条件是“2/10，1/20，N/30”，适用的增值税税率为13%，销售企业应收账款的入账价值应为（　　）元。

A. 11 100　　B. 11 300　　C. 10 700　　D. 11 583

2.在设置“预付账款”科目的企业，企业在补付货款时应作的会计分录是（　　）。

A.借：预付账款
　贷：银行存款

B.借：原材料

贷：预付账款

银行存款

C.借：预付账款

原材料

贷：银行存款

D.借：原材料

贷：预付账款

3.2×15年3月8日，甲公司以银行存款350万元取得一项股权投资并作为交易性金融资产核算，支付的价款中包含已宣告但尚未发放的现金股利20万元，另支付相关交易费用5万元。则甲公司该项交易性金融资产的初始入账价值为（　　）万元。

A.350　　B.355　　C.330　　D.335

4.成本法核算的长期股权投资，持有期间被投资单位宣告分派现金股利时，投资单位按享有的部分应贷记（　　）科目。

A.“长期股权投资”　B.“投资收益”　C.“资本公积”　D.“营业外收入”

5.某企业于4月10日销售商品收到带息票据一张，面值50 000元，年利率8%，6个月期，于6月10日贴现，贴现率为9%，该企业实际收到的贴现金额为（　　）元。

A. 50 440　　B. 48 440　　C. 52 000　　D. 50 000

二、多项选择题

1.下列各项中，属于企业金融资产的有（　　）。

A.贷款　　B.应收票据　　C.无形资产　　D.债权投资

2.下列各项应当作为长期股权投资核算的有（　　）。

A.对能够实施重大影响的被投资单位的投资

B.对能够实施控制的被投资单位的投资

C.对合营企业的投资

D.对被投资单位不具有控制、共同控制或重大影响，并且在活跃市场中没有报价、公允价值不能够可靠计量的权益性投资

3.长期股权投资的后续计量方法有（　　）。

A.成本法　　B.权益结合法　　C.权益法　　D.购买法

4.企业的应收账款不应包括（　　）。

A. 预付某公司货款　　B.应收利息

C.超过一年的应收分期销货款　　D.应收销货款

5.其他应收款的核算范围有（　　）。

A.应收的各种赔款、罚款　　B.应收的出租包装物租金

C.应向职工收取的各种垫付款项　　D.存出保证金

三、业务题

1.甲企业于2×17年10月1日销售一批商品给乙企业，商品售价为20万元，增值税税率为13%，甲企业收到乙企业开出的带息商业承兑汇票一张，期限为6个月，票面利率为6%，2×18年4月1日，乙企业由于资金周转困难，暂时无力支付票款，经双方协商，乙

企业重新签发6个月的不带息商业汇票，确定债权债务关系。甲企业在2×18年10月1日收到款项。

要求：根据以上经济业务内容，编制甲企业相关的会计分录。

2.乙公司从市场上购入债券作为交易性金融资产，有关情况如下：

（1）2×12年1月1日购入某公司债券，共支付价款1 025万元（含债券应该发放的2×11年下半年的利息），另支付交易费用4万元。该债券面值为1 000万元，于2×11年1月1日发行，4年期，票面利率为5%，每年1月2日和7月2日付息，到期时归还本金和最后一次利息；

（2）2×12年1月2日，收到该债券2×11年下半年的利息。

（3）2×12年6月30日，该债券的公允价值为990万元（不含利息）。

（4）2×12年7月2日，收到该债券2×12年上半年的利息。

（5）2×12年12月31日，该债券的公允价值为980万元（不含利息）。

（6）2×13年1月2日，收到该债券2×12年下半年的利息。

（7）2×13年3月31日，该公司将该债券以1 015万元的价格售出，扣除手续费5万元后，将收款净额1 010万元存入银行。假定乙公司每年6月30日和12月31日对外提供财务报告。

要求：编制乙公司上述经济业务有关的会计分录。(答案中金额单位用万元表示)

第7章/
固定资产

学习目标：理解固定资产的特点；了解固定资产的分类；掌握固定资产的定义与确认条件；掌握固定资产取得及处置的核算；掌握固定资产折旧及减值的核算。

7.1 固定资产概述

7.1.1 固定资产的概念与特征

一个企业，不论是它的生产活动还是经营活动都离不开各种有形资产，其中很重要的组成部分就是本章要介绍的固定资产。

1）概念

目前，关于固定资产的定义国内外表述并不完全相同。国际财务报告准则直接表述的是关于不动产、厂场和设备的定义，指出“不动产、厂场和设备，指具有下列特征的有形资产：企业为生产商品、提供劳务、出租或行政管理而持有的，预期使用寿命超过一个会计期间”。可见，这里只是对固定资产特征的描述，并没有对固定资产做明确的定义。我国《企业会计准则第4号——固定资产》对固定资产的定义则为：“固定资产，是指同时具有下列特征的有形资产：（1）为生产商品、提供劳务、出租或经营管理而持有；（2）预计使用寿命超过一个会计期间。”从这二者的表述来看，虽然对固定资产定义的明确程度有所不同，但对于作为有形资产的固定资产所具有的基本特征的表述还是相同的，都强调固定资产在有形性、持有目的以及使用年限三个方面所具有的特点。

关于准则对于固定资产的定义，需要注意三个方面的问题：

（1）不再强调单位价值较高。就固定资产的具体实物形态而言，固定资产一般包括房屋、建筑物、机器、机械、运输工具以及其他与生产、经营有关的设备、器具、工具等。但不再强调单位价值较高，把更多的判断自主权交给了企业。

（2）定义中“预计使用寿命超过一个会计期间”的说法意味着有些设备虽然使用寿命未到一年整，但跨过了一个会计年度的，也可以纳入固定资产的核算范围。例如，某企业某年8月1日购入一台设备，这台设备的使用寿命只需超过当年的12月31日即可列入固定资产核算。

（3）核算范围。作为投资性房地产的建筑物，适用《企业会计准则第3号——投资性房地产》；生产性生物资产则适用《企业会计准则第5号——生物资产》。

2）特征

综上所述，固定资产的特征一般表现为以下四个方面：

（1）固定资产是有形资产。固定资产作为实体存在，可以看得见、摸得着。这与企业的无形资产、应收账款及其他应收款等资产不同。

（2）可供企业长期使用。固定资产属于长期耐用资产，使用期限至少超过1年或大于1年的一个生产经营周期，而且实物形态不会因为使用而发生变化或显著损耗，这有别于存货。

（3）不以投资和销售为目的。企业取得各种固定资产的目的是服务于企业自身的生产经营活动。企业可以通过固定资产的作用而生产出产品，并通过产品的销售而赚取收入；可以通过提供劳务而赚取劳务收入；可以将固定资产出租给他人使用而赚取租金收入；可以用于企业的行政管理，从而提高企业的管理水平。企业取得固定资产不是为了出售，或将其对企业外部进行投资。

（4）具有可衡量的未来经济利益。企业取得固定资产的目的是获得未来的经济利益，虽然这种经济利益是来自对固定资产服务潜能的利用，而不是来自于可直接转换为多少数量的货币，但它能在未来为企业带来可以用货币加以合理计量的经济利益，而且这种经济利益一般是可以加以衡量的。

7.1.2　固定资产的分类

在企业中，固定资产的数量是很多的，为了便于对固定资产进行实物管理和价值核算，需要对固定资产进行科学、合理的分类。一般可以按如下的标准对固定资产进行分类：

1）按固定资产经济用途分类

固定资产按照经济用途的不同可以划分为经营用固定资产和非经营用固定资产两大类。

经营用固定资产是指直接参加或直接服务于生产经营过程的各种固定资产，如用于企业生产经营的房屋、建筑物、机器设备、运输设备及工具器具等。

非经营用固定资产是指不直接服务于生产经营过程的各种固定资产，如用于职工住宅、公共福利设施、文化娱乐及卫生保健等方面的房屋、建筑物、设施和器具等。

2）按固定资产使用情况分类

固定资产按照使用情况的不同可以划分为使用中固定资产、未使用固定资产、出租固定资产和不需用固定资产四大类。

使用中固定资产，是指企业正在使用的经营用固定资产和非经营用固定资产。企业的房屋及建筑物无论是否在实际使用，都应视为使用中固定资产。由于季节性生产经营或进行大修理等原因而暂时停止使用以及存放在生产车间或经营场所备用、轮换使用的固定资产，也属于使用中固定资产。

未使用固定资产，是指已购建完成但尚未交付使用的新增固定资产以及进行改建、扩建等暂时脱离生产经营过程的固定资产。

出租固定资产，是指企业根据租赁合同的规定，以经营租赁方式出租给其他企业临时使用的固定资产。

不需用固定资产，是指本企业多余或不适用、待处置的固定资产。

除上述基本分类外，固定资产还可以按其他标准进行分类，如按固定资产的所有权分类，可分为自有固定资产和租入固定资产；按固定资产的性能分类，可分为房屋及建筑物、动力设备、传导设备、工作机器及设备、工具、仪器及生产经营用具、运输设备、管理用具等；按固定资产的来源渠道分类，可分为外购的固定资产、自行建造的固定资产、投资者投入的固定资产、融资租入的固定资产、改建扩建新增的固定资产、接受捐赠取得的固定资产、非货币性资产交换换入的固定资产、接受抵债取得的固定资产等。

在会计实务中，企业为了更好地满足对固定资产管理和核算的需要，可以将几种分类标准结合起来，采用综合标准对固定资产进行分类，如综合考虑固定资产的经济用途、使用情况及所有权等，可将固定资产分为经营用固定资产、非经营用固定资产、经营出租固定资产、未使用固定资产、不需用固定资产和融资租入固定资产等。企业应当根据固定资产的定义，结合企业的具体情况，制定适合于本企业的固定资产目录、分类方法、每类或每项的折旧年限、折旧方法，为进行固定资产的实物管理和价值核算提供依据。

7.1.3 固定资产的确认

固定资产的确认是指企业在什么时候、以多少金额将固定资产作为企业所拥有或控制的资源进行反映。一般来讲，某项资产，如果要作为固定资产加以确认，首先要符合固定资产的定义，其次要同时满足以下两个固定资产的确认条件，才能加以确认：

1）与该固定资产有关的经济利益很可能流入企业

这一条件要求企业必须要有一定的证据对所确认的固定资产未来经济利益流入企业的确定程度做出可靠的估计，只有在企业确认通过该项资产很可能获得报酬时才将其确认为该企业的固定资产。

在实务中，判断与该固定资产有关的经济利益很可能流入企业的主要依据是，与该固定资产所有权有关的风险和报酬是否转移至企业。风险，是指由于经营情况变化造成的有关收益的变动，以及由于资产闲置、技术陈旧等原因造成的损失。报酬，是指在固定资产使用寿命内直接使用该资产而获得的收入，以及处置该资产所实现的利得等。通常，取得固定资产所有权是判断与固定资产所有权有关的风险和报酬转移至企业的一个重要标志。另外，强调取得该固定资产而发生的支出必须可靠计量，如建造的固定资产在达到使用状态时予以确认，即使未办理竣工决算，都要合理估计并加以确认。

2）该固定资产的成本能够可靠地计量

这是资产确认的一个基本条件，也就是确定资产的价值量问题。如果企业对固定资产能够拥有或控制，那么其价值量的确定在大多数情况下并不是一件很难的事情，如外购的固定资产，在交易时就确定了它的大部分价值。

企业在对固定资产进行确认时，应当按照固定资产的定义和确认条件，考虑企业的具体情形加以判断。例如，企业的环保设备和安全设备等资产，虽然不符合固定资产定义的要求，即不能直接为企业带来经济利益，但这类资产却有助于企业从其他相关资产上获得经济利益，因此也应当确认为固定资产。另外，一项资产是否应单独作为一项固定资产予以确认也是值得考虑的问题。例如，在某些情况下，将某项资产的总支出分配给各组成部分并对每个组成部分单独进行核算也是必要的，而且由于资产的各组成部分具有不同的使用寿命或以不同的方式为企业提供经济利益，因而采用的折旧率和折旧方法也有所不同，这种情况下就需要将它们各自作为单独的固定资产来确认。

这里，需要注意两个问题：(1) 固定资产的不同组成部分具有不同使用寿命或者以不同方式为企业提供经济利益，适用不同折旧率或折旧方法的，应当分别将各组成部分确认为单项固定资产。(2) 备品配件和维修设备通常确认为存货，但符合固定资产定义和确认条件的，应当确认为固定资产，如民用航空运输企业的高价周转件等。

7.1.4　固定资产的计价标准

固定资产的计价是指以货币为计量单位计算固定资产的价值额。这是进行固定资产价值核算的重要内容。一般而言，固定资产存在四种计价标准，即原始价值、重置完全价值、净值和现值。

1）原始价值

固定资产的计价一般应以原始价值为标准。原始价值简称原价或原值，也称实际成本、历史成本等，是指取得某项固定资产直至使该固定资产达到预定可使用状态前所实际支付的各项必要的、合理的支出，一般包括买价、进口关税、运输费、场地整理费、装卸费、安装费、专业人员服务费和其他税费等。

固定资产的原始价值由于具有客观性和可验证性的特点，因而是固定资产的基本计价标准，但是，采用原始价值计价也有明显的局限性，当社会经济环境和物价水平发生变化时，由于原始价值不能反映固定资产的现时价值，也就不能真实地揭示企业当前的生产经营规模和盈利水平，以此为依据编制的财务报表的真实性和相关性必然会受到影响。此外，由于固定资产的取得渠道是多种多样的，有些情况下企业可能根本无法取得原始价值资料。因此，除了采用原始价值对固定资产进行计价外，会计上还有必要辅之以其他计价标准，如重置完全价值。

2）重置完全价值

重置完全价值是指在现时的生产技术和市场条件下，重新购置同样的固定资产所需要支付的全部代价。重置完全价值所反映的固定资产的现时价值，从理论上讲，比采用原始价值计价更为合理。但由于重置完全价值本身是经常变化的，如果将其作为基本计价标准，势必会引起一系列复杂的会计问题，在会计实务中不具有可操作性。

因此，重置完全价值只能作为固定资产的一个辅助计价标准来使用。通常用于对财务报表进行必要的补充、附注说明，以弥补原始价值的不足。此外，在取得无法确定原始价值的固定资产时，如盘盈的固定资产、接受捐赠的固定资产等，应以重置完全价值为计价标准，对固定资产进行计价。

3）净值

净值，是指固定资产原始价值减去折旧后的余额，也称折余价值。它是计算固定资产盘盈、盘亏、出售、报废、毁损等溢余或损失的依据，将其与原始价值或重置完全价值相比较，还可以大致了解固定资产的新旧程度。

4）现值

现值是指固定资产在使用期间以及处置时产生的未来净现金流量的折现值。

7.2 固定资产的取得

7.2.1 固定资产入账价值的确定

企业取得固定资产的方式有外购、自行建造、接受投资、接受捐赠等，根据我国《企业会计准则第4号——固定资产》的规定，固定资产应当按照历史成本进行初始计量。在实际工作中，固定资产实际成本的构成内容因固定资产取得方式的不同而有所不同，因此其计价的具体内容也有所不同。下面根据不同情况，介绍固定资产入账价值的确定。

1）外购固定资产入账价值的确定

外购方式是企业取得固定资产的重要和主要方式。企业外购固定资产，其成本包括实际支付的买价、进口关税和其他税费，以及使固定资产达到预定可使用状态前所发生的可归属于该项资产的费用，如场地整理费、运输费、装卸费、安装费和专业人员服务费等。

以一笔款项购入多项没有单独标价的固定资产的，应当按照各项固定资产公允价值比例对总成本进行分配，分别确定各项固定资产的成本。

购买固定资产的价款超过正常信用条件延期支付，实质上具有融资性质的，固定资产的成本以购买价款的现值为基础确定。实际支付的价款与购买价款的现值之间的差额，除按照《企业会计准则第17号——借款费用》应予资本化的以外，应当在信用期间内计入当期损益。

根据增值税的有关规定，企业购进的一般货物、加工修理修配劳务、服务、无形资产或不动产，必须取得增值税扣税凭证，并经税务机关认证，其增值税进项税额才能从销项税额中抵扣。

2）自行建造固定资产入账价值的确定

自行建造固定资产的成本，由建造该项资产达到预定可使用状态前所发生的必要支出构成。

3）其他方式取得固定资产入账价值的确定

企业取得固定资产的其他方式主要包括接受投资者投入、接受捐赠、盘盈以及非货币性资产交换、债务重组、企业合并等。

投资者投入固定资产的成本，应当按照投资合同或协议约定的价值确定，但合同或协议约定的价值不公允的除外。

接受捐赠的固定资产，应按受赠资产的公允价值或同类资产的公允价值作为入账价值。

盘盈的固定资产，按同类或类似固定资产的市场价格，减去按该项资产的新旧程度估计的价值损耗后的余额，作为入账价值。如果同类或类似固定资产不存在活跃市场的，按该项固定资产的预计未来现金流量的现值，作为入账价值。

非货币性资产交换、债务重组、企业合并和融资租赁取得的固定资产的成本，应当分别按照《企业会计准则第7号——非货币性资产交换》《企业会计准则第12号——债务重组》《企业会计准则第20号——企业合并》《企业会计准则第21号——租赁》确定。

7.2.2　外购固定资产

1）主要账户设置

“固定资产”账户，核算企业持有的固定资产原价。建造承包商的临时设施，以及企业购置计算机硬件所附带的、未单独计价的软件，也通过该账户核算。该账户期末借方余额，反映企业固定资产的原价。

“在建工程”账户，核算企业基建、更新改造等在建工程发生的支出。该账户期末借方余额，反映企业尚未达到预定可使用状态的在建工程的成本。

“原材料”“应付职工薪酬”等账户设置参见相关章节。

2）账务处理

企业外购的固定资产，在投入使用前，有的不需要安装，有的则需要安装。

购入不需要安装的固定资产，企业可以立即投入使用，因此，会计处理比较简单，将实际支付的买价、运输费、包装费、税金等作为入账价值，借记“固定资产”科目；根据可以抵扣的增值税进项税额，借记“应交税费——应交增值税（进项税额）”科目；根据支付的全部价款，贷记“银行存款”等科目。

企业购入的如果是需要安装的固定资产，由于从固定资产运抵企业，到交付使用，还需要安装和调试，会发生安装调试成本，因此，企业购入固定资产支付的全部价款及发生的安装费等，均应通过“在建工程”科目核算，待安装完毕达到预定可使用状态时，再由“在建工程”科目转入“固定资产”科目。具体处理为：按照实际支付的买价、运费等，借记“在建工程”科目；根据可以抵扣的增值税进项税额，借记“应交税费——应交增值税（进项税额）”科目；根据实际支付的价款，贷记“银行存款”等科目。企业发生的安装费，借记“在建工程”“应交税费——应交增值税（进项税额）”科目；贷记“工程物资”“原材料”“应付职工薪酬”“银行存款”等科目。待工程完工，固定资产交付使用后，借记“固定资产”科目，贷记“在建工程”科目。

【例7-1】黄河公司于2×18年5月5日，购入一台生产用设备，增值税专用发票上注明的价款为2 800 000元，增值税税额为364 000元；运输费为200 000元，增值税为18 000元。固定资产无需安装，且运费取得了增值税合法抵扣凭证，以上货款均以银行存款支付。

固定资产的入账价值 = 2 800 000 + 200 000 = 3 000 000（元）

固定资产进项税额 = 364 000 + 18 000 = 382 000（元）

借：固定资产	3 000 000	
应交税费——应交增值税（进项税额）	382 000	
贷：银行存款		3 382 000

【例7-2】2×19年6月10日，黄河公司购入一台需要安装的生产用设备，取得的增值税专用发票上注明的设备买价为50 000元，增值税税额为6 500元，运输费为700元，运费未取得发票，皆以银行存款支付。安装设备时，支付工资3 500元。

（1）支付设备价款时：

借：在建工程	50 700	
应交税费——应交增值税（进项税额）	6 500	

贷：银行存款 57 200

（2）支付安装工资时：

借：在建工程 3 500

贷：应付职工薪酬 3 500

（3）设备安装完毕交付使用时：

固定资产的入账价值=50 700+3 500=54 200（元）

借：固定资产 54 200

贷：在建工程 54 200

7.2.3 自行建造固定资产

企业自行建造的固定资产，应按照建造该固定资产达到预定可使用状态前所发生的全部支出，作为入账价值，包括建造固定资产耗用的工程物资，原材料，应负担的职工薪酬，辅助生产部门为工程提供的水、电、修理等劳务支出，以及工程发生的待摊支出（包括工程管理费、征地费、可行性研究费、临时设施费、公证费、监理费及应负担的税费等）。

自行建造的固定资产应先通过“在建工程”科目核算，工程达到预定可使用状态时，再从“在建工程”科目转入“固定资产”科目。企业为建造固定资产而购买的各种材料物资，按发生的实际成本记入“工程物资”科目。企业自行建造固定资产，主要有自营和出包两种方式，由于建造方式不同，其会计处理也不同。

1）自营工程

自营工程是指企业利用自身的生产能力自行组织物资采购、自行组织施工人员进行的建筑工程和安装工程。

（1）主要账户设置

企业应设置“在建工程”账户，核算企业自行建造的固定资产。该账户可按“建筑工程”、“安装工程”、“在安装设备”以及单项工程进行明细核算。在建工程发生减值的，可以单独设置“在建工程减值准备”科目进行核算。

“工程物资”账户，核算企业为在建工程准备的各种物资的成本，包括工程用材料、尚未安装的设备以及为生产准备的工器具等。该账户期末借方余额，反映企业为在建工程准备的各种物资的成本。

（2）账务处理

企业购入自行建造固定资产所需的材料物资时，根据实际支付的买价和应计入工程物资成本的包装费、运杂费等，借记“工程物资”科目；根据可以抵扣的增值税进项税额，借记“应交税费——应交增值税（进项税额）”科目；根据支付的全部价款，贷记“银行存款”等科目。

企业自行建造固定资产领用材料物资时，根据实际成本，借记“在建工程”科目，贷记“工程物资”科目。

企业自行建造固定资产期间负担职工薪酬时，借记“在建工程”科目，贷记“应付职工薪酬”科目。

企业自行建造固定资产过程中发生的其他通过银行存款等支付的业务，借记“在建工程”科目，贷记“银行存款”等科目。

企业自行建造的固定资产在交付使用时，根据建造工程的实际成本，借记“固定资产”科目，贷记“在建工程”科目。

【例7-3】黄河公司自行建造固定资产——生产用设备1台，有关购建资料如下：

（1）用银行存款购入建造固定资产所需工程用材料一批，增值税专用发票上注明的价款为150 000元，增值税税额为19 500元；

（2）建造固定资产领用工程物资150 000元；

（3）计提建造固定资产应负担的职工薪酬20 000元；

（4）用银行存款支付建造固定资产的其他支出7 200元；

（5）建造固定资产完工，经验收合格并投入使用。

黄河公司的账务处理如下：

（1）购入工程用材料：

借：工程物资　150 000

　应交税费——应交增值税（进项税额）　19 500

　贷：银行存款　169 500

（2）领用工程物资：

借：在建工程　150 000

　贷：工程物资　150 000

（3）计提应负担的职工薪酬：

借：在建工程　20 000

　贷：应付职工薪酬　20 000

（4）支付其他支出：

借：在建工程　7 200

　贷：银行存款　7 200

（5）结转在建工程：

借：固定资产　177 200

　贷：在建工程　177 200

2）出包工程

出包工程是指企业通过招标等方式将工程项目发包给建造商，由建造商组织施工的建筑工程和安装工程。

在出包方式下，固定资产建造工程支出由承包单位核算，出包企业只需按出包合同的规定向承包单位支付工程价款，并按支付的全部工程价款作为固定资产成本入账。

预付工程价款时，借记“在建工程——预付工程款”科目，贷记“银行存款”科目；结算工程进度款时，借记“在建工程——工程成本”“应交税费——应交增值税（进项税额）”科目，贷记“在建工程——预付工程款”科目；补付工程款时，借记“在建工程——预付工程款”科目，贷记“银行存款”等科目；工程完工交付使用时，借记“固定资产”科目，贷记“在建工程——预付工程款”科目。

值得注意的是，在固定资产的入账价值中，还应包括企业为取得固定资产而交纳的契税、耕地占用税、车辆购置税等相关税费。

企业购置计算机硬件所附带的、未单独计价的软件，与所购置的计算机硬件一并作为固定资产管理。

已达到预定可使用状态但尚未办理竣工决算手续的固定资产，可先按估计价值记账，待确定实际价值后，再进行调整。

7.3 固定资产折旧

7.3.1 固定资产折旧及其性质

我国《企业会计准则第4号——固定资产》将固定资产折旧定义为“在固定资产使用寿命内，按照确定的方法对应计折旧额进行系统分摊”。在理解固定资产折旧定义时，应注意这样两个问题：一是固定资产的成本转入营业成本或费用中的原因与目的；二是固定资产的成本如何转入营业成本或费用中。

企业取得固定资产是由于固定资产能够在未来给企业带来一定的经济利益，这种经济利益是来自于企业对固定资产服务潜能的利用。但是，固定资产的服务潜能是有限的，随着固定资产在生产经营过程中的不断使用，这种服务潜能会逐渐衰减直至消逝。企业为了使成本和相应的收入相配比，就必须按消逝的服务潜能的比例，将固定资产的取得成本转入营业成本或费用中，以正确确定企业的损益。从量上来说，准确地确定固定资产已消逝的服务潜能几乎是不可能的，特别是某一期消逝的服务潜能更是如此。但是，人们可以通过采用一定的方法按期计算转入营业成本或费用中的固定资产成本，并且这种方法一经确定，在固定资产整个经济使用年限内一般不允许变更，具有连续性和规律性，这在会计上被称为“合理而系统”的方法。

固定资产服务潜能的逐渐消逝，是因为固定资产在使用过程中会发生各种损耗。固定资产损耗可分为有形损耗和无形损耗。有形损耗是指固定资产在使用过程中由于磨损而发生的使用性损耗和由于受自然力影响而发生的自然损耗；无形损耗是指由于技术进步、消费者偏好的变化等原因而引起的损耗，这种损耗的特点是固定资产在物质形态上仍具有服务潜能，但已不再适用或继续使用已不经济。

固定资产折旧的过程，实际上就是一个持续的成本分配过程，但并不是为了计算固定资产的净值。折旧就是企业采用合理而系统的方法将固定资产的取得成本在固定资产的经济使用年限内合理地分配，使之与各期的收入相配比，从而正确确认企业的损益。

7.3.2 影响固定资产折旧计算的因素及折旧范围

折旧，是指在固定资产使用寿命内，按照确定的方法对应计折旧额进行系统分摊。

1）影响固定资产折旧计算的因素

影响固定资产折旧计算的因素主要有三个：应计折旧额、预计净残值和预计使用年限。

（1）应计折旧额

应计折旧额，是指应当计提折旧的固定资产的原价扣除其预计净残值后的金额。已计提减值准备的固定资产，还应当扣除已计提的固定资产减值准备累计金额。

（2）预计净残值

预计净残值，是指假定固定资产预计使用寿命已满并处于使用寿命终了时的预期状态，企业目前从该项资产处置中获得的扣除预计处置费用后的金额。固定资产的净残值是企业在固定资产使用期满后对固定资产的一个回收额，在计算固定资产折旧时应从固定资产的折旧计算基数中扣除。同时，由于固定资产净残值是一个在一开始计算固定资产折旧时就需要考虑的因素，而它的实际金额却是在实际发生时才能确定的，因此需要事先对其加以估计。实务上净残值一般通过固定资产在报废清理时预计的残值收入扣除预计的清理费用后的净额来确定。

（3）预计使用年限

预计使用年限，是指固定资产预计经济使用年限，也称折旧年限，它通常短于固定资产的物质使用年限。企业在确定固定资产使用寿命时，应当考虑下列因素：

①预计生产能力或实物产量；

②预计有形损耗和无形损耗；

③法律或者类似规定对资产使用的限制。

企业应当根据固定资产的性质和使用情况，合理确定固定资产的预计使用年限和预计净残值。

固定资产的预计使用年限、预计净残值一经确定，不得随意变更。但是，符合企业会计准则规定的除外。

企业至少应当于每年年度终了，对固定资产的预计使用年限、预计净残值和折旧方法进行复核。

使用年限预计数与原先估计数有差异的，应当调整固定资产使用年限。

净残值预计数与原先估计数有差异的，应当调整预计净残值。

与固定资产有关的经济利益预期实现方式有重大改变的，应当改变固定资产折旧方法。

固定资产预计使用年限、预计净残值和折旧方法的改变应当作为会计估计变更。

2）固定资产折旧范围

我国现行会计准则规定：企业应当对所有固定资产计提折旧。但是，已提足折旧仍继续使用的固定资产和单独计价入账的土地除外。当月增加的固定资产，当月不提折旧，从下月开始计提折旧；当月减少的固定资产当月照提折旧，从下月开始停提折旧。

7.3.3　固定资产的折旧方法

固定资产的折旧方法，是指将应计折旧总额在固定资产各使用年限进行分配时所采用的具体计算方法，包括年限平均法、工作量法、加速折旧法等。折旧方法的选用将直接影响应计折旧总额在固定资产各使用年限之间的分配结果，从而影响各年的净收益和所得税。因此，企业应根据固定资产的性质、受有形损耗和无形损耗影响的方式及程度，结合科技发展、环境及其他因素的影响，合理选择固定资产的折旧方法。固定资产折旧方法一经确定，不得随意变更，如需变更，应按规定的程序报经批准后备案，并在财务报表附注中予以说明。

1）年限平均法

年限平均法也称直线法，它是以固定资产预计使用年限为分摊标准，将固定资产的应提折旧总额平均地分摊到使用各年的一种折旧方法。采用这种折旧方法，各年的折旧额均相等，不受固定资产使用频率或生产量的影响。

使用年限平均法计算折旧的公式如下：

$$年折旧额 = \frac{原始价值 - 预计净残值}{预计使用年限}$$

在实务中，固定资产折旧额还可以根据折旧率计算。折旧率是指折旧额占原始价值的比重。用公式表示如下：

$$年折旧率 = \frac{年折旧额}{原始价值} \times 100\% = \frac{1 - 预计净残值率}{预计使用年限} \times 100\%$$

月折旧率=年折旧率÷12

其中，$预计净残值率=\frac{预计净残值}{原始价值} \times 100\%$

年折旧额=原始价值×年折旧率

月折旧额=年折旧额÷12

【例7-4】某企业某项固定资产的原价为50 000元，预计净残值率为4%，预计使用年限为10年。

要求：计算该项固定资产的月折旧率和月折旧额。

$$该项固定资产年折旧率 = \frac{1 - 4\%}{10} \times 100\% = 9.6\%$$

$$该项固定资产月折旧率 = \frac{9.6\%}{12} \times 100\% = 0.8\%$$

该项固定资产月折旧额 = 50 000×0.8% = 400（元）

从上面的计算过程可以看出年限平均法的优缺点。年限平均法的优点是计算过程简单，容易理解。缺点是只注重固定资产的使用年限，而忽视使用状况，导致固定资产无论损耗程度如何，都提取同样的折旧费用，这显然是不合理的；此外，年限平均法确定的固定资产各年折旧费用相同，而随着资产使用年限的延长，所需要的修理、保养费用会逐渐增加，这就导致固定资产使用早期负担费用偏低，而后期负担费用偏高的现象，违背了收入与费用的配比原则。

2）工作量法

工作量法是以固定资产预计可完成的工作总量为分摊标准，根据各年实际完成的工作量计算折旧的一种方法。采用这种折旧方法，各年折旧额的大小随工作量的变动而变动。工作量法计算折旧的过程分为两个步骤来完成：先计算固定资产单位工作量的折旧额，在此基础上再根据每期实际工作量的多少计算当期的折旧额。其计算过程用公式表示如下：

$$单位工作量折旧额 = \frac{原始价值 \times (1 - 预计净残值率)}{预计工作量总额}$$

年折旧额=某年实际完成的工作量×单位工作量折旧额

采用工作量法，不同的固定资产应按照不同的工作量标准计算折旧，如机器设备按工作小时计算、运输工具按行驶里程计算等。

【例7-5】黄河公司有运输汽车一辆，原价200 000元，预计净残值率为4%，预计行驶总里程为600 000千米。某月该运输汽车实际行驶5 000千米。

要求：计算该运输汽车的单位工作量折旧额和该月折旧额。

单位工作量折旧额 = 200 000×（1-4%）÷600 000=0.32（元/千米）

该月折旧额 = 0.32×5 000 = 1 600（元）

从上面的计算过程可以看出工作量法的优缺点。工作量法的优点和年限平均法一样，比较简单实用，而且工作量法以固定资产的工作量为固定资产成本的分配标准，使各年计提的折旧额与固定资产的使用程度呈正比例关系，体现了收入与费用相配比的会计原则。工作量法的缺点也是显而易见的，它将有形损耗看作引起固定资产折旧的唯一因素，而忽视了无形损耗的存在。

因此，工作量法更适用于使用情况不均衡，使用的季节性较为明显的大型机器设备、大型施工机械以及运输单位或其他企业专业车队的客、货运汽车等固定资产折旧的计算。

3）加速折旧法

加速折旧法是指固定资产折旧费用在使用早期提的较多，在使用后期提的较少，以使固定资产的大部分成本在使用早期尽快得到补偿，从而相对加快折旧速度的一种计算折旧的方法。采用加速折旧法计算折旧的具体方法有余额递减法、双倍余额递减法、年数总和法等。我国会计准则规定企业可以采用的加速折旧法是双倍余额递减法和年数总和法。

（1）双倍余额递减法

双倍余额递减法是以双倍的直线折旧率作为加速折旧率，乘以各年年初固定资产账面净值计算各年折旧额的一种方法。折旧额的计算用公式表示如下：

$$\text{年折旧率} = \frac{1}{\text{预计使用年限}} \times 2 \times 100\%$$

某年的折旧额=该年年初固定资产账面净值×年折旧率

值得注意的是，在采用双倍余额递减法最初计算折旧时并没有考虑固定资产的净残值，但是在固定资产最后处置时，其账面净值按要求仍不得低于固定资产净残值，这就需要对固定资产使用到期前的剩余几年的折旧额进行调整。调整的方法是，在固定资产使用的最后几年，将双倍余额递减法转换为年限平均法计算折旧。在会计实务中，现行会计制度规定，为简化折旧的计算，在固定资产预计使用年限到期前两年，进行方法的转换，即在最后两年转换为年限平均法计算折旧。

【例7-6】黄河公司有一项固定资产，原价为20 000元，预计净残值为600元，预计使用年限为5年。该项固定资产采用双倍余额递减法计提折旧。

要求：计算该项固定资产的年折旧率及各年应提折旧额。

$$\text{年折旧率} = \frac{1}{5} \times 2 \times 100\% = 40\%$$

该固定资产采用双倍余额递减法计算的各年折旧额见表7-1。

表7-1　**各年折旧计算表（双倍余额递减法）**　金额单位：元

年　度	年初净值	年折旧率	年折旧额	累计折旧额	年末净值
1	20 000	40%	8 000	8 000	12 000
2	12 000	40%	4 800	12 800	7 200
3	7 200	40%	2 880	15 680	4 320
4	4 320	—	1 860	17 540	2 460
5	2 460	—	1 860	19 400	600

（2）年数总和法

年数总和法是指以计算折旧当年年初固定资产尚可使用年数做分子，以各年年初固定资产尚可使用年数的总和做分母，分别确定各年折旧率，然后用各年折旧率乘以应计折旧总额计算每年折旧额的一种方法。

假如固定资产的使用年限为n年，则各年的年数为1、2、3、…、n。年数总和为1+2+3+…+n，即n（n+1）/2，以此作为年数总和法计算分数的分母。至于分子，是指从计提折旧那一年开始尚可使用的年限，如果计提折旧那一年以t表示，则分子可以表示为n−t+1。因此，年数总和法的计算公式可以表示如下：

$$各年折旧率 = \frac{n-t+1}{n(n+1)\div 2}$$

$$每年折旧额 = (C-S)\times\frac{n-t+1}{n(n+1)\div 2}$$

其中，C表示固定资产的原始价值；S表示固定资产的预计净残值。

【例7−7】黄河公司有一项固定资产，原价为20 000元，预计净残值为600元，预计使用年限为5年。该项固定资产采用年数总和法计提折旧。

要求：计算该项固定资产的年折旧率及各年应提折旧额。

年数总和 = 5 + 4 + 3 + 2 + 1 = 15

应提折旧总额 = 20 000 − 600 = 19 400（元）

该固定资产采用年数总和法计算的各年折旧额见表7−2。

表7−2 **各年折旧计算表（年数总和法）** 金额单位：元

年　度	应提折旧总额	年折旧率	年折旧额	累计折旧额
1	19 400	5/15	6 466	6 466
2	19 400	4/15	5 174	11 640
3	19 400	3/15	3 880	15 520
4	19 400	2/15	2 586	18 106
5	19 400	1/15	1 294	19 400

4）固定资产各种折旧计算方法的比较与选择

企业在计提折旧时，可以根据具体情况，选择各种折旧计算方法。由于固定资产折旧方法的选择直接影响到企业成本费用的计算，因而影响到企业的当期损益，所以折旧方法的选择应遵循一贯性原则。也就是说折旧方法一经确定，不得随意变更，如需变更，应当在财务报表附注中予以说明。

企业采用直线法计提折旧，固定资产的转移价值平均摊配于其使用的各个会计期间或完成的工作量，它的优点是计算简单，容易理解。但是，随着固定资产使用时间的推移，其磨损程度逐渐增加，使用后期的维修费支出将会高于使用前期的维修费支出，即使各个会计期间或单位工作量负担的折旧费相同，各个会计期间或单位工作量负担的固定资产使用成本（折旧费与维修费之和）也会不同。这种方法没有考虑固定资产使用过程中相关支出摊配于各个会计期间或完成的工作量的均衡性。

企业采用加速折旧法计提折旧，克服了直线法的不足。因为这种方法前期计提的折旧费较多而维修费较少，后期计提的折旧费较少而维修费较多，从而保持了各个会计期间负担的固定资产使用成本的均衡性。

固定资产各种折旧计算方法的比较与选择详见表7-3。

表7-3　　**固定资产各种折旧计算方法的比较与选择**

折旧方法	计提折旧基础	各年折旧率	各年折旧额
年限平均法	应计折旧总额	不变	不变
工作量法	单位工作量折旧额	—	随工作量变化
双倍余额递减法	年初净值	不变（不含后两年）	递减
年数总和法	应计折旧总额	递减	递减

7.3.4　固定资产折旧的核算

1）主要账户设置

企业应设置“累计折旧”账户，核算固定资产的累计折旧。按期（月）计提固定资产的折旧时，借记“制造费用”“销售费用”“管理费用”“研发支出”“其他业务成本”等科目，贷记本科目。处置固定资产还应同时结转累计折旧。该账户期末贷方余额，反映企业固定资产的累计折旧额。其他账户设置参见相关章节。

2）账务处理

我国企业会计准则规定固定资产应当按月计提折旧，并根据用途计入相关资产的成本或者当期损益。

固定资产的折旧费用，应根据固定资产的受益对象分配计入有关的成本或费用中。例如，企业管理部门使用的固定资产计提的折旧费用，应计入管理费用；生产部门使用的固定资产计提的折旧费用，应计入制造费用；专设销售机构使用的固定资产计提的折旧费用，应计入销售费用；经营性出租的固定资产计提的折旧费用，应计入其他业务成本等。

为了便于对折旧进行核算，企业一般通过编制“固定资产折旧计算表”进行折旧的计算和分配，并以此作为折旧核算的原始凭证。

【例7-8】黄河公司2×19年1月份计提折旧情况如下：

第一生产车间厂房计提折旧7.6万元，机器设备计提折旧9万元。

管理部门房屋建筑物计提折旧13万元，运输工具计提折旧4.8万元。

销售部门房屋建筑物计提折旧6.4万元，运输工具计提折旧5.26万元。

此外，本月第一生产车间新购置一台设备，原价122万元，预计使用年限10年，预计净残值1万元。按年限平均法计提折旧。

本例中，新购置的设备本月不提折旧，应从2×19年2月开始计提折旧。

黄河公司2×19年1月份计提折旧的账务处理如下：

借：制造费用——第一生产车间　　166 000

　　管理费用　　178 000

　　销售费用　　116 600

　贷：累计折旧　　460 600

7.4 固定资产的后续支出

为了适应新技术发展的需要，或者为维护或提高固定资产的使用效能，在固定资产投入使用以后还会发生一些必要的支出，如改建、扩建固定资产发生的支出等，这些支出也被称为固定资产的后续支出。

固定资产的后续支出是指固定资产在使用过程中发生的更新改造支出、修理费用等。固定资产的更新改造等后续支出，同时满足下列条件的，应当计入固定资产成本，如有被替换的部分，应扣除其账面价值：（1）该固定资产包含的经济利益很可能流入企业；（2）该固定资产的成本能够可靠计量。不满足上述确认条件的固定资产修理费用等，应当在发生时计入当期损益。因此，可以将固定资产的后续支出分为固定资产的改良支出与固定资产的修理支出。

7.4.1 固定资产的改扩建

固定资产的改扩建是为了提高固定资产的性能、质量而采取的措施，如以自动装置代替非自动装置、房屋增加楼层等。固定资产改良支出一般金额较大，受益期较长，而且使固定资产的性能、质量等都有较大的改进。

1）主要账户设置

核算固定资产的改扩建支出需要设置“固定资产”“在建工程”“累计折旧”“工程物资”等账户，具体设置参见相关章节。

2）账务处理

固定资产在改扩建期间，由于停止使用，工期较长，企业应在固定资产改扩建时，将固定资产的账面价值转入“在建工程”科目，借记“在建工程”“累计折旧”“固定资产减值准备”科目，贷记“固定资产”科目；发生改扩建新增支出时，借记“在建工程”科目，贷记“银行存款”等科目；在改扩建过程中收到的残料入库及变价收入，借记“原材料”“银行存款”科目，贷记“在建工程”科目；改扩建工程完工交付使用时，借记“固定资产”科目，贷记“在建工程”科目。

固定资产改扩建后，应重新计算固定资产的折旧额。

【例7-9】黄河公司改造机器设备1台，机器设备改造前的原价为50 000元，累计折旧为20 000元；用银行存款支付改造机器设备支出10 000元；改造机器设备拆除的部件残料计价800元入库。

要求：根据有关资料，编制会计分录。

（1）固定资产转入在建工程时：

借：在建工程	30 000	
累计折旧	20 000	
贷：固定资产		50 000

（2）支付改造机器设备款项时：

借：在建工程	10 000	
贷：银行存款		10 000

（3）残料入库时：

借：原材料　　800

　贷：在建工程　　800

（4）改造工程完工时：

借：固定资产——机器设备　　39 200

　贷：在建工程　　39 200

7.4.2 固定资产的修理支出

固定资产在使用过程中，由于自然侵蚀或意外事故等原因，往往会发生不同程度的损坏，影响了固定资产的正常使用，为了保持固定资产的正常运转和使用，充分发挥其使用效能，就必须对固定资产进行修理。

固定资产的修理按其修理范围的大小、费用支出的多少和修理时间的长短等分为大修理和日常修理两种。

固定资产的大修理是指对企业的固定资产进行局部更新，如对机器设备全部拆卸和更换部分主要零部件等。其特点是：修理范围大、间隔时间长、修理次数少、修理费用高。修理费用高是指某项固定资产的大修理成本支出相对每次日常修理成本支出而言较多，其支出金额在企业全部成本费用总的比重则不一定较大。

固定资产的日常修理是指为了维护和保持固定资产正常工作状态所进行的经常性修理，如对机器设备进行局部检修、更换少数零件和排除故障等。其特点是：修理范围小、间隔时间短、修理次数多、修理费用少。

1）主要账户设置

核算固定资产修理业务需要设置“制造费用”“销售费用”“管理费用”“其他业务成本”“银行存款”等账户，具体设置参见相关章节。

2）账务处理

固定资产日常修理与大修理虽然各有特点，但是在现实经营过程中很难界定与区分，因此在实际工作中，日常修理与大修理往往一并核算，将实际发生的修理支出计入产品成本或当期损益。发生修理支出时，借记“制造费用”“管理费用”“应交税费——应交增值税（进项税额）”科目，贷记“银行存款”等科目。

如果固定资产修理支出金额比较大，可以将其确认为长期待摊费用，分期进行摊销。

【例7-10】黄河公司基本生产车间对一台机器设备进行大修理，用银行存款实际支付修理费9 000元；领用修理用材料2 000元；大修理结束。

要求：假设不考虑相关税费，根据有关资料，编制会计分录。

（1）用银行存款实际支付修理费时：

借：制造费用　　9 000

　贷：银行存款　　9 000

（2）领用修理用材料时：

借：制造费用　　2 000

　贷：原材料　　2 000

7.5 固定资产处置

7.5.1 固定资产处置的含义及业务内容

固定资产处置是指由于各种原因使企业固定资产退出生产经营过程所做的处置活动。在企业固定资产的使用过程中，有时会出现固定资产退出正常工作状态的情况，如固定资产的出售、报废、毁损等。这些业务的产生往往是由于各自不同的原因所造成的。出售固定资产多数是企业将多余闲置的或不适合企业生产需要的固定资产进行转让。报废、毁损固定资产一般有以下几方面的原因：（1）固定资产的预计使用年限已满，其物质磨损程度已达到极限，不宜继续使用，应按期报废；（2）由于科学技术水平的提高，致使企业拥有的某项固定资产继续使用在经济上已不合算，必须淘汰，提前报废；（3）由于自然灾害或管理不善等原因导致的固定资产毁损。

固定资产满足下列条件之一的，应当予以终止确认：（1）该固定资产处于处置状态；（2）该固定资产通过使用或处置预期不能产生经济利益。同时，企业持有待售的固定资产，应当对其预计净残值进行调整。

固定资产在处置过程中会发生收益或损失，称为处置损益。企业出售、转让、报废固定资产或发生固定资产毁损，应当将处置收入扣除账面价值和相关税费后的金额计入当期损益。固定资产的账面价值是固定资产成本扣减累计折旧和累计减值准备后的金额。

7.5.2 固定资产处置的核算

1）主要账户设置

为了总括反映企业因出售、报废和毁损等原因转入清理过程中发生的清理费用、税金和清理收入等情况，企业应设置“固定资产清理”账户。该账户核算企业因出售、报废、毁损、对外投资、非货币性资产交换、债务重组等原因转出的固定资产价值以及在清理过程中发生的费用等。该账户借方登记转入清理的固定资产净值、清理过程中发生的清理费用以及销售环节应交纳的增值税；贷方登记固定资产已计提的减值准备、清理过程中取得的转让收入、各种变价收入以及应向保险公司或有关责任者索取的赔款。清理过程中发生的净收益，应作为资产处置收益或营业外收入从该科目借方转出；清理过程中发生的净损失，应作为资产处置损失或营业外支出从该科目贷方转出。该账户期末无余额。

2）账务处理

（1）固定资产出售

企业对于闲置不用的固定资产可以出售给其他单位，以收回资金。出售固定资产的损益是指出售固定资产取得的价款与固定资产账面价值、发生的清理费之间的差额。

第一，将出售的固定资产账面价值进行注销，借记“固定资产清理”“累计折旧”“固定资产减值准备”科目，贷记“固定资产”科目。

第二，出售固定资产发生清理费用时，借记“固定资产清理”“应交税费——应交增值税（进项税额）”科目，贷记“银行存款”等科目。

第三，出售固定资产取得收入时，借记“银行存款”科目，贷记“固定资产清理”“应交税费——应交增值税（销项税额）”科目。

第四，结转出售固定资产的净损益。如果固定资产清理的贷方发生额大于借方发生额，则为清理净收益，借记“固定资产清理”科目，贷记“资产处置损益”科目；如果固定资产清理的贷方发生额小于借方发生额，则为清理净损失，借记“资产处置损益”科目，贷记“固定资产清理”科目。经过结转后，“固定资产清理”科目无余额。

【例7-11】黄河公司2×18年5月出售一台使用过的设备，原值为200 000元，累计折旧为60 000元，未计提减值准备，清理过程中使用银行存款支付清理费用500元；取得出售价款100 000元，增值税13 000元，存入银行。

要求：编制黄河公司出售固定资产的相关会计分录。

（1）注销设备原值和累计折旧时：

借：固定资产清理　　140 000
　　累计折旧　　60 000
　贷：固定资产　　200 000

（2）结转清理费用时：

借：固定资产清理　　500
　贷：银行存款　　500

（3）结转清理收入时：

借：银行存款　　113 000
　贷：固定资产清理　　100 000
　　　应交税费——应交增值税（销项税额）　　13 000

（4）结转出售净损益时：

设备出售净损益=100 000−500−140 000=−40 500（元）

借：资产处置损益　　40 500
　贷：固定资产清理　　40 500

（2）固定资产报废和毁损

固定资产报废和毁损是由于不同的原因造成的。固定资产报废是指在正常使用条件下由于使用期满不能继续使用而造成的。固定资产毁损是由于意外事故或管理不善造成的。虽然二者的产生原因不同，但是其核算方法基本相同。报废或毁损的固定资产的账面价值、残料变价收入核算基本相同，主要区别在于固定资产报废不存在经济索赔问题，而固定资产毁损则可能获得保险公司或有关责任者的经济赔偿。固定资产报废和毁损的核算方法与出售的核算方法基本相同，都需要通过“固定资产清理”科目进行。不同之处在于固定资产报废和毁损不属于日常经营活动，其净损益应计入营业外收入或营业外支出。

【例7-12】黄河公司的一间厂房因管理不善提前报废。该厂房的原价为50 000元，已计提的折旧额为30 000元；在清理过程中，用现金支付清理费800元，残料入库计价2 000元；应由有关责任者赔偿2 500元。其账务处理如下：

（1）注销报废固定资产的原价和已计提折旧额时：

借：固定资产清理　　20 000
　　累计折旧　　30 000
　贷：固定资产　　50 000

（2）用现金支付清理费用时：

借：固定资产清理　　800

　贷：库存现金　　800

（3）残料入库时：

借：原材料　　2 000

　贷：固定资产清理　　2 000

（4）由责任者赔偿损失时：

借：其他应收款　　2 500

　贷：固定资产清理　　2 500

（5）结转报废固定资产净损失时：

净损失 =（20 000 + 800）-（2 000 + 2 500）= 16 300（元）

借：营业外支出　　16 300

　贷：固定资产清理　　16 300

值得注意的是，除了上述固定资产处置的方式之外，还有因盘亏、债务重组、非货币性资产交换、无偿调出等原因而产生的固定资产处置，有兴趣的同学可以参考中级财务会计相关章节的内容。

7.6 固定资产的期末计价

为了更合理地反映固定资产的期末价值，企业应该选择恰当的方法定期对固定资产的账面价值进行检查，至少每年年末要检查一次。

我国企业会计准则规定，企业应当在会计期末判断资产是否存在可能发生减值的迹象。资产存在减值迹象的，应当估计其可收回金额。可收回金额应当根据资产的公允价值减去处置费用后的净额与资产预计未来现金流量的现值两者之间较高者确定。可收回金额的计量结果表明，资产的可收回金额低于其账面价值的，应当将资产的账面价值减记至可收回金额，减记的金额确认为资产减值损失，计入当期损益，同时计提相应的资产减值准备。固定资产减值准备一旦提取就不允许冲回。

如不存在减值迹象，不应估计固定资产的可收回金额。

7.6.1 主要账户设置

企业应设置“固定资产减值准备”账户核算企业固定资产发生减值时计提的减值准备。资产负债表日，企业根据资产减值准则确定固定资产发生减值的，按应减记的金额，借记“资产减值损失”科目，贷记本科目。处置固定资产时，应同时结转已计提的固定资产减值准备。本账户期末贷方余额，反映企业已计提但尚未转销的固定资产减值准备。

“资产减值损失”账户见前面章节。

7.6.2 账务处理

【例 7-13】黄河公司 2×15 年 1 月购入一台机器设备，原值为 200 000 元，预计净残值为 8 000 元，预计使用年限为 5 年，采用平均年限法计提折旧。2×17 年 12 月 31 日，该机器设备发生减值，预计可收回金额为 60 000 元。计提减值准备后，该机器设备的预计剩余使用年限为 2 年，预计净残值为 2 000 元。其账务处理如下：

（1）计算该机器设备2×15年1月至2×17年12月的累计折旧：

月折旧额 =（200 000 − 8 000）÷5÷12 = 3 200（元）

累计折旧 = 3 200×（11 + 12+12） = 112 000（元）

（2）计算该机器设备2×17年12月31日的净值：

该机器设备2×17年12月31日的净值=200 000−112 000=88 000（元）

（3）计提减值准备：

固定资产减值准备=88 000−60 000=28 000（元）

借：资产减值损失　　28 000

　贷：固定资产减值准备　　28 000

（4）计算2×18年1月起的月折旧额：

月折旧额=（60 000−2 000）÷2÷12=2 416.67（元）

借：制造费用　　2 416.67

　贷：累计折旧　　2 416.67

章末习题

一、单项选择题

1. 计提固定资产折旧时，可以先不考虑固定资产净残值的方法是（　　）。

A.年限平均法　　B.工作量法　　C.双倍余额递减法　　D.年数总和法

2. 辉煌公司2×17年6月初固定资产原值为200万元，6月新增一项固定资产，其入账价值为120万元；同时6月减少了一项固定资产，原值为50万元。则6月份该公司应该计提折旧的固定资产原值是（　　）万元。

A.200　　B.270　　C. 320　　D.130

3. 2×17年7月10日，辉煌公司购入一台需要安装的生产用设备，取得的增值税专用发票上注明的设备买价为100 000元，增值税税额为13 000元，运输费为1 000元，运费未取得发票，皆以银行存款支付。安装设备时，支付工资5 000元。则该固定资产的入账价值是（　　）元。

A.119 000　　B.114 000　　C.101 000　　D.106 000

4. 辉煌公司2×17年1月以58万元的价格出售一台设备。该设备的原值为60万元，已提折旧35万元。假设不考虑相关税费，本期出售该设备影响当期损益的金额为（　　）万元。

A.25　　B.3　　C.2　　D.33

5. 固定资产的减值准备应该通过（　　）科目核算。

A.“营业外收入”　B.“其他业务收入”　C.“资产减值损失”　D.“固定资产清理”

二、多项选择题

1. 下列固定资产应计提折旧的有（　　）。

A.融资租入的固定资产

B.按规定单独估价作为固定资产入账的土地

C.大修理停用的固定资产
D.持有待售的固定资产
E.未使用的机器设备、房屋及建筑物

2.计提固定资产折旧应借记的会计科目有（　　）。
A.“制造费用”　　B.“销售费用”
C.“管理费用”　　D.“其他业务成本”
E.“研发支出”

3.固定资产的特征一般表现为（　　）。
A.固定资产是有形资产　　B.可供企业长期使用
C.不以投资和销售为目的　　D.具有可衡量的未来经济利益

4.下列项目中，构成外购固定资产入账价值的有（　　）。
A.购买固定资产发生的运杂费　　B.取得固定资产而交纳的增值税
C.购买固定资产发生的搬运费　　D.购买固定资产发生的安装费

5.下列各项资产，符合固定资产定义的有（　　）。
A.企业为生产拥有的厂房　　B.企业购买的生产用设备
C.企业经营租赁租入的机器设备　　D.企业购买的办公用品

三、业务处理题

1.辉煌公司购入一台不需要安装的设备，发票价款为300 000元，增值税税额为39 000元，发生搬运费2 000元，款项全部付清。请代为编制有关的会计分录。

2.2×17年1月，辉煌公司购入运输卡车一辆，原价200 000元，预计净残值5 000元，预计使用年限为5年，使用平均年限法计提折旧。请计算辉煌公司2×17年运输卡车的折旧金额。

3.辉煌公司基本生产车间对某台机器设备进行大修理，用银行存款实际支付修理费10 000元；领用修理用材料5 000元。假设不考虑相关税费，根据有关资料，编制会计分录。

4.辉煌公司2×17年1月份计提折旧情况如下：

生产车间厂房计提折旧50 000元，机器设备计提折旧10 000元。

管理部门房屋建筑物计提折旧10 000元，运输工具计提折旧15 000元。

销售部门房屋建筑物计提折旧20 000元，运输工具计提折旧10 000元。

要求：请根据有关资料，编制会计分录。

第8章/
无形资产

学习目标：理解无形资产的特征、类别；掌握无形资产的定义与确认标准；掌握无形资产的取得、摊销、处置及期末计价的相关业务核算。

8.1 无形资产的定义与特征

8.1.1 无形资产的定义

我国《企业会计准则第6号——无形资产》对无形资产的定义为“无形资产是指企业拥有或控制的没有实物形态的可辨认非货币性资产”。定义中的“可辨认”标准需要满足以下两个条件：(1) 能够从企业中分离或者划分出来，并能单独或者与相关合同、资产或负债一起，用于出售、转移、授予许可、租赁或者交换；(2) 源自合同性权利或其他法定权利，无论这些权利是否可以从企业或其他权利和义务中转移或者分离。

根据此标准的要求，无形资产具体应包括的内容有专利权、商标权、非专利技术、著作权、土地使用权和特许权等。值得注意的是，商誉由于其存在无法与企业自身相分离而不具有可辨认性，因此不属于无形资产。企业合并中形成的商誉，适用《企业会计准则第8号——资产减值》和《企业会计准则第20号——企业合并》。

8.1.2 无形资产的特征

无形资产具有的特征主要表现在以下几个方面：

(1) 没有实物形态。无形资产所代表的是企业拥有的某些特殊权利或优势，没有实物形态。

(2) 将在较长时期内为企业带来经济利益。无形资产所代表的特权或优势一般可以在较长时期内存在，不会很快消逝，企业可以长期受益。

(3) 企业持有无形资产的目的是生产商品、提供劳务、出租给他人，或是用于企业的管理而不是其他方面。

(4) 所提供的未来经济利益具有高度的不确定性。无形资产能否为企业提供未来的经济利益以及提供多大的经济利益在很大程度上会受企业外部因素的影响，如技术进步、市场需求变化、同行业竞争等，使得其预期的获利能力具有高度的不确定性。同时，无形资产通常都不能单独获利，需要借助有形资产才能发挥作用，因而企业的收益中究竟有多少是无形资产产生的是很难确认的。

8.1.3 无形资产的确认

由于无形资产没有实物形态，只是一种虚拟资产，因而其确认要比有形资产困难。一项资产必须同时满足下列条件，才能确认为无形资产：

（1）与该无形资产有关的经济利益很可能流入企业；

（2）该无形资产的成本能够可靠地计量。

8.2 无形资产的取得

8.2.1 无形资产入账价值的确定

在实际工作中，无形资产入账价值的确定方法根据其取得的途径不同而不同。下面根据不同情况，介绍无形资产入账价值的确定。

1）外购无形资产入账价值的确定

外购无形资产的成本，包括购买价款、相关税费以及直接归属于使该项资产达到预定用途所发生的其他支出。购买无形资产的价款超过正常信用条件延期支付，实质上具有融资性质的，无形资产的成本以购买价款的现值为基础确定。实际支付的价款与购买价款的现值之间的差额，除按照《企业会计准则第17号——借款费用》应予资本化的以外，应当在信用期间内计入当期损益。

2）自行研发无形资产入账价值的确定

企业内部研究开发项目的支出，应当区分研究阶段支出与开发阶段支出。研究是指为获取并理解新的科学或技术知识而进行的独创性的有计划的调查。开发是指在进行商业性生产或使用前，将研究成果或其他知识应用于某项计划或设计，以生产出新的或具有实质性改进的材料、装置、产品等。根据企业会计准则的规定，企业内部研究开发项目研究阶段的支出，应当于发生时计入当期损益；开发阶段的支出，同时满足下列条件的，才能确认为无形资产：

（1）完成该无形资产以使其能够使用或出售在技术上具有可行性

判断无形资产的开发在技术上是否具有可行性，应当以目前阶段的成果为基础，并提供相关证据和材料，证明企业进行开发所需的技术条件等已经具备，不存在技术上的障碍或其他不确定性。例如，企业已经完成了全部计划、设计和测试活动，这些活动是使资产达到设计规划书中的功能、特征和技术所必需的活动，或经过专家鉴定等。

（2）具有完成该无形资产并使用或出售的意图

企业能够说明其开发无形资产的目的。

（3）无形资产产生经济利益的方式

无形资产是否能够为企业带来经济利益，应当对运用该无形资产生产产品的市场情况进行可靠预计，以证明所生产的产品存在市场并能够带来经济利益，或能够证明市场上存在对该无形资产的需求。

（4）有足够的技术、财务资源和其他资源支持，以完成对该无形资产的开发，并有能力使用或出售该无形资产

企业能够证明可以取得无形资产开发所需的技术、财务和其他资源，以及获得这些资

源的相关计划。企业自有资金不足以提供支持的，应能够证明存在外部其他方面的资金支持，如银行等金融机构声明愿意为该无形资产的开发提供所需资金等。

(5) 归属于该无形资产开发阶段的支出能够可靠地计量

企业对研究开发的支出应当单独核算，如直接发生的研发人员工资、材料费，以及相关设备折旧费等。同时从事多项研究开发活动的，所发生的支出应当按照合理的标准在各项研究开发活动之间进行分配；无法合理分配的，应当计入当期损益。

企业取得的已作为无形资产确认的正在进行中的研究开发项目，在取得后发生的支出应当按照上述对于无形资产研究阶段与开发阶段的划分标准进行处理。

自行开发的无形资产，其成本包括自满足无形资产确认标准后至达到预定用途前所发生的支出总额，但是对于以前期间已经费用化的支出不再调整。

3）其他方式取得的无形资产入账价值的确定

企业取得无形资产的其他方式主要包括投资者投入、接受捐赠、盘盈以及非货币性资产交换、债务重组、企业合并等。

投资者投入的无形资产，应当按照投资合同或协议约定的价值确定，但合同或协议约定的价值不公允的除外。无形资产的入账价值与折合资本额之间的差额，作为资本溢价，计入资本公积。

接受捐赠取得的无形资产，如果捐赠方提供了有关凭据（如发票、报关单、有关协议），就按照凭据上标明的金额（不公允的除外）加上应支付的相关税费作为实际成本；如果捐赠方没有提供有关凭据，应当参照按同类或类似无形资产的市场价格估计的金额，加上应支付的相关税费，作为入账价值；如果同类或类似无形资产不存在活跃市场的，按所接受捐赠无形资产的预计未来现金流量的现值，作为实际成本。

盘盈的无形资产，应按同类或类似无形资产的市场价格作为实际成本入账。

非货币性资产交换、债务重组、政府补助和企业合并取得的无形资产的成本，应当分别按照《企业会计准则第7号——非货币性资产交换》《企业会计准则第12号——债务重组》《企业会计准则第16号——政府补助》《企业会计准则第20号——企业合并》确定。

8.2.2　购入无形资产

1）主要账户设置

“无形资产”账户核算企业持有的无形资产，包括专利权、非专利技术、商标权、著作权、土地使用权等的成本。企业外购的无形资产，按应计入无形资产成本的金额，借记“无形资产”账户，贷记相关账户。该账户借方登记投资者投入、企业外购、自行研发、进行非货币性资产交换与债务重组等取得的无形资产增加数；贷方登记处置等引起的无形资产减少数。期末借方余额，反映企业无形资产的成本。

2）账务处理

外购是企业获取无形资产的重要途径。企业在生产经营过程中如果需要无形资产，而企业自行研究和开发又有困难的情况下，可以通过外购的方式买入，以满足生产经营的需要。

【例8-1】黄河公司购入一项专利技术，双方协商确认的价值为480 000元，取得增值税专用发票，税率为6%，价款已通过银行存款支付。其账务处理如下：

借：无形资产——专利权　480 000
　　应交税费——应交增值税（进项税额）　28 800
　贷：银行存款　508 800

8.2.3 自行开发无形资产

一个有竞争力的企业，为保持和取得技术上的领先地位，每年都应在研究和开发上投入一定数量的资金，通过研究和开发活动取得专利权和非专利技术等无形资产。

从理论上讲，自创专利权的成本包括研究开发的费用以及成功后依法申请专利过程中所发生的费用。我国企业会计准则对企业内部的研究开发项目区分为研究阶段与开发阶段。研究阶段是探索性的，为进一步开发活动进行资料及相关方面的准备，已进行的研究活动将来是否会转入开发、开发后是否会形成无形资产等均具有较大的不确定性，如意在获取知识而进行的活动，研究成果或其他知识的应用研究、评价和最终选择，材料、设备、产品、工序、系统或服务替代品的研究，新的或经改进的材料、设备、产品、工序、系统或服务的可能替代品的配制、设计、评价和最终选择等，均属于研究活动。开发阶段相对于研究阶段而言，应是已完成研究阶段的工作，在很大程度上具备了形成一项新产品或新技术的基本条件，如生产前或使用前的原型和模型的设计、建造和测试，不具有商业性生产经济规模的试生产设施的设计、建造和运营等，均属于开发活动。

1）主要账户设置

“研发支出”账户核算企业在进行研究与开发无形资产的过程中发生的各项支出。该账户期末借方余额，反映企业正在进行的无形资产研究开发项目中满足资本化条件的支出。“研发支出”账户应当按照研究开发项目，分别“费用化支出”与“资本化支出”进行明细核算。企业的研发支出包括直接发生的支出和分配计入的支出两部分。直接发生的支出，包括研发人员工资、材料费以及相关设备折旧等；分配计入的支出是指企业同时从事多项研究开发活动时，所发生的支出按合理的标准在各项研究开发活动之间进行分配计入的部分。研发支出无法明确分配的，应当计入当期损益，不计入开发活动的成本。

2）账务处理

企业自行开发无形资产发生的研发支出，对于不满足资本化条件的，应当借记“研发支出——费用化支出”科目，满足资本化条件的，借记“研发支出——资本化支出”科目，贷记“原材料”“银行存款”“应付职工薪酬”等科目；研究开发项目达到预定用途形成无形资产时，按“研发支出——资本化支出”科目的余额，借记“无形资产”科目，贷记“研发支出——资本化支出”科目。期末，企业应将“研发支出”科目归集的费用化支出金额转入“管理费用”科目。“研发支出”科目期末借方余额，反映企业正在进行中的研究开发项目中满足资本化条件的支出。

【例8-2】2×17年1月1日，甲公司经董事会批准研发某项新产品专利技术，该公司董事会认为，研发该项目具有可靠的技术和财务等资源的支持，并且一旦研发成功将降低该公司生产产品的生产成本。该公司在研究开发过程中发生材料费5 000万元，人工工资1 000万元，以及其他费用4 000万元，总计10 000万元，其中，符合资本化条件的支出为6 000万元，其他费用已通过银行存款支付。2×17年12月31日，该专利技术已经达到预定用途。

分析：首先，甲公司经董事会批准研发某项新产品专利技术，并认为该项新型技术无论从技术方面，还是财务等方面均能够得到可靠的资源支持，并且一旦研发成功将降低公司的生产成本，因此，符合条件的开发费用可以资本化。其次，甲公司在开发该项专利技术时，累计发生10 000万元的研究与开发支出。其中符合资本化条件的开发支出为6 000万元。

（1）发生研发支出时：

借：研发支出——费用化支出	40 000 000	
——资本化支出	60 000 000	
贷：原材料		50 000 000
应付职工薪酬		10 000 000
银行存款		40 000 000

（2）期末结转费用化支出时：

借：管理费用	40 000 000	
贷：研发支出——费用化支出		40 000 000

（3）专利技术达到预定用途时：

借：无形资产——专利技术	60 000 000	
贷：研发支出——资本化支出		60 000 000

8.2.4　投资者投入无形资产

1）主要账户设置

“实收资本（股本）”“资本公积”等账户的具体设置参见相关章节。

2）账务处理

【例8-3】黄河公司接受一家科技公司以一项专利权向本公司投资。根据投资双方签订的合同，此专利权的价值为500 000元。其账务处理如下：

借：无形资产——专利权	500 000	
贷：实收资本		500 000

8.3　无形资产的摊销

无形资产能使企业在比较长的时期内获取收益，因而企业应按无形资产的使用寿命对无形资产进行分期摊销。无形资产的摊销主要涉及三个方面的问题：使用寿命的确定、摊销方法的选择和摊销金额的确定。

8.3.1　使用寿命的确定

企业应当于取得无形资产时分析判断其使用寿命。企业持有的无形资产，通常来源于合同性权利或其他法定权利，且合同规定或法律规定有明确的使用年限。因此，我国会计准则规定，来源于合同性权利或其他法定权利的无形资产，其使用寿命不应超过合同性权利或其他法定权利的期限；合同性权利或其他法定权利在到期时因续约等延续，且有证据表明企业续约不需要付出大额成本的，续约期应当计入使用寿命。合同或法律没有规定使用寿命的，企业应当综合各方面因素判断，以确定无形资产能为企业带来经济利益的期限，如与同行业的情况进行比较、参考历史经验，或聘请相关专家进行论证等。

对于无形资产的使用寿命，我国企业会计准则规定，企业应当在取得无形资产时对其使用寿命进行分析、判断，在分析与判断过程中通常需要考虑的因素有以下几个方面：

（1）运用该资产生产的产品通常的寿命周期、可获得的类似资产使用寿命的信息；

（2）技术、工艺等方面的现阶段情况及对未来发展趋势的估计；

（3）以该资产生产的产品或提供服务的市场需求情况；

（4）现在或潜在的竞争者预期采取的行动；

（5）为维持该资产带来经济利益能力的预期维护支出，以及企业预计支付有关支出的能力；

（6）对该资产控制期限的相关法律规定或类似限制，如特许使用期、租赁期等；

（7）与企业持有其他资产使用寿命的关联性等。

如果按照上述方法仍无法合理确定无形资产为企业带来经济利益期限的，则该项无形资产应作为使用寿命不确定的无形资产而不进行摊销。使用寿命有限的无形资产，应当估计该使用寿命的年限或者构成使用寿命的产量等类似计量单位数量；其应摊销金额应当在使用寿命内系统合理地摊销。企业摊销无形资产，应当自无形资产可供使用时起，至不再作为无形资产确认时止。

8.3.2 摊销方法的选择

可供企业选择的无形资产的摊销方法很多，如直线法、递减余额法和生产总量法等。企业选择的无形资产摊销方法，应当反映与该项无形资产有关的经济利益的预期实现方式。无法可靠确定预期实现方式的，应当采用直线法摊销。

8.3.3 摊销金额的确定

无形资产每期的摊销金额应按照无形资产的应摊销金额进行计算。无形资产的应摊销金额为其成本扣除预计残值后的金额。已计提减值准备的无形资产，还应扣除已计提的无形资产减值准备累计金额。除以下任意情况外，使用寿命有限的无形资产，其残值应视为零：（1）有第三方承诺在无形资产使用寿命结束时购买该无形资产。（2）可以根据活跃市场得到残值信息，并且该市场在无形资产使用寿命结束时很可能存在。

使用寿命不确定的无形资产不应摊销。

需要说明的是，按照我国企业会计准则的规定，企业当月增加的无形资产当月开始摊销，当月减少的无形资产当月不可摊销。

8.3.4 无形资产摊销的核算

1）主要账户设置

企业摊销无形资产时，需要单独设置“累计摊销”账户，核算企业对使用寿命有限的无形资产计提的累计摊销额。该账户的贷方登记企业计提的无形资产摊销额；借方登记无形资产处置时结转的累计摊销额；期末贷方余额，反映企业无形资产的累计摊销额。

企业按月计提无形资产摊销额时，应按照无形资产的用途进行分配，如该无形资产用于产品生产，则借记“制造费用”科目；如该无形资产用于行政管理，则借记“管理费用”科目；如该无形资产用于产品销售，则借记“销售费用”科目；如该无形资产用于出租，则借记“其他业务成本”科目，贷记“累计摊销”科目。

2）账务处理

【例8-4】黄河公司购入一项专利技术用于产品生产，双方协商确认的价值为480 000元，以银行存款支付。合同规定该专利技术的受益期限为10年。

购买专利技术时：

借：无形资产　　480 000

　贷：银行存款　　480 000

每月摊销时：

借：制造费用　　4 000

　贷：累计摊销　　4 000

企业至少应当于每年年度终了，对使用寿命有限的无形资产的使用寿命及摊销方法进行复核。无形资产的使用寿命及摊销方法与以前估计不同的，应当改变摊销期限和摊销方法。企业应当在每个会计期间对使用寿命不确定的无形资产的使用寿命进行复核。如果有证据表明无形资产的使用寿命是有限的，应当估计其使用寿命，并按企业会计准则的规定处理。

8.4 无形资产的处置

无形资产的处置主要包括无形资产的转让与转销等。

8.4.1 无形资产的转让

企业拥有的无形资产，可以根据实际情况依法进行转让。企业转让无形资产的方式主要有两种：一种是转让无形资产的所有权，即在无形资产转让以后，企业不再对转让的无形资产拥有占用、使用、收益、处置的权利；另一种是转让无形资产的使用权，即仅将无形资产的部分使用权让渡给其他企业，而本企业仍然对转让的无形资产拥有占用、使用、收益、处置的权利。

1）转让无形资产所有权

（1）主要账户设置

企业需要设置"无形资产""应交税费——应交增值税""资产处置损益"等账户核算无形资产所有权转让的相关业务。

（2）账务处理

企业转让无形资产所有权时，应将转让所得的价款扣除相关税费和该项无形资产摊余价值后的差额，确认为当期损益，计入资产处置损益。具体核算为：转让无形资产时，按照转让所得全部价款，借记"银行存款"等科目；根据应交纳的增值税金额，贷记"应交税费——应交增值税（销项税额）"科目；根据无形资产摊销的金额，借记"累计摊销"科目；根据无形资产的账面余额，贷记"无形资产"科目；最后，根据借贷方差额借记或贷记"资产处置损益"科目。

【例8-5】黄河公司转让一项专利技术的所有权，收取价款100 000元，应交增值税税额6 000元，该项无形资产的账面余额为90 000元，累计摊销为9 000元。

转让无形资产的净损益=100 000-（90 000-9 000）=19 000（元）

借：银行存款　　106 000
　　累计摊销　　9 000
　　贷：应交税费——应交增值税（销项税额）　　6 000
　　　　无形资产　　90 000
　　　　资产处置损益　　19 000

2）转让无形资产使用权

（1）主要账户设置

企业需要设置“无形资产”“应交税费——应交增值税”“其他业务收入”“其他业务成本”等账户核算无形资产使用权转让的相关业务，具体账户设置参见相关章节。

（2）账务处理

企业转让无形资产使用权取得的收入，应作为其他业务收入处理。取得收入时，应借记“银行存款”等科目，贷记“其他业务收入”科目。企业转让无形资产使用权取得收入以后，交纳相关税费时，借记“其他业务成本”科目，贷记“应交税费”科目。在转让无形资产使用权的过程中，支付律师费、咨询费等费用时，借记“其他业务成本”科目，贷记“银行存款”等科目。

【例8-6】黄河公司购入一项商标权，实际支付价款40 000元，有效期限为10年。3年后，将该项商标的使用权转让给另一家企业，收取转让费20 000元，在转让过程中，用银行存款支付有关咨询服务费等3 000元。转让无形资产应交增值税的税率为6%，应交增值税1 200元（20 000×6%）。

①收取转让价款时：

借：银行存款　　20 000
　　贷：其他业务收入　　20 000

②结转应交增值税时：

借：其他业务成本　　1 200
　　贷：应交税费——应交增值税　　1 200

③支付咨询服务费等相关费用时：

借：其他业务成本　　3 000
　　贷：银行存款　　3 000

该项商标权的转让收益为15 800元（20 000-1 200-3 000）。

8.4.2 无形资产的转销

如果在无形资产使用的某一个期间，由于各种因素的影响，使得无形资产预期不能为企业带来未来的经济利益，则该无形资产应转入报废处理，无形资产的账面价值作为非流动资产处置损失予以转销，计入营业外支出。

1）主要账户设置

企业需要设置“无形资产”“累计摊销”“营业外支出”等账户进行无形资产转销的业务处理，具体账户设置参见相关章节。

2）账务处理

【例8-7】黄河公司购入一项专利权，支付价款100 000元，预计使用年限为10年。在该无形资产使用到第5年年末时，由于存在其他类似专利技术导致该专利权难以再为企业带来经济利益，因此企业决定将其转销报废。

借：累计摊销　　50 000
　　营业外支出　　50 000
　贷：无形资产　　100 000

8.5 无形资产的期末计价

为了更合理地反映无形资产的期末价值，企业应该选择恰当的方法定期对无形资产的账面价值进行检查，至少每年年末要检查一次。

我国企业会计准则规定，企业应当在会计期末判断资产是否存在可能发生减值的迹象。资产存在减值迹象的，应当估计其可收回金额。可收回金额应当根据资产的公允价值减去处置费用后的净额与资产预计未来现金流量的现值两者之间较高者确定。可收回金额的计量结果表明，资产的可收回金额低于其账面价值的，应当将资产的账面价值减记至可收回金额，减记的金额确认为资产减值损失，计入当期损益，同时计提相应的资产减值准备。无形资产减值准备一旦提取就不允许冲回。

具体可以用表8-1表示。

表8-1　　无形资产减值的判断与处理

减值迹象的判断	在资产负债表日： 判断无形资产是否发生减值 判断标准是什么
可收回金额的估计	可收回金额为以下两者中的较高者： (1) 公允价值减去处置费用后的净额 (2) 资产预计未来现金流量的现值
减值的账务处理	可收回金额>账面价值：不需减值
	可收回金额<账面价值：将账面价值减记至可收回金额 借：资产减值损失 　贷：无形资产减值准备
	减值损失一经确认，不得转回

如不存在减值迹象，不应估计资产的可收回金额。

8.5.1 主要账户设置

企业需要设置“无形资产减值准备”“资产减值损失”等账户进行无形资产减值准备的业务处理。“无形资产减值准备”账户核算企业无形资产的减值准备。资产负债表日，无形资产发生减值的，按应减记的金额，借记“资产减值损失”科目，贷记本科目。企业在处置无形资产时，应同时结转减值准备。期末贷方余额，反映企业已计提但尚未转销的无形资产减值准备。

8.5.2 账务处理

企业发生无形资产减值时，应借记“资产减值损失”科目，贷记“无形资产减值准备”科目。企业计提无形资产减值准备后，在进行无形资产处置时，应同时结转已计提的无形资产减值准备。

【例8-8】2×17年1月1日，黄河公司购入一项市场领先的畅销产品的商标，其成本为6 000万元，该商标按照法律的规定还有5年的使用年限，但是在保护期届满时，黄河公司可每10年以较低的手续费申请延期，同时黄河公司有充分的证据表明其有能力申请延期。此外，有关的调查表明，根据产品生命周期、市场竞争等方面情况综合判断，该商标将在不确定的期间内为企业带来现金流量。

根据上述情况，该商标可视为使用寿命不确定的无形资产，在持有期间内不需要进行摊销。

2×18年年底，黄河公司对该商标按照资产减值的原则进行减值测试。该测试表明该商标已发生减值。2×18年年底，该商标的公允价值为4 000万元。

则黄河公司的账务处理如下：

①2×17年购入商标时：

借：无形资产——商标权	60 000 000	
贷：银行存款		60 000 000

②2×18年发生减值时：

借：资产减值损失	20 000 000	
贷：无形资产减值准备——商标权		20 000 000

章末习题

一、单项选择题

1.按照现行规定，下列各项中，股份有限公司应作为无形资产入账的是（　　）。

A.开办费

B.开发新技术过程中发生的研究开发费

C.为获得土地使用权支付的土地出让金

D.商誉

2.企业在研发阶段发生的无形资产支出应先记入（　　）科目。

A.“累计摊销”　　B.“管理费用”

C.“研发支出”　　D.“无形资产”

3.无形资产期末借方余额，反映企业无形资产的（　　）。

A.成本　　B.可收回金额

C.账面价值　　D.摊余价值

4.企业摊销行政管理用的、使用寿命确定的无形资产时，借记“管理费用”科目，贷记（　　）科目。

A.“无形资产”　　B.“累计摊销”

C.“无形资产减值准备”　　　　　　　D.“累计折旧”

5.企业在无形资产研究阶段发生的职工薪酬应当（　　）。

A.计入无形资产成本　　　　　　　B.计入在建工程成本

C.计入长期待摊费用　　　　　　　D.计入当期损益

二、多项选择题

1.企业对使用寿命有限的无形资产进行摊销时，其摊销额应根据不同情况分别记入（　　）科目。

A.“管理费用”　　　　　　　　　B.“制造费用”

C.“财务费用”　　　　　　　　　D.“其他业务成本”

2.下列各项中，关于无形资产摊销的表述，不正确的有（　　）。

A.使用寿命有限的无形资产处置当月不再摊销

B.使用寿命不确定的无形资产不应摊销

C.无形资产摊销只能使用直线法

D.一般情况下无形资产摊销的金额应计入管理费用

3.资产减值是指资产的可收回金额低于其账面价值。可收回金额为（　　）与（　　）之中的较高者。

A.资产的公允价值

B.资产的公允价值减去预计处置费用

C.资产的重置价值

D.资产未来现金流量的现值

4.使用寿命有限的无形资产在计算每期摊销额时，应考虑的因素包括（　　）。

A.无形资产成本　　　　　　　　　B.残值

C.使用寿命　　　　　　　　　　　D.已计提的减值准备

5.下列有关无形资产的会计处理中，不正确的有（　　）。

A.转让无形资产使用权所取得的收入应记入“营业外收入”科目

B.转让无形资产使用权所发生的支出应记入“其他业务成本”科目

C.购入但尚未投入使用的、使用寿命确定的无形资产的价值不应进行摊销

D.无形资产减值准备应记入“资产减值损失”科目

三、业务处理题

1.辉煌公司以500万元的价格转让一项无形资产，适用的增值税税率为6%。该无形资产原购入价为700万元，合同规定的受益年限为10年，法律规定的有效使用年限为15年，转让时已使用5年。不考虑减值准备及其他相关税费。请计算辉煌公司在转让该无形资产时应确认的净收益。

2.辉煌公司自行研究开发一项专利技术，与该项专利技术有关的资料如下：

（1）2×17年1月，该项研发活动进入开发阶段，以银行存款支付开发费用360万元，其中满足资本化条件的为210万元。2×17年8月1日，开发活动结束，并按法律程序申请取得专利权，供企业行政管理部门使用。

（2）该项专利权法律规定的有效期为5年，采用直线法摊销。

（3）2×17年12月1日，将该项专利权转让，实际取得价款200万元，应交增值税12万元，款项已存入银行。

要求：

（1）编制辉煌公司发生开发支出的会计分录。

（2）编制辉煌公司转销费用化开发支出的会计分录。

（3）编制辉煌公司形成专利权的会计分录。

（4）计算辉煌公司2×17年8月专利权摊销金额并编制会计分录。

（5）编制辉煌公司转让专利权的会计分录。

第9章/
负　债

学习目标：理解负债的内容及分类；掌握短期借款、应付票据、应付账款和应付职工薪酬的核算；理解应交税费的内容及核算；掌握长期借款、应付债券的核算。

9.1 负债概述

9.1.1 负债的概念及特征

我国《企业会计准则——基本准则》中对负债的定义是“负债是指企业过去交易或者事项形成的、预期会导致经济利益流出企业的现时义务”。负债主要具有以下特征：

1）负债是基于企业过去的交易或事项而产生的。只有当企业实际已经承担相应义务的交易或事项确实发生时，才能在会计处理中确认这项负债。例如，企业向供应商赊购材料或商品，就应对其负有偿还货款的义务；从银行借入资金，就应对银行承担还本付息的义务。企业正在筹划的未来交易或事项，如借款计划等，其本身并不产生现存的经济责任，因而不属于企业的负债。

2）负债预期会导致经济利益流出企业。预期会导致经济利益流出企业也是负债的一个本质特征，只有企业在履行义务时会导致经济利益流出企业的，才符合负债的定义。如果不会导致企业经济利益流出的，就不符合负债的定义。在履行现时义务清偿负债时，经济利益流出企业的形式是多种多样的，例如用现金偿还、以实物资产形式偿还、以劳务形式偿还等。

3）负债是企业承担的现时义务，一般是由具有约束力的合同或因法定要求等而产生的。如果是某项可有可无的、不具有强制性的责任，则不能确认为负债。例如，企业债务转为股权以后将不再是债务。

9.1.2 负债的内容及分类

为满足不同信息使用者的需要，会计上需要对不同偿还要求的负债作进一步的分类。负债按其偿还期限的长短，可以分为流动负债和非流动负债。

流动负债是指预计在一个正常营业周期中清偿、或者主要为交易目的而持有、或者自资产负债表日起一年内（含一年）到期应予以清偿、或者企业无权自主地将清偿推迟至资产负债表日后一年以上的负债。非流动负债，则是指企业偿还期限在一年或超过一年的一个营业周期以上的债务。

这种分类与资产的分类相同，其目的是便于分析企业的财务状况和偿债能力。通过了解企业的流动资产和流动负债的相对比例，可以大致反映企业的短期偿债能力；同时通过可用于支付的流动资产与近期需支付的流动负债的比例，可以了解企业的清算能力。也有利于有关信息使用者通过对报表的对比分析，正确评价企业的财务状况，进而对企业的偿债能力做出合理判断。

9.2 流动负债

流动负债主要包括短期借款、应付账款、应付票据、预收账款、应付职工薪酬、应交税费、应付利息、应付股利和其他应付款等。

9.2.1 短期借款

短期借款是指企业向银行或其他金融机构等借入的期限在一年以下（含一年）的各种借款，通常是为了满足正常生产经营的需要。无论借入款项的来源如何，企业均需要向债权人按期偿还借款的本金及利息。

企业应设置“短期借款”账户核算短期借款的取得及偿还情况。该账户贷方登记借入的各种短期借款的本金；借方登记偿还的各种短期借款的本金。期末贷方余额反映企业尚未偿还的各种短期借款。本账户可按借款种类、贷款人和币种进行明细核算。

1）取得短期借款

企业从银行或其他金融机构取得短期借款时，借记“银行存款”科目，贷记“短期借款”科目。

2）借款利息的计提与归还

在实际工作中，银行一般于每季度末收取短期借款利息，为此，企业短期借款的利息往往采用月末预提的方式进行核算。短期借款的利息属于筹资费用，应记入“财务费用”科目。企业应当在资产负债表日，按照计算确定的短期借款利息费用，借记“财务费用”科目，贷记“应付利息”科目。实际支付利息时，根据已预提的利息，借记“应付利息”科目，根据当月应计利息，借记“财务费用”科目，根据应付利息总额，贷记“银行存款”科目。

3）归还短期借款

企业短期借款到期偿还本金时，借记“短期借款”科目，贷记“银行存款”科目。

【例 9-1】由于季节性储备材料需要，甲企业于2×18年1月1日向银行临时借入120 000元短期借款，期限为9个月，年利率为8%，根据与银行签署的借款协议，该项借款的本金到期后一次性归还，利息按月预提，按季支付。甲企业的会计处理如下：

（1）1月1日借入短期借款时：

借：银行存款	120 000	
贷：短期借款		120 000

（2）1月末，计提1月份应计利息时：

本月应计提的利息金额=120 000×8%÷12=800（元）

借：财务费用　　800

　贷：应付利息　　800

2月末，计提2月份的利息费用的处理与1月份相同。

（3）3月末支付第一季度银行借款利息时：

借：财务费用　　800

　　应付利息　　1 600

　贷：银行存款　　2 400

第二季度、第三季度的会计处理同第一季度。

（4）10月1日偿还短期借款本金时：

借：短期借款　　120 000

　贷：银行存款　　120 000

9.2.2　应付账款

1）应付账款概述

应付账款是指企业因购买材料、商品或接受劳务供应等经营活动应支付的款项。应付账款一般应在与所购物资所有权相关的主要风险和报酬已经转移，或者所购买的劳务已经接受时确认。在实务工作中，为了使所购入物资的金额、品种、数量和质量等与合同规定的条款相符，避免因验收时发现所购物资存在数量或质量问题而对入账的物资或应付账款金额进行改动，在物资和发票账单同时到达的情况下，一般在所购物资验收入库后，再根据发票账单登记入账，确认应付账款。在所购买物资已经验收入库，但是发票账单未能同时到达的情况下，企业应付物资供应单位的债务已经成立，在会计期末，为了反映企业真实的负债情况，需要将所购买的物资和相关的应付账款暂估入账，待下月初编制相反的分录予以冲回。

2）应付账款的核算

企业应通过设置“应付账款”账户核算应付账款的发生、偿还、转销等情况。该账户贷方登记企业购买材料、商品和接受劳务供应等而发生的应付账款；借方登记实际偿还的应付账款，或开出商业汇票抵付应付账款的款项，或已冲销无法支付的应付账款。该账户期末余额一般在贷方，反映企业尚未支付的应付账款余额。企业一般按照债权人设置明细账户进行明细核算。

（1）发生应付账款

企业购入材料、商品或接受劳务所产生的应付账款，应按应付金额入账。根据有关凭证（发票账单、随货同行发票上记载的实际价款），借记“材料采购”“在途物资”等科目，按可抵扣的增值税税额，借记“应交税费——应交增值税（进项税额）”科目，按应付的价款，贷记“应付账款”科目。企业接受供应单位提供劳务而发生的应付未付款项，根据供应单位的发票账单，借记“生产成本”“管理费用”等科目，贷记“应付账款”科目。

（2）偿还应付账款

企业偿还应付账款，或开出商业汇票抵付应付账款时，借记“应付账款”科目，贷记“银行存款”“应付票据”等科目。

（3）转销应付账款

企业转销确实无法支付的应付账款，应按其账面余额计入营业外收入，借记“应付账款”科目，贷记“营业外收入”科目。

【例9-2】2×19年7月，甲公司向乙公司购入材料一批，材料价款为20 000元，适用的增值税税率为13%。

（1）购货时：

借：在途物资　　20 000

　　应交税费——应交增值税（进项税额）　　2 600

　贷：应付账款　　22 600

（2）支付货款时：

借：应付账款　　22 600

　贷：银行存款　　22 600

（3）如果甲公司征得乙公司同意，开出期限为3个月的商业承兑汇票22 600元抵付货款时：

借：应付账款　　22 600

　贷：应付票据　　22 600

（4）如果债权单位乙公司撤销，甲公司的该笔货款确实无法支付，予以转销时：

借：应付账款　　22 600

　贷：营业外收入　　22 600

3）现金折扣的处理

在本书第6章第2节中，已经论述过现金折扣以及站在债权人角度对应收账款的现金折扣的处理。与此相对应，站在债务人角度，对于应付账款，会计处理中也存在总价法和净价法两种方法。

在总价法下，“原材料”和“应付账款”账户按照不考虑现金折扣的发票总价格入账。采用这种方法，企业如在折扣期内付款而享受现金折扣，应该按照发票价格，借记“应付账款”科目，按照实付金额，贷记“银行存款”科目，两者之间的差额，贷记“原材料”科目。

在净价法下，“原材料”和“应付账款”账户按照发票金额扣除现金折扣后的净价入账。采用这种方法，如果企业因为没有在折扣期内付款而丧失的购货折扣，需要支付发票价格的全部款项，则按净价借记“应付账款”科目，按实际价款贷记“银行存款”科目，两者之间的差额，即丧失的现金折扣，借记“原材料”科目。

我国企业会计准则规定应采用总价法。值得注意的是，不论是总价法还是净价法，只有货款金额才能享受现金折扣，增值税的金额仍需按照全部货款的比例计算。

【例9-3】2×18年5月，甲公司购入材料100 000元，适用的增值税税率为13%，付款条件是“2／10，N／30”。材料已验收入库。

（1）总价法下的会计处理：

① 购入材料时：

借：原材料　　100 000

借：应交税费——应交增值税（进项税额）　　13 000
　贷：应付账款　　113 000

② 如果甲公司10天内付款：

借：应付账款　　113 000
　贷：银行存款　　111 000
　　原材料　　2 000

③ 如果甲公司超过10天付款：

借：应付账款　　113 000
　贷：银行存款　　113 000

（2）净价法下的会计处理：

① 购入材料时：

借：原材料　　98 000
　　应交税费——应交增值税（进项税额）　　13 000
　贷：应付账款　　113 000

② 如果甲公司10天内付款：

借：应付账款　　111 000
　贷：银行存款　　111 000

③ 如果甲公司超过10天付款：

借：应付账款　　111 000
　　原材料　　2 000
　贷：银行存款　　113 000

9.2.3　应付票据

1）应付票据概述

根据《中华人民共和国票据法》的规定，票据指汇票、本票和支票。汇票可分为银行汇票和商业汇票。本节所介绍的应付票据为企业签发的尚未到期兑现的商业汇票。

在我国，应付票据是指企业购买材料、商品和接受劳务供应等而开出并承兑的商业汇票，包括商业承兑汇票和银行承兑汇票。按照《支付结算办法》的规定，在银行开立存款账户的法人及其他组织之间，只要具有真实的交易关系或债权债务关系，均可使用商业汇票。签发票据的原因一般是卖方对买方的资信程度不太了解，或买方的信誉程度较低，或信用期限较长，双方交易金额较大等。通常，票据的偿付金额和付款日都相当明确。根据我国票据法的规定，企业开出承兑的商业汇票最长不超过6个月，因此，应付票据应归入流动负债来进行管理和核算。

2）应付票据的核算

企业应通过设置“应付票据”账户核算应付票据的发生、偿付等情况。该账户贷方登记企业开出的承兑汇票金额；借方登记实际支付票据的金额；期末贷方余额反映尚未归还的票据金额。

应付票据可以是只在票据到期日按照票据票面金额支付而不计息的不带息票据，也可以是按照票据上载明的利率、在票据票面金额上加计利息的带息票据。

（1）发生应付票据

不带息票据经过承兑以后，企业应当按其票面金额作为应付票据的入账金额，借记“在途物资”“库存商品”“应交税费——应交增值税（进项税额）”等科目，贷记“应付票据”科目。如果该票据为银行承兑汇票，企业需按票据面值万分之五的比例向银行支付承兑汇票手续费，计入当期的财务费用，借记“财务费用”科目，贷记“银行存款”科目。

（2）偿还应付票据

应付票据到期支付票款时，应按账面余额予以结转，借记“应付票据”科目，贷记“银行存款”科目。

（3）转销应付票据

如果应付商业承兑汇票到期，企业无力支付票款，应将应付票据的账面余额转作应付账款，借记“应付票据”科目，贷记“应付账款”科目。如果应付银行承兑汇票到期，企业无力支付票款，则承兑银行一方面向持票人无条件付款，另一方面将出票人欠付的汇票金额转为逾期贷款处理，借记“应付票据”科目，贷记“短期借款”科目。银行根据逾期付款金额和逾期天数，按每天万分之五的比例计算逾期罚息。企业对计收的逾期贷款的罚息，按短期借款利息的处理办法确认和记录。

【例9-4】2×18年8月，甲公司赊购一批材料，不含税价格为300 000元，增值税税率为13%，甲公司开出一张4个月期限的不带息商业承兑汇票支付货款。

（1）购货时：

借：在途物资　　300 000

　　应交税费——应交增值税（进项税额）　　39 000

　贷：应付票据　　339 000

（2）到期付款时：

借：应付票据　　339 000

　贷：银行存款　　339 000

（3）如果该票据到期，甲公司无力偿还这笔款项，则应将其转为应付账款：

借：应付票据　　339 000

　贷：应付账款　　339 000

（4）如果该票据为银行承兑汇票，则支付票据面值万分之五的银行承兑手续费时：

借：财务费用　　174

　贷：银行存款　　174

（5）承（4），票据到期，甲公司支付款项时，分录同（2）；如果无力支付，则应由承兑行先行支付，而后将其作为承兑行对甲公司的短期借款：

借：应付票据　　339 000

　贷：短期借款　　339 000

9.2.4 预收账款

1）预收账款概述

预收账款，是指企业在销售商品或提供劳务前，按照合同的规定向购货单位预收的款项。与应付账款不同，预收账款所形成的负债不是以货币偿付的，而是以货物偿付的。有些购销合同规定，销货企业可以向购货单位预先收取一部分货款，待向对方发货后再收取其余货款。企业在发货前收取的货款，表明企业承担了会在未来导致经济利益流出企业的应履行的义务，形成了企业的一项负债。

2）预收账款的核算

企业在核算预收账款时，有两种方法：

一是单独设置“预收账款”账户核算预收账款的取得、偿付等情况。该账户贷方登记发生的预收账款的数额和购货单位补付账款的数额；借方登记企业向购货单位发货后冲销的预收账款和退回购货单位多付账款的数额。该账户期末余额一般在贷方，反映企业向购货单位预收款项但尚未向购货单位发货的数额。

（1）预收货款时

企业向购货单位预收款项时，借记“银行存款”科目，贷记“预收账款”科目。

（2）实现销售时

销售实现时按实现的收入和应交的增值税销项税额，借记“预收账款”科目，按照实现的营业收入，贷记“主营业务收入”科目，按照增值税专用发票上注明的增值税税额，贷记“应交税费——应交增值税（销项税额）”等科目。

（3）企业补付款项时

企业收到购货单位补付的款项时，借记“银行存款”科目，贷记“预收账款”科目。

（4）退还款项时

向购货单位退回其多付的款项时，借记“预收账款”科目，贷记“银行存款”科目。

二是在预收账款不多的情况下，也可不设置“预收账款”账户，将预收的货款直接作为应收账款的减项，记入“应收账款”的贷方；偿付债务时，再记入“应收账款”账户的借方。这种方法也能完整地反映购货单位预付货款的发生和结算情况，但在编制资产负债表时，预收款项报表项目需要根据“应收账款”账户的明细账户分析填列。

【例9-5】2×18年12月10日，甲公司与乙公司签订500 000元的销货合同，适用的增值税税率为13%，根据合同的规定，2×18年12月10日预收40%货款，余款在2×19年1月10日商品交货后全部结清。

（1）2×18年12月10日收到货款的40%时：

借：银行存款　　200 000

　贷：预收账款　　200 000

（2）2×19年1月10日确认收入时：

借：预收账款　　565 000

　贷：主营业务收入　　500 000

　　　应交税费——应交增值税（销项税额）　　65 000

（3）2×19年1月10日收到乙公司补付货款时：

借：银行存款　　365 000

　贷：预收账款　　365 000

若企业不设置“预收账款”账户，通过“应收账款”账户核算上述业务时的处理为：

（1）2×18年12月10日收到货款的40%时：

借：银行存款　　200 000

　贷：应收账款　　200 000

（2）2×19年1月10日确认收入时：

借：应收账款　　565 000

　贷：主营业务收入　　500 000

　　应交税费——应交增值税（销项税额）　　65 000

（3）2×19年1月10日收到乙公司补付货款时：

借：银行存款　　365 000

　贷：应收账款　　365 000

9.2.5 应付职工薪酬

1）应付职工薪酬核算的内容

职工薪酬，是指企业为获得职工提供的服务或解除劳动关系而给予的各种形式的报酬或补偿。职工薪酬包括短期薪酬、离职后福利、辞退福利和其他长期职工福利。企业提供给职工配偶、子女、受赡养人、已故员工遗嘱及其他受益人等的福利，也属于职工薪酬。这里所指的职工，是指与企业订立劳动合同的所有人员，含全职、兼职和临时职工，也包括虽未与企业订立劳动合同但由企业正式任命的人员。未与企业订立劳动合同或未由其正式任命，但向企业所提供服务与职工所提供服务类似的人员，也属于职工的范畴，包括通过企业与劳动中介公司签订用工合同而向企业提供服务的人员。

职工薪酬主要包括以下几个方面的内容：

（1）短期薪酬

短期薪酬，是指企业在职工提供相关服务的年度报告期间结束后12个月内需要全部予以支付的职工薪酬，因解除与职工的劳动关系给予的补偿除外。短期薪酬具体包括：

①职工工资、奖金、津贴和补贴，是指按照构成工资总额的计时工资、计件工资、支付给职工的超额劳动报酬和增收节支的劳动报酬、为补偿职工特殊或额外的劳动消耗和因其他特殊原因支付给职工的津贴，以及为保证职工工资水平不受物价影响支付给职工的物价补贴等。其中，企业按照短期奖金计划向职工发放的奖金属于短期薪酬，按照长期奖金计划向职工发放的奖金属于其他长期职工福利。

②职工福利费，是指企业向职工提供的生活困难补助、丧葬补助费、抚恤费、职工异地安家费、防暑降温费等职工福利支出。

③医疗保险费、工伤保险费和生育保险费等社会保险费，是指企业按照国家规定的基准和比例计算，向社会保险经办机构缴纳的医疗保险费、工伤保险费和生育保险费等。2016年4月19日，人社部发布《关于阶段性降低社会保险费率的通知》，明确了我国生育保险和基本医疗保险合并实施工作，并待国务院制定出台相关规定后统一组织实施。

④住房公积金，是指企业按照国家规定的基准和比例计算，向住房公积金管理机构缴存的住房公积金。

⑤工会经费和职工教育经费，是指企业为了改善职工文化生活、为职工学习先进技术和提高文化水平和业务素质，用于开展工会活动和职工教育及职业技能培训等发生的相关

支出。

⑥短期带薪缺勤，是指职工虽然缺勤但企业仍向其支付报酬的安排，包括年休假、病假、婚假、产假、丧假、探亲假等。长期带薪缺勤属于其他长期职工福利。

⑦短期利润分享计划，是指因职工提供服务而与职工达成的基于利润或其他经营成果提供薪酬的协议。长期利润分享计划属于其他长期职工福利。

⑧其他短期薪酬，是指除上述薪酬以外的其他为获得职工提供的服务而给予的短期薪酬。

⑨非货币性福利，是指企业以自己的产品或外购商品发放给职工作为福利，企业提供给职工无偿使用自己拥有的资产或租赁资产供职工无偿使用等。

（2）离职后福利

离职后福利，是指企业为获得职工提供的服务而在职工退休或与企业解除劳动关系后，提供的各种形式的报酬和福利，短期薪酬和辞退福利除外。企业应当将离职后福利计划分为设定提存计划和设定受益计划。设定提存计划，是指向独立的基金缴存固定费用后，企业不再承担进一步支付义务的离职后福利计划；设定受益计划，是指除设定提存计划以外的离职后福利计划。

（3）辞退福利

辞退福利，是指企业在职工劳动合同到期之前解除与职工的劳动关系，或者为鼓励职工自愿接受裁减而给予职工的补偿。

（4）其他长期职工福利

其他长期职工福利，是指除短期薪酬、离职后福利、辞退福利之外所有的职工薪酬，包括长期带薪缺勤、长期残疾福利、长期利润分享计划等。

2）应付职工薪酬的核算

企业应当设置“应付职工薪酬”科目，核算应付职工薪酬的计提、结算、使用等情况。该科目的贷方登记已分配计入有关成本费用项目的职工薪酬的数额，借方登记已实际发放职工薪酬的数额，包括扣还的款项等；该科目期末贷方余额，反映企业应付未付的职工薪酬。

“应付职工薪酬”科目应当按照“工资、奖金、津贴和补贴”“职工福利费”“非货币性福利”“社会保险费”“住房公积金”“工会经费和职工教育经费”“带薪缺勤”“利润分享计划”“设定提存计划”“设定受益计划”“辞退福利”等职工薪酬项目设置明细账进行明细核算。

（1）工资、奖金、津贴和补贴

对于职工工资、奖金、津贴和补贴等货币性职工薪酬，企业应当在职工为其提供服务的会计期间，将实际发生的职工工资、奖金、津贴和补贴等，根据职工提供服务的受益对象计入不同的科目。生产部门人员的职工薪酬记入“生产成本”“制造费用”“劳务成本”等科目，管理部门人员的职工薪酬记入“管理费用”科目，销售人员的职工薪酬记入“销售费用”科目，应由在建工程、研发支出负担的职工薪酬记入“在建工程”“研发支出”等科目，贷记“应付职工薪酬——工资、奖金、津贴和补贴”科目。

在实际工作中，为了方便职工、简化现金代扣手续、往往从应付职工薪酬中代扣职工应缴的各种款项，如代扣住房公积金、医疗保险费和个人所得税等。这样每月直接发给职工个人的工资就等于应付工资总额减去代扣款项之后的差额。

向职工支付工资、奖金、津贴等时，借记“应付职工薪酬——工资、奖金、津贴和补贴”科目，贷记“银行存款”“库存现金”等科目。企业从应付职工薪酬中扣还的各种款项，借记“应付职工薪酬”科目，贷记“其他应收款”“应交税费——应交个人所得税”等科目。

【例9-6】甲公司2×19年1月应付工资227 000元，其中：生产工人工资130 900元，车间管理人员工资22 600元，行政管理人员工资37 400元，专设销售机构人员工资29 850元，在建工程人员工资6 250元。在当期应付工资中，扣还前已代为缴纳的职工个人应支付的住房公积金5 500元、医疗保险费2 500元；代扣个人所得税950元。实发职工工资218 050元。

①根据以上资料，分配本月工资费用时：

借：生产成本	130 900	
制造费用	22 600	
管理费用	37 400	
销售费用	29 850	
在建工程	6 250	
贷：应付职工薪酬——工资、奖金、津贴和补贴		227 000

②发放工资及结算代扣款项时：

借：应付职工薪酬——工资、奖金、津贴和补贴	227 000	
贷：应交税费——应交个人所得税		950
其他应收款		8 000
银行存款		218 050

（2）职工福利费

对于职工福利费，企业应当在实际发生时根据实际发生额计入当期损益或相关资产成本，生产部门人员的职工福利费记入“生产成本”“制造费用”“劳务成本”等科目，管理部门人员的职工福利费记入“管理费用”科目，销售人员的职工福利费记入“销售费用”科目，应由在建工程、研发支出负担的职工福利费记入“在建工程”“研发支出”等科目，贷记“应付职工薪酬——职工福利费”科目。支付职工福利费时，借记“应付职工薪酬——职工福利费”科目，贷记“银行存款”“库存现金”等科目。

【例9-7】承【例9-6】，甲公司以银行存款支付职工福利费31 780元。其中：生产工人福利费为18 326元，车间管理人员福利费为3 164元，行政管理人员福利费为5 236元，专设销售机构人员福利费为4 179元，在建工程人员福利费为875元。相关账务处理如下：

①列支福利费时：

借：生产成本	18 326
制造费用	3 164
管理费用	5 236
销售费用	4 179

借：在建工程　875

　贷：应付职工薪酬——职工福利费　31 780

②支付福利费时：

借：应付职工薪酬——职工福利费　31 780

　贷：银行存款　31 780

（3）国家规定计提标准的职工薪酬

对于国家规定了计提基础和计提比例的医疗保险费、工伤保险费、生育保险费等社会保险费和住房公积金，以及按规定提取的工会经费和职工教育经费，企业应当在职工为其提供服务的会计期间，根据规定的计提基础和计提比例计算确定相应的职工薪酬金额，并确认相关负债，按照受益对象计入当期损益或相关资产成本．借记“生产成本”“制造费用”“管理费用”等科目，贷记“应付职工薪酬”科目。

【例9-8】承【例9-6】，甲企业根据相关规定，分别按照职工工资总额的2%和2.5%的计提标准，确认应付工会经费和职工教育经费。

借：生产成本　5 890.5

　　制造费用　1 017

　　管理费用　1 683

　　销售费用　1 343.25

　　在建工程　281.25

　贷：应付职工薪酬——工会经费和职工教育经费　10 215

【例9-9】承【例9-6】，甲公司按工资总额的一定比例计算，并以银行存款向指定机构缴纳的职工住房公积金为45 400元。其中：生产工人住房公积金为26 180元，车间管理人员住房公积金为4 520元，行政管理人员住房公积金为7 480元，专设销售机构人员住房公积金为5 970元，在建工程人员住房公积金为1 250元。相关账务处理如下：

①计算应缴职工住房公积金时：

借：生产成本　26 180

　　制造费用　4 520

　　管理费用　7 480

　　销售费用　5 970

　　在建工程　1 250

　贷：应付职工薪酬——住房公积金　45 400

②缴纳职工住房公积金时：

借：应付职工薪酬——住房公积金　45 400

　贷：银行存款　45 400

对于应付职工薪酬的其他内容，将在《中级财务会计》教材中涉及，本教材不做探讨。

9.2.6　应交税费

企业应依法交纳的各种税费主要包括增值税、消费税、资源税、土地增值税、城市维护建设税（简称城建税）、教育费附加、房产税、城镇土地使用税、车船税、印花税、所得税等。自2016年5月1日起，我国全面推开营改增试点，将建筑业、房地产业、金融业、生活服务业纳入试点范围。这意味着，在新中国税制中有着66年历史的营业税彻底退出了历史舞台。

为了反映各种税费的计算和交纳情况，企业应设置“应交税费”账户，并在该账户下设置有关明细账进行核算。该账户的贷方登记应交纳的各种税费；借方登记已交纳或应抵扣的各种税费。期末贷方余额反映欠交税费。

1）应交增值税

（1）纳税人及应纳税额的计算

增值税是以商品（含应税劳务、应税服务）在流转过程中产生的增值额作为计税依据而征收的一种流转税。我国增值税相关法规规定，在我国境内销售货物或提供加工、修理修配劳务（以下简称应税劳务），销售服务、无形资产或者不动产，以及进口货物的单位和个人，为增值税的纳税人。

根据经营规模大小以及会计核算健全程度，增值税纳税人可划分为一般纳税人和小规模纳税人。

根据确定增值税税率的基本原则，我国增值税设置了一档基本税率和一档低税率，此外还有对出口货物实施的零税率。营业税改征增值税试点实施以后，又增加了两档税率。

对于纳税人销售货物、劳务、有形动产租赁服务或进口货物，于2018年5月1日起，税率由17%降为16%。

对于纳税人销售服务、无形资产以及增值电信服务，除另有规定外，税率为6%。

对于出口货物、劳务或者境内单位和个人发生的跨境应税行为，税率为零。

小规模纳税人的增值税征收率自2009年1月1日起统一调低至3%。

2019年3月21日，财政部、国家税务总局、海关总署等三部门发布《关于深化增值税改革有关政策的公告》，宣布增值税税率下调将于4月1日正式启幕，并公布了一系列深化增值税改革的配套举措。

根据三部门发布的《关于深化增值税改革有关政策的公告》，从2019年4月1日起，增值税一般纳税人发生增值税应税销售行为或者进口货物，原适用16%税率的，税率调整为13%；原适用10%税率的，税率调整为9%。此外，纳税人购进农产品，原适用10%扣除率的，扣除率调整为9%。纳税人购进用于生产或者委托加工13%税率货物的农产品，按照10%的扣除率计算进项税额。

公告明确扩大进项税额抵扣范围，将国内旅客运输服务纳入抵扣范围，同时将纳税人取得不动产支付的进项税额由分两年抵扣（第一年抵扣60%，第二年抵扣40%）改为一次性全额抵扣。

一般纳税人增值税的计算采用购进抵扣法，即企业购入货物或接受劳务支付的增值税（即进项税额），可以从销售货物或提供劳务按规定收取的增值税（即销项税额）中抵扣。抵扣后的余额即为实际应交纳的增值税，用公式表示为：

一般纳税人的应纳税额=当期销项税额-当期进项税额

小规模纳税人销售货物或提供应税劳务，实行简易计税办法计算应纳税额，其公式为：

小规模纳税人的应纳税额=不含税销售额×征收率

=含税销售额÷（1+征收率）×征收率

（2）一般纳税人的核算

一般纳税人应交纳的增值税，在“应交税费”账户下设置的“应交增值税”明细账进行核算。“应交税费——应交增值税”分别设置“进项税额”“已交税金”“销项税额”等专栏。企业购进货物或接受应税劳务支付的进项税额，以及实际已交纳的增值税税额，应记入该账户的借方；销售货物或提供应税劳务所收取的销项税额等，应记入该账户的贷方。期末该账户若为借方余额，反映企业尚未抵扣的增值税；如为贷方余额，则反映企业应交纳的增值税。

①采购物资和接受应税劳务。

企业从国内采购物资或接受应税劳务，根据增值税专用发票上记载的应计入采购成本或应计入加工、修理修配等物资成本的金额，借记“材料采购”“在途物资”等科目，根据增值税专用发票上注明的可抵扣的增值税税额，借记“应交税费——应交增值税（进项税额）”科目，按照应付或实际支付的金额，贷记“应付账款”“应付票据”“银行存款”等科目。

企业所购买的固定资产所包含的增值税税额，在生产型增值税税制下，不允许税前扣除，应计入固定资产的成本；而在消费型增值税税制下，这部分税额可以在税前抵扣，应记入“应交税费——应交增值税（进项税额）”科目。我国于2009年1月1日实行增值税转型，即由过去的生产型增值税转为消费型增值税。这意味着企业购买固定资产所支付的增值税与购买材料物资所支付的增值税均可以税前抵扣，有利于企业进行设备的更新改造。

【例9-10】甲公司为一般纳税人，2×19年5月2日购进原材料所取得的增值税专用发票上注明的材料价款为1 000万元，增值税税率为13%，款项以银行存款支付。

借：在途物资　　10 000 000

　　应交税费——应交增值税（进项税额）　　1 300 000

　贷：银行存款　　11 300 000

【例9-11】2×19年5月1日，甲公司购入不需要安装的设备一台，价款及保险费等费用合计300万元，增值税专用发票上注明的增值税税额为39万元，款项尚未支付。

借：固定资产　　3 000 000

　　应交税费——应交增值税（进项税额）　　390 000

　贷：应付账款　　3 390 000

②销售货物或者提供应税劳务。

企业销售货物或者提供应税劳务，按照营业收入和应收取的增值税税额，借记“应收账款”“应收票据”“银行存款”等科目，按专用发票上注明的增值税税额，贷记“应交税费——应交增值税（销项税额）”科目，按照实现的营业收入，贷记“主营业务收入”等科目。

【例9-12】甲公司2×19年5月销售产品收入为1 500万元，增值税税率为13%，价税款已经收到。

借：银行存款　　16 950 000

　贷：主营业务收入　　15 000 000

　　　应交税费——应交增值税（销项税额）　　1 950 000

③交纳增值税。

企业交纳的增值税，根据销项税额减去进项税额的差额，借记“应交税费——应交增值税（已交税金）”科目，贷记“银行存款”科目。

【例9–13】续【例9–10】、【例9–11】和【例9–12】，计算甲公司本期应交纳的增值税=1 950 000- 1 300 000–390 000=260 000（元）。

借：应交税费——应交增值税（已交税金）　　260 000

　贷：银行存款　　260 000

（3）小规模纳税人的核算

小规模纳税人应当按照不含税销售额和规定的增值税征收率计算应纳增值税，销售货物或提供劳务时开具普通发票。小规模纳税人不享有进项税额抵扣权，其购进货物或接受应税劳务支付的增值税直接计入有关货物或劳务的成本。因此，小规模纳税人只在“应交税费”账户下设置“应交增值税”明细账户，不需要在“应交增值税”明细账户中设置专栏。“应交税费——应交增值税”贷方登记应交纳的增值税，借方登记已交纳的增值税，期末贷方余额为尚未交纳的增值税，借方余额为多交纳的增值税。

对于已经办理税务登记的小规模纳税人（包括个体工商户）以及国家税务总局确定的其他可予代开增值税专用发票的纳税人，在发生增值税应税行为，需要开具增值税专用发票时，主管税务机关可为其代开专用发票。

为方便纳税人使用发票，国家税务总局在营改增后先后对多个行业的小规模纳税人自开增值税专用发票进行了试点。

自2016年11月4日起，月销售额超过3万元（或季销售额超过9万元）的住宿业增值税小规模纳税人提供住宿服务、销售货物或发生其他增值税应税行为，需要开具增值税专用发票的，可以通过增值税发票管理新系统自行开具，主管税务机关不再为其代开。

自2017年6月1日起，月销售额超过3万元（或季销售额超过9万元）的建筑业增值税小规模纳税人提供建筑服务、销售货物或发生其他增值税应税行为，需要开具增值税专用发票的，可以通过增值税发票管理新系统自行开具，主管税务机关不再为其代开。

自2018年2月1日起，月销售额超过3万元（或季销售额超过9万元）的工业以及信息传输、软件和信息技术服务业增值税小规模纳税人发生增值税应税行为的，需要开具增值税专用发票的，可以通过增值税发票管理新系统自行开具。

【例9–14】2×19年6月，某小规模纳税人购入材料一批，取得的专用发票上注明货款为20 000元，增值税为2 600元，款项以银行存款支付。

借：在途物资　　22 600

　贷：银行存款　　22 600

本例中，小规模纳税人购进货物支付的增值税直接计入了货物的成本，这与一般纳税人的会计处理是完全不同的。

【例9–15】承【例9–14】，该小规模纳税人本月销售商品一批，开出的普通发票中注明的货款为20 600元（含税价），征收率为3%，款项已存入银行。

不含税销售额=含税销售额÷（1＋征收率）=20 600÷（1+3%）

=20 000（元）

借：银行存款 20 600
　贷：主营业务收入 20 000
　　　应交税费——应交增值税 600

【例9-16】承【例9-14】和【例9-15】，月末该小规模纳税人应交纳的增值税为600元，有关的会计处理如下：

借：应交税费——应交增值税 600
　贷：银行存款 600

2）应交消费税

（1）消费税概述

消费税是对在我国境内从事生产、委托加工及进口应税消费品的单位和个人，就其销售额或销售数量，在特定环节征收的一个税种。在对货物普遍征收增值税的基础上，选择少数消费品再征收一道消费税，主要是为了调整产业结构，引导消费方向，保证国家财政收入。

目前征收消费税的商品大体可以分为以下四类：

第一类：一些过度消费会对身心健康、社会秩序、生态环境等方面造成危害的特殊消费品，如烟、酒、鞭炮、焰火等。

第二类：非生活必需品，如高档化妆品、贵重首饰、珠宝玉石等。

第三类：高能耗及高档消费品，如摩托车、小汽车等。

第四类：不可再生和替代的稀缺资源消费品，如汽油、柴油等油品。

消费税的征税范围不是一成不变的，随着我国经济的发展，可以根据国家的政策和经济情况及消费结构的变化适当调整。现行的消费税税目共15个，分别为：烟、酒、高档化妆品、贵重首饰及珠宝玉石、鞭炮焰火、成品油、摩托车、小汽车、高尔夫球及球具、高档手表、游艇、木质一次性筷子、实木地板、电池、涂料。

消费税的计税方法主要有从价定率、从量定额以及复合征税三种。从价定率是根据商品销售价格和规定的税率计算应交消费税；从量定额是根据商品销售数量和规定的单位税额计算应交消费税；复合征税是指从价定率和从量定额一起使用的征税方法。计算公式为：

从价定率应交消费税=应税消费品的销售额×消费税税率

从量定额应交消费税=应税消费品的数量×消费税单位税额

复合计征消费税=应税消费品的销售额×消费税税率+应税消费品的数量×消费税单位税额

一般情况下，对一种消费品只选择一种税率形式，但为了更有效地保全消费税税基，对一些消费品如卷烟、白酒采用了定额税率和比例税率双重征收形式。

（2）应交消费税的核算

企业应在“应交税费”账户下设置“应交消费税”明细账户，核算应交消费税的发生、交纳情况。该账户贷方登记应交纳的消费税，借方登记已交纳的消费税，期末贷方余额为尚未交纳的消费税，借方余额为多交的消费税。

①销售应税消费品时。

企业销售应税消费品应交消费税时，应借记“税金及附加”科目，贷记“应交税费——应交消费税”科目。

【例9-17】甲公司2×19年5月的销售产品收入为1 500万元。该产品为高档化妆品，适用的消费税税率为15%。相关账务处理如下：

借：税金及附加　　2 250 000

　贷：应交税费——应交消费税　　2 250 000

②交纳消费税时。

企业交纳消费税时，应借记“应交税费——应交消费税”科目，贷记“银行存款”科目。

【例9-18】承【例9-17】，下月初甲公司交纳消费税时：

借：应交税费——应交消费税　　2 250 000

　贷：银行存款　　2 250 000

3）应交城市维护建设税及教育费附加

（1）应交城市维护建设税

城市维护建设税（简称城建税）是对从事生产经营活动的单位和个人，以其实际交纳的流转税为依据，按纳税人所在地适用不同的税率计算征收的一种税。税率因纳税人所在地不同，分别为7%、5%、1%征收城建税主要是为了加强对城市的维护建设，扩大和稳定城市维护建设的资金来源。其计算公式为：

应纳税额=实际交纳的增值税和消费税×适用税率

企业应在“应交税费”账户下设置“应交城市维护建设税”明细账户，核算应交城建税的发生、交纳情况。该账户贷方登记应交纳的城建税，借方登记已交纳的城建税，期末贷方余额为尚未交纳的城建税。

企业应交城建税时，借记“税金及附加”科目，贷记“应交税费——应交城市维护建设税”科目。实际交纳城建税时，借记“应交税费——应交城市维护建设税”科目，贷记“银行存款”科目。

【例9-19】甲公司本月实际交纳增值税340 000元、消费税4 500 000元，城建税税率为7%，据此计算的本月应交城市维护建设税为338 800元［（340 000+4 500 000）×7%］，相关账务处理如下：

①计算应交城建税：

借：税金及附加　　338 800

　贷：应交税费——应交城市维护建设税　　338 800

②下月初交纳城建税：

借：应交税费——应交城市维护建设税　　338 800

　贷：银行存款　　338 800

（2）应交教育费附加

教育费附加是国家为了发展教育事业，扩大教育经费的资金来源，提高人民的文化素质而征收的一项费用。这项费用与城建税一样，也是按照企业实际交纳的增值税和消费税的一定比例计算的，并与增值税和消费税一起交纳。目前教育费附加的比例为3%。

企业应在“应交税费”账户下设置“应交教育费附加”明细账户，核算应交教育费附加的发生、交纳情况。该账户贷方登记应交纳的教育费附加，借方登记已交纳的教育费附加，期末贷方余额为尚未交纳的教育费附加。

企业应交教育费附加时，借记“税金及附加”科目，贷记“应交税费——应交教育费附加”科目。实际交纳教育费附加时，借记“应交税费——应交教育费附加”科目，贷记“银行存款”科目。

【例 9-20】承【例 9-19】甲公司本月应交教育费附加为 145 200 元［（340 000+4 500 000）×3%］，相关账务处理如下：

①计算应交教育费附加时：

借：税金及附加	145 200	
贷：应交税费——应交教育费附加		145 200

②下月初交纳教育费附加时：

借：应交税费——应交教育费附加	145 200	
贷：银行存款		145 200

4）其他应交税费

其他应交税费是指除上述应交税费以外的应交税费，包括应交资源税、应交土地增值税、应交房产税、应交城镇土地使用税、应交车船税、应交企业所得税、应交个人所得税等。企业应当在“应交税费”账户下设置相应的明细账户进行核算，贷方登记应交纳的各种税费，借方登记已交纳的相关税费，期末贷方余额表示尚未交纳的有关税费。

（1）应交资源税

资源税是对在我国境内开采应税矿产品及生产盐的单位和个人，以其应税产品销售额或销售数量和自用数量为计税依据而征收的一种税。对外销售应税产品应交纳资源税时，借记“税金及附加”，贷记“应交税费——应交资源税”科目；自产自用应税产品应交纳资源税时，借记“生产成本”“制造费用”等科目，贷记“应交税费——应交资源税”科目。

（2）应交土地增值税

土地增值税是指对在我国境内有偿转让土地使用权及地上建筑物和其他附着物产权并取得增值收入的单位和个人所征收的一种税。企业应交的土地增值税视不同情况记入不同的科目：企业转让的土地使用权连同地上建筑物及其附着物一并在“固定资产”科目核算的，转让时应交纳的土地增值税，借记“固定资产清理”科目，贷记“应交税费——应交土地增值税”科目；土地使用权在“无形资产”科目核算的，按实际收到的金额，借记“银行存款”科目，按应交纳的土地增值税，贷记“应交税费——应交土地增值税”科目，同时冲销土地使用权的账面价值，贷记“无形资产”科目，按其差额，借记“营业外支出”科目或贷记“营业外收入”科目。

（3）应交房产税、城镇土地使用税、车船税

房产税是以房屋为征税对象，以房屋的计税余值或租金收入为计税依据，向房屋产权所有人征收的一种财产税。城镇土地使用税是以纳税人实际占用的土地面积为计税依据，依照规定税额计算征收的一种税。车船税是对在中华人民共和国境内属于《中华人民共和

国车船税法》中“车船税税目税额表”所规定的车辆、船舶的所有人或管理人征收的一种税。

（4）应交个人所得税

企业按规定计算的代扣代交的职工个人所得税，借记“应付职工薪酬——工资”科目，贷记“应交税费——应交个人所得税”科目；企业交纳个人所得税时，借记“应交税费——应交个人所得税”科目，贷记“银行存款”等科目。

（5）应交企业所得税

企业所得税是根据企业应纳税所得额的一定比例上交的一种税金。其相关处理在“中级财务会计”等相关课程中进行深入探讨。

对于未列举的税种，详见《税法》教材。

9.2.7 应付利息

应付利息核算企业按照合同的约定应支付的利息，包括分期付息到期还本的长期借款、企业债券等应支付的利息。企业应当设置“应付利息”账户，按照债权人设置明细账户进行明细核算，该账户期末贷方核算企业按照合同的约定应支付但尚未支付的利息，借方核算实际支付的利息金额，期末贷方余额反映尚未支付的利息。

企业采用合同约定的利率计算确定利息时，应按计算确定的利息金额，借记“财务费用”科目，贷记“应付利息”科目。实际支付利息时，借记“应付利息”科目，贷记“银行存款”等科目。具体例题见【例9-1】。

9.2.8 应付股利

应付股利是指企业根据股东大会或类似机构审议批准的股利或利润分配方案，确定分配给投资者的现金股利或利润。企业应通过“应付股利”账户核算企业确定或宣告支付但尚未实际支付的现金股利或利润。该账户贷方登记企业根据股东大会或类似机构审议批准的股利或利润分配方案中，应支付的现金股利或利润；借方登记实际支付的现金股利或利润。该账户期末贷方余额，反映企业应付未付的现金股利或利润。

通常企业分配现金股利或利润时需要经历两个步骤或阶段，首先是股东大会或类似机构决议确定并宣告股利或利润分配方案，这时按照应支付的现金股利或利润，借记“利润分配——应付现金股利或利润”科目，贷记“应付股利”科目。然后是向投资者实际支付现金股利或利润，此时应按实际支付的金额借记“应付股利”科目，贷记“银行存款”等科目。企业董事会或类似机构通过的股利或利润分配方案中拟分配的现金股利或利润不作账务处理，不作为“应付股利”核算，但应在附注中披露。需要注意的是，企业分配的股票股利，即当作股利发放的股票，又称红股或送股，不通过“应付股利”核算。因为股票股利，并不构成企业的负债，它只是将未分配利润转为股本，是企业权益内部的一种变化，不会引起任何经济利益的外流。

【例9-21】A有限责任公司2×18年度实现净利润8 000 000元，经董事会批准，决定分配现金股利5 000 000元。股利已经用银行存款支付。则A公司的账务处理如下：

（1）确定分配方案时：

借：利润分配——应付现金股利或利润	5 000 000	
贷：应付股利		5 000 000

（2）实际支付股利时：

借：应付股利　　　　5 000 000

　贷：银行存款　　　　5 000 000

9.2.9　其他应付款

在企业资产负债表中，除了上述比较常见的流动负债以外，还有一些其他原因形成的流动负债，如其他应付款。

其他应付款是指除了应付票据、应付账款、应付职工薪酬等以外与企业活动直接或间接相关的其他各种应付和暂收款项，包括应付租入固定资产和包装物的租金、存入保证金，以及计算工资过程中的各种代扣应付款项。这些暂收、应付或代扣的款项也构成了企业的流动负债，在我国会计实务中，通过设置“其他应付款”账户对其进行核算。该账户贷方登记企业发生的其他各种应付、暂收款项；借方登记企业支付的其他各种应付、暂收款项。该账户期末贷方余额，反映企业应付未付的其他各种款项。

【例9-22】甲公司2×19年4月收到购货客户租用周转包装物的押金9 000元存入银行。相关账务处理如下：

（1）收到包装物押金时：

借：银行存款　　　　9 000

　贷：其他应付款——存入保证金　　　　9 000

（2）收回包装物，退还押金时：

借：其他应付款——存入保证金　　　　9 000

　贷：银行存款　　　　9 000

9.3　非流动负债

非流动负债，也称长期负债，是指企业偿还期限在一年或超过一年的一个营业周期以上的债务，主要包括长期借款、应付债券、长期应付款等。非流动负债与流动负债的主要区别在于偿还期限，即需要一年以内偿还的债务为流动负债，超过一年以上期限偿还的则为非流动负债。应该指出的是，如果一项非流动负债将在一年或一个经营周期内到期，并且计划用流动资产来偿还，则不应视其为非流动负债，而应视其为一项流动负债，以“一年内到期的非流动负债”项目列示在资产负债表的流动负债部分，但不需作任何账务处理。

9.3.1　长期借款

1）长期借款概述

长期借款是指企业向银行或其他金融机构借入的期限在一年以上（不含一年）的各项借款。一般用于固定资产的购建、改扩建工程、大修理工程、对外投资以及为了保持长期经营能力等方面。它是企业长期负债的重要组成部分。

由于长期借款偿还期限较长，金额较大，其使用往往关系到企业的生产经营规模和效益，企业除了要遵守有关的贷款规定、编制借款计划并要有不同形式的担保外，还必须监督借款的使用，在债务到期之前提前安排好偿付本息用的货币资金，以免发生财务危机。企业也应加强自身管理，提高信用等级，确保长期借款发挥效益。

2）长期借款的核算

企业应设置“长期借款”账户核算长期借款的借入、归还等情况。该账户贷方登记取得的长期借款本金及到期一次还本付息的应付利息；借方登记归还的本金及一次还本付息的利息。该账户期末贷方余额，反映尚未归还的借款本金及到期一次还本付息的应付利息。该账户可按照贷款单位和贷款种类设置明细账，分别“本金”“应计利息”“利息调整”等进行明细核算。

（1）取得长期借款

企业借入长期借款时，应按实际收到的金额，借记“银行存款”科目，贷记“长期借款——本金”科目，如存在差额，还应借记“长期借款——利息调整”科目。

（2）确定长期借款的利息

长期借款的利息费用，应当在资产负债表日按照实际利率法计算确定。实际利率与合同利率差异较小的，也可以采用合同利率计算确定。

长期借款计算确定的利息费用应当按以下原则计入有关成本费用：属于筹建期间的，计入管理费用；属于生产经营期间的，计入财务费用；如果长期借款用于购建固定资产的，在固定资产尚未达到预定可使用状态前所发生的应当资本化的利息支出数，计入在建工程成本；固定资产达到预定可使用状态后发生的利息支出，以及按规定不予资本化的利息支出，计入财务费用。长期借款计算确定的应付未付利息，分别借记“在建工程”“管理费用”“财务费用”等科目，贷记“应付利息”科目（分期付息）或“长期借款——应计利息”科目（一次还本付息）。

（3）归还长期借款本息

企业归还长期借款的本金时，应按归还的本金金额，借记“长期借款——本金”科目，贷记“银行存款”科目；按归还的利息金额，借记“应付利息”或“长期借款——应计利息”科目，贷记“银行存款”科目。

【例9-23】甲公司为购建一条新的生产线（工期2年），于2×17年1月1日向某金融机构取得期限为3年的人民币借款5 000 000元，并当即将该资金投入到生产线的购建工程中。该借款年利率8%，合同规定每年付息，到期还本。相关账务处理如下：

①2×17年1月1日取得借款时：

借：银行存款	5 000 000	
贷：长期借款——本金		5 000 000

②2×17年、2×18年年末，分别计算应由该工程负担的借款利息时：

借：在建工程	400 000	
贷：应付利息		400 000

③支付2×17年、2×18年的利息时：

借：应付利息	400 000	
贷：银行存款		400 000

④2×19年年末，计算当年由财务费用负担的借款利息时：

借：财务费用	400 000	
贷：应付利息		400 000

⑤2×19年年末，偿还该笔借款的本金和最后一年的利息时：

借：长期借款——本金 5 000 000

　　应付利息 400 000

　贷：银行存款 5 400 000

9.3.2 应付债券

1）债券的定义及构成要素

债券是企业依法定程序对外发行、约定在一定期间内还本付息的有价证券。企业发行债券必须经国家的有关部门批准，委托银行或其他金融机构代理发行。发行债券筹集的资金可用于购建固定资产，也可用于补充流动资金。企业发行的期限超过一年的债券，构成了企业的一项长期负债。

债券作为一种书面凭证，主要包括下列要素：

（1）债券面值。即票面价值，是企业在还款日应偿还的本金金额。

（2）债券利率。也称“票面利率”或“名义利率”，是指债券利息的年利率，它是在债券发行前，根据当时的市场利率确定的。

（3）债券还本期限，是指债券发行人偿还本金的时间。

企业通过设置“企业债券备查簿”，详细登记每一企业债券的票面金额、债券的票面利率、还本付息期限与方式、发行总额、发行日期和编号、委托代售单位、转换股份等资料。当企业债券到期结清时，应当在备查簿中逐笔注销。

2）债券的分类

根据不同的划分标准，债券可分为以下几类：

（1）按有无担保分为有担保债券和无担保债券。

有担保债券，是指以抵押、质押、保证等方式发行的债券。因担保形式不同，又可分为抵押债券、质押债券和保证债券。一旦债券发行人违约，信托企业就可将担保品变卖以支付所欠债券持有人的款项。

无担保债券，又称“信用债券”，指没有任何特定的资产作为担保品的债券。这种债券依靠发行人的信用发行，一旦企业破产清算，债券持有人便成为企业的一般债权人。此类债券风险相对较大，所以利率也相对较高。

（2）按债券是否记名分为记名债券和无记名债券。

记名债券，是指发行人登记债券持有人的姓名和地址，并据此支付本金和利息的一种债券。该类债权转让时，必须在发行人那里办理过户手续，否则无法领取本金和利息。

无记名债券，是指发行人未对债券持有人的姓名和地址进行登记的债券。

（3）按还本方式不同分为一次还本债券和分次还本债券。

发行企业于债券到期日一次清偿本金的，为一次还本债券。

一次发行而分期、分批偿还的债券为分次还本债券。

（4）按特殊偿还方式不同分为可转换债券和可赎回债券。

可转换债券，是指债券持有人可以在特定时间、按特定条件转换为普通股股票的债券。这种债券既有债券性质，又有股票性质。其持有人可根据具体情况，在转换期内自愿行使转换权力。

可赎回债券，是指债券发行企业有权在债券到期日以前，按特定的价格提前赎回的债券。

（5）按付息方式不同分为普通债券和收益债券。

普通债券，是指票面上载明一定利率的债券。

收益债券，是指债券的利息取决于企业的收益。这种债券随企业当期有无收益和收益额的大小来确定利息的多少。

3）债券发行价格的确定

企业债券的发行价格与债券面值，二者有时一致，有时不一致。债券发行价格的高低一般取决于债券的票面金额、债券票面利率、发行当时的市场利率以及债券期限的长短等因素。债券发行有面值发行、溢价发行和折价发行三种情况。在市场经济环境下，债券的市场售价在很大程度上由其票面利率决定。在其他条件不变的情况下，票面利率越高，债券的市价也就越高。因为如果企业确定了一个较低的票面利率，债权人一般不愿意认购，发行人只能按低于面值的价格发行，即折价发行。如果确定了一个较高的票面利率，就会吸引更多的债权人购买，在供不应求的情况下，发行人可将债券按高出面值的价格出售，即溢价发行。这里的“较低”或“较高”的票面利率是相对于金融市场上其他投资机会的平均收益率而言的。其他投资机会的平均收益率，即为市场利率，是债权人进行决策时使用的重要参照指标。由此可见，企业债券的价格与票面利率和市场利率有直接的关系。

从理论上讲，债券的发行价格由两部分组成：债券面值按市场利率折算的现值和按债券票面利率计算的各期利息以市场利率折算的现值总和。用公式表示为：

债券发行价格=债券面值按市场利率折算的现值+各期票面利息按市场利率折算的现值
=债券面值×复利现值系数+债券面值×票面利率×分期付息年金现值系数

【例9-24】东方公司为建设某一工程项目（工期2年），于2×16年1月1日发行一批两年期债券，总面值100万元，年利率为5%，每年付息一次，到期一次还本。当发行时市场利率分别为5%、4%和6%时，债券的发行价格应为：

①当市场利率为5%时：

债券发行价格=1 000 000×（P/F，5%，2）+1 000 000×5%×（P/A，5%，2）
=1 000 000×0.90703+50 000×1.85941
=1 000 000（元）

②当市场利率为4%时：

债券发行价格=1 000 000×（P/F，4%，2）+1 000 000×5%×（P/A，4%，2）
=1 000 000×0.92456+50 000×1.88609
=1 018 865（元）

债券溢价金额=1 018 865-1 000 000=18 865（元）

③当市场利率为6%时：

债券发行价格=1 000 000×（P/F，6%，2）+1 000 000×5%×（P/A，6%，2）
=1 000 000×0.89+50 000×1.83339
=981 670（元）

债券折价金额=1 000 000−981 670=18 330（元）

由上述可见，债券的发行价格随市场利率的变动呈反方向变动，即当市场利率低于债券票面利率时，债券发行价格高于其面值，高出的部分称为债券溢价；当市场利率高于债券票面利率时，债券发行价格低于其面值，低于的部分称为债券折价；当市场利率等于债券票面利率时，债券发行价格等于其面值。需要注意的是，债券一经发售，债券信托合同即告成立，其后无论市场如何波动，对发行的债券均不产生影响，不需要调整会计记录。

4）应付债券的核算

企业应设置“应付债券”账户，核算应付债券发行、计提利息、还本付息等情况，并在该账户下设置“面值”“利息调整”“应计利息”等明细账进行明细核算。该账户贷方登记发行债券的价值，以及一次还本付息债券在资产负债表日按票面利率计算确定的应付未付利息等；借方登记债券到期时偿还债券本息的价值；期末贷方余额反映企业尚未偿还的长期债券的摊余成本。

（1）发行债券

企业按面值发行债券时，应按实际收到的金额，借记“银行存款”等科目，按债券票面金额，贷记“应付债券——面值”科目，存在折价或溢价情况的，还应借记或贷记“应付债券——利息调整”科目。

（2）计提债券利息

发行长期债券的企业，应按期计提利息。对于按面值发行的债券，在每期采用票面利率计提利息时，应当按照与长期借款相一致的原则计入有关成本费用，借记“在建工程”“管理费用”“财务费用”等科目，其中对于分期付息到期一次还本的债券，其按票面利率计算确定的应付未付利息，通过“应付利息”科目核算；对于一次还本付息的债券，其按票面利率计算确定的应付未付利息，通过“应付债券——应计利息”科目核算。对于溢价发行和折价发行的债券利息的调整，本书不作详细展开，相关内容将在“中级财务会计”课程中讲授。

（3）债券到期

债券到期企业支付债券本息时，借记“应付债券——面值”、“应付债券——应计利息”或“应付利息”等科目，贷记“银行存款”等科目。

【例9-25】乙公司为建设某一工程项目（工期2年），于2×17年1月1日发行一批两年期债券，总面值1 000万元，年利率为5%，每年付息一次，到期一次还本。该公司发行债券时，市场利率为5%，则公司按面值发行债券，收到款项并存入银行。其账务处理如下：

（1）2×17年1月1日债券发行时：

借：银行存款　　10 000 000

　贷：应付债券——面值　　10 000 000

（2）2×17年、2×18年年末计提债券利息时：

借：在建工程　　500 000

　贷：应付利息　　500 000

（3）以银行存款支付2×17年、2×18年债券利息时：

借：应付利息　　500 000

　贷：银行存款　　500 000

（4）2×19年1月1日债券到期归还本金时：

借：应付债券——面值　　10 000 000

　贷：银行存款　　10 000 000

【例9-26】承上例，若该债券为到期一次还本付息债券，则相关会计处理为：

（1）2×17年1月1日债券发行时：

借：银行存款　　10 000 000

　贷：应付债券——面值　　10 000 000

（2）2×17年年末、2×18年年末计提债券利息时：

借：在建工程　　500 000

　贷：应付债券——应计利息　　500 000

（3）2×19年1月1日债券到期还本付息时：

借：应付债券——面值　　10 000 000

　　　　　——应计利息　　1 000 000

　贷：银行存款　　11 000 000

9.3.3　长期应付款

长期应付款，是企业除长期借款和应付债券以外的其他各种长期应付款项，包括应付融资租入固定资产的租赁费、具有融资性质的延期付款购买资产发生的应付款项等。对于长期应付款的会计处理，将在“中级财务会计”课程中深入探讨，本书不做涉及。

章末习题

一、单项选择题

1.债券的票面利率高于市场利率时发行的债券为（　　）。

A.折价发行　　B.溢价发行　　C.面值发行　　D.平价发行

2.企业无法支付的应付账款，经确认后，应计入（　　）。

A.其他业务收入　　B.营业外收入　　C.预收账款　　D.应付账款

3.企业收取包装物押金，应贷记的科目是（　　）。

A.“营业外收入”　　B.“其他业务收入”

C.“其他应付款”　　D.“其他应收款”

4.企业购买商品取得的现金折扣，应确认为（　　）。

A.理财收益　　B.货物采购成本的减少

C.理财费用　　D.货物采购成本的增加

5.企业开出并承兑的商业汇票到期时，如无力支付，应进行的会计处理为（　　）。

A.转作短期借款　　B.转作应付账款

C.转作其他应付款　　D.不进行会计处理

二、多项选择题

1.某公司为增值税一般纳税人，适用的增值税税率为13%，现购入材料一批，价款为620万元，增值税税额为80.6万元，现金折扣条件为2／10，1／20，N／30。材料已验收入库，货款尚未支付，计算现金折扣时应付账款不包括增值税税额。下列有关会计处理正确的有（　　）。

A.借：原材料　6 200 000

　　应交税费——应交增值税（进项税额）　806 000

　贷：应付账款　7 006 000

B.若第5天付款：

借：应付账款　7 006 000

　贷：银行存款　6 882 000

　　原材料　124 000

C.若第15天付款：

借：应付账款　7 006 000

　贷：银行存款　6 944 000

　　原材料　62 000

D.若第15天付款：

借：应付账款　7 006 000

　贷：银行存款　6 935 940

　　原材料　70 060

2.企业交纳的城市维护建设税，计税依据是实际交纳的（　　）。

A.增值税　B.消费税　C.关税　D.资源税

3.下列因素会影响债券发行价格的有（　　）。

A.债券的票面利率　B.债券的实际利率

C.债券的期限　D.债券偿还本金和支付利息的方式

4.长期借款的利息，有可能计入（　　）。

A.长期借款　B.财务费用　C.应付利息　D.在建工程

5.下列关于职工薪酬的表述中，正确的有（　　）。

A.职工薪酬是指企业为获得职工提供的服务而给予的各种形式的报酬以及其他相关支出

B.工会经费和职工教育经费不属于职工薪酬的范围

C.应付职工的社会保险费和住房公积金，应当按照职工的工作性质进行分配，计入相关成本费用

D.职工薪酬中的非货币性福利应当按照职工的工作性质进行分配，计入相关成本费用

三、业务题

1.某企业2×16年4月1日向银行借入短期借款300万元，年利率6%，借款期限为3个月，借款利息随本金到期一并支付。

要求：根据上述经济业务编制会计分录。

2. 甲公司通过银行转账方式发放职工工资447 100元，代扣款75 000元，代扣个人所得税7 900元。月度终了，分配工资费用，其中生产工人工资350 000元，车间管理人员工资90 000元，厂部管理人员工资50 000元，在建工程人员工资40 000元。

要求：根据上述经济业务编制会计分录。

第10章/
所有者权益

学习目标：理解所有者权益的概念及来源；掌握不同出资方式下实收资本（股本）及其增减业务的核算；掌握资本（股本）溢价的核算，了解其他资本公积和其他综合收益的内容；掌握盈余公积的核算；掌握未分配利润的核算。

10.1 所有者权益概述

10.1.1 所有者权益的概念及来源

1）所有者权益的概念

《企业会计准则——基本准则》规定："所有者权益是指企业资产扣除负债后由所有者享有的剩余权益。"这一定义说明了所有者权益的经济性质。资产减去负债后的余额，也被称为净资产，因此，所有者权益是体现在净资产中的权益，是所有者对净资产的要求权（所有权、占用权、处置权以及收益权）。

所有者对企业的经营活动承担着最终的风险，与此同时，也享有最终的权益。如果企业在经营中获利，所有者权益将随之增长，反之，所有者权益将随之缩减。任何企业的所有者权益都是由企业投资者的投入资本及其增值所构成的。

所有者权益与负债虽然都是权益，共同构成企业的资金来源，但两者存在着以下主要区别：

（1）性质不同。

所有者权益是投资者享有的投入资本及其运用产生盈余（或亏损）的权利；负债是在经营或其他活动中所发生的债务，是债权人要求企业清偿的权利。

（2）享受权利不同。

所有者享有参与收益分配、参与经营管理等多项权利。但对企业资产的要求权在顺序上置于债权人之后，即对剩余财产的要求权；债权人享有到期收回本金及利息的权利，在企业清算时，有优先获取企业用于清偿债务的资产的要求权，但没有经营决策的参与权和收益分配权。

（3）偿还期限不同。

所有者权益在企业持续经营的情况下，一般不存在抽回的问题，即不存在约定的偿还日期，因而是企业的一项可以长期使用的资金，只有在企业清算时才予以偿还；负债通常有约定的偿还日期。

（4）风险不同。

所有者能够获得多少收益，需视企业的盈利水平及经营政策而定，风险较大；债权人获取利息一般是按一定利率计算的，是预先可以确定的固定数额，无论盈亏，企业都要按期付息，风险较小。

2）所有者权益的来源

我国企业会计准则规定："所有者权益的来源包括所有者投入的资本、直接计入所有者权益的利得和损失、留存收益等。"所有者权益通常划分为实收资本（或股本）、其他权益工具、资本公积、其他综合收益和留存收益五部分。

实收资本是指所有者在企业注册资本的范围内实际投入的资本。注册资本是企业设立时向工商行政管理部门登记的资本总额，也是全部出资者设定的出资额之和。

其他权益工具是指企业发行的除普通股以外的归类为权益工具的各种金融工具，主要包括归类为权益工具的优先股、永续债、认股权、可转换公司债券等金融工具。

资本公积是指企业收到的投资者的超过其在企业注册资本中所占份额的投资，主要包括资本溢价或股本溢价、其他资本公积。

其他综合收益是指在企业经营活动中形成的未计入当期损益但归所有者共有的利得或损失。

留存收益是指归所有者共有的、企业历年实现的净利润留存于企业的部分，主要包括法定盈余公积、任意盈余公积和未分配利润。

所有者权益的这种分类，一方面能够比较清晰地反映企业内部资金的来源结构，另一方面，也能体现企业利润分配政策上的限制因素。企业利润的分配，既要受法律的约束，还要考虑公司持续经营的远景，故只有当期的税后利润和前期的未分配利润才能用于分派股利。

10.1.2　企业组织形式与所有者权益

企业的组织形式一般分为三种：独资企业、合伙企业和公司制企业。不同组织形式的企业，在资产、负债、收入和费用的会计业务处理上没有明显区别，但对于所有者权益的会计处理确有明显的区别。

1）独资企业与业主权益

个人独资企业，是指依法在中国境内设立，由一个自然人投资，财产为投资人个人所有，投资人以其个人财产对企业债务承担无限责任的经营实体。它是企业最简单、最原始的组织形式。独资企业的财产和债务，在法律上被视为业主个人的财产和债务；业主对企业的财产及其利润拥有全部支配权，并对企业债务承担无限清偿责任。另外，独资企业不是纳税主体，其收益与业主的其他收入一起交纳个人所得税。所以，独资企业不具有法人资格。

独资企业的所有者权益被称作业主权益，在会计处理上需为业主设立一个资本账户，核算业主投资、提款、企业的盈亏等交易或事项。

2）合伙企业与合伙人权益

合伙企业是由两个或两个以上的合伙人订立合伙协议，共同出资、合伙经营、共享收益、共担风险的营利组织。其主要特征是：根据合伙契约成立；企业事务由合伙人共同管理；每个合伙人无论投资多少都对企业的债务承担连带无限责任；企业资产是全体合伙人的共同财产，个人不能对其投入的资产提出要求权，即使将来所投入的资产变卖，其变卖损益也属于合伙企业的损益。因此，合伙企业不属于法人。

合伙企业的所有者权益被称作合伙人权益，在核算方面与独资企业十分相似，无论是合伙人的投资还是企业所赚取的利润，以及合伙人从企业中提取的款项都要归集于资本账户，企业的未分配利润也无需设账户单独反映。但与独资企业不同的是，应为每一个合伙人分设资本明细账户，以分别反映各投资人在企业中享有的权益。

3）公司制企业与股东权益

公司是依据一定的法律程序申请登记设立，并以营利为目的的具有法人资格的经济组织。它有自己独立的资产，独立地承担经济责任，同时享有相应的民事权利，所以，公司具有法人资格，这是区别于独资企业和合伙企业的一个重要标志。《中华人民共和国公司法》规定："本法所称公司是依照本法在中国境内设立的有限责任公司和股份有限公司"。

由于公司法等相关法规的制约，使有限责任公司和股份有限公司所有者权益的会计处理比较复杂，以后几节内容将以公司制企业为例进行阐述。

10.2 实收资本

10.2.1 实收资本概述

根据我国《企业财务通则》的规定："设立企业必须有法定的资本金。资本金是指企业在工商行政管理部门登记的注册资金。"资本金在不同类型的企业中的表现形式有所不同。股份有限公司的资本金被称为股本，股份有限公司以外的一般企业的资本金被称为实收资本。

1）投入资本与实收资本

投入资本是指投资者或所有者投入到企业中的各种资产的价值。投资者可以用现金投资，也可以用现金以外的其他有形资产投资，符合国家规定比例的，还可以用无形资产投资。

从会计核算的角度看，投入资本包括两部分：一是按其在企业注册资本中所占份额的部分，作为实收资本；二是剩余部分，作为资本公积（资本溢价或股本溢价）。

2）注册资本与实收资本

《国务院关于印发注册资本登记制度改革方案的通知》（国发〔2014〕7号）第二条规定：注册资本是公司在设立时，在公司工商登记机关登记的由公司股东认缴的出资总额或者发起人认购的股本总额。《中华人民共和国公司法》（2018）第二十六条规定："有限责任公司的注册资本为在公司登记机关登记的全体股东认缴的出资额。"第八十条规定："股份有限公司采取发起设立方式设立的，注册资本为在公司登记机关登记的全体发起人认购的股本总额。在发起人认购的股份缴足前，不得向他人募集股份。股份有限公司采取募集方式设立的，注册资本为在公司登记机关登记的实收股本总额。"

"实收资本"核算企业接受投资者投入的资本。

注册资本和实收资本具有一定的区别和联系。两者的区别是：注册资本是公司在设立时筹集的、由章程载明的、经公司登记机关登记注册的资本，是股东认缴或认购的出资额。而实收资本是公司实际收到的股东出资总额，是公司现实拥有的资本。两者的联系是：在注册资本实缴制下，注册资本与实收资本一般是一致的。而在注册资本认缴制下，注册资本与实收资本不一致，一般体现为注册资本大于实收资本，在注册资本缴足前，实收资本低于注册资本；一旦对认缴的全部出资缴足，则实收资本等于注册资本。

3）实收资本的来源

投入资本按照投资主体不同，可分为国家资本、法人资本、个人资本及外商资本。

国家资本指有权代表国家投资的政府部门或者机构以国有资产投入企业形成的资本金。法人资本指其他法人单位以其依法可以支配的资产投入企业形成的资本金。个人资本指社会公众以个人合法财产投入企业形成的资本金。外商资本指外国投资者以及我国香港、澳门和台湾地区投资者向企业投资而形成的资本金。

10.2.2 实收资本（股本）的初始确认

企业应设置“实收资本”账户，核算企业接受投资者投入的实收资本，股份有限公司应将该账户改为“股本”。该账户属于所有者权益类账户，贷方登记实收资本的增加额，如企业接受投资者投入的资本、股东大会批准的利润分配方案中分配的股票股利等；借方登记企业按法定程序报经批准减少注册资本的数额。期末贷方余额，反映企业实收资本或股本总额。该账户可按投资者进行明细核算。

1）有限责任公司的实收资本

有限责任公司是指符合法律规定的股东出资组建，股东以其出资额为限对公司承担责任，公司以其全部资产对公司的债务承担责任的企业法人。有限责任公司具有以下特征：股东责任有限，仅以其出资额为限对公司债务承担责任；股东人数最高在50人以下；公司的资本不划分为等额股份，不对外公开募集股份，不能发行股票；股东之间可以相互转让其全部或者部分股权；向股东以外的人转让股权，应当经其他股东过半数同意。

初建有限责任公司时，各投资者按照合同、协议或公司章程投入企业的资本，应全部记入“实收资本”科目。

（1）接受现金资产投资

投资者以货币出资的，应当将货币足额存入公司在银行开立的账户，经依法设立的验资机构验资并出具证明后，企业进行实收资本的初始确认，借记“银行存款”等科目，贷记“实收资本”科目。需指出的是，股东的货币出资额不得低于注册资本的30%。

【例10-1】甲、乙、丙共同出资设立有限责任公司A，公司注册资本为20 000 000元，甲、乙、丙持股比例分别为50%、30%和20%。2×17年1月5日，A公司如期收到各投资者一次性缴足的款项。

借：银行存款	20 000 000	
贷：实收资本——甲		10 000 000
——乙		6 000 000
——丙		4 000 000

（2）接受非现金资产投资

投资者以房屋、建筑物、机器设备等固定资产和原材料等实物资产以及知识产权、土地使用权等无形资产出资的，应当按照投资合同或协议确定的价值作为非现金资产的入账价值，但合同或协议约定价值不公允的除外。接受非现金资产投资的，按其在注册资本中所占份额作为投入资本入账。

【例10-2】甲有限责任公司于设立时收到投资者A投入的机器设备一台，投资合同约定其价值为200 000元，增值税进项税额为26 000元（符合增值税暂行条例的规定，可以抵扣）；投资合同约定的价值与其公允价值相符。

借：固定资产　　200 000

　　应交税费——应交增值税（进项税额）　　26 000

　贷：实收资本——A　　226 000

【例10-3】乙有限责任公司于设立时收到投资者B投入的原材料一批，投资合同约定其价值为100 000元，增值税进项税额为13 000元，B公司已开具了增值税专用发票；投资合同约定的价值与其公允价值相符。

借：原材料　　100 000

　　应交税费——应交增值税（进项税额）　　13 000

　贷：实收资本——B　　113 000

【例10-4】丙有限责任公司于设立时收到投资者C投入的非专利技术一项，投资合同约定价值为80 000元。投资合同约定的价值与其公允价值相符。

借：无形资产　　80 000

　贷：实收资本——C　　80 000

2）股份有限公司的股本

股份有限公司是指全部资本由等额股份构成并通过发行股票筹集资本，股东以其认购的股份为限对公司承担责任，公司以其全部财产对公司债务承担责任的企业法人。它与有限公司的主要区别为：（1）公司的资本划分为等额股份，并通过发行股票的方式募集资本；（2）股份可以自由转让；（3）股东人数方面，应当有2人以上200人以下为发起人。

（1）根据股东享有权利的不同，股票可分为普通股和优先股两种

普通股是指对公司权利一律平等，不享有任何区别待遇的股份。当公司只发行一种股票时，通常是指普通股股票。普通股股东的权利主要包括：①参与管理权。股份有限公司的重大事项，一般应由股东大会投票表决决定。普通股股东在股东大会上有投票选举权和被选举权。按照我国公司法的规定，股东大会做出决议，必须经出席会议的股东所持表决权过半数通过。股东大会做出修改公司章程、增加或者减少注册资本的决议，以及公司合并、分立、解散或者变更公司形式的决议，必须经出席会议的股东所持表决权的三分之二以上通过。②收益分配权。根据股东大会审议批准的利润分配方案，股东可以获得股利。③剩余财产分配权。当公司破产清算时，全部资产变卖以后所得收入，在偿还债务和优先股股东的投资后，如有剩余，按普通股股东的持股比例予以分配。④优先认股权。当公司增发新的普通股股票时，为保证原有股东的权益，原有股东按持股比例优先认购新股的权利。

优先股是指依照公司法，在一般规定的普通种类股份之外，另行规定的其他种类股份，其股份持有人优先于普通股股东分配公司利润和剩余财产，但参与公司决策管理等权利受到限制。优先股股东的权利主要包括：（1）优先分配利润。优先股股东按照约定的票面股息率，优先于普通股股东分配公司利润。公司应当以现金的形式向优先股股东支付股息，在完全支付约定的股息之前，不得向普通股股东分配利润。（2）优先分配剩余财产。公司因解散、破产等原因进行清算时，公司财产在按照公司法和破产法有关规定进行清偿后的剩余财产，应当优先向优先股股东支付未派发的股息和公司章程约定的清算金额，不足以支付的按照优先股股东持股比例分配。（3）优先股转换和回购。公司可以在公司章程中规定优先股转换为普通股、发行人回购优先股的条件、价格和比例。转换选择权或回购选择权可规定由发行人或优先股股东行使。（4）表决权限制。除以下情况外，优先股股东不出席股东大会会议，所持股份没有表决权：①修改公司章程中与优先股相关的内容；②一次或累计减少公司注册资本超过百分之十；③公司合并、分立、解散或变更公司形式；④发行优先股等。

根据《国务院关于开展优先股试点的指导意见》（国发〔2013〕46号），我国可以发行优先股股票。

（2）设立方式

股份有限公司的设立有两种方式，即发起式和募集式。

发起式设立的特点是公司的股份全部由发起人认购，不向发起人之外的任何人募集股份。其所需资本由发起人一次认足，一般不会发生设立公司失败的情况。因此，其筹资风险小。

募集式设立的特点是公司的股份除发起人认购外，还可以采用向其他法人或自然人发行股票的方式进行募集。社会募集股份，其筹资对象广泛，在资本市场不景气或股票的发行价格不恰当的情况下，有发行失败（即股票未被全部认购）的可能，因此，其筹资风险大。按照有关规定，发行失败损失由发起人负担，包括承担筹建费用、公司筹建过程中的债务和对认股人已交纳的股款支付银行同期存款利息等责任。

（3）股票的发行价格

股票的发行价格受多种因素的影响，往往与股票的面值不一致。公司发行股票取得的收入大于股本总额的，称为溢价发行；小于股本总额的，称为折价发行；等于股本总额的，称为面值发行。我国不允许企业折价发行股票。

（4）会计核算

股份有限公司应设置“股本”账户，核算股东投入的股本，企业应将核定的股本总额、股份总数、每股面值在“股本”账户中作备查记录。为提供企业股份的构成情况，企业可按股东单位或姓名设置明细账。

在采用溢价发行股票的情况下，企业应将相当于股票面值的部分记入“股本”科目，其余部分在扣除发行手续费、佣金等发行费用后记入“资本公积——股本溢价”科目。

【例10-5】B股份有限公司发行普通股2 000 000股，每股面值为1元，发行价格为5元。股款10 000 000元已经全部收到，发行过程中发生相关税费6 000元。

计入股本的金额=2 000 000×1=2 000 000（元）

计入资本公积的金额=（5–1）×2 000 000–6 000=7 994 000（元）

借：银行存款　　9 994 000

　贷：股本　　2 000 000

　　资本公积——股本溢价　　7 994 000

【例10–6】甲股份有限公司收到投资者A投入的全新设备一台，价值200 000元，增值税发票上注明的进项税额26 000元，该设备换取甲公司面值为1元的股票180 000股。

借：固定资产　　200 000

　应交税费——应交增值税（进项税额）　　26 000

　贷：股本　　180 000

　　资本公积——股本溢价　　46 000

【例10–7】甲股份有限公司收到投资者B投入的原材料一批，原材料的计税价格300 000元，增值税发票上注明的进项税额39 000元。该原材料相当于甲公司面值为1元的股票290 000股。

借：原材料　　300 000

　应交税费——应交增值税（进项税额）　　39 000

　贷：股本　　290 000

　　资本公积——股本溢价　　49 000

股份有限公司还应在所有者权益类科目中设置“其他权益工具”科目，核算企业发行的除普通股以外的归类为权益工具的各种金融工具。该科目按发行金融工具的种类等进行明细核算。

发行方发行的金融工具归类为权益工具的，应按实际收到的金额，借记“银行存款”等科目，贷记“其他权益工具——优先股”等科目。

10.2.3　实收资本（股本）增减的核算

一般情况下，企业的实收资本应相对固定不变，但在某些特定情况下，实收资本也可能发生增减变化。《企业法人登记管理条例》规定：企业法人实有资金比原注册资金数额增加或者减少超过20%时，应持资金信用证明或者验资证明，向原登记主管机关申请变更登记。

1）实收资本（股本）增加的核算

企业增加资本的途径一般有三条：

一是将资本公积转为实收资本或者股本。会计上应借记“资本公积——资本溢价”或“资本公积——股本溢价”科目，贷记“实收资本”或“股本”科目。

二是将盈余公积转为实收资本或者股本。会计上应借记“盈余公积”科目，贷记“实收资本”或“股本”科目。

这里要注意的是，资本公积和盈余公积均属所有者权益，转为实收资本或者股本时，应按原投资者所持股份同比例增加各股东的股权。

三是所有者（包括原企业所有者和新投资者）追加投资。企业接受投资者投入的资本，借记“银行存款”“固定资产”“无形资产”“长期股权投资”等科目，按其在注册资本或股本中的份额，贷记“实收资本”或“股本”科目，按其差额，贷记“资本公积——资本溢价”或“资本公积——股本溢价”科目。

【例10-8】甲、乙、丙共同投资设立有限责任公司A，原注册资本为4 000 000元，其出资比例分别为12.5%、50%、37.5%，因扩大经营规模需要，经批准，按原出资比例将资本公积1 000 000元转增资本。

借：资本公积	1 000 000	
贷：实收资本——甲		125 000
——乙		500 000
——丙		375 000

【例10-9】承【例10-8】，因扩大经营规模需要，经批准，按原出资比例将盈余公积1 000 000元转增资本。

借：盈余公积	1 000 000	
贷：实收资本——甲		125 000
——乙		500 000
——丙		375 000

2）实收资本（股本）减少的核算

企业发生重大亏损、资本过剩、回购股份用于奖励职工时可以按规定减少注册资本。《公司法》第一百七十七条规定，公司需要减少注册资本时，必须编制资产负债表及财产清单。公司应当自做出减少注册资本决议之日起10日内通知债权人，并于30日内在报纸上公告。债权人自接到通知书之日起30日内，未接到通知书的自公告之日起45日内，有权要求公司清偿债务或者提供相应的担保。公司减资后的注册资本不得低于法定的最低限额。

（1）有限责任公司实收资本的减少

有限责任公司减资的会计处理比较简单，按法定程序报经批准减少注册资本的，借记“实收资本”科目，贷记“库存现金”“银行存款”等科目。

（2）股份有限公司股本的减少

股份有限公司由于采用的是发行股票的方式筹集股本。发还股款时，则要回购发行的股票，发行股票的价格与股票面值可能不同，回购股票的价格也可能与发行价格不同，会计处理较为复杂。企业需要设置“库存股”科目，核算企业收购的尚未转让或注销的本公司股份金额。该账户属于所有者权益类账户，期末借方余额，反映企业持有本公司股份的金额。具体账务处理如下：

股份有限公司因减少注册资本而回购本公司股份的，应按实际支付的金额，借记“库存股”科目，贷记“银行存款”等科目。注销库存股时，应按股票面值和注销股数计算的股票面值总额，借记“股本”科目，按注销库存股的账面余额，贷记“库存股”科目，按其差额，冲减股票发行时原记入资本公积的溢价部分，借记“资本公积——股本溢价”科目，回购价格超过上述冲减“股本”及“资本公积——股本溢价”科目的部分，应依次借记“盈余公积”“利润分配——未分配利润”等科目；如回购价格低于回购股份所对应的股本，所注销库存股的账面余额与所冲减股本的差额作为增加股本溢价处理，按回购股份所对应的股本面值，借记“股本”科目，按注销库存股的账面余额，贷记“库存股”科目，按其差额，贷记“资本公积——股本溢价”科目。

库存股票是指公司收回发行在外，但尚未注销的本公司股票。公司所持有的其他公司的股票，或者本公司尚未发行的股票以及由本公司收回并加以注销的本公司股票均不属于库存股票。

【例10-10】甲股份有限公司截至2×16年12月31日共发行股票30 000 000股，股票面值为1元，资本公积（股本溢价）6 000 000元，盈余公积4 000 000元。经股东大会批准，甲股份有限公司以现金回购本公司股票3 000 000股并注销。假定该公司按照每股4元的价格回购股票。

（1）回购股票时：

借：库存股	12 000 000	
贷：银行存款		12 000 000

（2）注销股份时：

借：股本	3 000 000	
资本公积——股本溢价	6 000 000	
盈余公积	3 000 000	
贷：库存股		12 000 000

【例10-11】承【例10-10】，假定甲公司以每股0.8元的价格回购股票。其他条件不变。

（1）回购股票时：

借：库存股	2 400 000	
贷：银行存款		2 400 000

（2）注销股份时：

借：股本	3 000 000	
贷：库存股		2 400 000
资本公积——股本溢价		600 000

10.3 资本公积和其他综合收益

10.3.1 资本公积的含义

资本公积是企业收到投资者超出其在企业注册资本（或股本）中所占份额的投资，以及直接计入所有者权益的利得和损失。包括资本溢价（或股本溢价）和其他资本公积。

资本溢价（或股本溢价）是企业收到投资者的超出其在企业注册资本（或股本）中所占份额的投资。形成资本溢价（或股本溢价）的原因有溢价发行股票、投资者超额缴入资本等。

10.3.2 资本公积的核算

企业应设置“资本公积”科目，核算企业收到投资者出资额超出其在注册资本或股本中所占份额的部分及直接计入所有者权益的利得和损失。该账户属于所有者权益类账户，贷方登记取得的资本公积，借方登记资本公积减少额，期末贷方余额，反映企业的资本公积余额。该账户分别“资本溢价（或股本溢价）”“其他资本公积”进行明细核算。

1）资本溢价（或股本溢价）的核算

（1）资本溢价的核算

除股份有限公司外的其他类型的企业，在企业创立时，投资者认缴的出资额与注册资本一致，一般不会产生资本溢价。但在企业重组或有新的投资者加入时，为了维护原有投资者的权益，新加入的投资者的出资额，并不一定全部作为实收资本处理。这是因为，企业正常经营过程的资本利润率要高于企业初创阶段，而这高于初创阶段的资本利润率是初创时必要的垫支资本带来的，企业创办者为此付出了代价。因此，相同数量的投资，由于出资时间不同，其对企业的影响程度不同，由此而带给投资者的权利也不同，往往早期出资带给投资者的权利要大于后期出资带给投资者的权利。所以，新加入的投资者要付出大于原有投资者的出资额，才能取得与原有投资者相同的投资比例。另外，企业在经营过程中形成的留存收益，也属于投资者权益，新加入的投资者如与原有投资者共享这部分留存收益，也要求其付出大于原有投资者的出资额，才能取得与原有投资者相同的投资比例。

投资者投入的资本中按其投资比例计算的出资额部分，应记入“实收资本”科目，大于部分应记入“资本公积——资本溢价”科目。

【例10-12】某有限责任公司由甲、乙、丙三位股东各自出资150万元设立，设立时的实收资本为450万元。经过3年的经营，该企业留存收益为100万元。这时丁投资者有意加入该企业，并表示愿意出资180万元，而仅占该企业股份的25%。已收到丁的现金投资。

借：银行存款	1 800 000	
贷：实收资本		1 500 000
资本公积——资本溢价		300 000

（2）股本溢价的核算

股份有限公司是以发行股票的方式筹集股本的，在按面值发行股票的情况下，企业发行股票取得的收入，应全部记入“股本”科目；在溢价发行股票的情况下，企业发行股票取得的收入，相当于股票面值的部分记入“股本”科目，超出股票面值的溢价收入记入“资本公积——股本溢价”科目。

委托证券商代理发行股票而支付的手续费、佣金等，应从溢价发行收入中扣除，企业应按扣除手续费、佣金后的数额记入“资本公积——股本溢价”科目。

【例10-13】A公司委托B证券公司代理发行普通股2 000 000股，每股面值1元，按每股1.2元的价格发行。公司与受托单位约定，按发行收入的3%收取手续费，从发行收入中扣除。假如收到的股款已存入银行。

公司收到受托发行单位交来的现金=2 000 000×1.2×（1−3%）=2 328 000（元）

应记入“资本公积”科目的金额=溢价收入−发行手续费

=2 000 000×（1.2−1）−2 000 000×1.2×3%

=328 000（元）

借：银行存款　　2 328 000

　贷：股本　　2 000 000

　　资本公积——股本溢价　　328 000

2）其他资本公积的核算

其他资本公积，是指除资本溢价（或股本溢价）项目以外所形成的资本公积，反映企业未来实现的资本投入。

（1）以权益结算的股份支付

企业为获取职工和其他方提供的服务而以股份或其他权益工具作为对价进行结算的交易，称为以权益结算的股份支付。发生该交易时，应按确定的金额，记入“管理费用”等科目，同时增加“资本公积——其他资本公积”科目。在行权日，应按实际行权的权益工具数量计算确定的金额，借记“资本公积——其他资本公积”科目，按计入实收资本或股本的金额，贷记“实收资本”或“股本”科目，并将其差额记入“资本公积——资本溢价”或“资本公积——股本溢价”科目。

（2）采用权益法核算的长期股权投资

长期股权投资采用权益法核算的，在持股比例不变的情况下，被投资单位除净损益、其他综合收益和利润分配以外的所有者权益的其他变动，投资企业按持股比例计算应享有的份额，应当增加或减少长期股权投资的账面价值，同时增加或减少资本公积（其他资本公积）。当处置采用权益法核算的长期股权投资时，应当将原记入“资本公积”科目的相关金额转入投资收益。

3）资本公积转增资本的核算

按照《公司法》的规定，以法定公积金（资本公积和法定盈余公积）转为资本时，所留存的该项公积金不得少于转增前公司注册资本的25%。经股东大会或类似机构决议，用资本公积转增资本时，应冲减资本公积，同时按照转增前的实收资本（或股本）的结构或比例，将转增的金额记入“实收资本”（或“股本”）科目下各所有者的明细分类账。

10.3.3　其他综合收益

其他综合收益，是指企业根据会计准则的规定未在当期损益中确认的各项利得和损失。它是企业与非所有者之间的交易产生的、由于外部经济环境变化引起的所有者权益变动，包括以下两类：

（1）以后会计期间不能重分类进损益的其他综合收益项目

该类综合收益项目主要包括：重新计量设定受益计划净负债或净资产导致的变动；权益法下在被投资单位不能重分类进损益的其他综合收益中享有的份额；其他权益工具投资公允价值变动损益等。

（2）以后会计期间满足规定条件时将重分类进损益的其他综合收益项目

该类综合收益项目主要包括：权益法下在被投资单位以后能重分类进损益的其他综合收益中享有的份额；其他债权投资的公允价值变动损益；长期债权投资重分类为其他债权投资收益；存货或自用的房地产转换为采用公允价值模式计量的投资性房地产形成的利得和损失；现金流量套期工具中产生的利得或损失中属于有效套期的部分等。

10.4 留存收益

10.4.1 留存收益的内容

留存收益是指企业从历年实现的净利润中提取或形成的留存于企业的内部积累，它与投入资本共同构成了所有者权益。

投资者投入的资本，通过企业的经营活动，不仅要保持原投资的完整，而且还要实现资本的增值，即获得盈利。但企业在盈利年份实现的净利润不能全部分配给投资者，这是因为一方面企业需要扩大经营，必须保持一定数量的流动资金；另一方面为了约束企业过量分配，公司法规定企业必须留有一定的积累。故企业在各年度实现的净利润中累积下来尚未分配的部分，就形成了企业的留存收益。

留存收益包括两部分，即指定用途的留存收益和未指定用途的留存收益。指定用途的留存收益就是盈余公积，未指定用途的留存收益指的是未分配利润。

10.4.2 盈余公积

盈余公积是企业按规定从净利润中提取的企业积累资金。公司制企业的盈余公积包括法定盈余公积和任意盈余公积。

1）盈余公积的来源

按照《公司法》的有关规定，公司制企业应当按照净利润的10%提取法定盈余公积。法定盈余公积累计额为公司注册资本的50%以上的，可以不再提取。在计算提取盈余公积的基数时，不应包括企业年初未分配利润。公司从税后利润中提取法定盈余公积后，经股东会或者股东大会决议，还可以从税后利润中提取任意盈余公积。

法定盈余公积和任意盈余公积的区别在于其各自计提的依据不同，前者以国家的法律法规为依据；后者由企业的权力机构自行决定。

2）盈余公积的用途

企业提取盈余公积主要可以用于以下几个方面：

（1）弥补亏损

企业发生亏损时，应由企业自行弥补。弥补亏损的渠道主要有三条：一是用以后年度税前利润弥补。按照现行制度的规定，企业发生亏损时，可以用以后5年内实现的税前利润弥补，即税前利润弥补亏损的期间为5年。二是用以后年度税后利润弥补。企业发生的亏损经过5年期间未弥补足额的尚未弥补的亏损应用所得税后的利润弥补。三是以盈余公积弥补亏损。企业以提取的盈余公积弥补亏损时，应当由公司董事会提议，并经股东大会批准。

（2）转增资本

企业将盈余公积转增资本时，必须经股东大会决议批准。在实际将盈余公积转增资本时，要按股东原有持股比例结转。

盈余公积的用途，并不是指其实际占用形态，提取盈余公积也并不是单独将这部分资金从企业资金周转过程中抽出。企业盈余公积的结存数，实际只表现为企业所有者权益的组成部分，表明企业生产经营资金的一个来源而已。其形成的资金可能表现为一定的货币资金，也可能表现为一定的实物资产，如存货和固定资产等。

3）盈余公积的核算

为了反映盈余公积的形成及使用情况，企业应设置“盈余公积”账户，该账户属于所有者权益类账户，贷方登记企业按规定提取的盈余公积的数额，借方登记企业将盈余公积弥补亏损、转增资本等的数额，期末贷方余额，反映企业的盈余公积。该账户分别“法定盈余公积”和“任意盈余公积”进行明细核算。

（1）提取盈余公积

企业按规定提取的盈余公积，借记“利润分配——提取法定盈余公积、提取任意盈余公积”科目，贷记“盈余公积——法定盈余公积、任意盈余公积”科目。

【例10-14】华联股份有限公司本年实现净利润为4 000 000元，经股东大会批准，该公司按当年净利润的10%提取法定盈余公积，并提取任意盈余公积500 000元。

借：利润分配——提取法定盈余公积　　400 000
　　　　　　——提取任意盈余公积　　500 000
　贷：盈余公积——法定盈余公积　　400 000
　　　　　　　——任意盈余公积　　500 000

外商投资企业按规定提取的储备基金、企业发展基金、职工奖励及福利基金，借记“利润分配——提取储备基金、提取企业发展基金、提取职工奖励及福利基金”科目，贷记“盈余公积——储备基金、企业发展基金”“应付职工薪酬”科目。

（2）弥补亏损

企业用盈余公积弥补亏损时，借记“盈余公积”科目，贷记“利润分配——盈余公积补亏”科目。

【例10-15】乙股份有限公司本年发生亏损300 000元，经股东大会批准，决定以其累积的法定盈余公积200 000元、任意盈余公积100 000元弥补亏损。

借：盈余公积——法定盈余公积　　200 000
　　　　　　——任意盈余公积　　100 000
　贷：利润分配——盈余公积补亏　　300 000

（3）转增资本

企业经股东大会或类似机构决议，用盈余公积转增资本，借记“盈余公积”科目，贷记“实收资本”或“股本”科目。如果派送新股，按派送新股计算的金额，借记“盈余公积”科目；按股票面值和派送新股总数计算的股票面值总额，贷记“股本”科目；按其差额，贷记“资本公积——股本溢价”科目。

【例10-16】丙股份有限公司因扩大经营规模需要，经股东大会批准，将法定盈余公积650 000元转增资本。

借：盈余公积——法定盈余公积　　650 000
　贷：股本　　650 000

10.4.3　未分配利润

未分配利润是企业留待以后年度进行分配的结存利润，也是企业所有者权益的组成部分。相对于所有者权益的其他组成部分来讲，企业对于未分配利润的使用分配有较大的自主权。从数量上来讲，未分配利润是期初未分配利润，加上本期实现的净利润，减去提取的盈余公积和分出利润后的余额。

企业应通过“利润分配”科目，核算企业利润的分配（或亏损的弥补）和历年分配（或弥补）后的余额。该账户属于所有者权益类账户，借方登记提取的盈余公积、分配给股东或投资者的现金股利或利润、分配给股东的股票股利以及从“本年利润”账户转入的企业累计实现的净亏损等，贷方登记从“本年利润”账户转入的企业累计实现的净利润、用盈余公积弥补亏损的金额。该账户分别“提取法定盈余公积”“提取任意盈余公积”“应付现金股利或利润”“转作股本的股利”“盈余公积补亏”“未分配利润”等进行明细核算。

企业未分配利润是通过“利润分配——未分配利润”明细科目进行核算的。年度终了，企业应将全年实现的净利润或发生的净亏损，自“本年利润”科目转入“利润分配——未分配利润”科目，并将“利润分配”科目所属其他明细科目的余额，转入“未分配利润”明细科目。结转后，本科目除“未分配利润”明细科目外，其他明细科目应无余额。“利润分配——未分配利润”科目如为贷方余额，表示累积未分配的利润数额；如为借方余额，则表示累积未弥补的亏损数额。

【例10–17】华联股份有限公司本年实现净利润4 000 000元，经股东大会批准，该公司按当年净利润的10%提取法定盈余公积，并提取任意盈余公积500 000元。宣告分派现金股利450 000元。

(1) 结转实现的净利润时：

借：本年利润　　4 000 000

　贷：利润分配——未分配利润　　4 000 000

(2) 提取法定盈余公积、任意盈余公积时：

借：利润分配——提取法定盈余公积　　400 000

　　　　　　——提取任意盈余公积　　500 000

　贷：盈余公积——法定盈余公积　　400 000

　　　　　　　——任意盈余公积　　500 000

(3) 宣告发放现金股利时：

借：利润分配——应付现金股利或利润　　450 000

　贷：应付股利　　450 000

(4) 将利润分配相关的明细账户转入未分配利润明细账户：

借：利润分配——未分配利润　　1 350 000

　贷：利润分配——提取法定盈余公积　　400 000

　　　　　　　——提取任意盈余公积　　500 000

　　　　　　　——应付现金股利或利润　　450 000

章末习题

一、单项选择题

1.提取盈余公积会导致（　　）。

A.利润减少　　B.未分配利润减少
C.留存收益减少　　D.所有者权益减少

2.甲股份有限公司委托证券公司发行普通股2 000万股，每股面值1元，发行价格为每股5元，发行成功后，按发行收入的3%支付证券公司发行费。股票发行成功后，甲公司记入“资本公积”科目的金额是（　　）万元。

A.7 700　　B.10 000　　C.8 000　　D.9 700

3.所有者权益是企业投资者对企业（　　）的所有权。

A.全部资产　　B.资产总额减负债总额后的余额
C.净利润　　D.各种非流动资产

4.下列各项中，引起所有者权益金额减少的是（　　）。

A.溢价发行股票　　B.资本公积转增资本
C.向投资者宣告分配现金股利　　D.向投资者宣告股票股利

5.企业增资扩股时，投资者的实际出资额大于其在注册资本中所占份额的部分，应记入（　　）科目。

A.“资本公积”　　B.“实收资本”　　C.“盈余公积”　　D.“营业外收入”

二、多项选择题

1.下列各项中，属于所有者权益项目的有（　　）。

A.应付股利　　B.资本溢价　　C.任意盈余公积　　D.未分配利润

2.形成资本溢价（股本溢价）的原因有（　　）。

A.企业溢价发行股票　　B.企业从净利润中提取的累积资金
C.企业历年结存的利润　　D.投资者超额投入资本

3.下列各项中，不会引起所有者权益变动的有（　　）。

A.宣告分配现金股利　　B.提取法定盈余公积
C.盈余公积转增资本　　D.发行新股

4.下列对未分配利润的表述中，正确的是（　　）。

A.未分配利润是企业未指定特定用途的利润
B.企业对未分配利润的使用不会受到很大的限制
C.未分配利润是企业历年实现的净利润经过弥补亏损、提取盈余公积和向投资者分配利润后留存企业的利润
D.“利润分配——未分配利润”账户如为贷方余额，表示累积未分配的净利润数额

5.下列各项说法中正确的有（　　）。

A.股东的股份比例是企业进行股利分配的主要依据
B.股东可以用货币出资
C.股东不可以用实物、知识产权、土地使用权等可以用货币估价并可以依法转让的非货币财产作价出资
D.投资者投入的非现金资产，如果投资合同或协议约定的价值不公允，则按照公允价值入账

三、业务处理题

1.利群有限公司2×16年10月注册成立，注册资本为2 000万元。当月发生有关业务如下：

（1）接到银行通知，甲公司投入资金830万元；

（2）收到乙公司投入的材料一批，原账面价值730万元，投资协议约定的价值为800万元，增值税专用发票注明的进项税额为136万元；

（3）接受丙公司投入不需要安装的机器设备一台，原账面价值300万元，已提折旧90万元，投资协议约定的价值为200万元，增值税专用发票注明的进项税额为34万元。

要求：根据上述业务，编制有关会计分录。

2.乙股份有限公司2×15年年初“利润分配——未分配利润”贷方余额是700万元，。

（1）2×15年实现利润总额800万元，本年所得税费用为300万元，按净利润的10%提取法定盈余公积，提取任意盈余公积25万元，并宣告发放现金股利25万元。

（2）2×16年发生亏损600万元。

要求：

（1）编制2×15年结转本年净利润和利润分配的会计分录。

（2）编制2×16年结转亏损的会计分录。

（3）计算2×16年年末未分配利润的金额。

3.甲有限公司属于制造业企业，为增值税一般纳税人，由A、B两位股东于2×15年12月31日共同出资设立，注册资本为1 800万元。出资协议规定，A、B两位股东的出资比例分别为40%、60%。有关资料如下：

（1）2×15年12月31日资产负债表摘要如下：

实收资本	1 800万元
所有者权益合计	1 800万元

（2）2×16年甲公司实现净利润600万元，按净利润的10%提取法定盈余公积，决定分配现金股利200万元，计划在2×17年2月10日支付。

（3）2×16年12月31日，吸收C股东加入本公司，将甲公司注册资本由原1 800万元增到2 000万元。C股东以银行存款103万元、固定资产113万元（增值税专用发票注明固定资产的计税价格为100万元，增值税为13万元）出资，占增资后注册资本10%的股份。2×16年12月31日，有关的法律手续已经办妥。

要求：

（1）编制甲公司2×16年提取盈余公积和分配现金股利的会计分录。

（2）编制甲公司2×16年12月31日收到C股东出资的会计分录。

（3）计算甲公司2×16年12月31日增资扩股后各股东的持股比例。

（4）编制甲公司2×16年12月31日资产负债表所有者权益部分摘要。

第11章/
收入、费用与利润

学习目标：理解收入的概念、分类及确认、计量条件；掌握收入核算应设置的主要账户及主要经济业务的会计处理。

理解费用、生产成本的含义及成本核算的一般程序；掌握费用及成本核算应设置的主要账户及主要经济业务的会计处理。

理解利润的概念、构成及利润分配的顺序；掌握利润及利润分配核算应设置的主要账户及主要经济业务的会计处理。

11.1 收　入

11.1.1 收入的概念及分类

我国《企业会计准则第 14 号——收入》规定：收入，是指企业在日常活动中形成的、会导致所有者权益增加的、与所有者投入资本无关的经济利益的总流入。其中，日常活动，是指企业为完成其经营目标所从事的经常性活动以及与之相关的活动。例如，工业企业制造并销售产品、商品流通企业销售商品、咨询公司提供咨询服务、软件公司为客户开发软件、安装公司提供安装服务、建筑企业提供建造服务等，均属于企业的日常活动。日常活动所形成的经济利益的流入应当确认为收入。

1）收入按交易性质分类

（1）转让商品收入，是指企业通过销售产品或商品实现的收入，如工业企业销售产成品或半成品实现的收入、商品流通企业销售商品实现的收入、房地产开发商销售自行开发的房地产实现的收入等。

（2）提供服务收入，是指企业通过提供各种服务实现的收入。

2）收入按在经营业务中的重要程度分类

（1）主营业务收入

主营业务收入，又叫基本业务收入，指企业为完成其经营目标所从事的主要经营活动取得的收入。主营业务收入在企业的收入中占重要地位，经常、重复发生，且比重较大，如制造业企业销售产成品、自制半成品、提供工业性劳务取得的收入；商品流通企业销售商品取得的收入；交通运输企业提供交通运输取得的劳务收入等。

（2）其他业务收入

其他业务收入，又叫附营业务收入，是指企业主要经营活动以外的其他经营活动取得的收入。其他业务收入与主营业务收入相比不常发生，在企业收入中所占比重较小，如制造业企业出租固定资产、无形资产、包装物等的租金收入，销售材料的收入等。

11.1.2 收入的确认和计量

企业确认收入的方式应当反映其向客户转让商品（或提供服务，以下简称转让商品）的模式，收入的金额应当反映企业因转让这些商品（或服务，以下简称商品）而预期有权收取的对价金额。

收入的确认和计量分为五步：第一步，识别与客户订立的合同；第二步，识别合同中的单项履约义务；第三步，确定交易价格；第四步，将交易价格分摊至各单项履约义务；第五步，在履行各单项履约义务时确认收入。其中，第一步、第二步和第五步主要与收入的确认有关，第三步和第四步主要与收入的计量有关。

1）识别与客户订立的合同

合同，是指双方或多方之间订立有法律约束力的权利和义务的协议。合同包括书面形式、口头形式以及其他形式（如隐含于商业惯例或企业以往的习惯做法中等）。

企业与客户之间的合同同时满足下列五项条件的，企业应当在履行了合同中的履约义务，即在客户取得相关商品控制权时确认收入：

一是合同各方已批准该合同并承诺将履行各自义务；

二是该合同明确了合同各方与所转让商品相关的权利和义务；

三是该合同有明确的与所转让商品相关的支付条款；

四是该合同具有商业实质，即履行该合同将改变企业未来现金流量的风险、时间分布或金额；

五是企业因向客户转让商品而有权取得的对价很可能收回。

取得相关商品控制权，是指能够主导该商品的使用并从中获得几乎全部的经济利益，也包括有能力阻止其他方主导该商品的使用并从中获得经济利益。

2）识别合同中的单项履约义务

合同开始日，企业应当对合同进行评估，识别该合同所包含的各单项履约义务，并确定各单项履约义务是在某一时段内履行，还是在某一时点履行，然后，在履行了各单项履约义务时分别确认收入。

履约义务，是指合同中企业向客户转让可明确区分商品的承诺。履约义务既包括合同中明确的承诺，也包括由于企业已公开宣布的政策、特定声明或以往的习惯做法等导致合同订立时客户合理预期企业将履行的承诺。例如，企业向客户销售商品，虽然合同没有约定，但是企业在其宣传广告中宣称，对于购买该商品的客户，企业将为其提供为期2年的免费保养服务，如果该广告使客户对于企业提供的保养服务形成合理预期，企业应当考虑该项服务是否构成单项履约义务。企业向客户转让一系列实质相同且转让模式相同的、可明确区分商品的承诺，也应当作为单项履约义务。

企业为履行合同而应开展的初始活动，通常不构成履约义务，除非该活动向客户转让了承诺的商品。

在识别合同中的单项履约义务时，如果合同承诺的某项商品不可明确区分，企业应当将该商品与合同中承诺的其他商品进行组合，直到该组合满足可明确区分的条件。

【例11-1】杨斌购买了一台甲公司生产的空调，甲公司负责上门安装，合同总价8 500元。杨斌付款1天后，甲公司上门安装调试。

本例中有两个履约义务：一个是甲公司销售空调给杨斌；另一个是甲公司提供空调的安装服务。当甲公司履行了合同义务，也就是将空调交给了杨斌，并安装调试完毕，杨斌确认收货后，甲公司分别确认销售空调的收入和安装服务的收入。

3）确定交易价格

交易价格，是指企业因向客户转让商品而预期有权收取的对价金额。企业代第三方收取的款项（例如增值税）以及企业预期将退还给客户的款项，应当作为负债进行会计处理，不计入交易价格。在确定交易价格时，企业应当考虑可变对价、合同中存在的重大融资成分、非现金对价以及应付客户对价等因素的影响，并应当假定将按照现有合同的约定向客户转移商品，且该合同不会被取消、续约或变更。

（1）可变对价。

企业与客户的合同中约定的对价金额可能是固定的，也可能会因折扣、价格折让、返利、退款、奖励积分、激励措施、业绩奖金、索赔等因素而变化。此外，企业有权收取的对价金额将根据一项或多项或有事项的发生而有所不同的情况，也属于可变对价的情形，例如，企业售出商品但允许客户退货时，由于企业有权收取的对价金额将取决于客户是否退货，因此该合同的交易价格是可变的。企业在判断交易价格是否为可变对价时，应当考虑各种相关因素（如企业已公开宣布的政策、特定声明、以往的习惯做法、销售战略以及客户所处的环境等），以确定其是否会接受一个低于合同标价的金额，即企业向客户提供一定的价格折让。

【例11-2】甲公司为乙公司建造一栋楼房，合同约定的价款为200万元，但是，如果甲公司不能在合同签订之日起的150天内竣工，则须支付20万元罚款，该罚款从合同价款中扣除。上述金额均不含增值税。

本例中，该合同的对价金额实际由两部分组成，即180万元的固定价格以及20万元的可变对价。

（2）合同中存在重大融资成分。

当企业将商品的控制权转移给客户的时间与客户实际付款的时间不一致时，如企业以赊销的方式销售商品，或者要求客户支付预付款等，如果各方以在合同中明确（或者以隐含的方式）约定的付款时间为客户或企业就转让商品的交易提供了重大融资利益，则合同中即包含了重大融资成分，企业在确定交易价格时，应当对已承诺的对价金额做出调整，以剔除货币时间价值的影响。合同中存在重大融资成分的，企业应当按照假定客户在取得商品控制权时即以现金支付的应付金额（即现销价格）确定交易价格。

合同中存在重大融资成分的，企业在确定该重大融资成分的金额时，应使用将合同对价的名义金额折现为商品现销价格的折现率。企业确定的交易价格与合同承诺的对价金额之间的差额，应当在合同期间内采用实际利率法摊销。

【例11-3】甲公司向客户销售一批产品，销售价格为150万元，该价款必须在交货后的2年内支付。客户在合同开始时即获得了该批产品的控制权。该产品的现金售价为130万元，即在合同开始时点，按相同条款和条件出售相同产品，并于交货时支付货款的价格。

此例中，合同存在重大融资成分。甲公司应当按照假定客户在取得商品控制权时即以现金支付的应付金额（即现销价格）130万元确定交易价格。150万元的合同对价与130万元现销价格之间的差额，应为未实现融资收益，应当在合同期间内采用实际利率法摊销。

为简化实务操作，如果在合同开始日，企业预计客户取得商品控制权与客户支付价款间隔不超过一年的，可以不考虑合同中存在的重大融资成分。

（3）非现金对价。

当企业因转让商品而有权向客户收取的对价是非现金形式时，如实物资产、无形资产、股权、客户提供的广告服务等。企业通常应当按照非现金对价在合同开始日的公允价值确定交易价格。非现金对价的公允价值不能合理估计的，企业应当参照其承诺向客户转让商品的单独售价间接确定交易价格。

（4）应付客户对价。

企业在向客户转让商品的同时，需要向客户或第三方支付对价的，应当将该应付对价冲减交易价格，但应付客户对价是为了自客户取得其他可明确区分商品的除外。常见的应付客户对价有：货位费、价格保护、优惠券和折扣等。

企业应付客户对价是为了自客户取得其他可明确区分商品的，应当采用与企业其他采购相一致的方式确认所购买的商品。

在对应付客户对价冲减交易价格进行会计处理时，企业应当在确认相关收入与支付（或承诺支付）客户对价二者孰晚的时点冲减当期收入。

4）将交易价格分摊至各单项履约义务

当合同中包含两项或多项履约义务时，需要将交易价格分摊至各单项履约义务，以使企业分摊至各单项履约义务（或可明确区分的商品）的交易价格能够反映其因向客户转让已承诺的相关商品而预期有权收取的对价金额。

合同中包含两项或多项履约义务的，企业应当在合同开始日，按照各单项履约义务所承诺商品的单独售价的相对比例，将交易价格分摊至各单项履约义务。对于合同折扣，企业应当在各单项履约义务之间按比例分摊。合同折扣，是指合同中各单项履约义务所承诺商品的单独售价之和高于合同交易价格的金额。

单独售价，是指企业向客户单独销售商品的价格。企业在类似环境下向类似客户单独销售某商品的价格，应作为确定该商品单独售价的最佳证据。

【例11-4】甲公司与乙公司签订合同，向其销售A、B、C三件产品，合同价款为10 000元。A、B、C产品的单独售价分别为3 000元、2 000元和6 000元，合计11 000元。上述价格均不包含增值税。

本例中，根据上述交易价格分摊原则，A产品应当分摊的交易价格为2 727.27元（3 000÷11 000×10 000），B产品应当分摊的交易价格为1 818.18元（2 000÷11 000×10 000），C产品应当分摊的交易价格为5 454.55元（6 000÷11 000×10 000）。

单独售价无法直接观察的，企业应当综合考虑其能够合理取得的全部相关信息，采用市场调整法、成本加成法、余值法等方法合理估计单独售价。

市场调整法，是指企业根据某商品或类似商品的市场售价，考虑本企业的成本和毛利等进行适当调整后的金额，确定其单独售价的方法。

成本加成法，是指企业根据某商品的预计成本加上其合理毛利后的金额，确定其单独售价的方法。

余值法，是指企业根据合同交易价格减去合同中其他商品可观察单独售价后的余额，确定某商品单独售价的方法。

5）履行每一单项履约义务时确认收入

企业应当在履行了合同中的履约义务，即在客户取得相关商品控制权时确认收入。企业将商品的控制权转移给客户，该转移可能在某一时段内（即履行履约义务的过程中）发生，也可能在某一时点（即履约义务完成时）发生。企业应当根据实际情况，首先应当判断履约义务是否满足在某一时段内履行的条件，如不满足，则该履约义务属于在某一时点履行的履约义务。

对于在某一时段内履行的履约义务，企业应当选取恰当的方法来确定履约进度；对于在某一时点履行的履约义务，企业应当综合分析控制权转移的迹象，判断其转移时点。

（1）在某一时段内履行的履约义务。

满足下列条件之一的，属于在某一时段内履行的履约义务，相关收入应当在该履约义务履行的期间内确认：

①客户在企业履约的同时即取得并消耗企业履约所带来的经济利益。企业在履约过程中是持续地向客户转移企业履约所带来的经济利益的，该履约义务属于在某一时段内履行的履约义务，企业应当在履行履约义务的期间确认收入。

②客户能够控制企业履约过程中在建的商品。企业在履约过程中在建的商品包括在产品、在建工程、尚未完成的研发项目、正在进行的服务等，由于客户控制了在建的商品，客户在企业提供商品的过程中获得其利益，因此，该履约义务属于在某一时段内履行的履约义务，应当在该履约义务履行的期间内确认收入。

【例11-5】甲公司与乙公司签订合同，在乙公司拥有的土地上按照乙公司的要求为其建造办公楼。建造过程中乙公司有权修改办公楼的设计，并与甲公司协商设计变更后的合同价款。乙公司每月末按当月工程进度向甲公司支付工程款。如果乙公司终止合同，已完成建造部分的办公楼归乙公司所有。本例中，甲公司为乙公司建造办公楼，该办公楼位于乙公司的土地上，乙公司终止合同时，已建造的办公楼归乙公司所有。这些均表明乙公司在建造的过程中就能够控制该在建的办公楼。因此，甲公司提供的该建造服务属于在某一时段内履行的履约义务，甲公司应当在提供该服务的期间内确认收入。

③企业履约过程中所产出的商品具有不可替代用途，且该企业在整个合同期间内有权就累计至今已完成的履约部分收取款项。商品具有不可替代用途，是指因合同限制或实际可行性限制，企业不能轻易地将商品用于其他用途。有权就累计至今已完成的履约部分收取款项，是指在由于客户或其他方原因终止合同的情况下，企业有权就累计至今已完成的履约部分收取能够补偿其已发生成本和合理利润的款项，并且该权利具有法律约束力。

对于在某一时段内履行的履约义务，企业应当在该段时间内按照履约进度确认收入，但是，履约进度不能合理确定的除外。企业应当考虑商品的性质，采用产出法或投入法确定恰当的履约进度。企业按照履约进度确认收入时，通常应当在资产负债表日按照合同的交易价格总额乘以履约进度扣除以前会计期间累计已确认的收入后的金额，确认为当期收入。

产出法是根据已转移给客户的商品对于客户的价值确定履约进度的方法，通常可采用实际测量的完工进度、评估已实现的结果、已达到的里程碑、时间进度、已完工或交付的产品等产出指标确定履约进度。

【例 11-6】甲公司与乙公司签订合同，为乙公司修建一条100千米的路，合同价格为10万元（不含税价）。截至2×18年12月31日，甲公司共修路70千米，剩余部分预计在2×19年3月31日之前完成。该合同仅包含一项履约义务，且该履约义务满足在某一时段内履行的条件。假定不考虑其他情况。本例中，甲公司提供的修路服务属于在某一时段内履行的履约义务，甲公司按照已完成的工作量确定履约进度。因此，截至2×18年12月31日，该合同的履约进度为70%，甲公司应确认的收入为7万元（10×70%）。

投入法是根据企业履行履约义务的投入确定履约进度的方法，通常可采用投入的材料数量、花费的人工工时或机器工时、发生的成本和时间进度等投入指标确定履约进度。

对于在某一时段内履行的履约义务，只有当其履约进度能够合理确定时，才应当按照履约进度确认收入。企业如果无法获得确定履约进度所需的可靠信息，则无法合理地确定其履行履约义务的进度。当履约进度不能合理确定时，企业已经发生的成本预计能够得到补偿的，应当按照已经发生的成本金额确认收入，直到履约进度能够合理确定为止。

（2）在某一时点履行的履约义务。

对于不属于在某一时段内履行的履约义务，应当属于在某一时点履行的履约义务，企业应当在客户取得相关商品控制权时点确认收入。在判断客户是否已取得商品控制权（即客户是否能够主导该商品的使用并从中获得几乎全部的经济利益）时，企业应当考虑下列迹象：

①企业就该商品享有现时收款权利，即客户就该商品负有现时付款义务。

②企业已将该商品的法定所有权转移给客户，即客户已拥有该商品的法定所有权。

③企业已将该商品实物转移给客户，即客户已占有该商品实物。

④企业已将该商品所有权上的主要风险和报酬转移给客户，即客户已取得该商品所有权上的主要风险和报酬。

⑤客户已接受该商品。

⑥其他表明客户已取得商品控制权的迹象。

11.1.3 收入核算主要设置的会计科目

（1）“主营业务收入”

本科目核算企业确认的销售商品、提供服务等主营业务的收入。本科目可按主营业务的种类进行明细核算。

主营业务收入的主要账务处理：

①企业在履行了合同中的单项履约义务时，应按照已收或应收的合同价款，加上应收

取的增值税额，借记“银行存款”“应收账款”“应收票据”“合同资产”等科目，按应确认的收入金额，贷记本科目，按应收取的增值税额，贷记“应交税费——应交增值税（销项税额）”“应交税费——待转销项税额”等科目。

②合同中存在企业为客户提供重大融资利益的，企业应按照应收合同价款，借记“长期应收款”等科目，按照假定客户在取得商品控制权时即以现金支付而需支付的金额（即现销价格）确定的交易价格，贷记本科目，按其差额，贷记“未实现融资收益”科目。

③企业收到的对价为非现金资产时，应按该非现金资产在合同开始日的公允价值，借记“存货”“固定资产”“无形资产”等有关科目，贷记本科目。涉及增值税的，还应进行相应的处理。

期末，应将本科目的余额转入“本年利润”科目，结转后本科目应无余额。

（2）“其他业务收入”

本科目核算企业确认的除主营业务活动以外的其他经营活动实现的收入，包括出租固定资产、出租无形资产、出租包装物和商品、销售材料等实现的收入。

本科目可按其他业务的种类进行明细核算。

企业确认其他业务收入的主要账务处理参见“主营业务收入”科目。

期末，应将本科目的余额转入“本年利润”科目，结转后本科目应无余额。

（3）“主营业务成本”

本科目核算企业确认销售商品、提供服务等主营业务收入时应结转的成本。

本科目可按主营业务的种类进行明细核算。

主营业务成本的主要账务处理：期末，企业应根据本期销售各种商品、提供各种服务等实际成本，计算应结转的主营业务成本，借记本科目，贷记“库存商品”“合同履约成本”等科目。

期末，应将本科目的余额转入“本年利润”科目，结转后本科目无余额。

（4）“其他业务成本”

本科目核算企业确认的除主营业务活动以外的其他经营活动所发生的支出，包括销售材料的成本、出租固定资产的折旧额、出租无形资产的摊销额、出租包装物的成本或摊销额等。

本科目可按其他业务成本的种类进行明细核算。

其他业务成本的主要账务处理：企业发生的其他业务成本，借记本科目，贷记“原材料”“周转材料”等科目。

期末，应将本科目的余额转入“本年利润”科目，结转后本科目无余额。

（5）“合同履约成本”

本科目核算企业为履行当前或预期取得的合同所发生的、不属于其他企业会计准则规范范围且按照企业会计准则应当确认为一项资产的成本。企业因履行合同而产生的毛利不在本科目核算。

本科目可按合同，分别“服务成本”“工程施工”等进行明细核算。

合同履约成本的主要账务处理：企业发生上述合同履约成本时，借记本科目，贷记“银行存款”“应付职工薪酬”“原材料”等科目；对合同履约成本进行摊销时，借记“主营业务成本”“其他业务成本”等科目，贷记本科目。涉及增值税的，还应进行相应的处理。

本科目期末借方余额，反映企业尚未结转的合同履约成本。

（6）“合同取得成本”

本科目核算企业取得合同发生的、预计能够收回的增量成本。

本科目可按合同进行明细核算。

合同取得成本的主要账务处理：企业发生上述合同取得成本时，借记本科目，贷记“银行存款”“其他应付款”等科目；对合同取得成本进行摊销时，按照其相关性借记“销售费用”等科目，贷记本科目。涉及增值税的，还应进行相应的处理。

本科目期末借方余额，反映企业尚未结转的合同取得成本。

（7）“合同资产”

本科目核算企业已向客户转让商品而有权收取对价的权利。仅取决于时间流逝因素的权利不在本科目核算。

本科目应按合同进行明细核算。

合同资产的主要账务处理：企业在客户实际支付合同对价或在该对价到期应付之前，已经向客户转让了商品的，应当按因已转让商品而有权收取的对价金额，借记本科目或“应收账款”科目，贷记“主营业务收入”“其他业务收入”等科目；企业取得无条件收款权时，借记“应收账款”等科目，贷记本科目。涉及增值税的，还应进行相应的处理。

（8）“合同负债”

本科目核算企业已收或应收客户对价而应向客户转让商品的义务。

本科目应按合同进行明细核算。

合同负债的主要账务处理：企业在向客户转让商品之前，客户已经支付了合同对价或企业已经取得了无条件收取合同对价权利的，企业应当在客户实际支付款项与到期应支付款项孰早时点，按照该已收或应收的金额，借记“银行存款”“应收账款”“应收票据”等科目，贷记本科目；企业向客户转让相关商品时，借记本科目，贷记“主营业务收入”“其他业务收入”等科目。涉及增值税的，还应进行相应的处理。

企业因转让商品收到的预收款适用企业会计准则进行会计处理时，不再使用“预收账款”科目及“递延收益”科目。

本科目期末贷方余额，反映企业在向客户转让商品之前，已经收到的合同对价或已经取得的无条件收取合同对价权利的金额。

11.1.4 销售业务的一般会计处理

1）在某一时段内履行的履约义务

对于在某一时段内履行的履约义务，企业应当在该段时间内按照履约进度确认收入，但是履约进度不能合理确定的除外。用公式表示如下：

本期确认的收入=合同总收入×本期末止履约进度-以前期间已确认的收入

本期确认的成本=合同总成本×本期末止履约进度-以前期间已确认的成本

【例11-7】2×16年8月30日，甲公司与乙公司签订了一项为期2年的服务合同，为乙公司提供保洁服务。合同约定的服务费总额为1 200 000元，乙公司在合同开始日预付

400 000元，其余服务费分2次、于每年的8月31日等额支付。该合同于2×16年9月1日开始执行。

本例中，甲公司为乙公司提供的保洁服务属于一系列实质上相同且转让模式相同、可明确区分的服务承诺，因此应作为单项履约义务进行会计处理。甲公司在履约过程中是持续地向乙公司提供服务的，所以乙公司在甲公司履约的同时即取得并消耗甲公司履约所带来的经济利益，因此该项服务属于在某一时段内履行的履约义务。甲公司判断，因向乙公司提供的保洁服务而有权取得的对价很可能收回。甲公司按已完成的时间进度确定履约进度，并于每年的12月31日确认收入。假定不考虑相关税费。

（1）2×16年9月1日，收到合同价款。

借：银行存款　400 000

　贷：合同负债——乙公司　400 000

（2）2×16年12月31日，确认收入。

应确认收入=1 200 000×4/（2×12）=200 000（元）

借：合同负债——乙公司　200 000

　贷：主营业务收入　200 000

（3）2×17年8月31日，收到合同价款。

应收合同价款=（1 200 000-400 000）÷2=400 000（元）

借：银行存款　400 000

　贷：合同负债——乙公司　400 000

（4）2×17年12月31日，确认收入。

应确认收入=1 200 000×（4+12）/（2×12）-200 000=600 000（元）

借：合同负债——乙公司　600 000

　贷：主营业务收入　600 000

（5）2×18年8月31日，合同到期，收到剩余合同价款并确认收入。

借：银行存款　400 000

　贷：合同负债——乙公司　400 000

应确认收入=1 200 000-（20 000+600 000）=400 000（元）

借：合同负债——乙公司　400 000

　贷：主营业务收入　400 000

2）在某一时点履行的履约义务

【例11-8】2×19年8月10日，甲公司与乙公司签订合同，向乙公司销售一批产品。该产品的生产成本为150 000元，合同约定的销售价格为180 000元，增值税税率为13%。甲公司开出发票并按合同约定的要求发出产品，乙公司收到产品并验收入库。根据合同约定，乙公司须于30天内付款。

在这项交易中，甲公司已按照合同约定的要求发出商品，乙公司也已将该批商品验收入库，表明甲公司已经履行了合同中的履约义务，乙公司也已经取得了该批商品的控制权；同时，甲公司判断，因向乙公司转让产品而有权取得的对价很可能收回。因此，甲公司应于乙公司取得该批商品控制权时确认收入。

借：应收账款——乙公司　　203 400
　贷：主营业务收入　　180 000
　　应交税费——应交增值税（销项税额）　　23 400
借：主营业务成本　　150 000
　贷：库存商品　　150 000

【例11-9】2×18年9月1日，甲公司与乙公司签订合同，以50 000元的价格（不含增值税）向乙公司销售A、B两种产品。A、B两种产品的生产成本分别为25 000元和16 000元；单独售价（不含增值税）A产品为30 000元、B产品为20 000元。增值税税率为13%。合同约定，A产品于9月1日交付乙公司，B产品于10月1日交付乙公司，只有当A、B两种产品全部交付乙公司后，甲公司才有权收取50 000元的合同对价。甲公司按合同要求先后发出A产品和B产品，乙公司收到两种产品并验收入库。

在此项交易中，甲公司于9月1日将A产品交付乙公司后，其收取对价的权利还要取决于时间流逝之外的其他因素——必须向乙公司交付B产品，因此，甲公司该项收款权利是有条件的，从而形成了一项合同资产。合同资产，是指企业已向客户转让商品而有权收取对价的权利，且该权利取决于时间流逝之外的其他因素。合同资产与应收款项不同，应收款项是企业拥有的无条件向客户收取对价的权利，即仅仅随着时间的流逝就可收款。而合同资产并非一项无条件的收款权，该收款权除了时间流逝之外，还取决于其他条件是否得到满足，例如是否履行了合同中的其他履约义务，只有当这些其他条件也得到满足时，该项有条件的收款权才能转化为无条件的收款权，即合同资产才能转化为应收款项。

甲公司的会计处理如下：

（1）2×18年9月1日，向乙公司交付A产品。

借：合同资产——乙公司　　33 900
　贷：主营业务收入——A产品　　30 000
　　应交税费——应交增值税（销项税额）　　3 900
借：主营业务成本——A产品　　25 000
　贷：库存商品——A产品　　25 000

（2）2×18年10月1日，向乙公司交付B产品。

借：应收账款——乙公司　　56 500
　贷：主营业务收入——B产品　　20 000
　　应交税费——应交增值税（销项税额）　　2 600
　　合同资产——乙公司　　33 900
借：主营业务成本——B产品　　16 000
　贷：库存商品——B产品　　16 000

11.1.5 销售折扣、折让与退回的会计处理

企业在销售商品时，有时会出现销售折扣、销售折让及销售退回的情况，这些情况会对企业的销售收入、销售成本、有关费用产生一定的影响。

1）销售折扣

销售折扣，是指企业在销售商品时为鼓励客户多购买商品或尽早付款而给予的价款折

扣，包括商业折扣和现金折扣。

【例11-10】文迪公司在2×19年6月1日向甲公司销售一批商品，开出的增值税专用发票上注明的销售价款为100 000元，增值税税额为13 000元。为及时收回货款，文迪公司和甲公司约定的现金折扣条件为：2/10，1/20，n/30。假定计算现金折扣时不考虑增值税税额。文迪公司的账务处理如下：

①6月1日销售实现时，按销售总价确认收入：

借：应收账款	113 000	
贷：主营业务收入		100 000
应交税费——应交增值税（销项税额）		13 000

②如果甲公司在6月8日付清货款，则按销售总价100 000元的2%享受现金折扣2 000元（100 000×2%），实际付款111 000元（113 000−2 000）。

借：银行存款	111 000	
主营业务收入	2 000	
贷：应收账款		113 000

③如果甲公司在6月16日付清货款，则按销售总价100 000元的1%享受现金折扣1 000元（100 000×1%），实际付款112 000元（113 000−1 000）：

借：银行存款	112 000	
主营业务收入	1 000	
贷：应收账款		113 000

④如果甲公司在6月25日才付清货款，则按全额付款：

借：银行存款	113 000	
贷：应收账款		113 000

2）销售折让

销售折让，是指企业因售出的商品质量不合格等原因而给予客户的价格减让。对于销售折让，企业可分别不同的情况进行会计处理：（1）如果销售折让发生在确认收入之前，企业应直接从原定的销售价格中扣除给予客户的销售折让作为实际销售价格，并据以确认收入；（2）如果销售折让发生在确认收入之后，企业应按实际给予客户的销售折让，冲减当期的销售收入；（3）如果销售折让属于资产负债表日后事项的，应当按照资产负债表日后事项的相关规定进行会计处理。

【例11-11】2×18年10月15日，甲公司向乙公司销售一批产品。产品生产成本为40 000元，合同约定的销售价格为50 000元，增值税销项税额为6 500元。

（1）假定合同约定验货付款，甲公司于乙公司验货并付款后向其开具发票账单。2×18年10月22日，乙公司在验货时发现产品质量不符合要求，要求甲公司给予10%的价格折让，甲公司同意给予折让10%，乙公司按折让后的金额支付了货款。

由于是验货付款，甲公司在乙公司验货并付款之前，无法判断乙公司是否会接受该商品，也无法判断因向乙公司转让商品而有权取得的对价是否很可能收回，因此，甲公司在发出产品时不能确认销售收入，应先将发出的产品从“库存商品”科目转入“发出商品”科目；待乙公司验货并付款后，甲公司按扣除销售折让后的实际交易价格给乙公司开具发票，并据以确认销售收入。甲公司的有关会计处理如下：

①2×18年10月15日，发出产品。

借：发出商品　　40 000

　贷：库存商品　　40 000

②2×18年10月22日，乙公司按折让后的价格付款。

实际销售价格=50 000×（1-10%）=45 000（元）

增值税销项税额=6 500×（1-10%）=5 850（元）

借：银行存款　　50 850

　贷：主营业务收入　　45 000

　　应交税费——应交增值税（销项税额）　　5 850

借：主营业务成本　　40 000

　贷：发出商品　　40 000

（2）假定合同约定交款提货，甲公司于2×18年10月15日乙公司付款后向其开具发票及提货单。2×18年10月22日，乙公司在验货时发现产品质量不符合要求，要求甲公司给予10%的价格折让，甲公司同意给予折让10%，并退回多收款项。

在交款提货的销售方式下，甲公司在向乙公司收取货款并开具发票和提货单时，已经将该批商品的控制权转移给了乙公司，因此，甲公司可以确认销售收入的实现。当发生销售折让时，甲公司应按给予乙公司的销售折让冲减销售收入。甲公司的会计处理如下：

①2×18年10月15日，甲公司收取款项并向乙公司开具发票及提货单。

借：银行存款　　56 500

　贷：主营业务收入　　50 000

　　应交税费——应交增值税（销项税额）　　6 500

借：主营业务成本　　40 000

　贷：库存商品　　40 000

②2×18年10月22日，甲公司将多收的货款退给乙公司。

销售价格折让=50 000×10%=5 000（元）

增值税额折让=6 500×10%=650（元）

借：主营业务收入　　5 000

　　应交税费——应交增值税（销项税额）　　650

　贷：银行存款　　5 650

3）销售退回

销售退回，是指企业售出的商品由于质量、品种不符合要求等原因而发生的退货。发生销售退回时，企业应分别不同的情况进行会计处理：（1）如果企业尚未确认销售收入，应将商品的成本从已记入的“发出商品”科目转回“库存商品”科目；（2）如果企业已经确认了销售收入，则不管是本年销售本年退回的，还是以前年度销售本年退回的，除属于资产负债表日后事项的，均应冲减退回当月的销售收入和销售成本；（3）如果属于资产负债表日后事项的，则应按资产负债表日后事项的规定进行会计处理。

【例11-12】2×19年10月12日，甲公司向乙公司销售一批产品，产品生产成本为

80 000元，销售价格为100 000元，增值税销项税额为13 000元。

（1）假定乙公司是验货付款，甲公司于乙公司验货并付款后开出增值税专用发票。2×19年10月20日，乙公司在验货时发现产品质量不符合要求，要求退货，甲公司同意退货，并于当日办理了退货。

在验货付款的情况下，甲公司发出产品时不能确认销售收入，发出的产品应从“库存商品”科目转入“发出商品”科目。待乙公司付款、甲公司开具发票账单给乙公司后，再确认销售收入。如果发生销售退回，则应将“发出商品”转回为“库存商品”。甲公司的会计处理如下：

①2×19年10月12日，发出产品。

借：发出商品　80 000
　贷：库存商品　80 000

②2×19年10月20日，乙公司退货。

借：库存商品　80 000
　贷：发出商品　80 000

（2）假定采用托收承付方式进行结算。2×19年10月12日，甲公司发出产品并向其开户银行办妥托收手续；乙公司在验货时，发现产品不符合要求，向其开户银行提出拒付，并要求甲公司予以退货，甲公司于2×19年10月27日为乙公司办理了退货。

采用托收承付方式销售商品的情况下，企业在发出商品并办妥托收手续后，通常可以认为商品的控制权已经转移给了对方，且销售商品的价款很可能收回，因此，甲公司应于发出商品并办妥托收手续时确认收入。甲公司的会计处理如下：

①2×19年10月12日，甲公司发出产品并办妥托收手续。

借：应收账款　113 000
　贷：主营业务收入　100 000
　　　应交税费——应交增值税（销项税额）　13 000
借：主营业务成本　80 000
　贷：库存商品　80 000

②2×19年10月27日，乙公司退货。

借：主营业务收入　100 000
　　应交税费——应交增值税（销项税额）　13 000
　贷：应收账款　113 000
借：库存商品　80 000
　贷：主营业务成本　80 000

11.2 费用与成本

11.2.1 费用

1）费用的分类

费用有广义和狭义之分。广义的费用是指企业在生产经营过程中发生的各种耗费，即企业在生产经营过程中为取得收入所支付或耗费的各项资产。而我国的《企业会计准则——基本准则》对费用的定义是狭义的:“费用是指企业在日常活动中发生的、会导致所有者权益减少的、与向所有者分配利润无关的经济利益的总流出。”可以看出，企业会计准则对“费用”的定义与对“收入”的定义是相对应的，都是“指企业在日常活动中发生的”。费用“会导致所有者权益减少”，而收入“会导致所有者权益增加”。费用是“与向所有者分配利润无关的经济利益的总流出”，而收入是“与所有者投入资本无关的经济利益的总流入”，遵循收入与费用配比的原则，也体现了费用的特点。

费用可按不同的标准进行分类。

(1) 费用按经济内容分类

费用按经济内容分类，分为劳动对象方面的费用、劳动手段方面的费用、活劳动方面的费用三大类，具体可分为:

①外购材料:是企业为进行生产所耗用的从外部购入的原材料及主要材料、半成品、辅助材料、包装物、修理用备件及低值易耗品等。

②外购燃料:是企业为进行生产所耗用的从外部购入的各种燃料。

③外购动力:是企业为进行生产所耗用的从外部购入的各种动力。

④工资:是企业应计入成本费用的职工工资。

⑤折旧费:是企业按核定的固定资产折旧率提取的、计入成本费用的固定资产折旧额。

⑥利息支出:是企业应计入成本费用的利息支出减去利息收入后的净额。

⑦税金:是企业应计入成本费用的各种税金。

⑧其他支出:除以上各项目外的其他的费用支出。

(2) 费用按经济用途分类:

费用按经济用途可分为直接材料、直接人工、制造费用、期间费用。

①直接材料:指构成产品实体，或有助于产品形成的各种原料及主要材料、辅助材料、燃料、备品备件、外购半成品及其他直接材料。

②直接人工:指直接从事产品生产人员的工资、奖金、津贴、补贴及职工福利费。

直接材料、直接人工是费用发生时直接计入产品和劳务成本的费用，也称直接费用。

③制造费用，又称间接费用:指企业各生产单位为组织和管理生产所发生的各项费用，一般是在月末分配计入产品或劳务成本的费用。

直接材料、直接人工、制造费用构成产品的生产成本。

④期间费用:是企业生产经营过程中发生的不能计入产品生产成本或劳务成本，而直接计入当期损益的费用，包括销售费用、管理费用、财务费用。

2) 费用的确认和计量

(1) 费用的确认

费用的确认是指费用在何时登记入账。根据企业会计准则，“费用只有在经济利益很可能流出从而导致企业资产减少或者负债增加、且经济利益的流出额能够可靠计量时才能予以确认”。

①资产减少或者负债增加如果不能使企业经济利益减少，没有导致经济利益流出企

业，就不能作为费用。例如，生产产品领用的材料、支付的工资，减少了存货和货币资金等资产，但同时转化成了企业的产成品或在产品，并没有导致经济利益流出企业。因此，为生产产品消耗的材料、支付的工资构成产品的生产成本，但不能确认为当期费用，只有已销售的产品的生产成本才是与取得的产品销售收入相配比的费用，所以只有产品完工并销售时，才确认为当期费用。

②费用导致的经济利益的流出额必须能够可靠计量。如果费用的发生所造成的资产的减少不能可靠计量，即经济利益的流出额不能够可靠计量的话，就不能确认为费用，不能列入利润表。

（2）费用的计量

费用的计量是指确定费用发生的金额。与资产的计量方法一致，费用通常按发生的实际成本即历史成本计量。因为实际成本是实际消耗或支付的或按规定的方法确认的合理数，且具有客观、真实反映费用发生情况的原始凭证，具备真实性、可靠性、可检验性。

但随着会计信息使用者对会计信息决策有用性要求的提高，资产计量属性的多样性增加，费用的计量方法也不单纯只有实际成本。例如，企业生产产品消耗的材料的价格如果低于实际成本，根据企业会计准则，存货的期末计量根据成本与市价孰低的原则确定，领用的存货就应按市价计量。

11.2.2　生产成本

1）生产成本与费用的关系

生产成本，又称制造成本，是指企业在生产过程中为生产一定种类和数量的产品所发生的直接费用和间接费用的总和。

生产成本与费用二者之间既有联系也有区别。

二者的联系：企业生产过程中发生的耗费、支出，按照一定的成本计算对象进行归集、分配形成产品的生产成本，产品经过销售，生产成本转化为销售成本，计入当期损益，成为当期费用。

二者的区别：费用是相对于一定会计期间而言的，一般指一定会计期间的费用；而生产成本是相对于一定的成本计算对象而言的，如某种产品的生产成本、某批产品的生产成本等。一定期间的费用可能属于不同的产品种类，而一定种类的生产成本，可能由多个期间的费用构成。某一会计期间发生的费用，不一定全部计入当期的完工产品成本，因为期末可能有在产品；某一会计期间完工产品的成本，不一定全部是当期发生的费用，因为可能有期初在产品。

成本与费用的关系可表示为：

期初在产品成本+本期生产费用=本期完工产品成本+期末在产品成本

本期销售产品成本（本期费用）=期初产品成本+本期完工产品成本-期末产品成本

企业为便于根据费用的用途考核费用定额或计划的执行情况，分析费用的发生是否合理，将构成产品成本的费用划分为成本项目，一般包括：直接材料、直接人工、制造费用等。

2）产品生产成本的核算

产品生产成本核算具有重要的意义：通过产品生产成本核算，计算出产品实际成本，可以作为生产耗费的补偿尺度，为产品价格的制定、企业盈利的确定、成本预测提供依据，有利于对企业财务状况和经营成果的考核；通过产品生产成本核算，可以反映和监督各项消耗定额及成本计划的执行情况，可与产品的计划成本、定额成本或标准成本等指标进行对比，控制生产过程中人力、物力和财力的耗费，提高经济效益；通过产品生产成本核算，可以反映和监督在产品占用资金的增减变动和结存情况等。

（1）应设置的账户

①“生产成本”账户，属于成本类账户，核算企业进行工业性生产发生的各项生产费用，包括生产各种产成品、自制半成品、提供劳务、自制材料、自制工具、自制设备等所发生的各项费用。该账户借方登记企业发生的各项直接材料、直接人工及分配计入的制造费用，贷方登记生产完工并验收入库的产成品及入库的自制半成品转入“库存商品”账户的数额。期末借方余额，反映企业尚未加工完成的在产品的成本。

“生产成本”账户应当按照“基本生产成本”和“辅助生产成本”进行明细核算。“基本生产成本”应当分别按照基本生产车间和成本核算对象（如产品的品种、类别、定单、批别、生产阶段等）设置明细账（或成本计算单），并按照规定的成本项目设置专栏。

生产成本的主要账务处理：

企业发生的各项直接生产成本，借记“生产成本——基本生产成本、辅助生产成本”科目，贷记“原材料”“库存现金”“银行存款”“应付职工薪酬”等科目。

各生产车间应负担的制造费用，借记“生产成本——基本生产成本、辅助生产成本”科目，贷记“制造费用”科目。

辅助生产车间为基本生产车间、企业管理部门和其他部门提供的劳务和产品，期（月）末按照一定的分配标准分配给各受益对象，借记“生产成本——基本生产成本”“管理费用”“销售费用”“其他业务成本”“在建工程”等科目，贷记“生产成本——辅助生产成本”科目。

企业已经生产完成并已验收入库的产成品以及入库的自制半成品，应于期（月）末，借记“库存商品”等科目，贷记“生产成本——基本生产成本”科目。

②“制造费用”账户，属于成本类账户，核算企业生产车间、部门为生产产品和提供劳务而发生的各项间接费用。该账户借方登记企业当期发生的各项间接费用，包括生产车间发生的机物料消耗，生产车间管理人员的工资等职工薪酬，生产车间支付的办公费、水电费等，贷方登记按一定标准进行分配转入“生产成本”或“劳务成本”账户，应由各种产品或劳务负担的制造费用。结转后，除季节性的生产性企业外，期末应无余额。本账户应当按照不同的生产车间、部门和费用项目进行明细核算。

制造费用的主要账务处理：

生产车间发生的机物料消耗，借记本科目，贷记“原材料”等科目。发生的生产车间管理人员的工资等职工薪酬，借记本科目，贷记“应付职工薪酬”科目。生产车间计提的固定资产折旧，借记本科目，贷记“累计折旧”科目。生产车间支付的办公费、水电费等，借记本科目，贷记“银行存款”等科目。发生季节性的停工损失，借记本科目，贷记“原材料”“应付职工薪酬”“银行存款”等科目。将制造费用分配计入有关的成本核算对象，借记“生产成本——基本生产成本、辅助生产成本”“劳务成本”等科目，贷记本科目。

③“库存商品”账户，属于资产类账户，核算企业库存的各种商品的实际成本，包括库存产成品、外购商品、存放在门市部准备出售的商品、发出展览的商品以及寄存在外的商品等。接受来料加工制造的代制品和为外单位加工修理的代修品，在制造和修理完成验收入库后，视同企业的产成品，通过本科目核算。该账户借方登记企业已验收入库的产成品的实际成本，贷方登记企业发出的产成品的实际成本。期末借方余额，反映企业库存商品的实际成本。本账户应当按照库存商品的种类、品种和规格进行明细核算。

（2）生产成本核算的程序

①划分生产成本和非生产成本的费用界限，确定生产成本的核算范围，审核和控制企业的各项耗费，确定费用是否应开支以及是否应计入生产成本。

②划分属于本期生产成本的费用和不属于本期生产成本的费用。按权责发生制原则，属于本期负担的生产成本无论是否支付均应作为本期生产成本确认，不属于本期负担的生产成本无论是否支付均不能确认为本期生产成本。

③将生产成本在各种产品间进行分配。本期的生产成本无法在发生时直接按产品品种归集的要按一定的标准在各产品品种间进行分配。

④将产品成本在完工产品和在产品之间进行分配。如果月末既有完工产品，也有月末在产品，应将月初在产品成本和本月生产费用的合计数在本月完工产品与月末在产品之间分配，计算并结转完工产品成本。

（3）产品生产成本的归集和分配

①直接材料费的归集和分配。

生产产品所消耗的直接材料费，一般包括产品生产中消耗的原料、主要材料、辅助材料、外购半成品等。材料费用的归集和分配由财会部门在月末将本月发生的应计入产品成本的领料单、限额领料单和退料单等原始凭证按产品和用途进行归集，编制“发料凭证汇总表”，如果能直接分清是某种产品消耗的，可直接计入该产品成本的直接材料成本项目，即直接记入“生产成本”账户中的“直接材料”项目；如果是几种产品共同消耗的，则需要按照一定的分配方法，分配计入这几种产品成本的“直接材料”成本项目。常用的分配标准有：产品重量、产品体积、材料的定额费用、材料的定额消耗量等。假如以产品重量为分配标准，则计算公式如下：

材料费用分配率=（材料实际消耗量×材料单价）÷各种产品重量之和

某种产品应分配的材料费用=材料费用分配率×该种产品的重量

【例11-13】文迪公司生产甲、乙两种产品。月末，根据“发出材料汇总表”，生产甲产品耗用原材料150 000元，生产乙产品耗用原材料50 000元，车间一般耗用5 000元，公司管理部门耗用1 000元。会计处理如下：

借：生产成本——甲产品	150 000
——乙产品	50 000
制造费用	5 000
管理费用	1 000

贷：原材料 206 000

②直接人工费的归集和分配。

如果企业只生产一种产品，生产工人的工资属于直接费用，可直接计入该产品成本的“直接人工”成本项目。如果企业生产多种产品，在计件工资制下，标准工资属于直接费用，而与产品没有直接联系的奖金、津贴等属于间接费用，应分配计入各产品成本；在计时工资制下，工资均应分配计入各产品成本。常用的分配标准有：直接计入的工资比例、产品的实际或定额生产工时比例等。假如以产品实际工时为分配标准，则计算公式如下：

直接人工费分配率=生产工人工资总额÷各种产品实际（或定额）生产工时之和

某种产品应分配的直接人工费用=直接人工费用分配率×该种产品的实际（或定额）生产工时

【例11-14】文迪公司分配并结转本月工资，其中甲产品生产工人工资60 000元，乙产品生产工人工资40 000元，车间管理人员的工资20 000元，公司管理人员的工资50 000元。会计处理如下：

借：生产成本——甲产品 60 000

——乙产品 40 000

制造费用 20 000

管理费用 50 000

贷：应付职工薪酬 170 000

③制造费用的归集与分配。

企业日常发生的各项制造费用，分别计入制造费用明细账的相应的费用栏目进行归集。如果生产车间只生产一种产品，制造费用可直接计入该种产品的成本。如果生产车间生产多种产品，制造费用应采用恰当的分配方法，分配计入各种产品成本。企业应当根据制造费用的性质，合理选择制造费用分配方法。制造费用的分配方法一般有：生产工时比例法、生产工人工资比例法、机器工时比例法和按年度计划分配率分配法等。

生产工时比例法是按照各种产品所用生产工人工时的比例分配制造费用的一种方法。计算公式如下：

制造费用分配率=制造费用总额÷各种产品生产工时总额

某种产品应分配的制造费用=该种产品生产工时×制造费用分配率

生产工人工资比例法是按照各种产品的生产工人工资的比例分配制造费用的一种方法。计算公式如下：

制造费用分配率=制造费用总额÷各种产品生产工人工资总额

某种产品应分配的制造费用=该种产品生产工人工资×制造费用分配率

机器工时比例法是按照各种产品所用机器设备运转时间的比例分配制造费用的一种方法。计算公式如下：

制造费用分配率=制造费用总额÷各种产品所用机器工时总额

某种产品应分配的制造费用=该种产品所用机器工时×制造费用分配率

年度计划分配率分配法是按照年度开始前确定的全年适用的计划分配率分配费用的方法。计算公式如下：

年度计划分配率=年度制造费用计划总额÷年度各种产品计划产量的定额工时总额

某产品应分配的制造费用=该月该种产品实际产量的定额工时数×年度计划分配率

企业具体选用哪种分配方法，由企业自行决定。分配方法一经确定，不得随意变更。如需变更，应当在附注中予以说明。

【例11-15】承【例11-13】和【例11-14】，文迪公司本月提取固定资产折旧12 000元，其中：车间使用的固定资产折旧10 000元，管理部门使用的固定资产折旧2 000元。会计处理如下：

借：制造费用　10 000

　　管理费用　2 000

　贷：累计折旧　12 000

文迪公司以银行存款支付本月车间水电费8 000元，管理部门水电费2 000元。会计处理如下：

借：制造费用　8 000

　　管理费用　2 000

　贷：银行存款　10 000

归集本月的制造费用，见制造费用明细账（见表11-1），并按生产工人工资比例分配制造费用（见表11-2）。

表11-1　**制造费用明细账**　单位：元

年		凭证		摘要	原材料	工资	折旧费	水电费	合计
月	日	种类	编号						
				承前页					0
				原材料	5 000				5 000
				工资		20 000			25 000
				折旧费			10 000		35 000
				水电费				8 000	43 000
				本月合计	5 000	20 000	10 000	8 000	43 000

表11-2　**制造费用分配表**　金额单位：元

产品名称	生产工人工资	分配率	分配金额
甲产品	60 000	0.43	25 800
乙产品	40 000	0.43	17 200
合计	100 000	—	43 000

注：分配率=43 000÷（60 000+40 000）=0.43

甲产品应分配制造费用=0.43×60 000=25 800（元）

乙产品应分配制造费用=0.43×40 000=17 200（元）

分配制造费用的会计分录如下：

借：生产成本——甲产品　　25 800

　　　　　　——乙产品　　17 200

　贷：制造费用　　43 000

④产品生产成本的计算与结转。

经过上述费用的归集和分配，各种产品消耗的直接材料费、直接人工费、制造费用均已归集到每种产品"生产成本"账户的借方，加上期初在产品成本，就是各种产品的生产总成本。

如果月末无在产品，生产总成本就是本月完工产品的总成本。

如果月末有在产品，则生产总成本要在完工产品与月末在产品之间分配，常用的分配方法有：不计算在产品成本法、约当产量法、按年初数固定计算在产品成本法、在产品按定额成本计价法、定额比例法、在产品成本按原材料费用计价法等。其中：不计算在产品成本法，是指虽然月末有结存在产品，但月末在产品数量很少，价值很低，并且各月份在产品数量比较稳定，从而可对月末在产品成本忽略不计的一种分配方法，本月生产费用全部视为完工产品成本。约当产量法是将月末在产品数量按其完工程度折算为相当于完工产品的数量（即约当产量），然后按完工产品产量与月末在产品约当产量的比例分配计算完工产品费用与月末在产品费用的一种分配方法。按年初数固定计算在产品成本法，是对各月在产品按年初在产品成本计价的一种分配方法，这种方法适用于各月月末在产品结存数量较少，或者虽然在产品结存数量较多，但各月月末在产品数量稳定、起伏不大的产品。在产品按定额成本计价法是按照预先制定的定额成本计算月末在产品成本，即月末在产品成本按其数量和单位定额成本计算，产品的月初在产品费用加本月生产费用，减月末在产品的定额成本，其余额作为完工产品成本。每月生产费用脱离定额的差异，全部由完工产品负担。这种方法适用于定额管理基础较好，各项消耗定额或费用定额比较准确、稳定，而且各月在产品数量变动不大的产品。定额比例法是产品的生产费用按完工产品和月末在产品的定额消耗量或定额费用的比例，分配计算完工产品和月末在产品成本的一种分配方法。在产品成本按原材料费用计价法，就是月末在产品只计算所耗的原材料费用，不计算工资及福利费等加工费用，产品的加工费用全部由完工产品负担，这种方法适用于各月在产品数量多，各月在产品数量变化较大，且原材料费用在产品成本中所占比重较大的产品。

完工产品的成本除以完工产品的数量就是完工产品的单位成本。

计算出完工产品的成本后，产品验收入库，应结转入库产品的生产成本，借记"库存商品"科目，贷记"生产成本"科目。"生产成本"科目的期末余额，就是在产品的成本。

【例11-16】承【例11-13】、【例11-14】和【例11-15】，假设文迪公司本月末甲产品完工产品100件，乙产品完工产品20件。甲产品月初在产品成本见表11-3，月末无在产品；乙产品月初、月末均无在产品。计算并结转完工产品成本。产品成本计算单见表11-3和表11-4。

表11-3　　　　　　　　产品成本计算单

产品名称：甲产品　　　　　　　　　　　　　　　　单位：元

在产品数量：0　　　　　　年　　月　　　　　　　完工产品数量：100

成本项目	直接材料	直接人工	制造费用	合 计
月初在产品成本	100 000	40 000	16 000	156 000
本月生产费用	150 000	60 000	25 800	235 800
合　计	250 000	100 000	41 800	391 800
月末在产品成本	0	0	0	0
完工产品成本	250 000	100 000	41 800	391 800
单位成本	2 500	1 000	418	3 918

表11-4　　　　　　　　产品成本计算单

产品名称：乙产品　　　　　　　　　　　　　　　　单位：元

在产品数量：0　　　　　　年　　月　　　　　　　完工产品数量：20

成本项目	直接材料	直接人工	制造费用	合 计
月初在产品成本	0	0	0	0
本月生产费用	50 000	40 000	17 200	107 200
合　计	50 000	40 000	17 200	107 200
月末在产品成本	0	0	0	0
完工产品成本	50 000	40 000	17 200	107 200
单位成本	2 500	2 000	860	5 360

根据以上计算可知，甲产品完工产品总成本为391 800元，乙产品完工产品总成本为107 200元，结转产品成本如下：

借：库存商品——甲产品　　　　　　　　391 800

　　　　　　——乙产品　　　　　　　　107 200

　贷：生产成本——甲产品　　　　　　　　　　391 800

　　　　　　　——乙产品　　　　　　　　　　107 200

【例11-17】文迪公司生产甲、乙两种产品，以产品品种为成本计算对象。2×19年10月份生产车间发生的经济业务如下：

（1）基本生产车间领用材料40 000元，其中，直接用于甲产品生产的A材料10 800元，直接用于乙产品生产的B材料18 000元，甲、乙产品共同耗用的C材料10 000元（按甲、乙产品的定额消耗量比例进行分配，甲产品的定额消耗量为440千克，乙产品的定额消耗量为560千克），车间一般消耗1 200元。

（2）结算本月应付职工薪酬，基本生产车间的工人工资16 000元（按甲、乙产品耗用的生产工时比例分配，甲产品生产工时为300小时，乙产品生产工时为500小时），车间管理人员工资2 500元。

（3）基本生产车间计提固定资产折旧费1 000元。

（4）基本生产车间发生的其他支出为1 200元，通过银行办理转账结算。

（5）基本生产车间的制造费用按生产工时比例在甲、乙两种产品之间进行分配。

（6）甲产品各月在产品数量变化不大，生产费用在完工产品与在产品之间的分配，采用在产品按月初固定成本计价法。乙产品原材料在生产开始时一次性投入，原材料费用按完工产品数量和月末在产品数量的比例进行分配，工资和制造费用采用约当产量法进行分配。

甲产品月初在产品成本为9 500元，其中：原材料费用4 000元，工资1 200元，制造费用4 300元。甲产品本月完工产品100件，月末在产品80件。

乙产品月初在产品成本为14 500元，其中：原材料费用6 000元，工资3 500元，制造费用5 000元。乙产品本月完工产品100件，月末在产品50件。在产品完工率为50%。

要求：

（1）编制各项要素费用分配的会计分录。

（2）编制结转基本生产车间制造费用的会计分录。

（3）计算并填列甲、乙产品成本明细账，计算甲、乙产品成本。

（4）编制结转入库产成品成本的会计分录。

（1）要素费用分配。

①材料费用分配。

C材料费用分配率=10 000÷（440+560）=10（元/千克）

甲产品应负担的原材料费用= 440×10 + 10 800

= 15 200（元）

乙产品应负担的原材料费用= 560×10 + 18 000

= 23 600（元）

借：生产成本——甲产品　　15 200

——乙产品　　23 600

制造费用　　1 200

贷：原材料　　40 000

②工资费用分配。

工资费用分配率=16 000÷（300+500）=20（元/小时）

甲产品应负担的工资费用= 300×20= 6 000（元）

乙产品应负担的工资费用= 500×20= 10 000（元）

借：生产成本——甲产品　　6 000

——乙产品　　10 000

制造费用　　2 500

贷：应付职工薪酬　　18 500

③计提固定资产折旧。

借：制造费用　　1 000

　贷：累计折旧　　1 000

④其他支出。

借：制造费用　　1 200

　贷：银行存款　　1 200

（2）制造费用分配。

制造费用合计= 1 200 + 2 500 + 1 000 + 1 200= 5 900（元）

制造费用分配率=5 900÷（300+500）

　　= 7.375（元/小时）

甲产品的制造费用= 300×7.375

　　= 2 212.50（元）

乙产品的制造费用= 500×7.375

　　= 3 687.50（元）

借：生产成本——甲产品　　2 212.50

　　　　——乙产品　　3 687.50

　贷：制造费用　　5 900

（3）计算、填列产品成本明细账，计算甲、乙产品成本，见表11-5、表11-6。

表11-5　**产品成本明细账**

产品名称：甲　　金额单位：元

在产品产量：80件　　2×19年10月　　产品产量：100件

项　目	原材料	工　资	制造费用	合　计
月初在产品成本	4 000	1 200	4 300	9 500
本月生产费用	15 200	6 000	2 212.50	23 412.50
生产费用合计	19 200	7 200	6 512.50	32 912.50
完工产品成本	15 200	6 000	2 212.50	23 412.50
月末在产品成本	4 000	1 200	4 300	9 500

表11-6　**产品成本明细账**

产品名称：乙　　金额单位：元

在产品约当产量：25件　　2×19年10月　　产品产量：100件

项　目	原材料	工　资	制造费用	合　计
月初在产品成本	6 000	3 500	5 000	14 500
本月生产费用	23 600	10 000	3 687.50	37 287.50
生产费用合计	29 600	13 500	8 687.50	51 787.50
分 配 率	197.3333	108	69.50	—
完工产品成本	19 733.33	10 800	6 950	37 483.33
月末在产品成本	9 866.67	2 700	1 737.50	14 304.17

注：原材料分配率=29 600÷（100+50）= 197.3333（元/件）

工资分配率=13 500÷（100+50×50%）= 108（元/小时）

制造费用分配率=8 687.50÷（100+50×50%）= 69.50（元/小时）

（4）结转入库产成品成本。

借：库存商品——甲产品　　23 412.50

　　　　　　——乙产品　　37 483.33

　贷：生产成本——甲产品　　23 412.50

　　　　　　　——乙产品　　37 483.33

综上所述，企业为生产产品所发生的费用，在产品生产完工后构成了产品成本，产品验收入库后形成企业的流动资产——库存商品。需要注意的是，企业生产产品发生的费用虽然消耗了企业的资产，但同时形成了另一项资产——在产品或产成品，它们仍在企业中，也就是说生产费用的发生并没有使经济利益流出企业，因此这些费用不能确认为企业会计准则所定义的费用。只有当这些生产出来的产品被销售出去，由企业转移到顾客手中，经济利益才流出企业。此时，应在确认产品销售收入的同时，核算这些已销售的产品的生产成本——主营业务成本，计入当期损益。

11.2.3　期间费用

期间费用是指企业当期发生的，不能计入产品成本，而是直接计入当期损益的各项费用，包括管理费用、销售费用、财务费用。

1）管理费用

管理费用是企业为组织和管理企业生产经营所发生的期间费用，包括企业在筹建期间内发生的开办费、董事会和行政管理部门在企业的经营管理中发生的或者应由企业统一负担的公司经费（包括行政管理部门职工工资及福利费、物料消耗、低值易耗品摊销、办公费和差旅费等）、工会经费、董事会费（包括董事会成员津贴、会议费和差旅费等）、聘请中介机构费、咨询费（含顾问费）、诉讼费、业务招待费、技术转让费、矿产资源补偿费、研究费用、排污费等。

管理费用通过“管理费用”账户核算，该账户属于损益类账户，核算企业为组织和管理企业生产经营所发生的期间费用。借方登记当期发生的各项管理费用，贷方登记期末将本期借方归集的全部管理费用转入“本年利润”账户的金额。本账户期末结转后应无余额。本账户应当按照费用项目进行明细核算。

管理费用的主要账务处理如下：

（1）企业在筹建期间内发生的开办费，包括人员工资、办公费、培训费、差旅费、印刷费、注册登记费以及不计入固定资产成本的借款费用等在实际发生时，借记“管理费用（开办费）”科目，贷记“银行存款”等科目。

（2）行政管理部门人员的职工薪酬，借记“管理费用”科目，贷记“应付职工薪酬”科目。

（3）行政管理部门计提的固定资产折旧，借记“管理费用”科目，贷记“累计折旧”科目。

（4）发生的办公费、水电费、业务招待费、聘请中介机构费、咨询费、诉讼费、技术转让费、研究费用，借记“管理费用”科目，贷记“银行存款”“研发支出”等科目。

【例11-18】文迪公司2×19年6月份发生以下管理费用：以现金购买办公用品500元；分配管理人员工资、福利费共计28 000元；计提管理部门用固定资产折旧费2 500元；摊销无形资产1 000元。月末结转管理费用。账务处理如下：

购买办公用品时：

借：管理费用　500

　贷：库存现金　500

分配工资、福利费时：

借：管理费用　28 000

　贷：应付职工薪酬　28 000

计提固定资产折旧费时：

借：管理费用　2 500

　贷：累计折旧　2 500

摊销无形资产时：

借：管理费用　1 000

　贷：累计摊销　1 000

月末结转管理费用时：

借：本年利润　32 000

　贷：管理费用　32 000

2）销售费用

销售费用是指企业销售商品和材料、提供劳务的过程中发生的各种费用，包括保险费、包装费、展览费、广告费、商品维修费、预计产品质量保证损失、运输费、装卸费等以及为销售本企业商品而专设的销售机构（含销售网点、售后服务网点等）人员的职工薪酬、业务费、折旧费等经营费用。

销售费用通过“销售费用”账户核算。该账户属于损益类账户，核算企业销售商品和材料、提供劳务的过程中发生的各种销售费用。借方登记当期发生的各项销售费用，贷方登记期末将本期借方归集的全部销售费用转入“本年利润”账户的金额。该账户期末结转后应无余额。本账户应当按照费用项目进行明细核算。

销售费用的主要账务处理如下：

（1）企业在销售商品过程中发生的包装费、保险费、展览费、广告费、运输费、装卸费等，借记“销售费用”科目，贷记“库存现金”“银行存款”等科目。

（2）发生的为销售本企业商品而专设的销售机构的职工薪酬、业务费等经营费用，借记“销售费用”科目，贷记“应付职工薪酬”“银行存款”“累计折旧”等科目。

【例11-19】文迪公司2×19年6月份发生以下销售费用：以银行存款支付商品的展览费2 000元、广告费8 000元；分配专设销售机构职工工资、福利费共计10 000元。月末结转销售费用。账务处理如下：

支付商品的展览费、广告费时：

借：销售费用——展览费　2 000

　　　　　　——广告费　8 000

　贷：银行存款　10 000

分配工资、福利费时：

借：销售费用　10 000

　贷：应付职工薪酬　10 000

月末结转销售费用时：

借：本年利润　20 000

　贷：销售费用　20 000

3）财务费用

财务费用是指企业为筹集生产经营所需资金等而发生的筹资费用，包括利息支出（减利息收入）、汇兑损益以及相关的手续费、企业发生的现金折扣或收到的现金折扣等。

财务费用通过“财务费用”账户核算，该账户属于损益类账户，核算企业为筹集生产经营所需资金等而发生的筹资费用。借方登记当期发生的各项财务费用，贷方登记期末将本期借方归集的全部财务费用转入“本年利润”账户的金额。该账户期末结转后应无余额。本账户应当按照费用项目进行明细核算。

财务费用的主要账务处理如下：

（1）企业发生的财务费用，借记“财务费用”科目，贷记“银行存款”等科目。

（2）发生的应冲减财务费用的利息收入、汇兑损益、现金折扣，借记“银行存款”“应付账款”等科目，贷记“财务费用”科目。

【例11-20】文迪公司2×19年6月份发生以下财务费用：以银行存款支付借款利息2 000元；本季度公司在银行的存款利息1 000元，已划存银行存款户；以银行存款支付在银行办理业务的手续费600元。月末结转财务费用。账务处理如下：

支付借款利息时：

借：财务费用　2 000

　贷：银行存款　2 000

收到存款利息时：

借：银行存款　1 000

　贷：财务费用　1 000

支付手续费时：

借：财务费用　600

　贷：银行存款　600

月末结转财务费用时：

借：本年利润　1 600

　贷：财务费用　1 600

11.3 利润及利润分配

11.3.1 利润及其构成

利润是指企业在一定会计期间的经营成果。利润包括收入减去费用后的净额、直接计入当期利润的利得和损失等。

其中：直接计入当期利润的利得和损失，是指应当计入当期损益、会导致所有者权益发生增减变动的、与所有者投入资本或者向所有者分配利润无关的利得或者损失。

利润金额取决于收入和费用、直接计入当期利润的利得和损失金额的计量。如果企业一定时期实现的各项收入不能抵补费用和支出，就会发生亏损。

利润分为营业利润、利润总额、净利润三个层次。

1）营业利润

营业利润=营业收入-营业成本-税金及附加-期间费用-研发费用-资产减值损失-信用减值损失+其他收益+/-投资净损益+/-公允价值变动净损益+/-资产处置净损益

其中：营业收入=主营业务收入+其他业务收入

营业成本=主营业务成本+其他业务成本

期间费用=销售费用+管理费用+财务费用

税金及附加反映企业经营业务应负担的消费税、城市维护建设税、资源税、教育费附加等。

研发费用是指企业在研究和开发过程中发生的费用化支出，是管理费用的一部分，在利润表中应从管理费用中分离出来，单独列报。

资产减值损失反映企业计提的各项资产减值准备所形成的损失。

信用减值损失反映企业计提的各项金融工具信用减值准备所确认的信用损失。

其他收益反映计入其他收益的政府补助，以及其他与日常活动相关且计入其他收益的项目。

公允价值变动净损益反映企业交易性金融资产、交易性金融负债，以及采用公允价值模式计量的投资性房地产、衍生工具、套期保值业务等公允价值变动形成的应计入当期损益的利得或损失。

投资净损益反映企业对外投资所取得的收益或产生的损失。

资产处置净损益是指企业出售划分为持有待售的非流动资产（金融资产、长期股权投资和投资性房地产除外）或处置组（子公司和业务除外）时确认的处置利得和损失，以及处置未划分为持有待售的固定资产、在建工程、无形资产等而产生的利得和损失。

2）利润总额

利润总额=营业利润+营业外收入-营业外支出

其中，“营业外收入”“营业外支出”反映企业发生的与企业的经营活动无直接关系的各项利得和损失。

3）净利润

净利润=利润总额-所得税费用

其中，所得税费用是企业确认的应从当期利润总额中扣除的所得税费用。

11.3.2　营业外收支

营业外收支是指企业发生的与日常活动无直接关系的各项收支。营业外收支虽然与企业生产经营活动没有多大的关系，但从企业主体来考虑，同样带来收入或形成企业的支出，也是增加或减少利润的因素，对企业的利润总额及净利润有较大影响。

1）营业外收入

营业外收入是指企业取得的与生产经营活动没有直接关系的各项收入。营业外收入不是由企业经营资金耗费所产生的，不需要也不可能与有关费用相配比。因此，在会计核算中应严格区分营业收入与营业外收入的界限。

营业外收入包括：罚没收入、与企业日常活动无关的政府补助、捐赠利得及无法支付的应付款项等。

2）营业外支出

营业外支出是指企业发生的与生产经营活动没有直接关系的各项支出。

营业外支出主要包括：罚款支出、公益性捐赠支出、非常损失、非流动资产毁损报废损失以及其他应记入本科目的支出。

需要注意的是，营业外收入和营业外支出应当分别核算。在具体核算时不得以营业外支出直接冲减营业外收入，也不得以营业外收入冲减营业外支出，即企业在会计核算时，应当区别营业外收入和营业外支出进行核算。

11.3.3 利润分配

企业实现的净利润应按下列顺序进行分配：

（1）弥补以前年度亏损。企业如果有以前年度未弥补的亏损，应先用当年利润弥补亏损。

（2）提取法定盈余公积。法定盈余公积是按国家规定必须提取的，一般按本年实现净利润的10%提取，主要用来弥补亏损、转增资本等。法定盈余公积累计额超过其注册资本50%以上的，可不再提取。

（3）支付优先股股利。企业取得利润时，一般应分派股利，分派股利的顺序是先支付优先股股利，后支付普通股股利。

（4）提取任意盈余公积。任意盈余公积是企业自愿提取的，由董事会决定要留存企业的利润，企业自行决定提取比例。任意盈余公积主要用来偿还债务、控制本期股利的分派、发展生产等。

（5）支付普通股股利。企业在进行了上述分配后，就可进行普通股股利的分派。

11.3.4 利润及其分配核算的主要账户设置及核算举例

利润及其分配核算涉及的主要账户除了前面讲过的损益类账户外，还主要涉及以下几个账户。

1）“营业外收入”账户

该账户属于损益类账户，贷方登记企业发生的各项利得；借方登记期末结转至“本年利润”账户的数额，结转后，期末应无余额。本账户应当按照收入项目进行明细核算。

2）“营业外支出”账户

该账户属于损益类账户，借方登记企业发生的各项损失；贷方登记期末结转至“本年利润”账户的数额，结转后，期末应无余额。本账户应当按照支出项目进行明细核算。

3）“所得税费用”账户

该账户属于损益类账户，核算企业确认的应从当期利润总额中扣除的所得税费用。该账户借方登记企业按税法的规定计算确定的当期应交所得税、递延所得税资产的应有余额小于“递延所得税资产”账户余额的差额以及递延所得税负债的应有余额大于“递延所得税负债”账户余额的差额；贷方登记递延所得税资产的应有余额大于“递延所得税资产”账户余额的差额、递延所得税负债的应有余额小于“递延所得税负债”账户余额的差额以及年末转入“本年利润”账户的所得税，结转后，期末应无余额。本账户应当按照“当期所得税费用”“递延所得税费用”进行明细核算。

4）“本年利润”账户

该账户属于所有者权益类账户，核算企业当年实现的净利润（或发生的净亏损）。该账户贷方登记期末从“主营业务收入”“其他业务收入”“营业外收入”“公允价值变动损益”“投资收益”等账户转入的金额；借方登记期末从“主营业务成本”“税金及附加”“其他业务成本”“销售费用”“管理费用”“财务费用”“资产减值损失”“营业外支出”“投资收益”“所得税费用”等账户转入的金额。期末，本账户若有贷方余额，表示企业所实现的净利润；本账户若有借方余额，表示企业所发生的净亏损。

年度终了，应将本年收入和支出相抵后结出的本年实现的净利润，转入“利润分配”账户，借记本账户，贷记“利润分配——未分配利润”账户；如为净亏损，做相反的会计分录。结转后本账户应无余额。

5）“利润分配”账户

该账户属于所有者权益类账户，核算企业利润的分配（或亏损的弥补）和历年分配（或弥补）后的余额。该账户借方登记本期企业按规定提取的盈余公积、分配给股东或投资者的现金股利或利润，分配给股东的股票股利；贷方登记企业用盈余公积弥补亏损的金额。

年度终了，企业应将全年实现的净利润，自“本年利润”账户转入本账户，借记“本年利润”账户，贷记本账户（未分配利润）；为净亏损的，做相反的会计分录；同时，将“利润分配”账户所属其他明细账户的余额转入本账户的“未分配利润”明细账户。结转后，本账户除“未分配利润”明细账户外，其他明细账户应无余额。

本账户年末余额，如在贷方反映企业的未分配利润，如在借方反映企业未弥补的亏损。

本账户应当分别“提取法定盈余公积”“提取任意盈余公积”“应付现金股利或利润”“转作股本的股利”“盈余公积补亏”“未分配利润”等进行明细核算。

【例11-21】文迪公司2×19年12月30日以银行存款向希望工程捐款100 000元。

借：营业外支出　　100 000

　贷：银行存款　　100 000

【例11-22】文迪公司2×19年12月31日收到违约罚款5 000元，存入银行。

借：银行存款　　5 000

　贷：营业外收入　　5 000

【例11-23】文迪公司2×19年12月31日将本月各损益类账户（暂不包括所得税费用）余额结转到“本年利润”账户，计算12月份实现的利润总额。各账户余额为：主营业务收入600万元，其他业务收入120万元，投资净收益50万元，营业外收入20万元，主营业务成本380万元，其他业务成本120万元，税金及附加7万元，销售费用36万元，管理费用30万元，财务费用13万元，资产减值损失10万元，公允价值变动净损失8万元，营业外支出18万元。会计处理如下：

结转损益类账户余额：

借：主营业务收入	6 000 000	
其他业务收入	1 200 000	
投资收益	500 000	
营业外收入	200 000	
贷：本年利润		7 900 000
借：本年利润	6 220 000	
贷：主营业务成本		3 800 000
其他业务成本		1 200 000
税金及附加		70 000
销售费用		360 000
管理费用		300 000
财务费用		130 000
资产减值损失		100 000
公允价值变动损益		80 000
营业外支出		180 000

计算本月利润总额：

12月份实现的利润总额=7 900 000–6 220 000=1 680 000（元）

【例11-24】承【例11-23】，2×19年12月31日，按应税所得额的25%计算应交所得税，并结转所得税费用。为避免重复纳税，投资收益不需再交纳所得税（假设投资企业与被投资企业适用的所得税税率相同），假设无其他纳税调整事项。

本月应交所得税=（本月的利润总额1 680 000元 – 因被投资单位宣告分派现金股利而确认的投资收益500 000元）×25%=295 000（元）

企业应纳所得税，一方面增加了所得税费用，另一方面在企业未支付前形成企业的负债，会计处理如下：

借：所得税费用	295 000	
贷：应交税费——应交所得税		295 000

将“所得税费用”账户余额结转至“本年利润”账户。

借：本年利润	295 000	
贷：所得税费用		295 000

【例11-25】承【例11-23】、【例11-24】，2×19年12月31日，将“本年利润”账户余额转入“利润分配——未分配利润”明细账户的贷方。

假设文迪公司2×19年1-11月份实现税后净利润15 000 000元，加上12月份实现的净利润1 385 000元（1 680 000–295 000），2×19年共实现利润16 385 000元。

借：本年利润	16 385 000	
贷：利润分配——未分配利润		16 385 000

【例11-26】承【例11-23】、【例11-24】、【例11-25】，文迪公司2×19年取得净利润16 385 000元，按10%提取法定盈余公积，按15%提取任意盈余公积，向股东分派现金股利500万元。会计处理如下：

提取盈余公积：

借：利润分配——提取法定盈余公积　　1 638 500

　　　　　　——提取任意盈余公积　　2 457 750

　贷：盈余公积——法定盈余公积　　1 638 500

　　　　　　　——任意盈余公积　　2 457 750

分配现金股利：

借：利润分配——应付现金股利或利润　　5 000 000

　贷：应付股利　　5 000 000

结转“利润分配”其他明细账户余额：

年终，将“利润分配”账户所属各明细分类账户的借方分配合计数结转到“利润分配——未分配利润”明细账户的借方。

借：利润分配——未分配利润　　9 096 250

　贷：利润分配——提取法定盈余公积　　1 638 500

　　　　　　　——提取任意盈余公积　　2 457 750

　　　　　　　——应付现金股利或利润　　5 000 000

经过分配，“利润分配——未分配利润”账户有贷方余额7 288 750元（16 385 000-9 096 250），表示年末未分配的利润。

章末习题

一、单项选择题

1.下列应记入“制造费用”科目的项目是（　　）。

A.生产车间生产工人的工资　　B.生产车间固定资产折旧费

C.管理部门人员的工资　　D.管理部门固定资产折旧费

2.下列项目属于期间费用的是（　　）。

A.生产成本　　B.制造费用　　C.销售费用　　D.所得税费用

3.对于“日常活动中取得的收入”，下列说法不正确的是（　　）。

A.收入会导致资产的增加或负债的减少

B.收入是企业日常活动中形成的经济利益总流入

C.所有者向企业投入资本形成的经济利益流入属于收入

D.收入必然导致所有者权益的增加

4.企业在一定期间的利润总额是（　　）。

A.营业利润加营业外收支净额

B.营业利润加营业外收支净额减所得税费用

C.营业利润加投资收益

D.营业利润加公允价值变动损益

5.提取法定盈余公积应按照（　　）。

A.当期利润总额的10%　　B.当期净利润的10%

C.当期营业利润的10%　　D.当期可供分配利润的10%

二、多项选择题

1.企业的产品成本项目一般包括（　　）。

A.直接材料　　B.燃料及动力　　C.直接人工

D.期间费用　　E.制造费用

2.期间费用主要包括（　　）。

A.制造费用　　B.管理费用　　C.财务费用

D.销售费用　　E.所得税费用

3.对于工业企业，下列经济活动形成的经济利益流入中，属于收入的有（　　）。

A.出售产成品　　B.出售原材料　　C.出租固定资产

D.出售固定资产　　E.出售无形资产

4.收入按交易的性质分为（　　）。

A.主营业务收入　　B.其他业务收入　　C.转让商品收入　　D.提供服务收入

5.下列项目中，构成利润总额的有（　　）。

A.营业外收入　　B.营业外支出　　C.税金及附加

D.公允价值变动净损益　　E.所得税费用

三、业务处理题

1.甲公司2×19年5月份销售一批消费税应税产品给乙公司，产品的销售价格为100万元，双方均为一般纳税企业，产品已经发出，并收到了乙公司开出并承兑的3个月到期的商业承兑汇票。该批产品的实际成本为80万元。增值税税率为13%，消费税税率为5%。

要求：根据以上经济业务，编制会计分录。

2.甲公司在2×19年12月5日销售一批产品，价款200 000元，增值税税额26 000元，已收到银行存款，成本170 000元。该批产品因质量问题于2×19年12月20日被退回。

要求：根据以上经济业务，编制会计分录。

3.甲公司2×19年6月1日向乙公司销售一批商品，开出的增值税专用发票上注明的销售价款为20 000元，增值税税额为2 600元。为及时收回货款，甲公司和乙公司约定的现金折扣条件为：2/10，1/20，N/30。假定计算现金折扣时不考虑增值税税额。甲公司于6月7日收到货款。

要求：根据以上经济业务，编制会计分录。

4.2×19年12月31日，甲公司在生产A、B、C三种产品时，发生制造费用总额56 000元。产品的工时为：A产品生产工时20 000小时，B产品生产工时14 000小时，C产品生产工时30 000小时。

要求：按生产工时分配制造费用，并编制会计分录。

5.甲公司月末完工A产品的生产成本为200 000元，完工B产品的生产成本为

500 000元。

要求：请结转完工产品的成本。

6.甲公司2×19年取得净利润20 000 000元，按10%提取法定盈余公积，按15%提取任意盈余公积，向股东分派现金股利8 000 000元。

要求：根据以上经济业务，编制会计分录。

第12章/ 财务报告

学习目标：掌握资产负债表的概念、内容、结构和编制方法；掌握利润表的概念、内容、结构和编制方法；了解现金流量表的构成项目；熟悉所有者权益变动表的结构和作用；熟悉财务报表附注的概念和作用。

12.1 财务报告概述

财务报告，是指企业对外提供的反映企业某一特定日期的财务状况和某一会计期间的经营成果、现金流量等会计信息的文件。财务报告包括财务报表和其他应当在财务报告中披露的相关信息和资料。

一般国际或者区域会计准则都对财务报告有专门的独立准则。“财务报告”从国际范围来看是一个比较通用的术语，但是在我国现行有关法律、行政法规中使用的是“财务会计报告”术语。为了保持法规体系上的一致性，基本准则仍然沿用了“财务会计报告”的术语，但同时又引入了“财务报告”这一术语，并指出“财务会计报告”又称“财务报告”，从而较好地解决了立足国情与国际趋同的问题。

12.1.1 财务报表的定义和构成

财务报表是对企业财务状况、经营成果和现金流量的结构性表述。财务报表至少应当包括下列组成部分：（1）资产负债表；（2）利润表；（3）现金流量表；（4）所有者权益（或股东权益，下同）变动表；（5）附注。

财务报表可以按照不同的标准进行分类：（1）按财务报表编报期间的不同，可以分为中期财务报表和年度财务报表。中期财务报表是以短于一个完整会计年度的报告期间为基础编制的财务报表，包括月报、季报和半年报等。（2）按财务报表编报主体的不同，可以分为个别财务报表和合并财务报表。个别财务报表是由企业在自身会计核算基础上对账簿记录进行加工而编制的财务报表，它主要用以反映企业自身的财务状况、经营成果和现金流量情况。合并财务报表是以母公司和子公司组成的企业集团为会计主体，根据母公司和所属子公司的财务报表，由母公司编制的综合反映企业集团财务状况、经营成果及现金流量的财务报表。

12.1.2 财务报表列报的基本要求

1）遵循各项会计准则进行确认和计量

企业应当根据实际发生的交易和事项，遵循各项具体会计准则的规定进行确认和计量，并在此基础上编制财务报表。

2）列报基础

在编制财务报表的过程中，企业经理层应当对企业持续经营的能力进行评价，评价后对企业持续经营的能力产生严重怀疑的，应当在附注中披露导致对持续经营能力产生重大怀疑的重要的不确定因素。

3）重要性和项目列报

项目在财务报表中是单独列报还是合并列报，应当依据重要性原则来判断。重要性是判断项目是否单独列报的重要标准。进行重要性判断时，应当根据所处环境，从项目的性质和金额大小两方面着手。

4）列报的一致性

可比性是会计信息质量的一项重要质量要求，目的是使同一企业不同期间和同一期间不同企业的财务报表相互可比。为此，财务报表项目的列报应当在各个会计期间保持一致，不得随意变更，这一要求不仅只针对财务报表中的项目名称，还包括财务报表项目的分类、排列顺序等方面。

5）财务报表的列报要求

财务报表一般分为表首、正表两部分。其中，在表首部分企业应当概括地说明下列基本信息：（1）编报企业的名称；（2）对资产负债表而言，须披露资产负债表日，而对利润表、现金流量表、所有者权益变动表而言，须披露报表涵盖的会计期间；（3）货币名称和单位；（4）财务报表是合并财务报表的，应当予以表明。

6）报告期间

企业至少应当编制年度财务报表。根据《中华人民共和国会计法》的规定，会计年度自公历1月1日起至12月31日止。因此，在编制年度财务报表时，可能存在年度财务报表的期间短于1年的情况，在这种情况下，企业应当披露年度财务报表的实际涵盖期间及其短于1年的原因，并应当说明由此引起财务报表项目与比较数据不具可比性这一事实。

12.2 资产负债表

12.2.1 资产负债表的概念

资产负债表，是指反映企业在某一特定日期的财务状况的财务报表。

特定日期是指：月末、季末、半年末、年末。

资产负债表是静态时点报表，以“资产=负债+所有者权益”的会计恒等式为理论依据，按照一定的分类标准与顺序把企业一定日期的资产、负债和所有者权益项目予以适当排列，并结合企业的总分类账和明细分类账的会计资料，对日常账簿记录中的大量数据进行浓缩整理后编制而成。

资产负债表可以提供某一日期的资产总额及其结构，表明企业拥有或控制的资源及其分布情况，使用者可以一目了然地从资产负债表上了解企业在某一特定日期所拥有的资产总量及其结构；可以提供某一日期的负债总额及其结构，表明企业未来需要用多少资产或劳务清偿债务以及清偿时间；可以反映所有者所拥有的权益，据以判断资本保值、增值的情况以及对负债的保障程度。此外，资产负债表还可以提供进行财务分析的基本资料，如将流动资产与流动负债进行比较，计算出流动比率；将速动资产与流动负债进行比较，计算出速动比率等，可以表明企业的变现能力、偿债能力和资金周转能力，从而有助于报表使用者做出经济决策。

12.2.2 资产负债表的内容和格式

1）资产负债表的内容

资产负债表中的资产类项目至少应当包括流动资产和非流动资产的合计项目，并应当单独列示反映下列信息的项目：货币资金、应收及预付款项、存货、债权投资、长期股权投资、投资性房地产、固定资产、生物资产、递延所得税资产、无形资产等。

资产负债表中的负债类项目至少应当包括流动负债和非流动负债的合计项目，并应当单独列示反映下列信息的项目：短期借款、应付及预收款项、应交税费、应付职工薪酬、预计负债、长期借款、长期应付款、应付债券、递延所得税负债等。

资产负债表中的所有者权益类项目应当包括所有者权益的合计项目，并应当单独列示反映下列信息的项目：实收资本（或股本）、资本公积、盈余公积、未分配利润等。在合并资产负债表中，企业应当在所有者权益类项目中单独列示少数股东权益。

报表补充资料部分是为了弥补报表主体内容不足而做的补充说明，报表注释的内容主要包括贴现的商业承兑汇票、融资租入固定资产的原价等。

2）资产负债表的格式

资产负债表一般由表首、正表和补充资料三部分组成。

资产负债表的格式包括账户式和报告式两种。

（1）账户式资产负债表（见表12-1）

账户式资产负债表是根据“资产=负债+所有者权益”的会计恒等式，按账户的格式，左边是资产项目、右边是负债和所有者权益项目排列编制而成的。

根据财政部2019年4月30日颁布的《关于修订印发2019年度一般企业财务报表格式的通知》（财会〔2019〕6号）的说明，在执行企业会计准则的非金融企业中，未执行新金融准则、新收入准则和新租赁准则的企业应当按照企业会计准则和本通知附件1的要求编制财务报表；已执行新金融准则、新收入准则和新租赁准则的企业应当按照企业会计准则和本通知附件2的要求编制财务报表；已执行新金融准则但未执行新收入准则和新租赁准则的企业，或已执行新金融准则和新收入准则但未执行新租赁准则的企业，应当结合本通知附件1和附件2的要求对财务报表项目进行相应调整。企业对不存在相应业务的报表项目可结合本企业的实际情况进行必要删减，企业根据重要性原则并结合本企业的实际情况可以对确需单独列示的内容增加报表项目。

（2）报告式资产负债表（见表12-2）

报告式资产负债表是根据“资产-负债=所有者权益”的会计恒等式排列编制而成的，按写报告的格式，先排列资产项目，再排列负债项目，最后是所有者权益项目。

表12-1

资产负债表（账户式）

（适用于已执行新金融准则、新收入准则和新租赁准则的企业）

会企01表

编制单位：　　　　年　月　日　　　　单位：元

资　产	期末余额	上年年末余额	负债和所有者权益（或股东权益）	期末余额	上年年末余额
流动资产：			流动负债：		
货币资金			短期借款		
交易性金融资产			交易性金融负债		
衍生金融资产			衍生金融负债		
应收票据			应付票据		
应收账款			应付账款		
应收款项融资			预收款项		
预付款项			合同负债		
其他应收款			应付职工薪酬		
存货			应交税费		
合同资产			其他应付款		
持有待售资产			持有待售负债		
一年内到期的非流动资产			一年内到期的非流动负债		
其他流动资产			其他流动负债		
流动资产合计			流动负债合计		
非流动资产：			非流动负债：		
债权投资			长期借款		
其他债权投资			应付债券		
长期应收款			其中：优先股		
长期股权投资			永续债		
其他权益工具投资			租赁负债		
其他非流动金融资产			长期应付款		
投资性房地产			预计负债		
固定资产			递延收益		

续表

资　产	期末余额	上年年末余额	负债和所有者权益（或股东权益）	期末余额	上年年末余额
在建工程			递延所得税负债		
生产性生物资产			其他非流动负债		
油气资产			非流动负债合计		
使用权资产			负债合计		
无形资产			所有者权益（或股东权益）：		
开发支出			实收资本（或股本）		
商誉			其他权益工具		
长期待摊费用			其中：优先股		
递延所得税资产			永续债		
其他非流动资产			资本公积		
非流动资产合计			减：库存股		
			其他综合收益		
			专项储备		
			盈余公积		
			未分配利润		
			所有者权益（或股东权益）合计		
资产总计			负债和所有者权益（或股东权益）总计		

3）资产负债表项目的排列

资产负债表无论是采用账户式还是报告式，其资产、负债和所有者权益项目都应按一定的标准进行分类排列。

（1）资产项目按流动性或变现能力排列

资产项目按流动性或变现能力分类排列。所谓资产的变现能力，是指一项资产从其现状变换成现金或被耗用所需要的时间。资产按流动性分为流动资产和非流动资产。流动资产按流动性或变现能力的强弱排列，依次是货币资金、交易性金融资产、应收票据、应收账款、存货等；非流动资产是指超过1年或一个营业周期变现的资产，包括债权投资、其他债权投资、长期股权投资、其他权益工具投资、投资性房地产、固定资产、在建工程、无形资产、长期待摊费用等。

表12-2　　资产负债表（报告式）　　会企01表

编制单位：　　年　月　日　　单位：元

资产	
⋮	
资产合计	101 000
负债	
⋮	
负债合计	54 500
股东权益	
⋮	
股东权益合计	46 500

（2）负债项目按到期日远近排列

负债项目是按到期日的远近排列的，近者在前，远者在后。负债按到期日的远近分为流动负债和非流动负债。对于将在正常营业周期内到期的流动负债，按短期借款、交易性金融负债、应付票据、应付账款、应付职工薪酬、应交税费等排列在前；超过正常营业周期到期的非流动负债，如长期借款、应付债券、长期应付款、预计负债等排列在后。

（3）所有者权益项目按永久性排列

所有者权益项目按可供企业使用的永久性程度排列，永久性强的在前，永久性弱的在后。排列顺序是：实收资本（或股本）、资本公积、其他综合收益、盈余公积、未分配利润。

12.2.3　资产负债表的编制方法

1）"上年年末余额"栏的填列方法

资产负债表"上年年末余额"栏内各项数字，应根据上年年末资产负债表"期末余额"栏内所列数字填列。如果上年度资产负债表规定的各个项目的名称和内容同本年度不相一致，应对上年年末资产负债表各个项目的名称和数字按照本年度的规定进行调整，填入表中"上年年末余额"栏内。

2）"期末余额"栏的填列方法

资产负债表"期末余额"栏内各项数字，一般应根据资产、负债和所有者权益类科目的期末余额填列。主要包括以下方式：

（1）根据总账科目余额填列。资产负债表中的有些项目，可直接根据有关总账科目的余额填列，如“短期借款”“应付票据”“应付职工薪酬”等项目；有些项目则需根据几个总账科目的期末余额计算填列，如“货币资金”项目，需根据“库存现金”“银行存款”“其他货币资金”三个总账科目的期末余额的合计数填列。

（2）根据明细账科目余额计算填列。如“应付账款”项目，需要根据“应付账款”和“预付账款”两个科目所属的相关明细科目的期末贷方余额计算填列。

（3）根据总账科目和明细账科目余额分析计算填列。如“长期借款”项目，需要根据“长期借款”总账科目余额扣除“长期借款”科目所属的明细科目中将在1年内到期、且企业不能自主地将清偿义务展期的长期借款后的金额计算填列。

（4）根据有关科目余额减去其备抵科目余额后的净额填列。如资产负债表中的“应收账款”项目，应当根据“应收账款”科目和“预收账款”科目的期末借方余额减去“坏账准备”科目余额后的净额填列；“固定资产”项目，应当根据“固定资产”科目的期末余额减去“累计折旧”“固定资产减值准备”备抵科目余额后的净额填列等。

（5）综合运用上述填列方法分析填列。如资产负债表中的“存货”项目，需要根据“原材料”“库存商品”“委托加工物资”“周转材料”“材料采购”“生产成本”“发出商品”“材料成本差异”等总账科目期末余额的分析汇总数，再减去“存货跌价准备”科目余额后的净额填列。

12.2.4 资产负债表编制示例

某公司2×18年12月31日的资产负债表（年初余额略）及2×19年12月31日的科目余额表分别见表12-3和表12-4。

表12-3　　资产负债表　　会企01表

编制单位：某公司　　2×18年12月31日　　单位：元

资　产	期末余额	上年年末余额（略）	负债和所有者权益（或股东权益）	期末余额	上年年末余额（略）
流动资产：			流动负债：		
货币资金	562 520		短期借款	120 000	
交易性金融资产	6 000		交易性金融负债		
衍生金融资产			衍生金融负债		
应收票据			应付票据		
应收账款	218 040		应付账款	461 520	
应收款项融资			预收款项		
预付款项	40 000		合同负债		
其他应收款	2 000		应付职工薪酬	44 000	

续表

资　产	期末余额	上年年末余额（略）	负债和所有者权益（或股东权益）	期末余额	上年年末余额（略）
存货	1 032 000		应交税费	14 640	
合同资产			其他应付款	20 400	
持有待售资产			持有待售负债		
一年内到期的非流动资产			一年内到期的非流动负债	400 000	
其他流动资产	40 000		其他流动负债		
流动资产合计	1 900 560		流动负债合计	1 060 560	
非流动资产：			非流动负债：		
债权投资			长期借款	240 000	
其他债权投资			应付债券		
长期应收款			其中：优先股		
长期股权投资	100 000		永续债		
其他权益工具投资			租赁负债		
其他非流动金融资产			长期应付款		
投资性房地产			预计负债		
固定资产	440 000		递延收益		
在建工程	600 000		递延所得税负债		
生产性生物资产			其他非流动负债		
油气资产			非流动负债合计	240 000	
使用权资产			负债合计	1 300 560	
无形资产	240 000		所有者权益（或股东权益）：		
开发支出			实收资本（或股本）	2 000 000	
商誉			其他权益工具		
长期待摊费用			其中：优先股		
递延所得税资产			永续债		
其他非流动资产	80 000		资本公积		
非流动资产合计	1 460 000		减：库存股		
			其他综合收益		
			专项储备		

续表

资　产	期末余额	上年年末余额（略）	负债和所有者权益（或股东权益）	期末余额	上年年末余额（略）
			盈余公积	40 000	
			未分配利润	20 000	
			所有者权益（或股东权益）合计	2 060 000	
资产总计	3 360 560		负债和所有者权益（或股东权益）总计	3 360 560	

表 12-4　**2019 年 12 月 31 日科目余额表**　单位：元

科目名称	借方余额	科目名称	贷方余额
库存现金	800	短期借款	20 000
银行存款	322 332.4	应付票据	40 000
其他货币资金	2 920	应付账款	381 520
交易性金融资产	0	其他应付款	14 886.34
应收票据	26 400	应付职工薪酬	72 000
应收账款	240 000	应交税费	90 692.40
坏账准备	−720	应付利息	0
预付账款	40 000	应付股利	0
其他应收款	2 000	一年内到期的长期负债	18 000
材料采购	110 000	长期借款	464 000
原材料	18 000	股本	2 000 000
周转材料	15 220	盈余公积	49 908.16
库存商品	848 960	未分配利润	87 205.5
材料成本差异	1 700		
其他流动资产	40 000		
长期股权投资	100 000		
固定资产	960 400		
累计折旧	−68 000		
固定资产减值准备	−12 000		
在建工程	171 200		
工程物资	120 000		
无形资产	240 000		
累计摊销	−24 000		
递延所得税资产	3 000		
其他非流动资产	80 000		
合计	3 238 212.4	合计	3 238 212.4

根据上述资料，编制某公司2×19年12月31日的资产负债表，见表12-5。

表12-5　　**资产负债表**　　会企01表

编制单位：某公司　　2×19年12月31日　　单位：元

资　产	期末余额	上年年末余额（略）	负债和所有者权益（或股东权益）	期末余额	上年年末余额（略）
流动资产：			流动负债：		
货币资金	326 052.4	562 520	短期借款	20 000	120 000
交易性金融资产		6 000	交易性金融负债		
衍生金融资产			衍生金融负债		
应收票据	26 400		应付票据	40 000	
应收账款	239 280	218 040	应付账款	381 520	461 520
应收款项融资			预收款项		
预付款项	40 000	40 000	合同负债		
其他应收款	2 000	2 000	应付职工薪酬	72 000	44 000
存货	993 880	1 032 000	应交税费	90 692.40	14 640
合同资产			其他应付款	14 886.34	20 400
持有待售资产			持有待售负债		
一年内到期的非流动资产			一年内到期的非流动负债	18 000	400 000
其他流动资产	40 000	40 000	其他流动负债		
流动资产合计	1 667 612.4	1 900 560	流动负债合计	637 098.74	1 060 560
非流动资产：			非流动负债：		
债权投资			长期借款	464 000	240 000
其他债权投资			应付债券		
长期应收款			其中：优先股		
长期股权投资	100 000	100 000	永续债		
其他权益工具投资			租赁负债		
其他非流动金融资产			长期应付款		
投资性房地产			预计负债		
固定资产	880 400	440 000	递延收益		
在建工程	291 200	600 000	递延所得税负债		

续表

资　产	期末余额	上年年末余额（略）	负债和所有者权益（或股东权益）	期末余额	上年年末余额（略）
生产性生物资产			其他非流动负债		
油气资产			非流动负债合计	464 000	240 000
使用权资产			负债合计	1 101 098.74	1 300 560
无形资产	216 000	240 000	所有者权益（或股东权益）：		
开发支出			实收资本（或股本）	2 000 000	2 000 000
商誉			其他权益工具		
长期待摊费用			其中：优先股		
递延所得税资产	3 000		永续债		
其他非流动资产	80 000	80 000	资本公积		
非流动资产合计	1 570 600	1 460 000	减：库存股		
			其他综合收益		
			专项储备		
			盈余公积	49 908.16	40 000
			未分配利润	87 205.50	20 000
			所有者权益（或股东权益）合计	2 137 113.66	2 060 000
资产总计	3 238 212.40	3 360 560	负债和所有者权益（或股东权益）总计	3 238 212.40	3 360 560

12.2.5 资产负债表的局限

资产负债表的主要局限是：

（1）大多数资产和负债按历史成本报告，因此，资产负债表中的信息可靠性高，但也经常被批评没有报告更相关的公允价值。

（2）报告资产负债表中项目时企业需要进行判断和估计。

（3）资产负债表必须省去一些不能客观记录但具有财务价值的项目。许多其他资产或负债按照表外方式进行报告。

12.3 利润表

12.3.1 利润表的概念

利润表，是指反映企业在一定会计期间的经营成果的财务报表。利润表是动态报表，并以“收入-费用=利润”的动态会计恒等式为理论依据。

利润表能够向财务报告使用者提供以下几个方面的会计信息：

（1）企业在一定时期内取得的全部收入。

（2）企业在一定时期内发生的全部费用和支出。

（3）全部收入与支出相抵后计算出企业一定时期内实现的净利润（或净亏损）总额。

（4）企业在一定时期内的每股收益的相关信息，并且通过利润表提供的不同时期的比较数字，还可以分析企业未来利润的发展趋势及获利能力。

12.3.2　利润表的内容和格式

1）利润表的内容

根据我国《企业会计准则第30号——财务报表列报》，利润表至少应当单独列示反映下列信息的项目，但其他会计准则另有规定的除外：营业收入、营业成本、税金及附加、管理费用、销售费用、财务费用、投资收益、公允价值变动收益、资产减值损失、资产处置收益、所得税费用、净利润、其他综合收益各项目分别扣除所得税影响后的净额和综合收益总额等。

2）利润表的格式

利润表的格式包括单步式和多步式。

（1）单步式利润表（见表12-6）

表12-6　**利润表（单步式）**

会企02表

编制单位：年度　　单位：元

项　目	行　次	本期余额	上期余额
一、收入			
营业收入			
……			
收入合计			
二、费用			
营业成本			
税金及附加			
销售费用			
……			
费用合计			
三、净利润			

（2）多步式利润表（见表12-7）

表12-7 **利润表（多步式）**

会企02表

编制单位： 年度 单位：元

项目	本期金额	上期金额
一、营业收入		
减：营业成本		
税金及附加		
销售费用		
管理费用		
研发费用		
财务费用		
其中：利息费用		
利息收入		
加：其他收益		
投资收益（损失以“-”号填列）		
其中：对联营企业和合营企业的投资收益		
以摊余成本计量的金融资产终止确认收益（损失以“-”号填列）		
净敞口套期收益（损失以“-”号填列）		
公允价值变动收益（损失以“-”号填列）		
信用减值损失（损失以“-”号填列）		
资产减值损失（损失以“-”号填列）		
资产处置收益（损失以“-”号填列）		
二、营业利润（亏损以“-”号填列）		
加：营业外收入		
减：营业外支出		
三、利润总额（亏损总额以“-”号填列）		
减：所得税费用		
四、净利润（净亏损以“-”号填列）		
（一）持续经营净利润（净亏损以“-”号填列）		
（二）终止经营净利润（净亏损以“-”号填列）		

续表

项　目	本期金额	上期金额
五、其他综合收益的税后净额		
（一）不能重分类进损益的其他综合收益		
1. 重新计量设定受益计划变动额		
2. 权益法下不能转损益的其他综合收益		
3. 其他权益工具投资公允价值变动		
4. 企业自身信用风险公允价值变动		
……		
（二）将重分类进损益的其他综合收益		
1. 权益法下可转损益的其他综合收益		
2. 其他债权投资公允价值变动		
3. 金融资产重分类计入其他综合收益的金额		
4. 其他债权投资信用减值准备		
5. 现金流量套期储备		
6. 外币财务报表折算差额		
……		
六、综合收益总额		
七、每股收益：		
（一）基本每股收益		
（二）稀释每股收益		

多步式利润表的优点是可以对企业生产经营状况进行分析，有利于不同企业之间进行比较，更重要的是多步式利润表有利于预测企业未来的获利能力。

综合收益，是指企业在某一期间除与所有者以其所有者身份进行的交易之外的其他交易或事项所引起的所有者权益变动。“综合收益总额”项目反映净利润和其他综合收益扣除所得税影响后的净额相加后的合计金额。

其他综合收益，是指企业根据其他会计准则的规定未在当期损益中确认的各项利得和损失。

“其他综合收益的税后净额”项目应当根据其他相关会计准则的规定分为下列两类列报：

（1）以后会计期间不能重分类进损益的其他综合收益项目，主要包括重新计量设定受益计划净负债或净资产导致的变动、按照权益法核算的在被投资单位以后会计期间不能重分类进损益的其他综合收益中所享有的份额等。

（2）以后会计期间在满足规定条件时将重分类进损益的其他综合收益项目，主要包括按照权益法核算的在被投资单位以后会计期间在满足规定条件时将重分类进损益的其他综合收益中所享有的份额、可供出售金融资产公允价值变动形成的利得或损失、金融资产重分类形成的利得或损失、现金流量套期工具产生的利得或损失中属于有效套期的部分、外币财务报表折算差额等。

在合并利润表中，企业应当在“净利润”项目之下单独列示“归属于母公司所有者的损益”和“归属于少数股东的损益”项目，在“综合收益总额”项目之下单独列示“归属于母公司所有者的综合收益总额”和“归属于少数股东的综合收益总额”项目。

12.3.3 利润表的编制方法

1）“上期金额”栏的填列方法

利润表“上期金额”栏内各项数字，应根据上年该期利润表“本期金额”栏内所列数字填列。如果上年该期利润表规定的各个项目的名称和内容同本期不相一致，应对上年该期利润表各项目的名称和数字按本期的规定进行调整，填入利润表“上期金额”栏内。

2）“本期金额”栏的填列方法

利润表“本期金额”栏内各个项目的数字一般应根据损益类科目的发生额分析填列。

表12-8为某公司损益类科目2×18年累计发生净额表。

表12-8　**某公司损益类科目2×18年度累计发生净额表**　单位：元

科目名称	借方发生额	贷方发生额
主营业务收入		500 000
主营业务成本	300 000	
税金及附加	800	
销售费用	8 000	
管理费用	62 840	
财务费用	16 600	
资产减值损失	12 360	
投资收益		12 600
营业外收入		20 000
营业外支出	7 880	
所得税费用	34 120	

根据上述资料，编制某公司2×18年度利润表，见表12-9。

表12-9　　**利润表**

会企02表

编制单位：　　2×18年度　　单位：元

项　目	本期金额	上期金额
一、营业收入	500 000	
减：营业成本	300 000	
税金及附加	800	
销售费用	8 000	
管理费用	62 840	
研发费用		
财务费用	16 600	
其中：利息费用		
利息收入		
加：其他收益		
投资收益（损失以“–”号填列）	12 600	
其中：对联营企业和合营企业的投资收益		
以摊余成本计量的金融资产终止确认收益（损失以“–”号填列）		
净敞口套期收益（损失以“–”号填列）		
公允价值变动收益（损失以“–”号填列）		
信用减值损失（损失以“–”号填列）		
资产减值损失（损失以“–”号填列）	–12 360	
资产处置收益（损失以“–”号填列）		
二、营业利润（亏损以“–”号填列）	112 000	
加：营业外收入	20 000	
减：营业外支出	7 880	
三、利润总额（亏损总额以“–”号填列）	124 120	
减：所得税费用	34 120	
四、净利润（净亏损以“–”号填列）	90 000	
（一）持续经营净利润（净亏损以“–”号填列）		
（二）终止经营净利润（净亏损以“–”号填列）		

续表

项　目	本期金额	上期金额
五、其他综合收益的税后净额	0	
（一）不能重分类进损益的其他综合收益	0	
1. 重新计量设定受益计划变动额	0	
2. 权益法下不能转损益的其他综合收益	0	
3. 其他权益工具投资公允价值变动	0	
4. 企业自身信用风险公允价值变动	0	
……		
（二）将重分类进损益的其他综合收益	0	
1. 权益法下可转损益的其他综合收益	0	
2. 其他债权投资公允价值变动	0	
3. 金融资产重分类计入其他综合收益的金额	0	
4. 其他债权投资信用减值准备		
5. 现金流量套期储备	0	
6. 外币财务报表折算差额	0	
……		
六、综合收益总额	90 000	
七、每股收益：		
（一）基本每股收益	（略）	
（二）稀释每股收益	（略）	

12.3.4 有关项目说明

（1）“研发费用”项目，反映企业进行研究与开发过程中发生的费用化支出，以及计入管理费用的自行开发无形资产的摊销。该项目应根据“管理费用”科目下的“研究费用”明细科目的发生额，以及“管理费用”科目下的“无形资产摊销”明细科目的发生额分析填列。

（2）“财务费用”项目下的“利息费用”项目，反映企业为筹集生产经营所需资金等而发生的应予费用化的利息支出。该项目应根据“财务费用”科目的相关明细科目的发生额分析填列。该项目作为“财务费用”项目的其中项，以正数填列。

（3）“财务费用”项目下的“利息收入”项目，反映企业按照相关会计准则确认的应冲减财务费用的利息收入。该项目应根据“财务费用”科目的相关明细科目的发生额分析填列。该项目作为“财务费用”项目的其中项，以正数填列。

（4）“其他收益”项目，反映计入其他收益的政府补助，以及其他与日常活动相关且计入其他收益的项目。该项目应根据“其他收益”科目的发生额分析填列。企业作为个人所得税的扣缴义务人，根据《中华人民共和国个人所得税法》收到的扣缴税款手续费，应作为其他与日常活动相关的收益在该项目中填列。

（5）“以摊余成本计量的金融资产终止确认收益”项目，反映企业因转让等情形导致终止确认以摊余成本计量的金融资产而产生的利得或损失。该项目应根据“投资收益”科目的相关明细科目的发生额分析填列；如为损失，以“-”号填列。

（6）“净敞口套期收益”项目，反映净敞口套期下被套期项目累计公允价值变动转入当期损益的金额或现金流量套期储备转入当期损益的金额。该项目应根据“净敞口套期损益”科目的发生额分析填列；如为套期损失，以“-”号填列。

（7）“信用减值损失”项目，反映企业按照《企业会计准则第22号——金融工具确认和计量》（财会〔2017〕7号）的要求计提的各项金融工具信用减值准备所确认的信用损失。该项目应根据“信用减值损失”科目的发生额分析填列。

（8）“资产处置收益”项目，反映企业出售划分为持有待售的非流动资产（金融工具、长期股权投资和投资性房地产除外）或处置组（子公司和业务除外）时确认的处置利得或损失，以及处置未划分为持有待售的固定资产、在建工程、生产性生物资产及资产而产生的处置利得或损失。债务重组中因处置非流动资产（金融工具、长期股权投资和投资性房地产除外）产生的利得或损失和非货币性资产交换中换出非流动资产（金融工具、长期股权投资和投资性房地产除外）产生的利得或损失也包括在本项目内。该项目应根据“资产处置损益”科目的发生额分析填列；如为处置损失，以“-”号填列。

（9）“营业外收入”项目，反映企业发生的除营业利润以外的收益，主要包括与企业日常活动无关的政府补助、盘盈利得、捐赠利得（企业接受股东或股东的子公司直接或间接的捐赠，经济实质属于股东对企业的资本性投入的除外）等。该项目应根据“营业外收入”科目的发生额分析填列。

（10）“营业外支出”项目，反映企业发生的除营业利润以外的支出，主要包括公益性捐赠支出、非常损失、盘亏损失、非流动资产毁损报废损失等。该项目应根据“营业外支出”科目的发生额分析填列。“非流动资产毁损报废损失”通常包括因自然灾害发生毁损、已丧失使用功能等原因而报废清理产生的损失。企业在不同交易中形成的非流动资产毁损报废利得和损失不得相互抵销，应分别在“营业外收入”项目和“营业外支出”项目进行填列。

（11）“（一）持续经营净利润”和“（二）终止经营净利润”项目，分别反映净利润中与持续经营相关的净利润和与终止经营相关的净利润；如为净亏损，以“-”号填列。该两个项目应按照《企业会计准则第42号——持有待售的非流动资产、处置组和终止经营》的相关规定分别列报。

（12）“其他权益工具投资公允价值变动”项目，反映企业指定为以公允价值计量且其变动计入其他综合收益的非交易性权益工具投资发生的公允价值变动。该项目应根据“其他综合收益”科目的相关明细科目的发生额分析填列。

（13）“企业自身信用风险公允价值变动”项目，反映企业指定为以公允价值计量且其变动计入当期损益的金融负债，由企业自身信用风险变动引起的公允价值变动而计入其他综合收益的金额。该项目应根据“其他综合收益”科目的相关明细科目的发生额分析填列。

（14）“其他债权投资公允价值变动”项目，反映企业分类为以公允价值计量且其变动计入其他综合收益的债权投资发生的公允价值变动。企业将一项以公允价值计量且其变动计入其他综合收益的金融资产重分类为以摊余成本计量的金融资产，或重分类为以公允价值计量且其变动计入当期损益的金融资产时，之前计入其他综合收益的累计利得或损失从其他综合收益中转出的金额作为该项目的减项。该项目应根据“其他综合收益”科目下的相关明细科目的发生额分析填列。

（15）“金融资产重分类计入其他综合收益的金额”项目，反映企业将一项以摊余成本计量的金融资产重分类为以公允价值计量且其变动计入其他综合收益的金融资产时，计入其他综合收益的原账面价值与公允价值之间的差额。该项目应根据“其他综合收益”科目下的相关明细科目的发生额分析填列。

（16）“其他债权投资信用减值准备”项目，反映企业按照《企业会计准则第22号——金融工具确认和计量》（财会〔2017〕7号）第十八条分类为以公允价值计量且其变动计入其他综合收益的金融资产的损失准备。该项目应根据“其他综合收益”科目下的“信用减值准备”明细科目的发生额分析填列。

（17）“现金流量套期储备”项目，反映企业套期工具产生的利得或损失中属于套期有效的部分。该项目应根据“其他综合收益”科目下的“套期储备”明细科目的发生额分析填列。

12.3.5 资产负债表和利润表之间的钩稽关系

利润表中的净利润是所有者权益的一个组成部分，在资产负债表中以留存收益的形式出现，作为资产负债表的一个增加量。未分配利润将各个期间的经营成果连接在一起，是两个会计期间利润之间的桥梁。

（1）两表反映的对象相同。两表反映的都是资金运动。资产负债表反映的是资金的静态表现，反映某一时点资金的状况；利润表反映的是资金运动的动态表现，反映其一时期的经营状况。

（2）两表都是总结性报告。两表都是月报，都是经济业务的综合反映。

（3）两表的作用相互补充，相辅为用。资产负债表反映企业发生损益后的结果，即资产、负债和所有者权益的构成；利润表说明利润的形成过程及损益数。

（4）资产负债表中的“未分配利润”与“利润表附表”中的“利润分配表”中的“未分配利润”（利润总额-利润分配数）相等（注：这个未分配利润是企业的累计利润，不是本期利润）。

（5）两表的关系是“资产=负债+所有者权益”和“收入-费用=利润（或亏损）”两个方程式内在联系的反映。本期损益发生后，资产负债表中的等量关系实为将上述两个会计方程式合并：资产=负债+所有者权益+（收入-费用）。这一等式为综合会计方程式，其中“资产”里面包含利润，因为利润的表现形式是资产。

（6）利润表中的“其他综合收益”作为利润表中的一级科目，主要反映的是报告期内满足所有者权益确认和计量条件、能引起所有者权益发生增减变动、由企业与非所有者方面进行交易或发生其他事项和情况所产生的、当期不确认为损益，但未来影响损益的利得和损失。“综合收益总额”项目，则反映了企业净利润与其他综合收益的合计金额。

12.4　现金流量表

12.4.1　现金流量表的概念

现金流量表，是指反映企业在一定会计期间的现金和现金等价物流入和流出的财务报表。其中，现金是指企业库存现金以及可以随时用于支付的存款，如库存现金、银行存款、其他货币资金。现金等价物，是指企业持有的期限短（一般是指从购买日起3个月内到期）、流动性强、易于转换为已知金额现金、价值变动风险很小的投资。现金等价物通常包括3个月内到期的债券投资等。权益性投资变现的金额通常不确定，因而不属于现金等价物。

现金流量表主要能够向财务报告使用者提供以下几个方面的会计信息：

（1）现金流量表能够说明企业一定期间内现金流入和流出的原因。

（2）现金流量表能够说明企业的现金偿债和现金支付的能力。

（3）现金流量表可用来分析企业未来获取现金的能力。

（4）现金流量表可用来分析企业投资和理财活动对经营成果和财务状况的影响。

（5）现金流量表能够提供不涉及现金的投资和筹资活动的信息。

12.4.2　现金流量表的内容和格式

1）现金流量表的内容

现金流量表应当分别就经营活动、投资活动和筹资活动列报现金流量。

（1）经营活动产生的现金流量

经营活动是指企业投资活动和筹资活动以外的所有交易和事项。各类企业由于行业特点不同，对经营活动的认定存在一定差异。对于工商企业而言，经营活动主要包括销售商品、提供劳务、购买商品、接受劳务、支付税费等。对于商业银行而言，经营活动主要包括吸收存款、发放贷款、同业存放、同业拆借等。对于保险公司而言，经营活动主要包括原保险业务和再保险业务等。对于证券公司而言，经营活动主要包括自营证券、代理承销证券、代理兑付证券、代理买卖证券等。

在我国，企业经营活动产生的现金流量应当采用直接法填列。直接法，是指通过现金收入和现金支出的主要类别列示经营活动的现金流量。

（2）投资活动产生的现金流量

投资活动是指企业长期资产的购建和不包括在现金等价物范围内的投资及其处置活动。长期资产是指固定资产、无形资产、在建工程和其他资产等持有期限在一年或一个营业周期以上的资产。这里所讲的投资活动，既包括实物资产投资，也包括金融资产投资。这里之所以将“包括在现金等价物范围内的投资”排除在外，是因为已经将包括在现金等价物范围内的投资视同现金。不同企业由于行业特点不同，对于工商企业而言，该投资属于投资活动现金流量，而对于证券公司而言，属于经营活动现金流量。

（3）筹资活动产生的现金流量

筹资活动是指导致企业资本及债务规模的构成发生变化的活动。这里所说的资本，既包括实收资本（或股本），也包括资本溢价（或股本溢价）；这里所说的债务，指对外举债，包括向银行借款、发行债券以及偿还债务等。通常情况下，应付账款、应付票据等商业应付款等属于经营活动范畴，不属于筹资活动。

此外，对于企业日常活动之外特殊的、不经常发生的项目，如自然灾害损失、保险赔款、捐赠等，应当归并到相关类别中，并单独反映。例如，对于自然灾害损失和保险赔款，如果能够确指属于流动资产损失，应当列入经营活动产生的现金流量；属于固定资产损失，应当列入投资活动产生的现金流量。

2）现金流量表的格式

现金流量表由表首、正表和补充资料三部分构成。

表12-10和表12-11分别为现金流量表及其补充资料。

表12-10　　**现金流量表**　　会企03表

编制单位：　　2×18年度　　单位：元

项　目	本期金额	上期金额
一、经营活动产生的现金流量		略
销售商品、提供劳务收到的现金	525 000	
收到的税费返还	0	
收到其他与经营活动有关的现金	0	
经营活动现金流入小计	525 000	
购买商品、接受劳务支付的现金	156 906.40	
支付给职工以及为职工支付的现金	120 000	
支付的各项税费	69 881.20	
支付其他与经营活动有关的现金	32 000	
经营活动现金流出小计	378 787.60	
经营活动产生的现金流量净额	146 212.40	
二、投资活动产生的现金流量		
收回投资收到的现金	6 600	
取得投资收益收到的现金	12 000	
处置固定资产、无形资产和其他长期资产收回的现金净额	120 120	
处置子公司及其他营业单位收到的现金净额	0	
收到其他与投资活动有关的现金	0	
投资活动现金流入小计	138 720	

续表

项　目	本期金额	上期金额
购建固定资产、无形资产和其他长期资产支付的现金	240 400	
投资支付的现金	0	
取得子公司及其他营业单位支付的现金净额	0	
支付其他与投资活动有关的现金	0	
投资活动现金流出小计	240 400	
投资活动产生的现金流量净额	−101 680	
三、筹资活动产生的现金流量		
吸收投资收到的现金	0	
取得借款收到的现金	224 000	
收到其他与筹资活动有关的现金	0	
筹资活动现金流入小计	224 000	
偿还债务支付的现金	500 000	
分配股利、利润或偿付利息支付的现金	5 000	
支付其他与筹资活动有关的现金	0	
筹资活动现金流出小计	505 000	
筹资活动产生的现金流量净额	−281 000	
四、汇率变动对现金及现金等价物的影响	0	
五、现金及现金等价物净增加额	−236 467.60	
加：期初现金及现金等价物余额	562 520	
六、期末现金及现金等价物余额	326 052.40	

表12-11　**现金流量表补充资料**

补充资料	本期金额	上期金额
1.将净利润调节为经营活动现金流量		略
净利润	90 000	
加：资产减值准备	12 360	
固定资产折旧、油气资产折耗、生产性生物资产折旧	40 000	
无形资产摊销	24 000	
长期待摊费用摊销	0	

续表

补充资料	本期金额	上期金额
处置固定资产、无形资产和其他长期资产的损失（收益以“-”号填列）	-20 000	
固定资产报废损失（收益以“-”号填列）	7 880	
公允价值变动损失（收益以“-”号填列）	0	
财务费用（收益以“-”号填列）	4 600	
投资损失（收益以“-”号填列）	-12 600	
递延所得税资产减少（增加以“-”号填列）	-3 000	
递延所得税负债增加（减少以“-”号填列）	0	
存货的减少（增加以“-”号填列）	38 120	
经营性应收项目的减少（增加以“-”号填列）	-48 000	
经营性应付项目的增加（减少以“-”号填列）	12 852.40	
其他	0	
经营活动产生的现金流量净额	146 212.40	
2.不涉及现金收支的重大投资和筹资活动		
债务转为资本	0	
一年内到期的可转换公司债券	0	
融资租入固定资产	0	
3.现金及现金等价物净变动情况		
现金的期末余额	326 052.40	
减：现金的期初余额	562 520	
加：现金等价物的期末余额	0	
减：现金等价物的期初余额	0	
现金及现金等价物净增加额	-236 467.60	

12.4.3 现金流量表的编制方法

现金流量表是以现金和现金等价物为编制基础的。现金流量表的编制方法有工作底稿法、T形账户法和分析填列法等。

1）工作底稿法

工作底稿法，是以工作底稿为手段，以资产负债表和利润表数据为基础，对每一项目进行分析并编制调整分录，从而编制现金流量表的一种方法。工作底稿法的程序是：

第一步，将资产负债表的期初数和期末数过入工作底稿的“期初数”栏和“期末数”栏。

第二步，对当期业务进行分析并编制调整分录。编制调整分录时，要以利润表项目为基础，从“营业收入”开始，结合资产负债表项目逐一进行分析。在调整分录中，有关现金和现金等价物的事项，并不直接借记或贷记现金，而是分别记入“经营活动产生的现金流量”“投资活动产生的现金流量”“筹资活动产生的现金流量”有关项目，借记表示现金流入，贷记表示现金流出。

第三步，将调整分录过入工作底稿中的相应部分。

第四步，核对调整分录，借方、贷方合计数均已相等，资产负债表项目期初数加减调整分录中的借贷金额以后，也等于期末数。

第五步，根据工作底稿中的现金流量表项目部分编制正式的现金流量表。

2）T形账户法

T形账户法，是以T形账户为手段，以资产负债表和利润表数据为基础，对每一项目进行分析并编制调整分录，从而编制现金流量表的一种方法。T形账户法的程序是：

第一步，为所有的非现金项目（包括资产负债表项目和利润表项目）分别开设T形账户，并将各自的期末期初变动数过入各该账户。如果项目的期末数大于期初数，则将差额过入和项目余额相同的方向；反之，过入相反的方向。

第二步，开设一个大的“现金及现金等价物”T形账户，每边分为经营活动、投资活动和筹资活动三个部分，左边记现金流入，右边记现金流出。与其他账户一样，过入期末期初变动数。

第三步，以利润表项目为基础，结合资产负债表分析每一个非现金项目的增减变动，并据此编制调整分录。

第四步，将调整分录过入各T形账户，并进行核对，该账户借贷相抵后的余额与原先过入的期末期初变动数应当一致。

第五步，根据大的“现金及现金等价物”T形账户编制正式的现金流量表。

3）分析填列法

分析填列法是直接根据资产负债表、利润表和有关会计科目明细账的记录，分析计算出现金流量表各项目的金额，并据以编制现金流量表的一种方法。

确定经营活动产生的现金流量有两种方法：直接法和间接法。

在直接法下，一般是以利润表中的营业收入为起算点，调节与经营活动有关的项目的增减变动，然后计算出经营活动产生的现金流量。采用直接法编报的现金流量表，便于分析企业经营活动产生的现金流量的来源和用途，预测企业现金流量的未来前景。

在间接法下，将净利润调节为经营活动产生的现金流量，实际上就是将按权责发生制原则确定的净利润调整为现金净流入，并剔除投资活动和筹资活动对现金流量的影响。采用间接法编报现金流量表，便于将净利润与经营活动产生的现金流量净额进行比较，了解净利润与经营活动产生的现金流量差异的原因，从现金流量的角度分析净利润的质量。在我国，现金流量表补充资料应采用间接法反映经营活动产生的现金流量情况，以对现金流量表中采用直接法反映的经营活动现金流量进行核对和补充说明。

所以，我国企业会计准则规定企业应当采用直接法编报现金流量表，同时要求在补充资料中提供以净利润为基础调节到经营活动现金流量的信息。

在根据财务报表之间的钩稽关系进行核对时，应将现金流量表中的“现金及现金等价物净增加额”和资产负债表中“货币资金”的年末数与年初数之间的差额相互核对，检查各种报表编制是否正确。

12.4.4 现金流量表的用途

尽管净收益提供了企业成功或失败的长期指标，现金却是企业生命的血脉。没有现金，企业无法生存。对小型和新成立的企业而言，现金是生存唯一重要的因素。即使大中型企业也必须控制现金流。

债权人会仔细研究现金流量表，因为他们关心是否能得到偿付。他们首先研究经营活动提供的现金净额。如果该金额高，就说明企业可以从经营中获得充足的现金，无须其他借贷就可支付账单。相反，该金额小或者是负值，表示企业必须借款或发行权益证券来获得支付账单的现金。所以，债权人要通过现金流量表发现问题的答案。

12.5 所有者权益（或股东权益）变动表

12.5.1 所有者权益（或股东权益）变动表的概念

所有者权益（或股东权益）变动表，是指反映构成所有者权益各组成部分当期的增减变动情况的财务报表。

12.5.2 所有者权益（或股东权益）变动表的内容和格式

所有者权益（或股东权益）变动表应当反映构成所有者权益的各组成部分当期的增减变动情况。所有者权益变动表至少应当单独列示反映下列信息的项目：

（1）综合收益总额，在合并所有者权益变动表中还应单独列示归属于母公司所有者的综合收益总额和归属于少数股东的综合收益总额；

（2）会计政策变更和前期差错更正的累积影响金额；

（3）所有者投入资本和向所有者分配利润等；

（4）按照规定提取的盈余公积；

（5）所有者权益各组成部分的期初和期末余额及其调节情况。

综合收益和与所有者（或股东，下同）的资本交易导致的所有者权益的变动，应当分别列示。

12.5.3 所有者权益（或股东权益）变动表的编制方法

所有者权益（或股东权益）变动表在一定程度上体现企业综合收益的特点，除列示直接计入所有者权益的利得和损失外，同时包含最终属于所有者权益变动的净利润，从而构成企业的综合收益。

所有者权益（或股东权益）变动表各项目应当根据当期净利润、直接计入所有者权益的利得和损失项目、所有者投入资本和向所有者分配利润、提取盈余公积等情况分析填列。

所有者权益（或股东权益）变动表中，直接计入当期损益的利得和损失应包含在净利润中。直接计入所有者权益的利得和损失主要包括可供出售金融资产公允价值变动净额、现金流量套期工具公允价值变动净额等，以上内容需单列项目反映。所有者权益（或股东权益）变动表的格式见表12-12。

表12-12　　　　　　　　　　　　　**所有者权益（股东权益）变动表**　　　　　　　　　　　　　会企04表

编制单位：　　　　　　　　　　　　　　　　　　年度　　　　　　　　　　　　　　　　　　单位：元

项　目	本年金额											上年金额											
	实收资本（或股本）	其他权益工具			资本公积	减：库存股	其他综合收益	专项储备	盈余公积	未分配利润	所有者权益合计	实收资本（或股本）	其他权益工具			资本公积	减：库存股	其他综合收益	专项储备	盈余公积	未分配利润	所有者权益合计
		优先股	永续债	其他									优先股	永续债	其他							
一、上年年末余额	2 000 000								40 000	20 000	2 060 000											
加：会计政策变更																						
前期差错更正																						
其他																						
二、本年年初余额	2 000 000								40 000	20 000	2 060 000											
三、本年增减变动金额（减少以“-”号填列）																						
（一）综合收益总额										90 000	90 000											
（二）所有者投入和减少资本																						
1.所有者投入的普通股																						
2.其他权益工具持有者投入资本																						
3.股份支付计入所有者权益的金额																						
4.其他																						

续表

项目	本年金额											上年金额											
	实收资本（或股本）	其他权益工具			资本公积	减：库存股	其他综合收益	专项储备	盈余公积	未分配利润	所有者权益合计	实收资本（或股本）	其他权益工具			资本公积	减：库存股	其他综合收益	专项储备	盈余公积	未分配利润	所有者权益合计
		优先股	永续债	其他									优先股	永续债	其他							
（三）利润分配																						
1.提取盈余公积									9 908.16	-9 908.16												
2.对所有者（或股东）的分配										-12 886.34	-12 886.34											
3.其他																						
（四）所有者权益内部结转																						
1.资本公积转增资本（或股本）																						
2.盈余公积转增资本（或股本）																						
3.盈余公积弥补亏损																						
4.设定受益计划变动额结转留存收益																						
5.其他综合收益结转留存收益																						
6.其他																						
四、本年年末余额	2 000 000								49 908.16	87 205.50	2 137 113.66											

12.6 附　注

12.6.1　财务报表附注的概念

附注，是指对在财务报表中列示项目所做的进一步说明，以及对未能在这些报表中列示项目的说明等。

财务报表附注的主要作用如下：

（1）财务报表附注将对财务报表中重要的数据做出解释和说明。

（2）财务报表附注主要以文字说明的方式充分披露了财务报表所提供的信息以及财务报表以外对财务报告使用者的决策有关的重要会计信息，从而有利于财务报告使用者全面掌握企业的财务状况、经营成果和现金流量等并做出正确的决策。

（3）财务报表附注可以提高企业会计信息的可比性。

总之，企业编制财务报表附注，有利于财务报告使用者，包括债权人、投资者以及政府有关部门等更充分地了解企业的财务状况、经营成果和现金流量状况。

12.6.2　财务报表附注的内容

1）企业的基本情况

（1）企业注册地、组织形式和总部地址。

（2）企业的业务性质和主要经营活动。

（3）母公司以及集团最终母公司的名称。

（4）财务报告的批准报出者和财务报告批准报出日。

2）财务报表的编制基础

3）遵循企业会计准则的声明

企业应当明确说明编制的财务报表符合企业会计准则的要求，真实、公允地反映了企业的财务状况、经营成果和现金流量等有关信息，以此明确企业编制财务报表所依据的制度基础。

如果企业编制的财务报表只是部分地遵循了企业会计准则，附注中不得做出这种表述。

4）重要会计政策和会计估计

企业应当披露采用的重要会计政策和会计估计，不重要的会计政策和会计估计可以不披露。

（1）重要会计政策的说明

由于企业经济业务的复杂性和多样化，某些经济业务可以有多种会计处理方法，也即存在不止一种可供选择的会计政策。企业在发生某项经济业务时，必须从允许的会计处理方法中选择适合本企业特点的会计政策，企业选择不同的会计处理方法，可能极大地影响企业的财务状况和经营成果，进而编制出不同的财务报表。为了有助于使用者理解，有必要对这些会计政策加以披露。

需要特别指出的是，说明会计政策时还需要披露下列两项内容：

①财务报表项目的计量基础。会计计量属性包括历史成本、重置成本、可变现净值、

现值和公允价值，这直接显著影响报表使用者的分析，这项披露要求便于使用者了解企业财务报表中的项目是按何种计量基础予以计量的，如存货是按成本还是可变现净值计量等。

②会计政策的确定依据。主要是指企业在运用会计政策过程中所做的对报表中确认的项目金额最具影响的判断。例如，企业如何判断持有的金融资产是持有至到期投资而不是交易性金融资产等，这些判断对在报表中确认的项目金额具有重要影响。因此，这项披露有助于使用者理解企业选择和运用会计政策的背景，增加财务报表的可理解性。

（2）重要会计估计的说明

企业应当披露会计估计中所采用的关键假设和不确定因素的确定依据，这些关键假设和不确定因素在下一会计期间内很可能导致资产、负债账面价值进行重大调整。在确定报表中确认的资产和负债的账面金额中，企业有时需要对不确定的未来事项在资产负债表日对这些资产和负债的影响加以估计。例如，固定资产可收回金额的计算需要根据其公允价值减去处置费用后的净额与预计未来现金流量的现值两者之间的较高者确定，在计算资产预计未来现金流量的现值时需要对未来现金流量进行预测，并选择适当的折现率，应当在附注中披露未来现金流量预测所采用的假设及其依据、所选择的折现率为什么是合理的等。这些假设的变动对这些资产和负债项目金额的确定影响很大，有可能会在下一个会计年度内做出重大调整。因此，强调这一披露要求，有助于提高财务报表的可理解性。

5）会计政策和会计估计变更以及差错更正的说明

企业应当按照《企业会计准则第28号——会计政策、会计估计变更和差错更正》及其应用指南的规定，披露会计政策和会计估计变更以及差错更正的有关情况。

6）报表重要项目的说明

企业应当以文字和数字描述相结合、尽可能以列表形式披露重要报表项目的构成或当期增减变动情况，并与报表项目相互参照。在披露顺序上，一般应当按照资产负债表、利润表、现金流量表和所有者权益（或股东权益）变动表的顺序及其报表项目列示的顺序。

7）或有和承诺事项、资产负债表日后非调整事项、关联方关系及其交易等需要说明的事项

这主要包括或有事项、资产负债表日后非调整事项、关联方关系及其交易等。

8）其他综合收益

（1）其他综合收益各项目及其所得税影响。

（2）其他综合收益各项目原计入其他综合收益、当期转出计入当期损益的金额。

（3）其他综合收益各项目的期初和期末余额及其调节情况。

章末习题

一、单项选择题

1.企业本月利润表中的营业收入为450 000元，营业成本为216 000元，税金及附加为

9 000元，管理费用为10 000元，财务费用为5 000元，销售费用为8 000元，则其营业利润为（　　）元。

A.217 000　　B.225 000　　C.234 000　　D.202 000

2.下列各项中，（　　）不会影响企业利润总额增减变化。

A.销售费用　　B.管理费用

C.所得税费用　　D.营业外支出

3.下列资产负债表项目中，（　　）直接根据一个总分类账户就能填列。

A.货币资金　　B.应收账款

C.短期借款　　D.预收款项

4.某企业“应付账款”科目月末贷方余额40 000元，其中：“应付账款——甲公司”明细科目贷方余额35 000元，“应付账款——乙公司”明细科目贷方余额5 000元；“预付账款”科目月末贷方余额30 000元，其中：“预付账款——A工厂”明细科目贷方余额50 000元，“预付账款——B工厂”明细科目借方余额20 000元。该企业月末资产负债表中“应付账款”项目的金额为（　　）元。

A.90 000　　B.30 000　　C.40 000　　D.70 000

5.在资产负债表中，资产是按照（　　）排列的。

A.清偿时间的先后顺序　　B.会计人员的填写习惯

C.金额大小　　D.流动性大小

二、多项选择题

1.利润表的意义体现在（　　）。

A.通过利润表，可以从总体上了解企业的收入和费用、净利润等的实现及构成情况

B.通过利润表提供的不同时期的比较数字，可以分析企业的获利能力及利润的变化情况和未来发展趋势

C.通过利润表，可以了解投资者投入资本的保值增值情况，评价企业经营业绩

D.通过利润表提供的数据可以了解企业的债务偿还能力

2.下列各项中，（　　）列在资产负债表左方。

A.固定资产　　B.无形资产

C.长期股权投资　　D.流动资产

3.（　　）是企业财务报表反映的内容。

A.某一特定日期财务状况　　B.某一会计期间经营成果

C.某一会计期间成本水平　　D.某一会计期间现金流量

4.下列有关财务报表的表述中，正确的是（　　）。

A.财务报表是指企业对外提供的反映企业某一特定日期财务状况和某一会计期间经营成果、现金流量等会计信息的文件

B.企业财务报表可以为年度、半年度、季度或月度财务报表

C.财务报表至少应当包括资产负债表、利润表、现金流量表、所有者权益（或股东权益）变动表以及附注，即“四表一注”

D.财务报告就是指财务报表

5.下列各项中，属于企业存货的有（　　）。

A.生产用原材料　　B.包装材料

C.自制半成品　　D.国外进口的商品

三、业务处理题

1.已知鹏程公司2×19年年初总资产比年末总资产少100 000元，年末流动资产是年末流动负债的3倍。2×19年年末的资产负债表（简表）见表12-13：

表12-13　　**资产负债表（简表）**

编制单位：鹏程公司　　2×19年12月31日　　单位：元

资　产	期末余额	上年年末余额	负债及所有者权益	期末余额	上年年末余额
流动资产：			流动负债：		
货币资金	47 200	52 500	短期借款	50 000	20 000
应收票据			应付票据		
应收账款	83 500	26 500	应付账款	65 500	22 500
其他应收款	1 500	1 000	应交税费	6 500	9 500
存货	233 800	266 000	流动负债合计	C	52 000
流动资产合计	366 000	346 000	非流动负债：		
非流动资产：			长期借款	200 000	180 000
固定资产	A	204 000	非流动负债合计	200 000	180 000
非流动资产合计		204 000	负债合计		232 000
			所有者权益：		
			实收资本	300 000	300 000
			盈余公积	D	18 000
			所有者权益合计	E	318 000
资产总计		550 000	负债及所有者权益总计	B	550 000

要求：请填写完成表12-13字母的数据。

2.鹿翔公司所得税税率为25%。该公司2×19年1月至11月各损益类账户的累计发生额和12月底转账前各损益类账户的发生额见表12-14：

则鹿翔公司2×19年度利润表的下列报表项目金额为：

（1）营业收入（　　）元；

表12-14　　各损益类账户的发生额及累计发生额　　单位：元

账户名称	12月份发生额		1月至11月累计发生额	
	借　方	贷　方	借　方	贷　方
主营业务收入	252 500		2 800 000	5 000 000
主营业务成本	2 600		10 000	
销售费用	1 000		29 000	
税金及附加	7 500		32 500	
其他业务成本	2 000		11 000	
营业外支出	3 000		30 000	
财务费用	4 400	3 000	50 000	
管理费用		20 000		
其他业务收入				
营业外收入		2 500		
投资收益				

（2）营业成本（　　）元；

（3）营业利润（　　）元；

（4）利润总额（　　）元；

（5）净利润（　　）元。

第13章/
财务报表分析

学习目标：了解财务报表分析的意义、内容和基本方法；掌握主要财务指标的分析；掌握杜邦分析法的基本原理。

13.1 财务报表分析概述

13.1.1 财务报表分析的意义

财务报表分析，又叫财务分析，是以企业基本活动为对象，通过收集、整理企业财务报告中的有关数据，并结合其他相关资料，采用一系列专门的方法和技术，对企业的财务状况、经营成果和现金流量情况进行系统的分析和评价，为财务报告使用者提供管理决策和控制依据的一项财务管理活动。

财务报表虽然能够反映企业的财务状况、经营成果和现金流量情况，但是仅仅从财务报表中的数据还不能直接、详细、全面地说明企业的财务状况，因此需要将企业的财务指标与相关的数据进行全面、系统的分析、比较，才能揭示财务活动中存在的种种矛盾和问题，预测企业未来的报酬、风险及发展趋势，考核经营管理者的经营业绩及其受托责任的履行情况，从而可以正确地评价企业的财务状况、经营成果和现金流量情况，最终达到较好地为债权人、投资者和经营者提供决策有用的信息的目的。

13.1.2 财务报表分析的主体

财务报表分析的主体即财务报表的使用者，包括投资者、债权人、经理人员、政府机构以及其他与企业有利益关系的人。每个财务报表分析的主体使用财务报表的目的不同，就需要不同的信息，采用不同的分析程序。

1）投资者

投资者是指企业的权益投资人，即普通股股东。由于投资者是企业的所有者，普通股股东的权益是剩余权益，因此，他们会比其他利益相关者更加重视对财务报表的分析。投资者投资于企业是为了有效地进行投资决策，是为了增加自身的财富。因此，他们进行财务报表分析关注的主要是被投资企业的财务状况如何、偿债能力的强弱、短期和长期收益能力的高低、经营风险的大小以及竞争能力的强弱等。

2）债权人

债权人是指借款给企业并得到企业还款承诺的人。债权人分为短期债权人和长期债权人。短期债权是指授信期不超过1年的信用，如银行短期贷款、短期债券等。长期债权是指授信期在1年以上的信用，如银行长期贷款、长期债券等。债权人主要通过财务报表来分析借款企业是否具有偿还债务的能力，即是否有能力定期支付利息以及到期还本付息，企业需要额外筹集资金的原因以及将来还需要在哪些方面借款等。短期债权人关注的主要是企业的实物资产能否顺利地转换为现金，以便偿还到期债务。因此，短期债权人进行财务报表分析主要是看企业目前的财务状况、流动资产的流动性的大小和周转率的高低。长期债权人关注的主要是企业偿还本金和利息的决定性因素，即企业长期收益能力的大小和长期债务风险的大小，即资本结构、资金的主要来源与运用、企业的盈利状况等。债权人通过财务报表的分析以便做出是否给企业提供借款、是否提前收回债权等决策。

3）经营管理者

经营管理者是指被所有者聘用的、对公司资产和负债进行管理的个人组成的团体。经营管理者的财务分析属于内部分析，分析报表的主要目的是改善报表，使得投资者和债权人满意，并根据具体情况调整公司的经营，为财务决策和财务控制提供信息。他们可以获得财务报告之外的外部使用人无法得到的公司内部的各种信息，因而能够有条件进行全面、连续的财务分析。

由于经营管理者承担着受托责任，因此他们关注的是公司财务状况的优劣、盈利能力的高低和持续发展能力的强弱。他们需要借助财务报表评价公司目前的财务状况、资产的投资回报和资金管理效率，并以此评价企业发展可能存在的机会，从而进行有效的经营管理。

4）政府机构

政府机构也是财务报表分析的主体，他们进行财务分析的目的主要是履行各自的监督和管理职责，主要包括财政部门、税务部门、国有企业的主管部门、证券管理机构和社会保障部门等。其中，财政部门进行财务报表分析，关注的是企业是否遵守了会计法规和财务报表编制规范等；税务部门进行财务报表分析，关注的是企业纳税申报数据是否合法；国有企业主管部门进行财务报表分析，关注的是管理企业的政策是否合理，资本的保值和增值情况；证券管理机构进行财务报表分析，关注的是上市公司是否遵守政府法规和市场秩序等情况；社会保障部门进行财务报表分析，关注的是职工的收入和就业状况如何。

5）其他人士

除了上述财务报表的分析主体，还有企业职工、工会、审计师和财务分析师等其他人士。其中职工和工会进行财务报表分析，关注的是职工工资、保险、福利等是否与劳务合同及相关法规相符合，职工的工资和福利是否与公司的盈利水平相适应以及持续性、增长性，工作岗位是否稳定，工作环境是否安全，企业的发展前景如何等；审计师进行财务报表分析，关注的是财务报表的真实性和公允性；财务分析师进行财务报表分析，目的是寻找潜在的投资对象，评估企业的经济价值，为企业出谋划策等。

13.1.3　财务报表分析的原则

财务报表分析的原则是指各类报表使用者进行财务分析中应该遵循的一般规范，具体包括：

1）目的明确

财务分析的目的是总结过去的经营业绩，评价当前的财务状况，预测企业未来的发展趋势。但分析的具体目的会因报表使用者的不同而不同，如投资者侧重于企业的盈利能力、竞争能力等，而债权人侧重于企业的偿债能力和盈利能力等，分析时应首先明确目的，做到有的放矢，才能达到分析目的，提高分析效率，取得理想的分析效果。

2）实事求是

在进行财务报表分析时，坚持实事求是的原则，就是应从实际出发，以客观事实为依据，不要主观臆断，更不能拼凑、玩数字游戏来迎合结论。

3）全面、系统

坚持全面、系统分析的原则就是分析过程中要全面、系统、相互联系地看问题，而不要孤立、片面地分析。既要看到有利因素，又要看到不利因素；既要分析技术问题，又要分析经济问题；既要兼顾主观因素，又要兼顾客观因素；既要考虑企业内部因素，又要考虑企业外部环境；既要注重局部，又要考虑全局等。

4）动态分析

坚持动态分析的原则，就是分析时要用发展的眼光看问题，不要只注意过去，还要看到现在和未来，应将过去、现在和将来联系起来分析。

5）定量分析与定性分析相结合

定性分析，是对事物的质的方面的分析，而定量分析，是对事物的量的方面的分析。财务报表分析要透过数字看本质，在分析中既要有定量分析，又要有定性分析。

6）成本效益原则

坚持成本效益原则，就是在财务报表分析中要考虑到因进行财务分析所花费的代价与由此而获得的效益的关系。

13.1.4 财务报表分析的内容

虽然不同的报表使用者进行财务报表分析的具体内容及侧重点各有不同，但财务报表分析的基本内容，主要有以下几方面：

1）企业的偿债能力分析

偿债能力是企业按期还本付息的能力。偿债能力分析包括短期偿债能力分析和长期偿债能力分析。从企业的立场看，短期偿债能力分析可以评价企业短期资金的营运能力及营运资金的周转情况；长期负债能力分析可以了解企业的经营状况，促进企业融资能力的提高。从债权人的立场看，通过偿债能力分析可以判断其债权的安全程度，分析企业是否能及时按期还本付息，因此，企业的偿债能力是保证债权人利益的一种能力。

2）企业资产的营运能力分析

营运能力分析是对企业各项资产的全面分析，分析企业资产的分布情况和周转使用情况，挖掘资金潜力，促进资金使用效果的提高，是企业实际的经营能力、运行能力。

3）企业的盈利能力分析

盈利能力分析是企业运用资产取得收入、利润的能力。盈利能力分析是通过资产、负债、所有者权益与经营成果相联系来分析各种报酬率指标，从不同的侧面分析企业的盈利能力，分析企业利润目标的完成情况以及不同年度盈利水平的变动情况。

4）企业的现金流量分析

现金流量分析是根据现金流量过去的相关资料，结合企业将来的计划，预测企业未来现金流量的变动趋势，从而为企业的投资、筹资决策提供依据。现金流量分析不仅要依据现金流量表，还要结合资产负债表和利润表进行。现金流量分析主要包括以下几个方面：

（1）流动性分析。流动性，是指将资产迅速转变为现金的能力。资产负债表确定的流动比率虽然也可以反映流动性，但真正能用于偿还债务的是现金流量，所以，现金流量可以更好地反映企业偿还债务的能力。

（2）获取现金能力分析。获取现金能力是指经营现金净流入和销售收入、总资产、营运资金、净资产或普通股股数等投入资源的比值。

（3）财务弹性分析。财务弹性是指企业适应经济环境的变化以及利用投资机会的能力。判断财务弹性的强弱依据现金流量和投资需求或承诺支付等支付现金需要的比较。现金流量超过需要，有现金剩余，适应性就强。

（4）收益质量分析。收益质量是指报告收益与公司业绩之间的关系。如果收益能如实反映公司业绩，则判断收益质量好；如果收益不能很好地反映公司业绩，则判断收益的质量较差。

（5）结构分析。企业的现金流量由经营活动产生的现金流量、投资活动产生的现金流量和筹资活动产生的现金流量三部分构成。通过对现金流量及其结构的分析，可以了解企业现金的来龙去脉，分析现金收支的构成，评价企业经营状况、筹资能力、资金实力和创现能力等。

以上四个方面的分析内容是互相联系、互相补充的。其中，偿债能力是企业财务目标实现的稳健保证，而营运能力和现金流量是企业财务目标实现的物质基础，盈利能力则是前三者共同作用的结果。通过以上内容的分析可以综合描述、判断企业的财务状况、经营成果和现金流量，从而满足不同的报表使用者对会计信息的需求。

13.1.5　财务报表分析的基本程序

对财务报表的分析，不同的人、不同的目的、不同的数据范围，会采用不同的分析程序和方法。但一般需要经过以下的程序：

（1）明确分析目的；

（2）制订分析工作计划；

（3）收集相关的信息资料；

（4）根据分析目的，运用科学的分析方法，进行全面、系统的分析；

（5）得出分析结果，提出分析报告。

13.1.6　财务报表分析的方法

财务报表分析的方法，主要有比较分析法、比率分析法和因素分析法。

1）比较分析法

比较分析法，是将某项财务指标的变化进行比较，计算出其变动值的大小，通过对比，从数量上确定差异的一种方法。

比较分析法的主要作用在于揭示实际中存在的差异以及形成差异的原因，以利于企业发现问题，挖掘潜力，从而改进今后的工作。不仅报表中的绝对数要通过比较来分析问题，计算出来的相对数也都要与有关比较标准进行对比，才能更进一步地说明问题。

(1) 实际指标与计划指标比较

这是将分析期的计划指标作为比较的标准，实际数与计划数的差异能反映计划完成的程度，以利于企业进一步分析和寻找企业的发展潜力。

(2) 同一指标的横向比较

同一指标的横向比较是指同一财务指标在不同条件下的比较。例如，将本企业的财务指标与同行业的平均指标或同行业中先进企业的财务指标进行对比，可以全面评价企业的经营成绩；将本企业的财务指标与行业平均指标进行对比，可以了解本企业在整个行业中的地位；将本企业的财务指标和先进企业的指标进行对比，可以了解本企业与先进企业的差距，以利于学习其他企业的先进经验，促进本企业的发展。

(3) 同一指标的纵向比较

同一指标的纵向比较是指同一财务指标在不同时期的比较。例如，本期实际指标与前期（上期、上年同期、历史最好水平）的实际指标对比，以分析企业财务状况、经营成果的变动情况、变动趋势，了解企业生产经营工作的改进情况。

比较分析法是各种分析方法的基础，适用于同质指标的数量对比，即相互比较的指标在内容、计算方法、计算口径、时间范围等方面具有一致性。

2) 比率分析法

比率分析法是通过计算和对比经济指标的比率，进行数量分析的方法，具体包括：

(1) 相关指标比率分析法

相关指标比率分析法，是将两个性质不同但又相关的指标对比求出比率，然后再以实际数与计划（或前期实际）数进行对比分析，以便从经济活动的客观联系中，更深入地认识企业的生产经营状况。例如，通过计算产值成本率（产品成本÷商品产值×100%），可以分析产品成本在商品产值中所占的比例；进一步对比实际产值成本率与计划产值成本率，可分析产品成本计划的完成情况；本期产值成本率与前期实际产值成本率比较，可分析产值成本率的变化。

(2) 构成比率分析法

构成比率分析法，是分析某项经济指标的各个组成部分占总体的比重，反映局部与总体的关系。例如，原材料费用比率（原材料费用÷产品成本×100%），反映的是原材料费用在产品成本中的比例。构成比率分析法是以企业的资产负债表、利润表及现金流量表等资料为依据，对企业的财务状况的构成、利润的构成、现金流量的来源及流向等进行分析，分析总体中的各个项目是否合理及其在总体中的地位和作用，以判断企业财务状况、经营成果、现金流量的合理性及企业经营中面临的风险。

(3) 效率比率分析法

效率比率分析法，是对某项财务活动中所费与所得的比率进行分析，反映投入与产出的关系，以反映企业的经营成果，评价经济效益。例如，资本利润率、成本利润率等都是效率比率指标。

3）趋势分析法

趋势分析法就是分析期与前期或连续数期的相同指标进行对比。这种对财务报表项目纵向比较分析的方法，也叫动态分析法。通过趋势分析法可以分析该项指标的增减速度和变动趋势，以揭示当期财务状况和经营成果的增减变化，分析引起变动的主要原因，从中发现企业生产经营方面的成绩和不足，有利于评价企业财务管理水平，预测企业未来的发展趋势。用于进行趋势分析的数据可以是绝对值，也可以是比率或百分比数据。

趋势分析法主要有三种方式：

（1）重要财务指标的比较

重要财务指标的比较是将不同时期财务报告中的相同指标或比率进行比较，直接分析其增减变动情况及变动幅度，预测其发展趋势和发展前景。

①定基动态比率，是将分析期数据与某一个固定基期数据进行对比计算得出的比率。

【例13-1】假定某企业甲产品某年4个季度实际单位成本为90元、92元、95元、94元。

若以第一季度为基期，以该季度单位成本90元为基数，规定为100%，计算其他各季度与之相比的定基比率：

第二季度：92÷90×100%=102%

第三季度：95÷90×100%=106%

第四季度：94÷90×100%=104%

②环比动态比率，是将每一个分析期的数据与前一期同一指标进行对比计算得出的比率。

【例13-2】承【例13-1】，若分别以上季度为基期，计算各季度的环比比率：

第二季度比第一季度：92÷90×100%=102%

第三季度比第二季度：95÷92×100%=103%

第四季度比第三季度：94÷95×100%=99%

从以上计算结果可以看出，用趋势分析法的定基动态比率和环比动态比率计算出的数据虽然不同，但变动趋势是相同的。

（2）财务报表的比较

财务报表的比较是将连续数期的财务报表金额并列起来，比较其相同指标的增减变动金额和幅度，据以分析企业财务状况和经营成果发展变化的方法。为进行较全面的分析，应既计算有关指标增减变动的绝对值，又计算其增减变动的相对值。

【例13-3】某企业利润表中反映2×17年的净利润为60万元，2×18年的净利润为100万元，2×19年的净利润为150万元。

通过绝对值分析：

2×19年较2×18年相比，净利润增长额=150-100=50（万元）

2×18年较2×17年相比，净利润增长额=100-60=40（万元）

通过相对值分析：

2×19年较2×18年相比，净利润增长率=（150-100）÷100×100%=50%

2×18年较2×17年相比，净利润增长率=（100-60）÷60×100%=66.67%

(3) 财务报表项目构成的比较

财务报表项目构成的比较是以财务报表中的某个总体指标为100%，计算出其各组成项目占该总体指标的百分比，从而来比较各个项目百分比的增减变动，据以判断有关财务活动的变化趋势。财务报表项目构成比较既可用于同一企业不同时期财务状况的纵向比较，又可用于不同企业之间的横向比较，能更准确地分析企业财务活动的发展趋势。而且，这种方法还能消除不同时期、不同企业由于业务规模不同造成的影响，有利于分析企业的费用和盈利情况。

4) 因素分析法

因素分析法是财务报表分析常用的技术方法，包括因素分析法和差额分析法。

(1) 因素分析法

①因素分析法又叫因素替换法，或连环替代法，是用来分析几个相互联系的因素，对综合经济指标变动影响程度的一种分析方法。

这种分析方法的前提是当有几个因素对分析对象发生影响时，要分析其中某一个因素则需要假定其他各因素都不变化，从而确定需分析的这个因素独立发生变化所产生的影响。

②因素分析法的分析程序：

a.分解指标因素并确定因素的排列顺序；

b.逐次替代各个因素；

c.确定每个因素的影响结果；

d.汇总影响结果。

③应用这一方法时应注意以下几方面的问题：

a.因素分解的关联性。采用这一方法时应注意：构成经济指标的因素，必须在客观上存在着因果关系，要能够反映形成该项指标差异的内在构成原因。

b.因素替代的顺序性。因素替代时，必须按照各个因素的相互依存关系，排列成一定的顺序并依次替代，因为不同的排列顺序会得出不同的计算结果。一般地，先替代数量指标，后替代质量指标；先替代基本因素，后替代从属因素。若同时出现几个数量指标或几个质量指标，应先替代实物量指标，后替代价值量指标。

c.顺序替代的连环性。在计算每一个因素变动的影响时，都是在前一次计算的基础上进行的，并且采用连环比较的方法确定因素变化影响的结果。只有这样，才能使各个因素影响之和等于分析指标变动的差异，才能全面分析指标变动的原因。

d.计算结果的假定性。连环替代法会因替代顺序的不同而有不同的结果，所以计算结果带有假定性，所以，应用这种方法分析时应使这种假定合乎逻辑，具有实际的经济意义。

④因素分析法的典型模式：

设某一经济指标N是由相互联系的A、B、C三因素组成的，计划指标和实际指标的公式为：

计划指标 $N_0=A_0\times B_0\times C_0$

实际指标 $N_1=A_1\times B_1\times C_1$

$N_1-N_0=D$

分析程序：

计划指标 $N_0=A_0\times B_0\times C_0$　(1)

第1次替代：$N_2=A_1\times B_0\times C_0$　(2)

第2次替代：$N_3=A_1\times B_1\times C_0$　(3)

第3次替代：$N_1=A_1\times B_1\times C_1$　(4)（即实际指标）

据此测定的结果：

（2）－（1）$=N_2-N_0$　（A的变动）

（3）－（2）$=N_3-N_2$　（B的变动）

（4）－（3）$=N_1-N_3$　（C的变动）

则：$(N_1-N_3)+(N_3-N_2)+(N_2-N_0)=D$

【例13-4】文迪公司有关产量、单位产品材料消耗量、材料单价及材料费用总额资料见表13-1。

表13-1

项　目	计量单位	计划数	实际数
产品产量	件	90	100
单位产品材料消耗量	千克	7	6
材料单价	元	4	5
材料费用总额	元	2 520	3 000

要求：采用连环替代法计算各因素变动对材料费用总额的影响程度。

材料费用总额计划指标：90×7×4=2 520（元）　(1)

第1次替代：100×7×4=2 800（元）　(2)

第2次替代：100×6×4=2 400（元）　(3)

第3次替代（实际指标）：100×6×5=3 000（元）　(4)

（2）－（1）=2 800−2 520=280（元）　产量增加的影响

（3）－（2）=2 400−2 800=−400（元）　单位产品材料消耗节约的影响

（4）－（3）=3 000−2 400=600（元）　材料单价提高的影响

280−400+600=480（元）　全部因素的影响

（2）差额分析法

①差额分析法，是连环替代法的简化形式，是先确定各因素实际数与计划数的差异，然后按各因素的排列顺序，依次求出各因素变动的影响程度的分析方法。

②差额分析法的典型模式：

设某一经济指标N是由相互联系的A、B、C三因素组成，计划指标和实际指标的公式为：

计划指标 $N_0=A_0\times B_0\times C_0$

实际指标 $N_1=A_1\times B_1\times C_1$

$N_1-N_0=D$

分析程序：

A变动的影响=（A_1-A_0）$\times B_0\times C_0$

B变动的影响=$A_1\times$（B_1-B_0）$\times C_0$

C变动的影响=$A_1\times B_1\times$（C_1-C_0）

则：A变动的影响+B变动的影响+C变动的影响=$N_1-N_0=D$

【例13-5】甲产品单位成本中工资费用项目为：计划160元，实际210元，单位产品工时消耗为：计划40小时，实际35小时；小时工资率为：计划4元，实际6元。

要求：采用差额计算法，计算工时消耗和小时工资率变动对产品单位成本中工资费用项目变动的影响程度。

产品单位成本工资费用项目分析：

a.分析对象。

210-160=50（元）（超支）

b.因素分析。

工时消耗数量变动的影响=（35-40）×4=-20（元）

小时工资率变动的影响=（6-4）×35=70（元）

两因素的影响合计=-20+70=50（元）

13.2 财务指标分析

财务指标分析主要包括偿债能力分析、营运能力分析、盈利能力分析和现金流量分析。以下给出文迪公司2×19年年末资产负债表（见表13-2）、2×19年度利润表（见表13-3）和2×19年度现金流量表（见表13-4），第二、三节的分析以文迪公司的财务报表为例。

表13-2 **资产负债表**

编制单位：文迪公司　　2×19年12月31日　　单位：元

资　产	期末余额	上年年末余额	负债及所有者权益（或股东权益）	期末余额	上年年末余额
流动资产：			流动负债：		
货币资金	721 649 954	1 229 319 714	短期借款	199 101 700	1 035 916 700
交易性金融资产	0	0	交易性金融负债	0	0
衍生金融资产	0	0	衍生金融负债	0	0
应收票据	2 267 016 870	941 628 714	应付票据	413 681 314	743 335 010
应收账款	125 933 667	599 773 066	应付账款	2 363 740 709	2 441 072 385
预付款项	129 516 274	513 154 490	预收款项	798 203 907	787 521 835
其他应收款	10 222 224	8 656 774	应付职工薪酬	235 867 185	244 568 352
存货	2 779 049 567	3 430 626 730	应交税费	348 225 312	900 042 612
持有待售资产	0	0	其他应付款	24 759 519	25 312 997

续表

资　产	期末余额	上年年末余额	负债及所有者权益（或股东权益）	期末余额	上年年末余额
一年内到期的非流动资产	0	0	持有待售负债	0	0
其他流动资产	0	0	一年内到期的非流动负债	772 031 512	127 172 995
流动资产合计	6 033 388 556	6 723 159 488	其他流动负债	105 305 076	0
非流动资产：			流动负债合计	5 260 916 234	6 304 942 886
债权投资	0	0	非流动负债：		
其他债权投资	0	0	长期借款	4 249 067 315	4 836 573 600
长期应收款	0	0	应付债券	2 000 000 000	0
长期股权投资	15 000 000	15 000 000	其中：优先股	0	0
投资性房地产	0	0	永续债	0	0
固定资产	10 089 760 002	9 767 837 992	长期应付款	0	0
在建工程	1 224 393 592	843 257 519	预计负债	0	0
生产性生物资产	0	0	递延收益	0	0
油气资产	0	0	递延所得税负债	0	0
无形资产	5 010 000	2 730 000	其他非流动负债	0	0
开发支出	0	0	非流动负债合计	6 249 067 315	4 836 573 600
商誉	0	0	负债合计	11 509 983 549	11 141 516 486
长期待摊费用	0	0	所有者权益（或股东权益）：		
递延所得税资产	107 284 670	46 349 854	股本	950 249 180	944 508 385
其他非流动资产	0	0	其他权益工具	0	0
非流动资产合计	11 441 448 264	10 675 175 365	其中：优先股	0	0
			永续债	0	0
			资本公积	1 374 982 382	1 371 982 384
			减：库存股	0	0
			其他综合收益	0	0
			专项储备	0	0
			盈余公积	991 900 683	975 533 490
			未分配利润	2 647 721 026	2 964 794 108
			所有者权益（或股东权益）合计	5 964 853 271	6 256 818 367
资产总计	17 474 836 820	17 398 334 853	负债及所有者权益（或股东权益）总计	17 474 836 820	17 398 334 853

表 13-3 **利润表**

编制单位：文迪公司 2×19年度 单位：元

项　目	本期金额	上期金额
一、营业收入	39 765 533 811	32 926 158 575
减：营业成本	36 677 544 541	28 769 443 754
税金及附加	423 358 556	389 269 211
销售费用	532 851 504	542 515 882
管理费用	1 186 101 016	1 270 271 517
财务费用	611 407 029	345 261 752
研发费用		
资产减值损失	0	0
加：公允价值变动收益（损失以"－"号填列）	0	0
投资收益（损失以"－"号填列）	3 000 000	8 000 000
其中：对联营企业和合营企业的投资收益	0	0
二、营业利润　（亏损以"－"号填列）	337 271 165	1 617 396 459
加：营业外收入	13 436 039	44 228 047
减：营业外支出	48 044 721	64 446 771
三、利润总额	302 662 483	1 597 177 735
减：所得税费用	−190 170 621	431 112 975
四、净利润	492 833 104	1 166 064 760

表 13-4 **现金流量表**

编制单位：文迪公司 2×19年度 单位：元

项　目	本年金额	上年金额
一、经营活动产生的现金流量		
销售商品、提供劳务收到的现金	23 584 205 322	20 984 066 994
收到的税费返还	364 990	383 138
收到其他与经营活动有关的现金	130 461 588	80 376 827
经营活动现金流入小计	23 715 031 900	21 064 826 959
购买商品接受劳务支付的现金	19 645 603 377	16 376 587 511
支付给职工以及为职工支付的现金	1 039 719 811	959 652 102
支付的各项税费	2 005 927 491	1 829 273 380

续表

项　目	本年金额	上年金额
支付其他与经营活动有关的现金	357 066 806	209 776 780
经营活动现金流出小计	23 048 317 485	19 375 289 773
经营活动产生的现金流量净额	666 714 415	1 689 537 186
二、投资活动产生的现金流量		
收回投资收到的现金	0	0
取得投资收益收到的现金	3 000 000	8 000 000
处置固定无形、无形资产和其他长期资产收回的现金净额	87 640	2 175 290
收到其他与投资活动有关的现金	43 437	0
投资活动现金流入小计	3 131 077	10 175 290
购建固定无形、无形资产和其他长期资产支付的现金	1 284 750 028	1 294 839 389
投资支付的现金	0	34 156 989
支付其他与投资活动有关的现金	0	0
投资活动现金流出小计	1 284 750 028	1 328 996 378
投资活动产生的现金流量净额	−1 281 618 951	−1 318 821 088
三、筹资活动产生的现金流量		
吸收投资收到的现金	0	0
借款收到的现金	4 219 601 416	4 084 818 387
收到其他与筹资活动有关的现金	2 500 000	0
筹资活动现金流入小计	4 222 101 416	4 084 818 387
偿还债务支付的现金	3 149 778 483	3 400 304 400
分配股利、利润或偿付利息支付的现金	0	0
支付其他与筹资活动有关的现金	935 556 172	713 173 589
筹资活动现金流出小计	4 085 334 655	4 113 477 989
筹资活动产生的现金流量净额	136 766 761	−28 659 602
四、汇率变动对现金及现金等价物的影响	−29 531 985	−7 416 799
五、现金及现金等价物净增加额	−507 669 760	334 639 697

13.2.1　偿债能力分析

偿债能力是指企业偿还到期债务的能力。偿债能力分析包括短期偿债能力分析和长期偿债分析。

1）短期偿债能力分析

短期偿债能力，就是企业以流动资产偿还流动负债的能力，它能揭示企业偿付日常到期债务的能力。反映企业短期偿债能力的财务指标主要有：流动比率、速动比率、现金比率。

（1）流动比率

流动比率是流动资产与流动负债的比率，它表明企业每1元流动负债有多少流动资产作为偿还的保证，反映企业在短期内偿还到期流动负债的能力。其计算公式为：

流动比率=流动资产÷流动负债

通常情况下，流动比率越高，反映企业拥有的营运资金越多，短期偿债能力越强，债权人的权益越有保证，遭受损失的风险就越小。一般认为，流动比率为2∶1比较适宜。适宜的流动比率应反映企业有稳定的财务状况，既能满足企业日常生产经营的流动资金需要，也能有足够的财力偿付到期短期债务。如果流动比率过低，则表明企业难以及时偿还到期债务。如果流动比率过高，则表明企业流动资产占用过多，资金的使用效率较低，企业的获利能力不够强。流动比率过高还可能是因为应收账款占用过多，存货积压造成的。所以，分析流动比率时还应关注流动资产的结构、流动资产的周转情况、流动负债的数量与结构等方面。

【例13-6】流动比率分析。根据表13-2的资料，计算分析文迪公司2×19年的流动比率（保留小数点后两位，下同）。

年初流动比率=6 723 159 488÷6 304 942 886=1.07

年末流动比率=6 033 388 556÷5 260 916 234=1.15

年初流动比率为1.07，年末流动比率为1.15，说明文迪公司短期偿债能力有所提高，但还有待于增强。

（2）速动比率

速动比率是企业速动资产与流动负债的比率。速动比率用以反映企业流动资产中可以立即用于偿还流动负债的能力。速动资产包括货币资金、交易行金融资产、应收票据、应收账款等流动资产，存货、预付账款则不属于速动资产。因为存货是流动资产中变现能力较差的部分，需要经过售出和账款的收回才能变为现金，而且还可能难以变现。而预付款项，不能转变为现金或直接用来还债，所以也不应计入速动资产。因此，速动比率比流动比率更能反映企业的短期偿债能力。

速动比率的计算公式为：

速动比率=速动资产÷流动负债

其中：速动资产=流动资产-存货-预付款项

一般认为，速动比率1∶1较为合适。它表明企业的每1元短期负债，都有1元易于变现的资产作为抵偿。如果速动比率过低，说明企业的偿债能力存在问题；但如果速动比率过高，说明企业有足够的偿债能力，但同时也说明企业因拥有过多的货币性资产，可能丧失一些投资和获利的有利时机。

速动资产中，影响速动比率的重要因素是应收账款的变现能力，因为账面上的应收账款不一定都能变现。

【例13-7】速动比率分析。根据表13-2的资料，计算分析文迪公司2×19年的速动比率。

年初速动资产=流动资产-存货-预付款项

=6 723 159 488-3 430 626 730-513 154 490=2 779 378 268（元）

年末速动资产=流动资产-存货-预付款项

=6 033 388 556-2 779 049 567-129 516 274=3 124 822 715（元）

年初速动比率=2 779 378 268÷6 304 942 886=0.44

年末速动比率=3 124 822 715÷5 260 916 234=0.59

年初速动比率为0.44，年末速动比率为0.59，说明文迪公司的快速偿债能力不足，但年末的速动比率高于年初的速动比率，说明文迪公司的快速偿债能力有所提高。

（3）现金流动负债比率

现金流动负债比率是指企业一定时期来自经营活动的现金流量与流动负债之间的比率。该比率从现金流入、流出的动态方面反映企业的即刻变现能力，用该比率来衡量企业的短期偿债能力更为稳健。现金流动负债比率越大说明经营活动产生的现金净流量越多，还债能力越强。但该比率过大说明企业流动资金利用不足。其计算公式为：

现金流动负债比率=年经营现金净流量÷年末流动负债

公式中，年经营现金净流量，指企业一个会计年度内，由经营活动所产生的现金及现金等价物的流入量与流出量的差额。

【例13-8】现金流动负债比率分析。根据表13-2、表13-4的资料，计算分析文迪公司2×19年的现金流动负债比率。

2×18年现金流动负债比率=2×18年经营现金净流量÷2×18年末流动负债

=1 689 537 186÷6 304 942 886=0.27

2×19年现金流动负债比率=2×19年经营现金净流量÷2×19年末流动负债

=666 714 415÷5 260 916 234=0.13

从现金流量的角度分析，文迪公司2×19年度的现金流动负债比率比2×18年度降低，企业的短期偿债能力下降。

2）长期偿债能力分析

长期偿债能力分析的目的，是预测企业有没有足够的能力偿还长期负债的本金和利息。在分析长期偿债能力时，必须同时考虑短期偿债能力。因为短期偿债能力如果出现问题，势必影响长期债务的清偿。因此，在反映长期偿债能力的比率中，也把短期负债包括在负债总额之内，实际上，长期偿债能力评价的是企业的整个偿债能力。

反映长期偿还债能力的指标主要有：资产负债率、所有者权益比率、产权比率和利息保障倍数。

（1）资产负债率

资产负债率又称负债经营比率，用来衡量企业利用债权人提供的资金进行经营活动的能力，也反映了在企业总资产中由债权人提供的资金比例。资产负债率越小，说明企业资产中债权人有要求权的部分越少，由所有者提供的部分就越多，资产对债权人的保障程度就越高，说明企业经济实力增强，但潜力有待发挥；资产负债率越高，债权人的保障程度越低，企业总资产和经营规模扩大，债务压力上升，结构稳定性降低，破产风险增加，经营独立性降低，企业发展受外部筹集资金的制约增强。

一般地，资产负债率在75%以下说明企业的资产负债情况较正常。

资产负债率的计算公式为：

资产负债率=负债总额÷资产总额×100%

【例13-9】资产负债率分析。根据表13-2的资料，计算分析文迪公司2×19年的资产负债率。

年初资产负债率=年初负债总额÷年初资产总额×100%=11 141 516 486÷17 398 334 853×100%=64.04%

年末资产负债率=年末负债总额÷年末资产总额×100%=11 509 983 549÷17 474 836 820×100%=65.87%

计算表明，文迪公司年初、年末资产负债率分别为64.04%、65.87%，均在75%以下，资产负债情况正常，但2×19年的资产负债率略高于2×18年，说明2×19年的长期偿债能力略有下降。

（2）所有者权益比率

所有者权益比率是指所有者权益总额与资产总额的比率。该比率从另一个侧面来反映了企业长期财务状况和长期偿债能力。

所有者权益比率与资产负债率之和应等于1。因此，所有者权益比率越大，资产负债率就越小，企业承担的财务风险也就越小。

所有者权益比率的计算公式为：

所有者权益比率=所有者权益总额÷资产总额

【例13-10】所有者权益比率分析

根据表13-2的资料，文迪公司2×19年的所有者权益比率如下：

年初所有者权益比率=年初所有者权益总额÷年初资产总额=6 256 818 367 ÷17 398 334 853=0.36

年末所有者权益比率=年末所有者权益总额÷年末资产总额=5 964 853 271÷17 474 836 820=0.34

计算表明，文迪公司年初、年末所有者权益比率分别为0.36和0.34，说明2×19年的长期偿债能力比2×18年有所下降。

（3）产权比率

产权比率是指企业负债总额与所有者权益总额的比率，反映企业所有者对债权人权益的保障程度的高低。产权比率越低，说明债权人权益的保障程度越高，企业的信用越好，企业的长期偿债能力越强，承担的风险越小。但产权比率过低，说明企业不能充分发挥负债的财务杠杆效应。

产权比率的计算公式为：

产权比率=负债总额÷所有者权益总额

产权比率与资产负债率是从不同的角度反映企业的长期偿债能力：资产负债率侧重于分析债务偿付安全性的物质保障程度的高低，产权比率则侧重于分析财务结构的稳健程度的大小以及自有资金对偿债风险的承受能力的强弱，二者可以相互补充。

【例13-11】产权比率分析。根据表13-2的资料，文迪公司2×19年的产权比率如下：

年初产权比率=年初负债总额÷年初所有者权益总额=11 141 516 486÷6 256 818 367=1.78

年末产权比率=年末负债总额÷年末所有者权益总额=11 509 983 549÷5 964 853 271=1.93

计算表明，文迪公司年初、年末的产权比率分别为1.78和1.93，负债总额均大于所有者权益总额，说明企业债权人的利益没有充分的保障，财务结构不够稳健，自有资金对偿债风险的承受能力弱。

（4）利息保障倍数

利息保障倍数又叫已获利息倍数，是企业生产经营所获得的息税前利润总额与利息费用的比率，反映企业偿付负债利息能力的强弱。利息保障倍数越高，说明企业支付利息费用的能力越强，债权的安全程度越高。

利息保障倍数的计算公式为：

利息保障倍数=息税前利润总额÷利息费用

其中：息税前利润总额=利润总额+利息费用=净利润+所得税费用+利息费用

一般认为，利息保障倍数为3时，企业具有良好的偿债能力；如果小于1，说明企业的收益不足以偿付利息，更无偿还本金的能力。

【例13-12】利息保障倍数分析。根据表13-3的资料，同时假定财务费用中除了利息收入、利息费用没有其他项目，2×18年的利息收入为14 520 067元、利息费用为359 781 819元，2×19年的利息收入为286 887 567元、利息费用为898 294 596元。文迪公司2×18年、2×19年的利息保障倍数计算如下：

2×18年息税前利润总额=2×18年利润总额+2×18年利息费用=1 597 177 735+359 781 819

=1 956 959 554（元）

2×18年利息保障倍数=2×18年息税前利润总额÷2×18年利息费用=1 956 959 554÷359 781 819

=5.44

2×19年息税前利润总额=2×19年利润总额+2×19年利息费用=302 662 483+898 294 596

=1 200 957 079（元）

2×19年利息保障倍数=2×19年息税前利润总额÷2×19年利息费用=1 200 957 079÷898 294 596=1.34

计算表明，文迪公司的利息保障倍数2×18年为5.44，大于3，说明企业具有良好的偿债能力；2×19年的利息保障倍数为1.34，大于1，说明企业的收益能够偿付利息，但与2×18年相比，偿债能力下降。

13.2.2　营运能力分析

企业营运能力是指企业使用经济资源或资本的效率，即资金周转的速度快慢及有效性。企业生产经营资金周转的速度越快，说明企业资金利用的效果越好、效率越高，企业管理人员的经营能力就越强。

反映企业营运能力的主要财务指标有：应收账款周转率、存货周转率、总资产周转率。

1）应收账款周转率

应收账款周转率是企业一定时期内营业收入与应收账款平均余额之比，用来反映企业应收账款的周转速度。用时间表示的周转速度是应收账款周转天数，反映企业从取得应收账款的权利到收回款项、转换为现金所需要的时间。

其计算公式为：

应收账款周转率=营业收入÷应收账款平均余额

其中：应收账款平均余额=（期初应收账款+期末应收账款）÷2

公式中的应收账款包括会计核算中的“应收账款”和“应收票据”等全部赊销账款，而且是扣除坏账准备后的净额。

应收账款周转天数=360÷应收账款周转率

企业在一定时期内应收账款的周转次数越多，完成一次周转时间就越短，企业应收账款变现速度就越快，账款回收效率就越高，出现坏账的可能性就越小，企业偿债能力和短期支付能力越强。反之，说明企业营运资金过多呆滞在应收账款上，影响正常资金周转速度，降低偿债能力。

【例13-13】应收账款周转率分析。根据表13-2、表13-3的资料，同时假设2×18年年初的应收票据余额为960 534 816元，应收账款余额为955 867 221元，2×18年、2×19年应收账款周转率计算如下：

a.2×18年：

期初应收账款=960 534 816+955 867 221=1 916 402 037（元）

期末应收账款=941 628 714+599 773 066=1 541 401 780（元）

应收账款平均余额=（期初应收账款+期末应收账款）÷2

=（1 916 402 037+1 541 401 780）÷2=1 728 901 908.50（元）

2×18年应收账款周转率=营业收入÷应收账款平均余额

=32 926 158 575÷1 728 901 908.50=19.04

2×18年应收账款周转天数=360÷应收账款周转率=360÷19.04=18.91（天）

b.2×19年：

期初应收账款=941 628 714+599 773 066=1 541 401 780（元）

期末应收账款=2 267 016 870+125 933 667=2 392 950 537（元）

应收账款平均余额=（期初应收账款+期末应收账款）÷2

=（1 541 401 780+2 392 950 537）÷2=1 967 176 158.50（元）

2×19年应收账款周转率=营业收入÷应收账款平均余额

=39 765 533 811÷1 967 176 158.50=20.21

2×19年应收账款周转天数=360÷应收账款周转次数=360÷20.21=17.81（天）

通过以上计算可以看出，文迪公司应收账款周转率由2×18年的19.04提高为2×19年的20.21，应收账款周转天数由2×18年的18.91天缩短为2×19年的17.81天，说明2×19年与2×18年相比，企业营运能力提高，流动资产的变现能力增强，周转速度加快。

2）存货周转率

存货周转率是企业一定时期的营业成本与存货平均余额的比率。存货周转率是评价存货周转速度的主要指标，该比率反映了存货的管理水平、企业的销售状况及存货资金占用状况。一般地，存货周转率越高，周转天数越少，说明存货资金周转速度快，利润率也就越高。存货周转速度的快慢，既和生产有关，也和采购、销售有联系；它既影响企业的短期偿债能力，也是企业管理的重要环节。因此，存货周转率是综合反映企业供、产、销管理水平的重要指标。

其计算公式为：

存货周转率=营业成本÷存货平均余额

存货平均余额=（期初存货+期末存货）÷2

存货周转天数=360÷存货周转率

【例13-14】存货周转率分析。根据表13-2、表13-3的资料，同时假设2×18年年初的存货余额为5 275 622 787元，2×18年、2×19年的存货周转率计算如下：

a.2×18年：

存货平均余额=（期初存货+期末存货）÷2

=（5 275 622 787+3 430 626 730）÷2=4 353 124 758.50（元）

存货周转率=营业成本÷存货平均余额=28 769 443 754÷4 353 124 758.50=6.61

存货周转天数=360÷存货周转率=360÷6.61=54.46（天）

b.2×19年：

存货平均余额=（期初存货+期末存货）÷2

=（3 430 626 730+2 779 049 567）÷2=3 104 838 148.50（元）

存货周转率=营业成本÷存货平均余额=36 677 544 541÷3 104 838 148.50=11.81

存货周转天数=360÷存货周转率=360÷11.81=30.48（天）

通过以上计算可以看出，文迪公司存货周转率由2×18年的6.61提高为2×19年的11.81，存货周转天数由2×18年的54.46天缩短为2×19年的30.48天，说明2×19年与2×18年相比，存货周转速度加快，企业营运能力提高。

3）总资产周转率

总资产周转率是企业一定时期营业收入与资产平均占用额的比率。该比率用来分析企业全部资产的使用效率。如果总资产周转率较低，说明企业利用全部资产进行经营的效率较低，最终会影响企业的盈利能力，企业就应采取各种办法提高各项资产的利用率，加快资产的周转速度。

总资产周转率的计算公式为：

总资产周转率=营业收入÷资产平均占用额

其中：资产平均占用额=（年初资产总额+年末资产总额）÷2

总资产周转期=360÷总资产周转率

【例13-15】总资产周转率分析。根据表13-2和表13-3，同时假定2×18年年初的资产总额为17 198 330 857元，文迪公司的总资产周转率及总资产周转期计算如下：

2×18年资产平均占用额=（年初资产总额+年末资产总额）÷2

=（17 198 330 857+17 398 334 853）÷2=17 298 332 855（元）

2×18年总资产周转率=营业收入÷资产平均占用额

=32 926 158 575÷17 298 332 855=1.90

2×18年总资产周转期=360÷总资产周转率=360÷1.90=189.47（天）

2×19年资产平均占用额=（年初资产总额+年末资产总额）÷2

=（17 398 334 853+17 474 836 820）÷2=17 436 585 836.50

2×19年总资产周转率=营业收入÷资产平均占用额

=39 765 533 811÷17 436 585 836.50=2.28

2×19年总资产周转期=360÷总资产周转率=360÷2.28=157.89（天）

通过以上计算可知，文迪公司的总资产周转率由2×18年的1.90提高到2×19年的2.28，总资产周转期由2×18年的189.47天降低到2×19年的157.89天，说明文迪公司的营运能力增强。

13.2.3 盈利能力分析

盈利能力是指企业获取利润的能力。利润是与企业利益相关的各方都关注的重要问题。利润是企业经营管理者经营业绩和管理水平的体现，是企业职工福利的重要来源，是决定投资者取得投资收益高低的主要因素，是债权人能否及时收取本息资金的保证。因此，企业盈利能力分析是财务指标分析的重要组成部分。

盈利能力分析的主要财务指标有：营业利润率、成本费用利润率、净资产收益率、每股收益、市盈率等。

1）营业利润率

营业利润率是企业净利润与营业收入的比率。其计算公式为：

营业利润率=净利润÷营业收入×100%

营业利润率越高说明企业从营业收入中获取利润的能力越大，表明企业的经营成果越好。

【例13-16】营业利润率分析。根据表13-3，文迪公司2×18年和2×19年的营业利润率为：

2×18年营业利润率=净利润÷营业收入×100%

=1 166 064 760÷32 926 158 575×100%=3.54%

2×19年营业利润率=净利润÷营业收入×100%

=492 833 104÷39 765 533 811×100%=1.24%

通过以上计算可知，文迪公司2×18年和2×19年的营业利润率都较低，而且2×19年的营业利润率比2×18年降低了2.3个百分点，说明文迪公司的获利能力减弱，可进一步分析商品质量、成本费用、价格、税金、销售数量等影响营业利润率的因素，以采取有效措施，增强企业的盈利能力。

2）成本费用利润率

成本费用利润率是企业一定时期利润总额与成本费用总额的比率。其计算公式为：

成本费用利润率=利润总额÷成本费用总额×100%

其中：成本费用总额=营业成本+营业税金及附加+销售费用+管理费用+财务费用

成本费用利润率指标反映企业每投入1元钱的成本费用，能够创造多少利润。该比率越高说明企业获取利润耗费的成本越小，成本控制得越好，企业盈利能力越强。

【例13-17】成本费用利润率分析。根据表13-3，文迪公司2×18年和2×19年的成本费用利润率为：

2×18年成本费用利润率=利润总额÷成本费用总额×100%

=1 597 177 735÷（28 769 443 754+389 269 211+542 515 882+1 270 271 517+345 261 752）×100%

=1 597 177 735÷31 316 762 116=5.10%

2×19年成本费用利润率=利润总额÷成本费用总额×100%

=302 662 483÷（36 677 544 541+423 358 556+532 851 504+1 186 101 016+611 407 029）×100%

=302 662 483÷39 431 262 646=0.77%

通过以上计算可知，文迪公司2×19年的成本费用利润率比2×18年显著降低，主要是2×19年的利润总额降低幅度大，而成本费用却有所上升，应进一步查明影响成本费用及利润的因素，寻找提高成本费用利润率的有效途径。

3）净资产收益率

净资产收益率是企业一定时期内净利润与所有者权益平均余额的比率。该比率反映企业自有资本及其积累盈利能力的指标，也叫所有者权益报酬率。其计算公式为：

净资产收益率=净利润÷所有者权益平均余额×100%

其中：所有者权益平均余额=（所有者权益年初数+所有者权益年末数）÷2

净资产收益率越高，说明企业自有资本获利能力越强，企业投资者的投资效益越好，债权人按期收回本息的保险系数越大。该指标是上市公司必须披露的信息。

【例13-18】根据表13-2、表13-3，同时假定文迪公司2×18年年初的所有者权益总额为6 056 887 369元，文迪公司2×18年和2×19年的净资产收益率为：

2×18年净资产收益率=净利润÷所有者权益平均余额×100%

=1 166 064 760÷（6 056 887 369+6 256 818 367）÷2×100%

=1 166 064 760÷6 156 852 868×100%=18.94%

2×19年净资产收益率=净利润÷所有者权益平均余额×100%

=492 833 104÷（6 256 818 367+5 964 853 271）÷2×100%

=492 833 104÷6 110 835 819×100%=8.06%

通过以上计算可知，文迪公司2×19年的净资产收益率比2×18年显著降低，说明该公司净资产的获利能力减弱。

此外，分析企业盈利能力的财务指标还有总资产报酬率、资本收益率、每股收益、市盈率等，可以从不同方面对企业的盈利能力进行分析。

13.3 财务报表综合分析

13.3.1 财务报表综合分析的特点

财务报表综合分析，就是将各项财务指标作为一个整体，系统、全面、综合地对企业财务状况和经营情况进行分析，以揭示企业整体的财务状况和经营成果。前面讲的企业偿债能力、营运能力、盈利能力等财务指标，只能各自反映企业财务状况的某一方面，而不能全面反映企业财务状况的整体面貌，因此，孤立地分析几个财务比率，难以得出合理、正确的综合性分析结论。所以，应将企业偿债能力、营运能力、盈利能力等各项分析指标有机地联系起来，相互配合使用，才能对企业整体的财务状况、经营成果和现金流量做出全面、系统的综合评价。

财务报表的综合分析与前面的财务指标分析相比，具有以下特点：

（1）分析问题的方法不同。财务指标分析是对企业财务活动的各个具体部分，逐一加以分析、评价；而综合分析是通过对各个方面的归纳综合，从总体上分析、揭示企业的财务状况。

（2）财务指标分析具有实务性和实证性，能够真实地揭示每一个具体的财务现象；而综合分析具有抽象性和概括性，侧重于从整体上对财务状况的本质特征进行概括、分析。

(3) 财务指标分析的重点是财务计划的完成情况、是否符合财务理论标准，不着重考虑各个分析指标之间的相互关系，在分析过程中各个分析指标是同等重要的；而财务报表综合分析的重点是揭示企业的整体发展趋势，在分析过程中各个分析指标有主次之分，重点对主要指标进行分析，综合分析有利于报表分析者把握企业全面的财务状况。

对财务报表进行综合分析的方法有杜邦分析法、沃尔分析法、国有资本金效绩评价等。这里主要介绍一种比较实用的财务比率分析体系——杜邦分析法。

13.3.2 杜邦分析法

这种分析方法最初是由美国杜邦公司的经理创造出来的，所以称之为杜邦财务分析体系。企业的各项财务活动、各项财务指标不是孤立的，而是相互联系、相互影响的，因此，财务分析者应将企业财务活动看作一个整体系统，对系统内相互依存、相互作用的各种因素进行综合分析。杜邦分析体系就是这样一种综合分析企业财务状况的方法。这种财务分析方法是从净资产收益率这一评价企业绩效的最具有综合性和代表性的指标开始，逐层分解直至企业最基本生产要素的使用、成本与费用的构成和企业风险，从而达到进行绩效评价的需要。这种方法还能在经营目标发生异动时使经营者能及时查明原因并加以修正，同时为财务报表的使用者提供分析、评价企业的依据。

杜邦分析法利用各个主要财务比率之间的内在联系，通过建立财务比率分析的综合模型，来综合地分析、评价企业财务状况和经营成果。杜邦分析体系如图13-1所示：

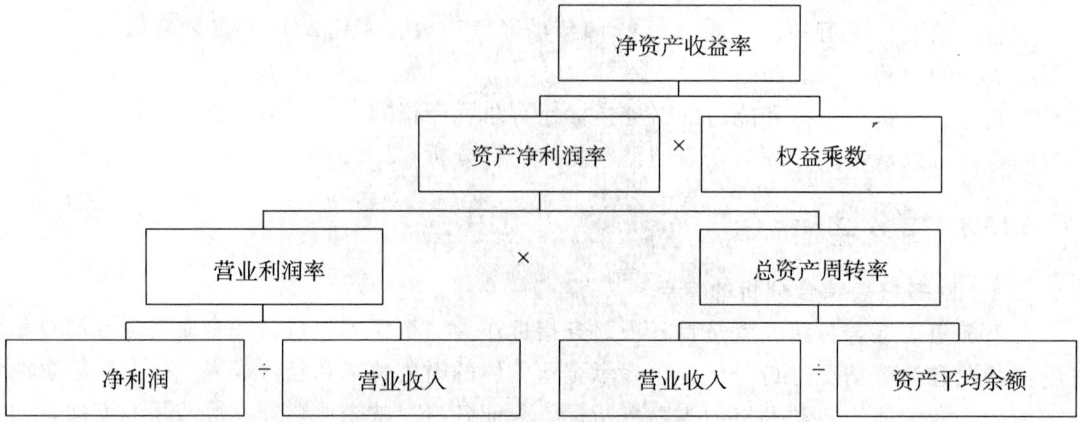

图13-1 杜邦分析图

图中财务指标的关系：

1）净资产收益率

净资产收益率=资产净利润率×权益乘数

净资产收益率是杜邦分析体系的核心，是综合性最强的财务比率，它揭示了所有者投入资本的获利能力，也反映了企业筹资、投资和资产运营等活动的效率。净资产收益率的高低取决于资产净利润率和权益乘数的水平。在逐层分解之后，就可以将净资产收益率这一综合性指标发生升降变化的原因具体化，可以分析影响这一综合性指标发生变化的各种因素。

2）权益乘数

权益乘数=资产总额÷所有者权益=资产总额÷（资产总额-负债总额）=1÷（1-资产负债率）

权益乘数主要受资产负债率的影响，反映了所有者权益与资产的关系，是反映偿债能力的最重要的指标。从公式中看出，企业的资产负债率越大，负债程度越高，权益乘数就越高。而较高的权益乘数，会给企业带来较大的风险，但同时也给企业带来较多的杠杆利益。企业既要提高资产利用率，充分利用各项资产，又要使资金有个合理的结构。

3）资产净利润率

资产净利润率=营业利润率×总资产周转率

其中：营业利润率=净利润÷营业收入

总资产周转率=营业收入÷资产平均余额

资产净利润率是一个重要的、综合性较强财务比率，它取决于营业利润率和总资产周转率。营业利润率是反映企业盈利能力的重要指标，是企业生产经营的结果，是净资产收益率实现最大化的保证。总资产周转率是反映企业营运能力的最重要的指标，是企业资产经营的结果，是净资产收益率实现最大化的基础。企业的主营业务收入、成本费用、资产周转率、资本结构等都是影响净资产收益率的因素。因此，要进一步从销售成果和资产营运两方面来分析。

13.3.3　杜邦分析法实例

下面利用表13-2、表13-3、表13-4的资料及前面例题的计算结果，依据杜邦分析法的原理，对文迪公司2×18年、2×19年的财务状况进行分析，如图13-2、图13-3所示。

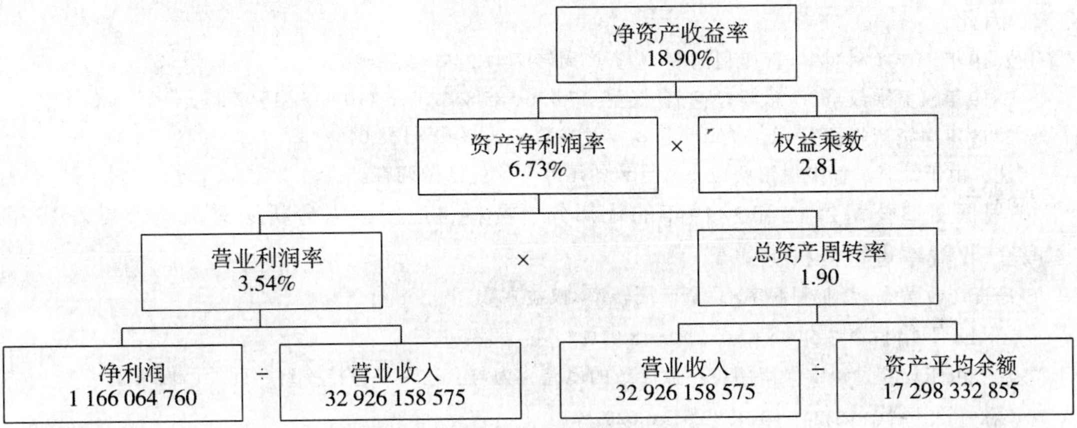

图13-2　文迪公司2×18年杜邦分析图

2×18年各指标计算如下：

根据前面的例题：

2×18年营业利润率=净利润÷营业收入×100%=1 166 064 760÷32 926 158 575×100%=3.54%

2×18年资产平均占用额=（17 198 330 857+17 398 334 853）÷2=17 298 332 855（元）

2×18年总资产周转率=32 926 158 575÷17 298 332 855=1.90

2×18年所有者权益平均余额=（6 056 887 369+6 256 818 367）÷2=6 156 852 868（元）

因此：

2×18年资产净利润率=营业利润率×总资产周转率=3.54%×1.90=6.73%

2×18年权益乘数=资产总额÷所有者权益=17 298 332 855÷6 156 852 868=2.81

2×18年净资产收益率=资产净利润率×权益乘数=6.73%×2.81=18.91%

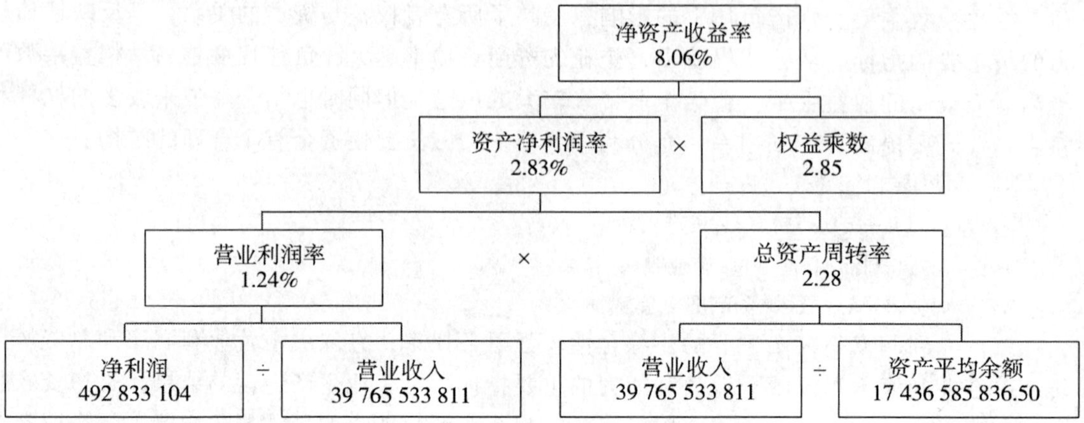

图13-3 文迪公司2×19年杜邦分析图

2×19年各指标计算如下：

根据前面的例题：

2×19年营业利润率=净利润÷营业收入×100%=492 833 104÷39 765 533 811×100%=1.24%

2×19年资产平均占用额=（17 398 334 853+17 474 836 820）÷2=17 436 585 836.50（元）

2×19年总资产周转率=营业收入÷资产平均占用额=39 765 533 811÷17 436 585 836.50=2.28

2×19年所有者权益平均余额=（6 256 818 367+5 964 853 271）÷2=6 110 835 819（元）

因此：

2×19年资产净利润率=营业利润率×总资产周转率=1.24%×2.28=2.83%

2×19年权益乘数=资产总额÷所有者权益=17 436 585 836.50÷6 110 835 819=2.85

2×19年净资产收益率=资产净利润率×权益乘数=2.83%×2.85=8.06%*

注：由于计算过程中保留两位小数导致的尾差，此处已做调整。

根据文迪公司2×18和2×19年的杜邦分析资料，运用因素分析法对文迪公司2×19年的净资产收益率进行分析。

净资产收益率=营业利润率×总资产周转率×权益乘数

2×18年指标：3.54%×1.90×2.81=18.91%* （1）

注：由于计算过程中保留两位小数导致的尾差，为与上述结果保持一致，此处已做调整。

第一次替代：1.24%×1.90×2.81=6.62% （2）

第二次替代：1.24%×2.28×2.81=7.94% （3）

第三次替代：1.24%×2.28×2.85=8.06% （4）

营业利润率下降造成的影响：（2）-（1）=6.62%-18.91%=-12.29%

总资产周转率上升造成的影响：（3）-（2）=7.94%-6.62%=1.32%

权益乘数上升造成的影响：（4）-（3）=8.06%-7.94%=0.12%

各个因素总的影响结果=-12.29%+1.32%+0.12%=-10.85%

=2×19年净资产收益率-2×18年净资产收益率

=8.06%-18.91%=-10.85%

企业还可以进一步分析营业利润率下降、总资产周转率上升、权益乘数上升的原因。

从以上文迪公司实例的分析中可以了解到，利用杜邦分析体系通过自上而下层层分解、层层分析，能够使报表分析者全面了解企业的财务状况以及各项财务指标间的内在联系，具体查明各项主要财务指标增减变动的原因；为经营管理者优化经营结构和理财结构，提高企业偿债能力和获利能力指明了方向。

章末习题

一、单项选择题

1.投资者对财务报表进行分析时更为关注企业的（　　）。

A.获利能力　　B.营运能力　　C.偿债能力　　D.投资能力

2.对于短期偿债能力，下面说法不正确的是（　　）。

A.短期偿债能力弱，企业获得商业信用的可能性会下降

B.短期偿债能力下降将直接导致债权人无法收回其本金与利息

C.短期偿债能力下降通常预示着获利水平的降低和投资机会的减少

D.短期偿债能力的强弱意味着企业履行合同能力的强弱

3.企业在一定期间应收账款的周转天数越多，周转次数越少，说明（　　）。

A.收回应收账款的速度越快

B.有利于增强企业短期偿债能力

C.企业的营业资金过多滞留在应收账款上

D.坏账损失减少

4.在财务报表分析中，与获利能力分析有关的最为重要的是（　　）。

A.资产负债表分析　　B.利润表分析

C.现金流量表分析　　D.所有者权益变动表分析

5.在杜邦分析体系中，最核心的指标是（　　）。

A.净资产收益率　　B.权益乘数

C.营业利润率　　D.总资产周转率

二、多项选择题

1.债权人对财务报表进行分析的目的通常是（　　）。

A.是否给企业提供信用　　B.提供多少额度的信用

C.是否提前收回债权　　D.力图改善企业的经营

E.是否投资

2.进行财务报表分析的资料包括（　　）。

A.资产负债表　　B.利润表

C.现金流量表　　D.所有者权益变动表

E.财务报表附注

3.计算速动资产要从流动资产中剔除存货，原因是（　　）。

A.存货的变现速度慢

B.存货占的比例较小

C.存货中可能含有已损失报废尚未做处理的不能变现的部分

D.有的存货可能已经抵押给债权人

E.不同行业的存货量不一样，不易衡量

4.对获利能力分析，以下说法正确的是（　　）。

A.获利能力与股东财富直接相关

B.获利能力影响债权人的债务安全

C.获利能力反映企业管理者的经营业绩

D.政府相关部门分析企业获利能力对市场和其他社会环境的影响

E.企业的获利能力对其他利益相关者也有重要意义

5.杜邦分析法的作用，以下说法正确的是（　　）。

A.解决企业经营活动中各个环节的所有问题

B.了解企业财务状况的全貌以及各项财务指标间的关系

C.分析主要财务指标增减变动的影响因素及存在的问题

D.为决策者优化资产结构和资本结构，提高偿债能力和经营效益提供依据

E.分析指标变动的原因及变动趋势

三、业务处理题

1.已知甲公司的有关资料见表13-5：

表13-5　　**甲公司资产负债表（简表）**

2×19年12月31日　　单位：万元

资　产	年　末	年　初	负债和所有者权益	年　末	年　初
流动资产			流动负债合计	160	170
货币资金	80	50	非流动负债合计	270	200
应收账款	70	80	负债合计	430	370
存货	90	130			
预付账款	20	40			
流动资产合计	260	300			
固定资产	440	400	所有者权益合计	270	330
总计	700	700	总计	700	700

同时，该公司2×18年度的营业利润率为10%，总资产周转率为1次（年末总资产），权益乘数为2（年末数），净资产收益率为20%（年末所有者权益）。2×19年度营业收入为500万元，净利润为80万元，利息费用为25万元，所得税税率为25%。

要求：计算2×19年的以下财务比率：

（1）年末的流动比率、速动比率、资产负债率和权益乘数。

（2）总资产周转率、营业利润率和净资产收益率（涉及资产负债表的数据使用年末数）。

（3）年末产权比率和利息保障倍数。

2.利用上题资料和计算结果通过差额分析法，分析2×19年营业利润率、总资产周转率和权益乘数变动对净资产收益率的影响（假设分析顺序为：营业利润率、总资产周转率、权益乘数）。

主要参考文献

[1] 吴涛，杨成文. 会计学［M］. 北京：经济科学出版社，2010.

[2] 吴涛. 会计学［M］. 大连：东北财经大学出版社，2017.

[3] 财政部会计司编写组. 企业会计准则讲解2010［M］. 北京：人民出版社，2010

[4] 财政部资格评价中心. 初级会计实务［M］. 北京：中国财政经济出版社，2019.

[5] 陈国辉，迟旭升. 基础会计［M］. 6版. 大连：东北财经大学出版社，2018.

[6] 程婵娟，李纪建. 商业银行会计实务［M］. 2版. 北京：清华大学出版社、北京交通大学出版社，2011.

[7] 戴德明. 财务会计学［M］. 11版. 北京：中国人民大学出版社，2018.

[8] 杜兴强. 会计学［M］. 北京：中国人民大学出版社，2008.

[9] 盖地，赵书和. 财务会计［M］. 6版. 北京：经济科学出版社，2016.

[10] 刘永泽，陈立军. 中级财务会计［M］. 6版. 大连：东北财经大学出版社，2018.

[11] 刘永泽，陈文铭. 会计学［M］. 6版. 大连：东北财经大学出版社，2018.

[12] 陆正飞. 会计学［M］. 4版. 北京：北京大学出版社，2018.

[13] 企业会计准则编审委员会. 企业会计准则案例讲解（2018年版）［M］. 上海：立信会计出版社，2018.

[14] 王允平，关新红，李晓梅. 金融企业会计学［M］. 5版. 北京：经济科学出版社，2017.

[15] 杨金观，宗文龙. 中级财务会计［M］. 北京：中国财政经济出版社，2007.

[16] 中国注册会计师协会. 会计［M］. 北京：中国财政经济出版社，2019.

[17] 中华人民共和国财政部. 企业会计准则——应用指南2006［M］. 北京：中国财政经济出版社，2006.

[18] 周晓苏. 会计学［M］. 2版. 北京：清华大学出版社，2013.